国家文化产业资金支持媒体融合重大项目

21世纪高等职业教育精品教材 · 金融类

金融市场学

（第四版）

张丽华 张茜 主编

JINRONG SHICHANG XUE

东北财经大学出版社
Dongbei University of Finance & Economics Press
大连

图书在版编目（CIP）数据

金融市场学 / 张丽华，张茜主编．—4版．—大连：东北财经大学出版社，2022.9

（21世纪高等职业教育精品教材·金融类）

ISBN 978-7-5654-4468-5

Ⅰ.金…　Ⅱ.①张…②张…　Ⅲ.金融市场-经济理论-高等职业教育-教材　Ⅳ.F830.9

中国版本图书馆CIP数据核字（2022）第030021号

东北财经大学出版社出版

（大连市黑石礁尖山街217号　邮政编码　116025）

网　　址：http：//www.dufep.cn

读者信箱：dufep@dufe.edu.cn

大连图腾彩色印刷有限公司印刷　东北财经大学出版社发行

幅面尺寸：185mm×260mm　　字数：471千字　　印张：20.25

2022年9月第4版　　2022年9月第1次印刷

责任编辑：李丽娟　刘　佳　　责任校对：刘东扬

封面设计：冀贵收　　版式设计：原　皓

定价：45.00元

教学支持　售后服务　　联系电话：（0411）84710309

如有印装质量问题，请联系营销部：（0411）84710711

第四版前言

近年来，世界金融乃至经济、政治都发生了广泛而深刻的变化。随着我国金融业的逐渐开放，外资金融机构数量和规模不断扩张，业务范围不断扩大；“互联网+”深入推进，催生经济社会发展新形态，金融科技飞速发展，金融产品更加丰富，金融市场创新不断推进；金融风险与金融安全问题凸显，金融市场监管日趋成熟，服务实体经济功能持续增强，防范化解风险能力明显提升，投融资环境不断改善。同时，为更好地反映金融市场的发展与变化，迫切需要我们及时更新教材内容，做到与时俱进。

为了适应金融市场的新发展、新观点和新理论，也为满足高等职业教育对金融市场学课程教学的基本要求，我们对《金融市场学》第三版教材进行了修订和完善。本次修订在第三版主体内容基本保持不变的基础上，在以下几方面进行了补充、修改和更新：

1.更新陈旧内容，努力增强教材的前沿性与时效性。结合金融市场的发展变化，本次修订对第三版部分陈旧内容进行了更新，尽可能使用可获得的最新数据，使读者更好地了解金融市场的最新发展动态。

2.更新部分案例，努力确保案例的关联性与精确性。本次修订对部分案例分析进行了更新，使其更加贴近金融市场发展现状，目的是启发学生创造性思维，使读者能够在学中用、用中学，让读者能够更加容易掌握和领悟金融市场理论。

3.更新拓展阅读等栏目，努力提高教材的实用性与可读性。本次修订在拓展阅读栏目中列入了一些金融领域的最新发展情况，使内容更具现实性和新颖性，同时更新相关链接内容，激发学生的学习热情，引导学生独立思考，提升学习的效果。

4.增加课程思政内容，努力提高教材的政治性和引导性。本次修订把对学生的思政教育与高校课程建设有机融合，在每一章增加课程思政相关内容，突出强化教材的政治立场和价值导向，提高学生思想道德素质、社会责任感、法治意识等思政素养。

本书由山西财经大学张丽华教授和山西省财政税务专科学校张茜副教授担任主编，两位主编共同拟订大纲并负责最后的总纂、定稿。各章编写的具体分工如下：山西财经大学张丽华编写第1章，山西省财政税务专科学校张茜编写第4章、第7章和第8章，太原学院张永刚编写第2章、第3章和第5章，山西财经大学杨秀昌编写第6章和第10章，山西财经大学闫果棠编写第9章和第11章。由山西财经大学徐文琪、刘宏丽、陈旭丽、刘倩玉、刘雪纯、李晓率、郝家乐负责全书案例等相关资料的搜集和整理。

本书在修订过程中，参考了许多相关教材、著作和论文，在此谨向所有参考文献的相关作者表示感谢。最后，谨向东北财经大学出版社的领导和编辑表示感谢。同时，欢迎同行专家和读者对本书提出宝贵意见，以便使其不断完善。

编　者

2022年4月

目录

第1章
金融市场概述

【学习目标】

- 知识目标：通过学习本章内容，掌握金融市场的含义，认识金融市场的主体、客体以及媒体在金融市场中的重要性，熟悉金融市场的类型、特点，了解金融市场的价格及其基本内容，深入领会金融市场的主要功能。
- 技能目标：通过学习本章内容，在熟悉我国金融市场的结构后，能够将我国的金融市场与国外的金融市场进行对比，认识到我国金融市场与国外金融市场的差距，并提出我国金融市场发展和完善的建议。

知识结构图

- 金融市场概述
  - 金融市场的构成要素
    - 金融市场的定义
    - 金融市场的主体
    - 金融市场的客体
    - 金融市场的媒体
    - 金融市场的价格
  - 金融市场的结构
    - 按交易对象划分
    - 按交割方式划分
    - 按证券的交易方式和次数划分
    - 按成交与定价方式划分
    - 按金融交易地域空间划分
    - 按有无固定的交易场所划分
  - 金融市场的功能
    - 聚敛功能
    - 配置功能
    - 调节功能
    - 反映功能
    - 财富功能

导入案例

资本市场助力“双循环”新发展格局

2020年以来，新冠肺炎疫情为世界百年未有之大变局增加了新的变数，全球政治经济格局发生深刻变化。我国经济进入高质量发展阶段，既面临严峻挑战，又面临良好的发展机遇。党中央作出“加快形成以国内大循环为主体、国内国际双循环相互促进的新发展格局”的战略决策，是事关全局的系统性、深层次变革。资本市场对于优化资源配置，推动科技、资本和实体经济高水平循环具有枢纽作用。在新形势下，抓住新机遇、迎接新挑战，要因势利导、主动作为，加快深化资本市场改革开放，完善基础制度和运行机制，充分发挥资本市场功能作用，推动形成国内国际双循环新发展格局。

构建国内国际双循环新发展格局，需要进一步完善金融体系、产品和服务，提高金融体系与供给体系、需求体系的适配性。无论是从国际经验，还是从国内实践来看，在双循环相互促进的新格局下，资本市场都是联通双循环的枢纽。

第一，资本市场是要素资源市场化配置的重要平台，有助于提高经济金融循环效率。以A股市场为代表的资本市场是全国统一的市场，信息公开透明，资金流动自由，能够实现资源的跨行业、跨地区、跨所有制优化配置，有利于打破要素自由流动的壁垒和障碍，提高要素资源配置效率。同时，相比于土地、劳动力、技术、数据等要素市场，资本市场通过上亿投资者、买卖双方充分博弈，形成连续、可靠、高效的价格信号，有利于动员和引导各类要素资源向先进生产力集聚，疏通供给和需求，带动经济与金融的良性循环。

第二，资本市场可以有效促进科技和资本深度融合，从而为科技创新赋能。早在一百多年前，创新理论的鼻祖、经济学家约瑟夫·熊彼特就在其著作《经济发展理论》中提出：“工业体系只有依靠创新才能建立，而金融是驱动创新和科技产业化的重要力量。”与传统金融相比，资本市场在服务科技创新方面具有天然优势。一方面，资本市场可以对科技创新企业准确估值，并识别相应风险，有效解决“不敢投”的问题；另一方面，多层次资本市场可以根据不同生命周期企业的不同风险特征提供全方位服务，能够很好解决“不能投”的问题。此外，在经济下行周期，科技创新型企业发展面临的风险更大，不少传统金融机构望而却步，股权投资具有特有的风险代偿机制，一家投资成功弥补多家投资损失，也能够有效解决“不愿投”的问题。

第三，资本市场是现代产业链发展的重要支撑，能够有效引领促进产业链稳定与优化升级。新冠肺炎疫情在全球蔓延，加剧了世界经济环境的震荡和逆全球化思潮，全球产业链分散化、内顾化倾向明显。我国资本市场有 4 000 余家上市公司，8 000 多家挂牌企业，涵盖了全部工业门类和行业大类，集聚了各行各业的龙头企业和中坚力量。通过提供多样化的股权债权融资工具，支持上市公司并购重组，更好服务具有核心技术、富有创新力、行业领先的优质企业，发挥上市公司在产业链中的带动牵引作用，可以有效地整合产业链上下游的优势资源，更好地稳链、补链、强链。

第四，资本市场是高水平对外开放的窗口，有助于增强国内国际经济联动效应。更高水平的对外开放是双循环的内在要求和重要动力。近几年我国资本市场、行业、产品以及制度型对外开放加快推进，走出去和引进来成果显著。扩大资本市场双向开放，有助于更好发挥资本市场在资源配置、资产定价、风险管理等方面的重要功能，优化内循环，也有利于我们更加主动地参与全球价值链、经贸体系和治理格局的重塑优化，改善外部环境，促进国内国际双循环。

当前和今后一个时期，构建双循环发展格局为发挥资本市场的功能作用提供了重要契机，也对资本市场改革发展提出了新的更高要求。要紧紧围绕打造一个规范、透明、开放、有活力、有韧性的资本市场这个总目标，贯彻落实党中央国务院的决策部署，按照“建制度、不干预、零容忍”的方针，加强市场基础制度建设，增强资本市场枢纽功能，积极发挥资本市场在要素资源配置、创新资本形成、风险防范化解等方面的作用，更好服务双循环新发展格局。

资料来源：张望军. 资本市场助力“双循环”新发展格局［J］. 中国金融，2020（18）：49-50.

该案例说明了资本市场对构建“双循环”新发展格局具有独特作用，而资本市场是金融市场的重要组成部分，金融市场的存在是必不可少的，它对一国或全球经济都会产生重要的影响。那么，什么是金融市场？金融市场有哪些参与主体？有哪些类型？金融市场如何发挥其基本的融资等功能呢？这些正是本章所要介绍的内容。

1.1 金融市场的构成要素

1.1.1 金融市场的定义

金融是一种资金融通的活动。通俗地讲，金融就是指资金由盈余者处流向短缺者处的过程。融资的形式主要有两种：直接融资和间接融资。直接融资是指以直接发行股票、债券等各种有价证券方式实现的资金融通；间接融资是指资金经过银行和非银行金融机构实现的资金融通。

金融市场是指资金融通活动的场所或进行金融资产交易的场所。它是以金融资产为交易对象而形成的供求关系及其机制的总和。对此，应当从以下三方面理解：

一是金融市场的交易对象是同质的金融商品。金融商品的内容十分广泛，不仅指货币资金，还包括银行存贷款、股票、债券、外汇、期货、保险、信托、黄金等。

二是金融市场的参与者是资金的供给者和需求者。前者拥有闲置的盈余资金，后者则资金不足。交易双方的关系不再是单纯的买卖关系，而是建立在信用基础上的、一定时期内的资金使用权的有偿转让关系。

三是金融市场不受固定场所、固定时间的限制。随着现代通信技术的发展和计算机网络的普及，越来越多的金融交易借助无形市场，在瞬间便可以完成。

金融市场通常又分为广义的金融市场和狭义的金融市场。广义的金融市场是所有金融交易和资金融通的总和；狭义的金融市场主要是指进行直接融资活动的市场，如股票、债券等有价证券买卖交易的场所。金融市场作为一个惯用的经济范畴，在经济生活中已经形成了一种惯例性的概念模式。我们可以将金融市场定义为：办理各种票据、有价证券、外汇和金融衍生品买卖，以及同业之间进行货币借贷的场所。

拓展阅读 1-1　我国金融市场现状及发展研究

金融市场是一种金融商品交易场所，肩负着在全社会范围内对有限的资金、资本、资源进行合理配置、推行将储蓄转化为投资的融资方式等重要职能，主要包括股票债券的发行和交易场所、黄金外汇买卖场所和货币资金借贷场所等。在强化资金流动、调节资金过剩与短缺上发挥着重要作用，并在深层次上强化了资金过剩和资金不足的经济主体之间的内在联系，给予了信贷市场和产权市场的发展支持。

（一）我国金融市场发展的优势

第一，具备创新发展速度。金融市场创新的不断推进，加强了基础产品创新和交易工具创新，丰富了投资人选择，深化了金融市场的功能。突出表现在基于前期推出债券买断式回购业务和债券远期交易，银行间债券市场还推出了利率互换试点，这对投资者规避利率风险、提高市场流动性发挥了重要的促进作用。

第二，资源配置能力显著提高。金融市场的稳步扩大给了资源配置更好的条件。外汇市场的平稳发展和汇率形成机制的完善，有效地稳定了人民币的汇率；货币市场、债券市场给金融机构调解资金寸头、管理流动性和进行资产投资带来了极大的便利；黄金市场的不断发展，丰富了投资品种；期货市场的创新，对我国企业和相关主体利用期货市场进行保值增值有一定的促进作用。

第三，市场功能不断深化。金融市场改革和制度建设的日益完善，提升了金融市场功能，有效地保护了市场主体的合法权益，同时为市场顺利运行打好了坚实的基础。从银行市场方面看，国债余额管理制度的正式引入，给中央银行公开市场操作提供了平台，推进了债券市场建设；从股票市场方面看，纠正了非流通股股东和流通股股东长期以来利益分割的局面，有利于恢复资本市场功能，并进一步推动了资本市场全方位改革；从外汇市场方面看，推出了完善和发展我国外汇市场的改革配套措施，改进了人民币汇率中间价形成方式，加强了产品和机制创新。

（二）我国金融市场发展的不足

第一，金融市场化程度不高。我国的资本市场在很多方面仍表现为市场化程度不高，阻碍了市场的流动性。突出表现是我国相对严格的股票和债券发行条件，给中小企业的进入带来了阻碍，而宏观经济环境的不稳定、投资渠道的单一，也在一定程度上使实体经济的资金供需矛盾升级。

第二，金融创新能力不强。外资金融机构的业务竞争壁垒对我国的金融机构造成了极大的影响，受此限制，我国的金融机构在争夺优质客户、建立高端业务等方面表现出优势不足的情况，加之我国金融机构的自主创新意识不强，更无形中加大了创新能力提升的成本。

第三，风险管理水平不高。我国金融机构整体的风险管理水平已经明显提高，但风险管理理念仍有待加强，风险管理能力也有待提升。如果没有合理的风险识别的技术和处置方法，那么我国的金融机构在整体的竞争力方面将与外资金融机构相距甚远，无法获得更好的资源。

资料来源：李荣．我国金融市场现状及发展研究［J］．教育教学论坛，2019（26）：220-221．

1.1.2　金融市场的主体

金融市场的主体，即金融市场的交易者，也就是资金的供给者或资金的需求者。金融市场的交易者可以以双重身份出现，某一时期可能是资金供给者，另一时期可能成为资金需求者，这样的关系转换随时随地都在发生。金融市场的交易者既可以是法人，也可以是自然人，一般包括政府、企业、金融机构、机构投资者、家庭或个人五类。

（1）政府。政府作为交易者，在金融市场运行中充当了三重角色：一是作为筹资者，二是作为调节者，三是作为监管者。首先，政府作为筹资者是为了弥补财政赤字，或为了举办公共工程等而在金融市场上发行国债，筹措所需资金。其次，政府是金融市场的调节者。政府发行的公债，特别是国库券是中央银行在公开市场操作的主要对象。中央银行通过在公开金融市场上买卖国库券，调节金融市场上的货币供应量，以达到调节经济的目的。最后，政府还是金融市场的监管者，通过监管保证整个金融市场的规范运作。

（2）企业。在金融市场运行中，企业无论是作为资金的需求者还是供给者，均居于非常突出的地位。一部分企业在生产经营过程中，由于产供销渠道与环节的差异，以及受周期性和季节性等的影响，会出现暂时性的资金短缺，而另外一些企业则会出现暂时性的资金盈余。资金短缺的企业除通过银行等金融中介机构进行资金的融通外，也可以在金融市场上发行相应的金融工具获得所需资金；而资金盈余的企业可以通过在金融市场上购买金融工具，将其暂时盈余的资金投资于生息资产。此外，企业在创建或扩大生产经营规模时，可以通过发行股票、债券等筹措所需的资金。

（3）金融机构。它又分为存款性金融机构和非存款性金融机构两种。存款性金融机构是指以吸收存款方式获得资金，以发放贷款或投资证券等方式获得收益的金融机构，主要包括商业银行、信用合作社等储蓄机构。非存款性金融机构则是指以发行证券或以契约方式筹集资金的金融机构，包括投资银行、保险公司、养老基金、投资基金等。各类金融机构通过各种方式，一方面从社会吸收闲散资金，另一方面又向需要资金的部门、单位和个人提供资金，在金融市场上担当着资金需求者和资金供给者的双重角色。

此外，中央银行也是金融市场的重要参与者。中央银行参与金融市场的目的与其他金融机构有本质的不同。其购买金融市场工具不是因为出现了临时盈余资金，出售金融市场工具也不是为了筹措资金弥补自己的资金不足。中央银行参与金融市场活动是以实现国家货币政策、调节经济、稳定货币为目的的。中央银行通过买卖金融市场工具，投放或回笼货币，控制和调整货币供应量。可见，中央银行既是金融市场参与者，又是金融市场的创造者，在金融市场中起着关键作用。

（4）机构投资者。它是指在金融市场从事交易的机构，包括保险公司、养老基金、投资基金、信托投资公司等。保险公司将投保人缴纳的保费集中起来建立保险基金，对保险合同规定范围内的灾害所造成的损失进行经济赔偿。保险公司会用吸收的保险金的一部分购入不同类型的有价证券进行投资，追求收入最大化以偿付赔款。养老基金通过吸收个人的养老金，积攒现期的货币收入，在合同规定的支付期到来之前将这笔资金用于金融投资，购买一些期限长、收益高的金融市场工具，以获得较高的收益。投资基金是一种利益共享、风险共担的集合投资方式，其通过发行基金单位，集中投资者的资金，由基金托管人托管，由资金管理人运作，从事股票、债券等金融工具投资。它的特点在于使小额资金供给者进入市场，把零散的资金汇总成额度大、期限长的资金来源，用于满足大规模的资金需求。信托投资公司也称投资公司，这类金融机构通过向小额投资者出售自己的股份或发行债券，以所得资金买入多种证券。对小额投资者来说，最大的困难是不能购得多样化的证券以减少投资风险，通过购买投资公司股份或债券，将资金集中起来由投资公司代为投资，既使证券投资多样化，也分散了风险。

相关知识 1-1　　信托投资公司

信托投资公司是一种以受托人的身份，代人理财的金融机构。它与银行信贷、保险并称为现代金融业的三大支柱。中国信托投资公司的主要业务：经营资金和财产委托、代理资产保管、金融租赁、经济咨询、证券发行以及投资等。根据国务院关于进一步清理整顿金融性公司的要求，中国信托投资公司的业务范围主要限于信托、投资和其他代理业务，少数确属需要的经中国人民银行批准可以兼营租赁、证券业务和发行一年以内的专项信托受益债券，用于进行有特定对象的贷款和投资，但不准办理银行存款业务。信托业务一律采取委托人和受托人签订信托契约的方式进行，信托投资公司受托管理和运用信托资金、财产，只能收取手续费，费率由中国人民银行会同有关部门制定。

信托投资公司的业务分类：

（1）以某公司的股票和债券为经营对象，通过证券买卖和股利、债息获取收益。

信托投资公司用自有资金及组织的资金进行投资。以投资者身份直接参与对企业的投资是目前中国信托投资公司的一项主要业务。在信托投资过程中，信托投资公司直接参与投资企业经营成果的分配，并承担相应的风险。

（2）以投资者身份直接参与对企业的投资。

投资者以委托人的身份，用委托资金直接参与投资。对于委托投资，信托公司不参与投资企业的收益分配，只收取手续费，对投资效益也不承担经济责任。

资料来源：佚名. 信托投资公司 [EB/OL]. [2021-08-31]. https://baike.baidu.com/item/信托投资公司/4672845? fr=Aladdin./4672845? fr=aladdin.

小思考 1-1

信托投资公司与其他金融机构的区别是什么？

提示：（1）经济关系不同。信托体现的是委托人、受托人、受益人之间多边的信用关系，银行业务则多属于与存款人或贷款人之间发生的双边信用关系。（2）基本职能不同。信托的基本职能是财产事务管理职能，侧重于理财，而银行业务的基本职能是融通资金。（3）业务范围不同。信托业务是集“融资”与“融物”于一体，除信托存贷款外，还有许多其他业务，范围较广。而银行业务则是以吸收存款和发放贷款为主，主要是融通资金，范围较小。（4）融资方式不同。信托机构作为受托人代替委托人充当直接筹资和融资的主体，起直接融资的作用。而银行则是信用中介，把社会闲置资金或暂时不用的资金集中起来，转交给贷款人，起间接融资的作用。（5）承担风险不同。信托一般按委托人的意图经营管理信托财产，在受托人无过失的情况下，一般由委托人承担。银行则是根据国家金融政策、制度办理业务，自主经营，因而银行承担整个存贷资金的运营风险。（6）收益获取方式不同。信托收益是按实绩原则获得的，即信托财产的损益根据受托人经营的实际结果来计算。而银行的收益则是按银行规定的利率计算利息，按提供的服务手续费来确定的。（7）受益对象不同。信托的经营收益归信托受益人所有，银行的经营收益归银行本身所有。（8）意旨的主体不同。信托业务意旨的主体是委托人，在整个信托业务中，委托人占主动地位，受托人受委托人意旨的制约，而银行业务的意旨主体是银行自身，银行自主发放贷款，不受存款人和借款人制约。

（5）家庭或个人。家庭或个人也是金融市场上重要的参与者。其货币收入在进行了必要的消费外，一般会出现剩余，人们通常将这部分剩余资金存放于银行或购买股票、债券等。因此，家庭或个人成了金融市场上重要的资金供给者和金融工具购买者。同时，家庭或个人也可以以资金需求者的身份出现在金融市场中，目的是筹措资金购买另外的金融工具以转变资金投向；或为了未来的收入增加现期消费，追求消费最大化，如借入住房抵押贷款等；或为了避免风险进行投机等。

1.1.3　金融市场的客体

金融市场的客体是指金融市场的交易对象或交易的标的物，即通常所说的金融工具。金融工具作为法律契约，其权利和义务受法律保护，这提高了金融工具的信誉度，使货币资金盈余者更乐于投资，也使货币资金短缺者的筹资活动能够顺利进行。这样，不仅增加了金融市场主体，扩大了金融市场规模，也使金融工具的流动性进一步增强。

金融工具随时可以流通转让，使其持有者易于在追求盈利和保障安全之间进行选择，金融工具的流通使这种选择的透明度增强了，从而具有更强的流动性。有的金融工具正是因为流动性强而成了货币或货币的替代物，因而金融市场成为现代市场经济条件下中央银行实施货币政策、调节货币供应量机制的重要组成部分。金融工具为数众多，在这里，我们可以站在不同角度对其加以划分。

（1）按权利的标的物，金融工具可分为票据和证券。票据表明持有者的权利转化为对货币的索取权，如汇票、本票、支票；证券则表明一种投资的事实，体现投资者的权利，如股票和债券。

从法律上讲，证券是反映某种法律行为的书面文件或证书。它有证据证券、所有权证券及有价证券之分。证据证券只是单纯证明事实的文件；所有权证券则认定持证人是某种权利的合法拥有者，如存单和定期存折；有价证券则是某种权利的化身，所有人有权取得一定收入，要行使该项权利必须拥有该证券，要转移该项权利也必须拥有该证券。上述票据和证券都可归类为有价证券。

有价证券又可细分为商品证券、货币证券和资本证券。商品证券是表明对物质资料具有某种权利的有价证券，如提单、货运单据等；货币证券是把商品交易等行为转化为对货币的索取权的有价证券，如汇票、本票、支票等；资本证券则表明投资的事实，即把投资者的权利转化为有价证券，如股票、公司债券等。

（2）按索取权的性质，金融工具可分为股权证券（股票）和债权证券（债券）。前者的持有人以股东的身份出现，索取的是股息和红利；后者的持有人则以债权人的身份出现，索取的是本金与利息。

按发行者的身份，债权证券又可分为政府债券、公司债券和金融债券。以政府为主体发行的债券称为政府债券；以公司为主体发行的债券称为公司债券；以金融机构为主体发行的债券称为金融债券。

（3）按发行期的长短，金融工具可分为短期金融工具和长期金融工具。期限在1年以内的为短期金融工具，期限在1年以上的为中长期金融工具和永久性金融工具（如股票）。

此外，金融工具还可以按流动性的高低、交易费用的大小、抵押品的有无以及市场竞争条件的优劣等作多种划分。

小知识 1-1

金融工具的流动性、风险性和收益性之间的关系是怎么样的？

提示：这三个特性之间是有矛盾的。流动性强的金融工具，收益性一般来说比较低；风险性较高的金融工具，其收益性也就比较高。金融市场主体就是要在三者之间进行选择，以寻求最有利于自己的投资组合。但不同的交易者对流动性、风险性和收益性的评估与偏好又是千差万别的，而且会随着国民经济状况、家庭收支、生活习惯、个人心理、消费行为等因素的影响而发生变化。由此可见，金融市场主体与客体之间是互相促进、相辅相成的，较多的金融工具可以为更多的交易者提供选择机会。

1.1.4　金融市场的媒体

金融市场的媒体作为融资双方的代理人，可以提高金融市场的运作效率，是金融市场不可缺少的部分。金融市场的媒体是多种多样的，我们可以将这些媒体分为两类：金融市场的商人或经纪人和金融机构。前者主要完成市场媒体的职能，后者则着眼于媒体的存在形态和活动方式。但在金融市场的实际运作中，两类媒体并非泾渭分明，而是相互交叉完成媒介职能的。

1）经纪人

经纪人是指在金融市场上为交易双方成交进行撮合并从中收取佣金的商人或商号。通常，经纪人在其经手的交易业务方面具有专业知识，谙熟市场行情和交易程序，对交易双方的资信有深刻的了解，因此，许多交易主体都喜欢通过经纪人进行交易。可以说，什么地方有市场，什么地方就有经纪人。经纪人是金融市场运行中不可缺少的中介体。金融市场的经纪人种类也很多，最主要的有以下几类：

（1）货币经纪人。它又称市场经纪人，是指在货币市场上充当交易双方中介并收取佣金的中间商人。根据经纪业务的不同，货币经纪人可分为同业拆借经纪人、票据经纪人、短期证券经纪人等。货币经纪人获利的途径包括收取佣金和赚取利差。

（2）证券经纪人。它是指在证券市场上充当交易双方中介和代理买卖证券而收取佣金的中间商人。证券经纪人可以是个人经纪人，也可以是法人经纪人，其包括佣金经纪人、两元经纪人、专家经纪人、证券自营商和零股经纪人。

佣金经纪人是指接受客户委托，在证券交易所内代理客户买卖有价证券，并按固定比率收取佣金的经纪人。两元经纪人是专门接受佣金经纪人委托，代理买卖有价证券的经纪人，因而又称交易厅经纪人或居间经纪人。当佣金经纪人同时接受很多委托买卖证券业务时，便将其中的某些业务，尤其是尚未完成或不易完成的业务委托给两元经纪人代为买卖。这类经纪人在美国最为流行。专家经纪人是指佣金经纪人的经纪人，其接受佣金经纪人的委托而进行业务活动，并不直接与客户打交道。证券自营商这类经纪人既为顾客买卖证券，也为自己买卖证券。零股经纪人是指专门经营不满一个交易单位的零股交易的经纪人。

（3）证券承销人。它又称证券承销商，是指以包销或代销方式帮助发行人发行证券的商人或机构。证券发行主体通过证券承销商出售新发行的证券，只有经过承销过程，证券才真正进入流通市场。作为证券承销商，其主要收入为承销手续费。

（4）外汇经纪人。它又称外汇市场经纪人，是指在外汇市场上促成外汇买卖双方外汇交易的中介人。外汇经纪人既可以是个人，也可以是中介组织，如外汇中介行或外汇经纪公司等。

2）金融机构

金融市场上充当交易中介的金融机构很多，主要包括证券公司、证券交易所、投资银行和商人银行等。

（1）证券公司。证券公司是金融市场上最大、最主要的中介机构，通过证券承销业务，即承销证券发行人所需发行的证券，使证券发行机构与购买证券的投资者完成证券买卖。证券公司通过代理买卖业务，即作为客户代理人，代客买卖有价证券。此外，证券公司还作为投资者直接购买有价证券，即证券公司的自营业务。自营业务使已发行的证券在二级市场上的交易更为活跃。此外，证券公司还从事投资咨询等业务。证券公司的主要功能在于提高证券市场运行的效率，一方面，它通过向客户提供投资咨询服务，使资金最有效地分配到收益率较高的部门或企业；另一方面，它通过承销、包销代理业务和自营业务，提高证券的交易效率。

拓展阅读1-2　中信证券简介

中信证券成立于1995年10月，2003年在上海证券交易所挂牌上市交易，2011年在香港联合交易所挂牌上市交易，是中国第一家A+H股上市的证券公司。中信证券的第一大股东为中国中信有限公司，持股比例为16.68%。

中信证券业务范围涵盖证券、基金、期货、直接投资、产业基金和大宗商品等多个领域，通过全牌照综合经营，全方位支持实体经济发展，为境内外超过7.5万家企业客户与1 000余万个人客户提供各类金融服务解决方案。目前拥有7家主要一级子公司，分支机构遍布全球

13个国家，中国境内分支机构400余家，华夏基金、中信期货、金石投资等主要子公司都在各自行业中保持领先地位。

中信证券累计实现营业收入4 684亿元，实现净利润1 580亿元，累计向股东分红562亿元。中信证券收入和净利润连续十余年排名行业前列；净资本、净资产和总资产等规模优势显著；各项业务保持市场领先地位，在国内市场积累了广泛的声誉和品牌优势。多年来获得境内外知名机构颁发的各类奖项。

中信证券以“成为全球客户最为信赖的国内领先、国际一流的中国投资银行”为愿景，践行国家战略、服务实体经济，为社会创造更大的价值。

资料来源：佚名．中信证券［EB/OL］．［2020-10-20］．http://baike.baidu.com/item/中信证券/2982453?fr=Aladdin.

（2）证券交易所。证券交易所是专门的、有组织的证券买卖交易场所。证券交易所本身不参与金融工具的交易，只提供买卖双方进行交易的场所或设施，属于服务证券交易活动的组织。从整个金融工具交易活动来看，证券交易所是不可缺少的，从这方面讲，它也属于金融市场上的中介机构。

从组织形式上看，证券交易所可分为会员制证券交易所和公司制证券交易所。前者是以会员协会形式成立的不以营利为目的的组织，主要由证券交易商组成。只有会员及享有特许权的经纪人，才有资格在交易所中进行交易。会员制证券交易所实行会员自治、自律、自我管理，其最高权力机构是会员大会，理事会是执行机构，聘请经理人员负责日常事务。目前，世界上大多数国家的证券交易所均实行会员制，我国的上海、深圳证券交易所也都实行会员制。公司制证券交易所以营利为目的，是由各类出资人共同投资入股建立起来的公司法人。它对在本所内进行的证券交易负有担保责任，必须设有赔偿基金。公司制证券交易所的证券商及其股东，不得担任证券交易所的董事、监事或经理，以保证交易所经营者与交易参与者的分离。瑞士的日内瓦证券交易所和美国的纽约证券交易所都采用公司制。证券交易所主要有以下功能：

一是提供证券交易场所。证券买卖双方在这个集中的交易场所，可以随时把持有的证券转移变现，保证证券持续流通。

二是形成公平合理的价格。在交易所内完成的证券交易形成了各种证券的交易价格。由于证券的买卖是集中、公开进行的，采用双边竞价的方式达成交易，其价格在理论水平上是近似公平与合理的。这种价格通常及时向社会公告，并被作为各种相关经济活动的市场依据。

三是集中各类社会资金参与投资。随着交易所上市股票的日渐增多，成交数量日益增大，可以将来源极为广泛的资金吸引到股票投资上来，为企业发展提供所需资金。

四是引导投资的合理流向。交易所为资金的自由流动提供了方便，并通过每天公布的行情和上市公司信息，反映证券发行公司的获利能力与发展情况，使社会资金向最需要和最有利的方向流动。

相关知识1-2　　深圳证券交易所简介

深圳证券交易所（以下简称“深交所”或“深市”）于1990年12月1日开始营业，是经国务院批准设立的全国性证券交易场所，受中国证监会监督管理。其主要职能包括：提供证券集中交易的场所、设施和服务；制定和修改深交所的业务规则；审核、安排证券上市交易，决定证券暂停上市、恢复上市、终止上市和重新上市；提供非公开发行证券转让服务；组织和监督证券交易；组织实施交易品种和交易方式创新；对会员进行监管；对证券上市交易公司及相关信息披露义务人进行监管；对证券服务机构为证券上市、交易等提供服务的行为进行监管；设立或者参与设立证券登记结算机构；管理和公布市场信息；开展投资者教育和保护工作；法律、行政法规规定的以及中国证监会许可、授权或者委托的其他职能。

深交所立足服务实体经济和国家战略全局，经过30多年的发展，初步建立起板块特色鲜明、监管规范透明、运行安全可靠、服务专业高效的多层次资本市场体系，市场规模不断扩大，市场功能稳步增强，吸引力和影响力持续提升，多项指标位居世界前列，正成长为全球最具活力的新兴市场。

一、市场数据

深市市场体系完整，主板市场、中小企业板市场、创业板市场层次清晰、特色鲜明、功能互补，主板市场服务市场蓝筹企业，中小企业板市场服务行业细分龙头企业，创业板市场服务自主创新企业和成长型创业企业，充分匹配中国经济多元协同发展优势，包容性强，市场化程度高，成长性突出，创业创新特色显著。

截至2020年12月末，深交所共有上市公司2 354家，其中主板上市公司468家、中小企业板上市公司994家、创业板上市公司892家，总市值34.2万亿元；挂牌债券（含资产支持证券）7 954只，挂牌面值2.5万亿元；挂牌基金487只，资产净值2 669亿元；上市一周年，沪深300ETF期权平稳运行，成交面值3.5万亿元。2020年，深市各类证券成交总额达162.2万亿元，股票融资额5 638亿元，固收产品融资额1.85万亿元。

二、产品情况

深市产品契合实体经济需求，贴近居民资产配置和风险管理需要，拓展有序、相互衔接，为企业、公共机构、商业机构和个人提供多元化投融资工具，引领证券市场行业创新。

固定收益包括公募债、私募债、资产支持证券等各类产品，股债结合品种和资产支持证券特色突出，标准化质押式回购优势显著。深交所创新推出保障房、小额贷款、不动产等开创性证券化品种，积极推动绿色证券化创新，拓宽投融资渠道，降低投融资成本。资产支持证券的基础资产涵盖融资租赁、公用事业、小额贷款、应收账款、商业物业等九大类，为基础设施建设、中小微企业融资、绿色金融等关键领域提供了重点支持。

“基金超市”包括ETF、LOF、分级基金和封闭式基金四大类，其中LOF为深市首创。覆盖境内外主要市场，开创推出“乐富基金超市”并形成独特品牌，打造低成本、高效率的一站式资产配置交易和转换平台。近年来，深交所先后推出商品期货基金（白银LOF）、跨时区ETF（纳指100）、类REITs（鹏华前海万科）产品，进一步丰富了上市基金品种；推动跨境产品实施日内回转交易，推出ETF实时逐笔全额非担保交收业务，不断完善基金配套机制建设。

指数序列覆盖规模、综合、行业、风格、主题和策略六大类，深证成指、中小企业板指数和创业板指数分别表征深市全市场和特色板块，充分展示中国经济面貌，助力投资者分享市场成长回报。积极发展深市特色期权等金融衍生品，为投资者提供风险管理工具。

三、组织架构

深交所是实行自律管理的会员制法人，现有121家会员和3家特别会员。在党委统一领导下，深交所治理架构包括：一是会员大会，为权力机构。二是理事会，对会员大会负责，下设战略发展、会员自律管理、市场风险、上市培育、技术发展、薪酬财务、上诉复核、创业板股票发行规范等8个专门委员会。三是经理层，负责日常管理工作，下设上市、纪律处分等2个专门委员会，设有技术管理、上市公司监管、产品与参与人管理、培育发展、风险管理等5个专业管理委员会。四是监事会，为监督机构。五是设29个部室和5家下属机构。

在党的工作机构方面，设有党委办公室、党务工作部（党委宣传部）、党委组织部，实现党办、宣传、组织、党群工作职能全覆盖。党组织实行“所党委—基层党委—党支部”三级管理。群团方面，设有工会、团委，成立了职工代表大会。

深交所坚持以习近平新时代中国特色社会主义思想为指导，准确把握新发展阶段，深入贯彻新发展理念，积极推进构建新发展格局，坚持稳中求进工作总基调，按照“建制度、不干预、零容忍”方针和“四个敬畏、一个合力”要求，紧抓服务粤港澳大湾区和中国特色社会主义先行示范区发展机遇，深化金融供给侧结构性改革，提高直接融资比重，发挥市场枢纽作用，构建更加适应创新资本形成的市场体系、制度体系、产品体系、监管风控体系、双向开放体系、数字化体系和交易所治理体系，促进科技、资本和实体经济的高水平循环，奋力建设优质创新资本中心和世界一流交易所，为打造一个规范、透明、开放、有活力、有韧性的资本市场贡献积极力量。

资料来源：深圳证券交易所．深圳证券交易所简介［EB/OL］．［2022-02-15］．http：//www.szse.cn/aboutus/sse/introduction/index.html.

（3）投资银行。它是金融市场上从事证券发行、买卖及相关业务的一种金融机构。最初的投资银行是应长期证券的发行及推销要求而产生的，随着金融市场的发展，投资银行的业务范围也越来越广泛。目前，投资银行除了传统的证券承销与经纪业务外，还涉及证券的自营买卖、公司理财、企业并购、咨询服务、基金管理和风险资本管理等。投资银行在金融市场上发挥着重要作用：一方面，它为需要资金的企业和政府部门提供筹集资金的服务；另一方面，投资银行充当了投资者买卖证券的经纪人和交易商。投资银行是为了适应市场发展的需要而产生的，又以其长期在金融市场上运作而形成的丰富的市场经验及专长为资金的供应者和需求者提供优质服务，促进了资金的流动和市场的发展。此外，投资银行还利用其人才优势不断地创新业务品种，不断增加金融市场的融资工具。目前，投资银行已成为金融市场上最重要的金融中介机构。

小思考1-2

投资银行和商业银行的区别是什么？

提示：（1）业务主体不同。商业银行以存贷款业务为核心，投资银行以证券承销业务为核心。（2）业务范围不同。商业银行主要从事资产负债业务，投资银行无明显的资产负债管理特征。（3）功能不同。商业银行行使间接融资职能，投资银行行使直接融资职能。（4）利润构成不同：商业银行的利润主要来自存贷利差收入，而投资银行的利润主要来自佣金收入。

（4）商人银行。它是指专门经营代理金融业务的金融机构，在欧洲大陆较为流行，也是金融市场上重要的中介机构。商人银行最传统的业务是承兑票据，但也从事一些商业银行业务，如接受存款和提供贷款。其基本职能有：充当票据市场的支付中介人；代企业发行证券，承销企业发行的证券，充当金融市场的发行代理人；经营外币债券，充当外汇市场的中介等。

拓展阅读1-3　商人银行的现存形式与发展现状

一、现存形式

商人银行发展至今，主要有以下几种存在形式：一是商业银行通过兼并、购买、参股或建立附属公司拥有商人银行，这类方式较为普遍；二是独立的商人银行；三是全能性银行直接经营商人银行业务。

二、发展现状

英国是当今世界投资银行历史最悠久的国家之一，在英国，投资银行也叫商人银行。从职能上看，这种商人银行又与美国的投资银行不完全相同，英国的投资银行不仅从事证券业务，还从事普通商业银行的存贷款业务。与美国投资银行相比，英国的商人银行历史更悠久。

16世纪中期，随着英国对外贸易和海外殖民扩张的开始，英国的各种贸易公司开始通过创建股份公司和发行股票的方式筹集大量资金，以分担海外贸易的高风险。英国的商人银行也从为国际贸易提供承兑便利的业务中发展起来。此后，随着大量股票、债券的发行和证券交易的日益活跃，英国的商人银行逐步壮大起来，一些实力雄厚的大银行，如巴林银行在证券市场和整个国民经济中都发挥着举足轻重的作用。然而第一次世界大战以后，随着英国国际经济金融中心地位的不断下降，英国的商人银行也发展缓慢。直到20世纪70年代，这一局面才有所改观，英国的商人银行重振雄风。

这一改观主要得益于20世纪70年代以后英国国民经济中发生的一系列重大变化，主要有以下三个：民营化、企业并购浪潮和证券市场变革。

首先，20世纪70年代末80年代初英国政府掀起了“民营化”的浪潮。20世纪70年代的两次石油危机使英国陷入萧条，财政部为了充分利用市场机制来促进竞争和提高效率，开始进行国有企业的民营化改革。民营化采用公开上市、私募、出售国有资产、重组或分割、注入新的私人资本等形式进行。在民营化过程中，私人银行可以提供广泛的服务，包括帮助国有企业制订出售方案、为股票上市提供咨询服务或代理发行等。在英国铁路公司、国家货运公司、电信公司等诸多企业的民营化过程中，许多商业银行，如巴林、华宝、施罗德等都有过出色表现。民营化使商人银行和企业建立了密切的关系，为以后进一步扩展投资银行业务打下了基础。

其次，20世纪80年代的兼并收购风潮推动商人银行业务进一步发展。许多商人银行利用自有资本或代为管理的共同基金积极参与企业的收购和合并。1987年，英国公司并购美国公司资产总值达317亿美元，基本上依靠英国商人银行的协助与筹划才得以完成。1994年底，全球跨境并购业务统计表明：1994年全球前十大跨境并购业务中，6桩业务有英国商人银行的参与。英国商人银行在并购风潮中获得丰厚利润的同时，在全球投资银行业中也占据了举足轻重的地位。

最后，1986年英国证券市场的重大改革为商人银行的发展创造了新的契机。英国伦敦证券交易所在第一次世界大战之前是世界最大的证券交易所。第二次世界大战以后，随着英国经济实力的下降，伦敦证券交易所的排名先后跌落到纽约证券交易所和东京证券交易所之后，迫使其加强自身管理，拓展业务，更重要的是重新恢复其在世界证券市场中的领先地位。利益驱动的本能和来自世界证券市场的竞争压力，使英国感到自身以服务中小投资银行为主的证券交易所难以与美、日以服务大投资银行为主的证券交易所和西欧大陆以服务大商业银行为主的证券交易所相匹敌，因而进行了大刀阔斧的改革，并于1986年10月通过了《金融服务法案》，冲破了英国商人银行和商业银行严格的业务界限，允许英国的商业银行直接进入投资银行领域。此举标志着英国商人银行和商业银行混业经营的开始。一方面，这为商业银行开辟了新的投资途径；另一方面，在实力雄厚的商业银行取得了同等的竞争地位之后，商人银行面临生存威胁，进行了大规模合并，剩下的商人银行规模增大，业务重心也从“全能战略”转向“主攻优势战略”，发挥各自的专长，主要致力于专业化的服务，如公司财务咨询和投资管理业务。

在经历了民营化、企业并购浪潮以及证券市场的变革以后，英国的商人银行逐步发展壮大起来，形成了与商业银行共同经营投资银行业务的格局。

资料来源：佚名．商人银行［EB/OL］．［2019-07-22］．https：//baike.sogou.com/v283787.htm?fromTitle=%E5%95%86%E4%BA%BA%E9%93%B6%E8%A1%8C.

此外，金融公司、财务公司、票据公司、信托公司、信用合作社以及国外金融机构，也在金融市场上起着重要的中介作用。

1.1.5 金融市场的价格

金融市场的价格是金融市场的基本构成要素之一。金融商品的交易价格与交易者的实际收益和风险密切相关，因此备受投资者关注。但不同的金融工具具有不同的价格，并且会受到众多因素的影响，从而使金融市场变得更为复杂。

价格机制在金融市场中发挥着极为关键的作用，是金融市场高效运行的基础。在一个有效的金融市场上，金融资产的价格能及时、准确、全面地体现该资产的价值，反映各种公开信息，引导资金自动流向高效率的部门，从而优化整个经济体资源的配置。

1.2 金融市场的结构

1.2.1 按交易对象划分

按交易对象划分，金融市场可分为货币市场、资本市场、外汇市场、黄金市场、保险市场和金融衍生工具市场等。

1）货币市场

货币市场又称短期金融市场，是指专门融通短期资金的场所。所谓短期，通常指一年以内。短期资金多在流通领域起到货币的作用，主要解决市场主体的短期性、临时性资金需求。在经济生活中，政府、企业、家庭和银行等金融机构，都需要短期资金用于周转，因而成为短期金融市场的主体。短期金融市场使用的金融工具主要是货币头寸、存单、票据和短期公债（在美国即为国库券），它们因偿还期限短、风险小以及流动性强而被作为货币的代用品。据此，短期金融市场又可分为同业拆借市场、票据市场和短期债券市场。

2）资本市场

资本市场又称长期金融市场，是指专门融通期限在一年以上的中长期资金市场。长期资金大都参加社会再生产过程，起的是“资本”的作用，主要是满足政府和企业部门对长期资本的需求。长期性金融工具主要是各类有价证券，即债券和股票，其偿还期长、流动性小、风险较大。长期金融市场主要包括债券市场和股票市场。

小思考1-3

资本市场与货币市场之间的区别是什么？

提示：(1) 期限不同。资本市场上交易的金融工具均为一年以上，最长者可达数十年，有些甚至无期限，如股票等；而货币市场上一般交易的是一年以内的金融工具，最短的只有几天甚至几个小时。(2) 作用不同。货币市场所融通的资金，大多用于工商企业的短期资金周转；而在资本市场上所融通的资金，大多用于企业购建、更新、扩充设备和储存原料，政府在资本市场上筹集长期资金则主要用于兴办公共事业和保持财政收支平衡。(3) 风险程度不同。货币市场上的信用工具，由于期限短，因此流动性高，价格不会发生剧烈变化，风险较小；资本市场上的信用工具，由于期限长，因此流动性较低，价格变动幅度较大，风险也较高。

3）外汇市场

外汇市场是进行各种外币或以外币计价的票据及有价证券的交易的市场。同货币市场一样，外汇市场也是各种短期金融资产交易的市场。不同的是，货币市场交易的是同一种货币或以同一种货币计值的票据，而外汇市场交易的则是以不同种货币计值的多种票据。在货币市场上，所有的贷款和金融资产的交易都受政府法令、条例管制。但在外汇市场上，一国政府只能干预或管制本国的货币。

外汇市场有广义和狭义之分。狭义的外汇市场针对的是银行间的外汇交易，包括同一市场各银行间的交易、中央银行与外汇银行间以及各国中央银行之间的外汇交易活动，通常被称为批发市场（Wholesale Market）。广义的外汇市场是指由各国中央银行、外汇银行、外汇经纪人及客户组成的外汇买卖、经营活动的总和，包括上述的批发市场以及银行同企业、个人间外汇买卖的零售市场（Retail Market）。

外汇市场的主要功能为：①通过外汇市场的外汇储备买卖和货币兑换业务，使各国间债权债务关系的货币清偿和资本的国际流动得以形成，实现购买力的国际转移；②外汇市场集中了各国政府、企业、公司等的闲置资金，并对国际贸易中的进出口商进行借贷融资，从而加速了国际资金周转，调剂了国际资金余缺；③外汇市场所拥有的发达的通信设施及手段，将世界各地的外汇交易主体连成一个网络，缩短了世界各地间的远程货币收付时间，提高了资金的使用效率；④进出口商利用市场中的远期外汇买卖业务，可有效地避免或减少因汇率变动带来的风险，从而促进国际贸易的发展。此外，外汇市场提供的各种外汇资金的供求信息及其价格动态，有助于各国政府和企业据以正确地做出有关决策。

小思考1-4

外汇市场和股票市场的区别是什么？

提示：(1) 空间不同。从外汇市场的特点就可以看出来，外汇市场是一个全球性的市场，而股票市场是区域性的市场；外汇市场是无形的，股票市场是有形的。(2) 标准不同。在股票市场中，不同区域性的市场都会有不同的市场规则和其自身的特点，但在同一个市场中，大家都遵循统一的标准；在外汇市场中，由于其全球化的特点，市场的包容度和自由度相当高，大家在一起交易，遵循公平、自愿、诚信的原则就可以了，没有什么特别的要求和规矩。(3) 成交方式不同。规范的股票市场都是采用集合竞价，集中撮合的方式来完成交易的，因此，在同一时点上的同一只股票不可能出现不同的成交价格；外汇市场所有的买家和卖家完全是开放的，买家可以自由地询价，卖家可以自由地报价，双方完全是在自愿的情况下进行交易的，这一点和股票市场是完全不一样的，外汇市场没有集合竞价和电脑集中撮合的规矩。

4）黄金市场

黄金市场是指专门进行黄金等贵金属买卖的交易中心或场所。尽管随着世界经济的发展，黄金的非货币化趋势越来越明显，但是黄金作为国际储备工具之一，仍然占有重要地位，黄金市场依旧被视为金融市场的组成部分。目前，世界上有40多个黄金市场。其中，伦敦、纽约、苏黎世、芝加哥和中国香港的黄金市场被称为五大国际黄金市场。

拓展阅读1-4　我国黄金市场发展现状

（一）黄金进口渠道较之前有增长的趋势

现阶段，随着人们生活水平的提高和对黄金需求量的增加，我国黄金进口量呈现了持续上升的现象。特别是开展黄金业务的银行范围也由原来的四大银行拓展到现在的股份制商业银行。银行数量也呈现了逐年增加的趋势。截止到2019年，我国已经有10多家商业银行有黄金进口的资格，这就充分说明了我国黄金需求量倍增，进口量也会随之增加。根据香港特别行政区政府的统计，我国在2013年进口黄金量达到了1 108万吨以上，与之前相比，涨幅为33%。

（二）贵金属配套外汇政策不断完善

随着贵金属业务相关政策的不断完善，我国相继出台了《关于银行黄金业务汇率敞口外汇管理有关问题的通知》《关于银行贵金属业务汇率敞口外汇管理有关问题的通知》。这些通知的发布为银行向客户开展更加优质的投资服务和实现跨市场的联动活动提供了重要的参考依据，特别是我国黄金市场的开发得到了极大推动。

（三）黄金投资产品类型层出不穷

黄金投资产品有多种分类方法。从产品性质看，中国黄金市场投资品大致可分为五类：实物黄金销售类、投资交易类、衍生品类、融资类和理财类。

资料来源：李增仁，王锐．我国黄金市场发展现状及投资分析［J］．财经界，2020（17）：72-73.

5）保险市场

保险市场是保险交易的具体场所，是指参与保险商品交易的各类要素及其相互作用的方式以及实现交易的机制。保险市场的主要参与人有保险公司，保险经纪公司，保险代理商，保险代理人，被保险的企业、机构、个人以及再保险公司。其主要业务种类有寿险和财产险。寿险即人寿保险，是一种以人的生命为保险对象的保险，是根据被保险人在保险责任期内生存或死亡，由保险人按照契约规定给付保险金的一种保险。财产险对被保险人由于约定事项造成保险财产的损失承担赔偿责任。

6）金融衍生工具市场

金融衍生工具市场是各种金融衍生工具的交易场所，它可以是有形的，也可以是无形的。金融衍生工具是指以原生金融工具如股票、国债等为基础而创造出来的虚拟金融工具。远期合约、期货合约、期权合约、互换合约都是典型的金融衍生工具。金融衍生工具是金融创新的产物，可以用来进行风险控制、投资和投机等。

1.2.2 按交割方式划分

按交割方式划分，金融市场可分为现货市场、期货市场和期权市场。

现货市场是指即期交易的市场，是金融市场上最普遍的一种交易市场。相对于远期交易市场来说，现货市场是指市场上的买卖双方成交后需在若干个交易日内办理交割的金融交易市场。现货交易包括现金交易、固定方式交易及保证金交易。现金交易是指成交日和结算日在同一天发生的交易。固定方式交易则是指成交日和结算日之间相隔很短的几个交易日（一般在七天以内）的交易。保证金交易也称垫头交易，是投资者在资金不足但又想获得较多投资收益时，采取交付一定比例的现金，其余资金由经纪人贷款垫付而买进证券的一种交易方法。目前，现货市场上的大部分交易均为固定方式交易。

期货市场是指交易协议虽然已经达成，交割却要在未来某一特定时间进行的市场。在期货市场上，成交和交割是分离的。在期货交易中，由于交割要按成交时的协议价格进行，而证券价格的或升或降，可能会使交易者或获得利润或蒙受损失。因此，买者和卖者只能依据自己对市场的判断，做出投资选择。

期权市场即各种期权交易的市场，是期货交易市场的发展和延伸。期权交易是指买卖双方按成交协议签订合同，允许买方在交付一定的期权费用（或保险费）后，即取得在约定的时间内，按协议价格买进或卖出一定数量的证券的权利。期权交易的买方可以选择享受其权利或放弃其权利，因此，期权交易又叫选择权交易。由于期权交易合约的购买者最大的损失不可能多于期权费，所以期权交易最大的优点是可以有效控制风险。

小知识 1-2　　期权交易的卖方有选择权吗？

提示：卖方没有选择权。

1.2.3 按证券的交易方式和次数划分

按证券的交易方式和次数划分，金融市场可分为初级市场和次级市场。

初级市场是新证券发行市场，又被称为一级市场。没有证券的发行，就不会有证券的买卖和流通，初级市场的重要性不言而喻。

次级市场即证券流通市场，通常又称为二级市场。证券持有者如需要资金，便可到次级市场出售变现。需要进行证券投资而未进入初级市场的，也可在次级市场上实现。而买卖双方的经常转换，使证券更具有流动性，从而在社会范围内使资源得到充分利用。

小知识 1-3　　初级市场和次级市场之间的关系是什么？

提示：次级市场与初级市场关系密切，既相互依存，又相互制约。初级市场所提供的证券及其发行的种类、数量与方式决定着次级市场上流通证券的规模、结构与速度，而次级市场作为证券买卖的场所，对初级市场起着积极的推动作用。组织完善、经营有方、服务良好的次级市场将初级市场上所发行的证券快速、有效地分配与转让，使其流通到其他更需要、更适当的投资者手中，并为证券的变现提供现实的可能。此外，次级市场上的证券供求状况与价格水平等都将有力地影响着初级市场上证券的发行。因此，没有次级市场，证券发行不可能顺利进行，初级市场也难以为继，扩大发行则更不可能。

1.2.4 按成交与定价方式划分

按成交与定价方式划分，金融市场可分为公开市场、议价市场、第三市场和第四市场。

公开市场是金融资产的交易价格通过投资主体公开竞价方式而形成的市场。金融资产在到期偿付之前可以自由交易，并且按价格优先和时间优先的原则办理成交。这类市场一般是有组织、有固定场所的。

议价市场是指没有固定场所、相对分散的市场，双方的买卖要通过直接谈判而自行议价成交。由于这类活动一般多在公开市场外面进行，故又称场外交易。在发达的市场经济国家，绝大多数债券和中小企业的未上市股票都通过这种方式交易。随着现代电信及自动化技术的发展，该市场的交易效率已大大提高。

第三市场是指在交易所上市的证券转移到场外进行交易所形成的市场。它的参与者主要是团体或机构投资者。与证券交易所相比，第三市场具有限制少、成本低的优点。

第四市场是指作为机构投资者的买卖双方直接联系成交的市场。它一般是通过通信网络把会员联结起来，并在办公室内利用该网络报价，寻找买方或卖方，最后直接成交。第四市场的运行，需要发达的科技和通信手段作基础，参与者主要是机构投资者，一般交易数额巨大。利用第四市场交易，可以大大节省手续费等中间费用，筹资成本的降低足可弥补联网的花费，而且不为第三者所知，使交易保密，也不会因交易量大而影响市价，对日后的继续交易有着意想不到的好处，因而第四市场的发展蕴含着极大的潜力。

1.2.5 按金融交易地域空间划分

按金融交易地域空间划分，金融市场又可划分为地方性的、全国性的、区域性的和国际金融市场。地方性的和全国性的金融市场同属国内金融市场。国内金融市场的主体是本国的自然人和法人，交易工具也多由国内发行。而区域性的金融市场同国际金融市场一样，主体和客体都十分庞杂，分属许多国家和地区。二者的区别只在于，前者的活动范围是某一地区，如东南亚地区、中东地区；后者的活动范围可以是整个世界。值得注意的是，国际金融市场中有一种是以证券交割地点之外的别国货币为买卖或借贷对象的市场，称为境外金融市场或离岸市场，如欧洲美元市场。

1.2.6 按有无固定的交易场所划分

按有无固定的交易场所划分，金融市场可分为有形市场和无形市场。有形市场是指具有固定交易场所的市场，一般指证券交易所、期货交易所等。而无形市场则是在证券交易所外进行金融资产交易的总称，本身没有固定的交易场所，市场的概念在这里仅仅体现出其“交易”的含义。交易一般通过现代电信工具在各金融机构、证券商和投资者之间进行。它是一个无形的网络，金融资产及资金可以在其中迅速转移。目前，全球大部分金融交易均在无形市场中完成。

拓展阅读 1-5　　我国金融衍生品市场发展现状

在期货品种上，我国期货发展早，市场趋于成熟。而在期权方面，直到2015年，上海证券交易所挂牌交易我国第一只金融标准化期权——上证50ETF。随后，在2017年3月，我国第二只规范化场内期权——豆粕期权在大连商品交易所挂牌。而场外衍生品市场，主要的参与者是金融机构，交易品种一般是远期和互换，交易量少。

我国衍生品市场起步相对较晚，存在着发展慢、产品少等问题，不能完全满足各类机构对风险管理的需求。

1.金融衍生品的种类匮乏

我国仅有三只股指期货、两只国债期货、一只股票期权，在股指期权和外汇期权这两个方面，还没有相对应的衍生品，与境外成熟市场相比，我国金融衍生品的品种略显单一。

2.金融衍生品市场长期资金较少

在衍生品市场上，长期资金无法得到金融衍生工具的保护，不敢轻易进入衍生品市场，在面对市场波动的情况时，大量的机构投资者还会有追涨杀跌、短期投机的“散户化行为”。对于个人投资者而言，结构的复杂性加上人们对衍生品的了解程度较低，很多投资者不愿意进行交易，即便进行过交易的投资者，由于未能真正了解金融衍生品，也不能做出适宜的交易策略。所以投资者往往持观望态度，未能切实交易，导致市场参与度低，即使参与交易，也只是短期投资，长期资金占比较少。

3.合约活跃度对合约交易量影响较大

进行衍生品交易的投资者更偏好高风险高收益的合约，活跃的合约受到投资者青睐，而那些交易不活跃的合约，难以吸引投资者，造成了不平衡现象，不利于衍生品市场的发展。

资料来源：孟戈，周正．我国金融衍生品扩容的内在原因及影响分析［J］．北方经贸，2020（7）：79-81.

1.3　金融市场的功能

金融市场作为金融资产交易的场所，从整个经济运行的角度来看，它提供以下几种经济功能：

1.3.1　聚敛功能

金融市场的聚敛功能是指金融市场引导众多分散的小额资金汇聚成可以投入社会再生产的资金集合。在这里，金融市场起着资金“蓄水池”的作用。在国民经济四部门中，各部门及其内部之间的资金收入和支出在时间上并不总是对称的。这样，一些部门、经济单位在一定的时间内可能有暂时闲置不用的资金，而另一些部门和经济单位则存在资金缺口。金融市场提供了两者沟通的渠道。

金融市场是由资金供应者和资金需求者组成的。资金供应者就是在一定时间内的资金有余者，这些资金有余者的资金之所以暂时闲置，或者是因为要预防未来的意外急需，或者是要等到积累到足够数量之后进行某项大额投资或消费。如个人为预防意外事件，或为了满足将来生活及购买大件消费品之需而进行储蓄，企业为了积存足够的资金投资于某个新项目而进行的资金积累等。这些暂时闲置的资金在使用之前有通过投资谋求保值增值的需要。对资金需求者来说，其资金的需求往往是由于要开展某项经济活动，或为了满足其比较迫切的需要，但手中积累的资金不足，因此，需要寻求更多的资金来源。但是，各经济单位的闲置资金是相对有限的，这些暂时不用的资金相对零散，不足以满足大规模的投资要求，特别是企业为发展生产而进行的大额投资和政府部门进行大规模的基础设施建设与公共支出的要求。这就需要一个能将众多的小额资金集合起来以形成大额资金的渠道，金融市场就提供了这种渠道，这就是其资金聚敛功能。

小知识 1-4

为什么金融市场具有资金聚敛功能？

提示：金融市场之所以具有资金聚敛功能。一是由于金融市场提高了金融资产的流动性，现代金融市场正发展成为功能齐全、法规完善的资金融通场所，资金需求者可以很方便地通过直接或间接的融资方式获取资金，而资金供应者也可通过金融市场为资金找到满意的投资渠道。二是由于金融市场中多样化的融资工具为资金供应者的资金寻求合适的投资手段找到了出路。金融市场根据不同的期限、收益和风险要求，提供了多种多样的供投资者选择的金融工具，资金供应者可以依据自己的收益风险偏好和流动性要求选择其满意的投资工具，实现资金使用效益的最大化。

1.3.2 配置功能

金融市场的配置功能表现在三个方面：一是资源的配置；二是财富的再分配；三是风险的再分配。

在经济运行过程中，拥有多余资产的盈余部门并不一定是有能力和机会作最有利投资的部门，现有的资产在这些盈余部门可能得不到有效的利用，金融市场通过将资源从利用效率低的部门转移到利用效率高的部门，可以使一个社会的经济资源能最有效地配置在效率最高或效用最大的用途上，从而实现稀缺资源的合理配置和有效利用。在金融市场中，证券价格的波动，实际上反映着证券背后所隐含的相关信息。投资者可以通过证券交易中公开的信息及证券价格波动所反映出的信息来判断整体经济运行情况以及相关企业、行业的发展前景，从而决定其资金和其他经济资源的投向。一般来说，资金总是流向最有发展潜力、能够为投资者带来最大利益的部门和企业，这样，通过金融市场的作用，有限的资源就能够得到合理的利用。

财富是各经济主体持有的全部资产的总价值。政府、企业及个人通过持有金融资产的方式来持有财富。在金融市场上的金融资产价格发生波动时，其财富的持有数量也会发生变化，一部分人的财富量随金融资产价格的升高而增加了，另一部分人则由于其持有的金融资产价格下跌，所拥有的财富量也相应减少了。这样，社会财富就通过金融市场价格的波动实现了再分配。

金融市场同时也是风险再分配的场所。在现代经济活动中，风险无时不在、无处不在，而不同的主体对风险的厌恶程度是不同的。利用各种金融工具，较厌恶风险的人可以把风险转嫁给风险厌恶程度较低的人，从而实现风险的再分配。

1.3.3 调节功能

调节功能是指金融市场对宏观经济具有调节作用。金融市场一边连着储蓄者，另一边连着投资者，其运行机制通过对储蓄者和投资者的影响而发挥作用。

（1）金融市场具有直接调节作用。在金融市场大量的直接融资活动中，投资者为了自身利益，一定会谨慎、科学地选择投资的国家、地区、行业、企业、项目及产品。只有符合市场需要、效益高的投资对象，才能获得投资者的青睐，而且投资对象在获得资本后，只有保持较高的经济效益和较好的发展势头，才能继续生存并进一步扩张；否则，它的价格就会下跌，继续在金融市场上筹资就会面临困难，发展就会受到后续资本供应的抑制。这实际上是金融市场通过其特有的引导资本形成及合理配置的机制首先对微观经济部门产生影响，进而影响宏观经济活动的一种有效的自发调节机制。

（2）金融市场的存在及发展，为政府对宏观经济活动的间接调控创造了条件。货币政策属于调节宏观经济活动的重要经济政策，其具体的调控工具有存款准备金政策、再贴现政策、公开市场操作等，这些政策的实施都以金融市场的存在、金融部门及企业成为金融市场的主体为前提。金融市场既提供货币政策操作的场所，也提供实施货币政策的决策信息。首先，因为金融市场的波动是对有关宏观、微观经济信息的反映，所以，政府有关部门可以通过收集及分析金融市场的运行情况信息来为政策的制定提供依据。其次，中央银行在实施货币政策时，可以通过金融市场调节货币供应量、传递政策信息，最终影响到各经济主体的经济活动，从而达到调节整个宏观经济运行的目的。此外，财政政策的实施也越来越离不开金融市场，政府通过国债的发行及运用等方式对各经济主体的行为加以引导和调节，并提供中央银行进行公开市场操作的手段，这也对宏观经济活动产生着巨大的影响。

1.3.4 反映功能

金融市场历来被称为国民经济的“晴雨表”和“气象台”，是公认的国民经济信号系统。这实际上就是金融市场反映功能的写照。

金融市场的反映功能表现在如下几个方面：①由于证券买卖大部分都在证券交易所进行，人们可以随时通过这个有形的市场了解各种上市证券的交易行情，并据以判断投资机会。在一个有效的市场中，证券价格的涨跌实际上反映着其背后企业的经营管理情况及发展前景。此外，一个有组织的市场，一般也要求上市公司定期或不定期地公布其经营信息和财务报表，这也有助于人们了解及推断上市公司及相关企业、行业的发展前景。所以，金融市场首先是反映微观经济运行状况的指示器。②金融市场中的交易直接或间接地反映着国家货币供应量的变动。货币的紧缩和放松均是通过金融市场进行的。当实施货币政策时，金融市场会出现波动，显示货币紧缩或放松的程度。因此，金融市场所反馈的宏观经济运行方面的信息，有利于政府部门及时制定和调整宏观经济政策。③由于证券交易的需要，金融市场有大量专业人员长期从事商情研究和分析，他们每日与各类工商企业直接接触，能了解企业的发展动态。④金融市场有广泛而及时地收集和传播信息的通信网络，整个世界金融市场已联成一体，四通八达，因而人们可以及时了解世界经济的发展变化情况。

1.3.5 财富功能

一个资本市场如果没有财富管理功能，而只具有融资功能，那么这个资本市场就还只是一个很低级的市场，它完全可以被传统的商业银行所代替。资本市场之所以能在过去近百年的发展过程中生生不息，就是因为这个市场所创造的产品具有财富管理的功能，并且这种功能有很好的成长性，也有优良的风险抵御机制。投资者期望借助金融市场来管理财富和实现财富增值，金融市场上销售的金融工具为选择储蓄的那些投资者提供了一条极好的储存财富、保有资产的途径，直到需要资金时才进行支出。如我国目前各层次的老百姓都会购买基金，他们把钱交给基金公司去投资股票，这本身就是一种很好的利用金融市场管理财富的方式。

课程思政 1-1　　防范金融安全隐患，预防金融诈骗

大数据时代下，大学生群体面临诸多金融安全隐患，亟须防范。首先，大学生要树立正确的消费观，做到适度消费、理性消费、绿色消费、勤俭节约，形成积极、健康、进步的消费观念，提升金融意识。其次，大学生应多读投资理财的相关书籍，只有掌握了基本的理财知识，才能不断提升自己的金融风险认知水平，从而加强防范类似校园贷等金融产品风险的意识。最后，大学生应该适度参与投资理财，积极吸取经验和教训，提高风险认知水平。这样才能一方面丰富大学生的金融知识，另一方面强化大学生自身的金融实践能力，提高对投资理财及风险的敏感度。

本章要点

本章介绍了金融市场定义、主客体、媒体和价格，按照交易对象、交割方式、成交与定价方式、交易地域空间和有无固定交易场所等不同的标准划分的市场结构，金融市场作为金融资产交易场所提供的四种经济功能。其中，重点是金融市场的要素构成和市场的结构划分，难点是对于金融市场内涵的理解。

问题讨论

1.讨论我国金融市场发展的优势与局限性。

2.讨论金融工具的创新。

3.根据本章所学内容，分析美、英、日、德的金融市场发展状况，讨论我国金融市场今后的发展方向。

推荐阅读

1.米什金，埃金斯.金融市场与金融机构［M］. 王青松，等译. 北京：机械工业出版社，2013.

2.张承惠，田辉，李伟. 中国场外股权交易市场：发展与创新［M］. 北京：中国发展出版社，2013.

3.殷剑锋，张红地，吴国祥. 金融市场学［M］. 北京：中国金融出版社，2017.

思考与练习

1.单项选择题

（1）金融市场的客体指的是（　　）。

A.市场交易者　　B.金融中介机构　　C.金融工具　　D.交易价格

（2）金融市场主要是借助（　　）作为载体来运行的。

A.金融工具　　B.借贷资本　　C.资金供求者　　D.利息率

（3）在金融市场出现之前，就已经存在的信用形式是（　　）。

A.商业信用　　B.银行信用　　C.国家信用　　D.消费信用

2.多项选择题

（1）金融市场的构成要素包括（　　）。

A.资金供求者　　B.一般商品　　C.货币资金

D.金融工具　　E.利率

（2）债券包括（　　）。

A.单位债券　　B.政府债券　　C.企业债券

D.个人债券　　E.金融债券

（3）下列选项中，（　　）属于金融市场价格。

A.利率　　B.汇率　　C.股票价格

D.债券价格　　E.黄金价格

（4）金融市场的三公原则是（　　）。

A.公开　　B.公平　　C.公正

D.公证　　E.公明

3.简答题

（1）什么是金融？什么是金融市场？

（2）金融市场的主体各以什么样的身份出现在金融市场上？

（3）金融市场上的金融工具是如何分类的？

（4）金融市场的媒体主要包括哪些金融机构？

（5）金融市场是怎样分类的？

案例分析

从“原油宝穿仓事件”看金融衍生品的市场风险

原油宝是中国银行（以下简称“中行”）在2018年年初开办的理财产品，主要为境内的个人客户提供服务。和其他金融衍生品一样，原油宝是挂钩原油期货的一种交易产品，主要包括美国“西得州中级原油（简称WTI原油）期货合约”和英国“布伦特原油期货合约”，支持人民币和美元同时交易。

2020年由于新冠肺炎疫情的影响，各国的经济都受到不同程度的冲击，油价暴跌，美国时间4月21日凌晨，国际油价出现了有史以来的第一次负值，美国芝加哥期货交易所的WTI原油5月期货合约的官方结算价低至-37.63美元/桶。据统计，中行原油宝有6万余客户，按照结算价来计算，这6万余客户的保证金42亿元不仅全部损失，还需要偿还中行58亿元的保证金，总亏损超过90亿元。

面对如此巨大的损失，很多投资者打算提起诉讼。中国银行分别于4月22日、24日和29日发布公告，表示将对客户负责，持续与客户沟通协商，在法律框架下承担相应的责任。5月5日，中行提出了“将承担全部负价亏损，并将根据客户具体情况对强制平仓保证金20%以下的亏损给予差异化补偿”。同时，银保监会也启动立案调查程序对该事件进行调查。

为什么原油宝会发生巨额亏损呢？首先，“原油宝事件”的产生和新冠肺炎疫情有关。我们已经知道，原油宝是挂钩原油期货的一种理财产品。原油期货是石油期货的一种，以远期原油价格为标的物，产生于20世纪70年代。当时正值第四次中东战争爆发，以埃及、叙利亚为首的阿拉伯国家为了夺回被以色列占领的西奈半岛和戈兰高地，打击以色列及其支持者，使得原油价格飙升了2倍多，造成了严重的全球性的经济危机，发达国家的经济增速明显放缓，工业产值普遍降低。在这样的历史背景下，石油期货产生了。经过几十年的发展，原油期货已经成为各国期货市场上一个重要并且成熟的交易品种。

原油期货的一个基本功能就是价格发现。由于期货市场存在着许多的交易者，他们对商品的价格进行分析预测，并通过公开竞价的方式，形成预期的石油基准价格，在市场供求状况的影响下，价格还会继续波动。在这样的方式下，形成的期货价格，被看作国际石油现货市场的参考价格，具有重要的价格导向作用，因此原油期货的价格会直接影响国际油价的变化。在“原油宝事件”之前，原油价格走低已经有了前兆，早在4月5日，美国的原油期货已经跌破20美元，这是自2002年以来的最低值。在新冠肺炎疫情暴发之后，人们的出行大幅度减少，对石油的需求量骤减，导致供需矛盾加剧。原油作为一个高污染性的商品，对存储的技术和空间要求都很高，当供大于求时，原油的储存成本不断提高，最终导致原油价格的暴跌。

“原油宝事件”发生后，在金融圈引起了不小的轰动，有很多之前对金融衍生品不太了解的群众开始疑惑，银行的理财产品究竟是否可信。中行在宣传原油宝的时候，声称本产品适合没有理财基础的“小白”，并在官方的微信公众号中宣传，购买本产品不仅可以对冲驾车成本，在油价下跌时还可以享受额外的收益。银行的工作人员在推销的时候也反复强调，“原油是底价”，早晚会涨。选择购买银行理财的客户很多都是低风险承受者，他们将绝大部分的收入都用来储蓄，相比更为专业的证券公司或者理财机构，他们更愿意相信银行的说法。中国农业大学期货与金融衍生品研究中心的常清认为，本次“原油宝事件”最值得深思的就是专业化与错配的问题。虽然银行发行有信誉，国际化程度高，但是金融衍生品的专业性很强，当市场大环境发生变化的，比如这次的石油期货价格暴跌，银行并没有足够的风险防控措施来应对，以致投资者蒙受巨大损失。

此外，原油宝产品的设计也存在纰漏。因为原油宝属于账户类产品，是不能提取实物的，只能用于投资。在设计的时候没有杠杆，也就是说投资者需要交100%的保证金。同时，该产品的交易起点也比较低，以1桶为起点，递增单位也是1桶，而一般国内的期货都是1 000桶起步。表面上看，100%的保证金率应该能降低风险，但是当结算价为负值的时候，一个看似无杠杆的理财产品会变成杠杆无限放大的定时炸弹，风险也会数倍增加。中行的原油宝和美国的期货交易方式不同，在原油宝的设计中，当投资者有固定的本金时，可以买入多少份额是由报价决定的。如果原油价格为1美元/桶，那么1.5万美元就可以交易1.5万桶，1手为1 000桶就有15手。而美国CME期货交易的保证金是有固定额度的，5月的原油期货在美国CME官网上的保证金为7 500美元，也就是说1手合约需要7 500美元，那么1.5万美元只能买2手。在相同的保证金下，原油价格越低，相对亏损也就越大，这也是原油宝客户在本次事件中损失严重的主要原因。

原油宝的平仓制度也是争议的焦点之一。按照合约规定，客户可以选择在到期日之前手动平仓，也可以在合约到期处理日，按照客户的指示进行移仓或者平仓，如果没有指令，就会按照结算价进行自动平仓。当亏损超过80%，换句话说，当客户的保证金损失至20%时，中行是可以进行强制平仓的。那中行为什么没有为客户平仓呢？根据CME原油行情，在北京时间4月20日晚10时，这是产品的交易截止时间，WTI原油期货的价格为11.15美元/桶。中行如果想要进行平仓或移仓，需要以CME官方的结算价为准，而当时的期货价格并没有达到强制平仓的水平。4月21日凌晨2时，原油期货价格呈断崖式暴跌，最低达到−40美元/桶，最终结算价为−37.63美元/桶，此时中行已经不能进行操作，这也是产品在设计时的交易缺陷，中行没有考虑过油价可能会出现负值，因此并没有提前做好风险防控措施。

资料来源：汪筱琳．从“原油宝穿仓事件”看金融衍生品的市场风险［J］．企业观察家，2020（11）：64-65.

问题：“原油宝事件”反映了哪些问题？

分析提示：从投资者层面来看，存在风险意识不强、缺乏金融专业知识的问题；银行在产品设计上的缺陷和夸张宣传也值得我们警惕；我国金融衍生品市场本身也存在监管体系不完善的问题。

实践训练

本章主要讲授了金融市场的构成要素、结构和功能。为了让学生深入了解金融市场的发展状况，认识金融市场与经济发展的关系，本章的实践训练主要包括以下内容：

1.实训项目：查找资料，比较分析各国金融市场的发展现状。

实训目的：了解各国金融市场的发展趋势。

实训步骤：

（1）查找美国、英国、德国、日本等国家金融市场发展状况的相关资料；

（2）查找我国金融市场发展状况的相关资料；

（3）列出各国金融市场发展的对比情况；

（4）写出我国金融市场与发达国家金融市场的差距及改进建议。

2.实训项目：金融市场与经济发展分析。

实训目的：了解各国金融市场对经济发展的作用。

实训步骤：结合实际写一篇关于金融市场对经济发展作用的短文，要求2 000字左右。

第2章 货币市场

【学习目标】

- 知识目标：通过学习本章内容，理解货币市场的基本含义；了解同业拆借市场的概念、特点及类型，掌握同业拆借市场的运行机制及其管理；熟悉票据的基本类型，掌握票据市场运行的基本内容；了解可转让大额定期存单的含义、特点，理解可转让大额定期存单市场的构成，掌握可转让大额定期存单市场的运行；了解回购协议市场、国库券市场、货币基金市场的含义与特点，掌握这三类市场的运行机制。
- 技能目标：通过学习本章内容，在了解货币市场的发展历史后，能够知道我国货币市场的种类、特征和功能等。

知识结构图

- 货币市场
  - 同业拆借市场
    - 同业拆借市场的概念、特点和分类
    - 同业拆借市场的运行机制
    - 同业拆借市场的功能
    - 同业拆借市场的管理
  - 票据市场
    - 商业票据市场
    - 银行承兑汇票市场
  - 可转让大额定期存单市场
    - 可转让大额定期存单的概念
    - 可转让大额定期存单市场的结构
    - 可转让大额定期存单的发行要素、价格和方式
    - 可转让大额定期存单的转让市场
  - 回购协议市场
    - 回购协议市场的概念及特点
    - 回购协议市场的收益与风险
  - 国库券市场
    - 国库券市场的运行
    - 国库券市场收益率的计算
  - 货币市场基金市场
    - 货币市场基金市场的概念与特征
    - 货币市场基金市场的运行

导入案例

我国货币市场基金现状及发展研究

货币市场基金是指主要投资于一年期以内的货币市场资产的金融产品。相比于成熟金融市场，我国货币基金发展的特点是起步晚但发展迅速，我国首只货币基金于2003年发行，但由于内外等不成熟因素，没有推广开来，直到2013年我国互联网快速发展带动互联网金融的普及才使得货币市场基金爆发式增长，发展至现在已经可以说是最为普及的金融产品之一。

一、我国货币市场基金的发展现状

我国货币市场基金经历了从无到有、稳步发展、快速扩张的阶段，目前货币市场基金行业已走过16个年头，我国的第一只货币市场基金出现在2003年，在首次发行的短短一年里，国内的货币市场基金已经达到14只，并进入了第一个扩张期。

2005年到2010年期间货币市场基金稳步发展，2008年末规模增速达250%，虽然在经过2008年的金融危机后，基金的规模有所收缩，但在2011年金融服务创新以及利率市场化的背景下，货币市场基金进入了发展的快车道，2013年货币市场基金开展了场内“T+0”实时赎回业务，弥补了普通货币市场基金流动受限的缺点，让货币市场基金拥有了可以和活期存款媲美的流动性，与定期存款相当的收益性。它的现金替代品的特点也被更好地体现出来。

不久支付宝联合天弘基金公司推出了余额宝，从此互联网基金业务成了一大热点，货币市场基金迈入了一个新的发展阶段。据统计，截至2018年3月30日，全市场货币基金

共有348只，总规模达到了7.32万亿元（相比上年同期的4.02万亿元增长了82%），而公募基金总规模为11.83万亿元，即货币市场基金占据了公募基金总管理规模的61.88%。

货币市场基金成功成为一种受大众青睐的新颖的理财方式，虽然货币市场基金尚未像发达国家那样的成熟，但是它已经取得良好的业绩，具有一定的盈利能力，同时也促进了金融资产的逐步增加。

二、我国货币市场基金的监管情况

在我国，货币市场基金发展时间不长，体系尚未成熟，依然存在着一些缺陷。为避免这些缺陷给人们带来利益损失，货币市场基金的监管政策在不断地加强升级，在2004年发布的《货币市场基金管理暂行规定》中，规定了货币市场基金的基本投资范围，为货币市场基金的发展构建了一个框架。2015年12月17日，证监会发布的《货币市场基金监督管理办法》于2016年2月正式实施。内容明确规定了流动性资产比例要求，重视信用风险，并且比以往扩大了投资允许范围。

2018年6月发布的《关于进一步规范货币市场基金互联网销售、赎回相关服务的指导意见》，“对T+0赎回业务”做出明确指示。对于单个投资者在单一销售机构持有的货币基金单个自然日“T+0赎回提现”金额限定不得高过上限1万元。基金管理人以及其他的非银行支付机构不得为货币市场基金提供垫付。依照这样的发展趋势，我国的货币市场基金监管政策在一步步地完善，投资者们在将来会面临更小的风险，收获更大的利益。

三、货币市场基金的发展建议

随着互联网经济的蓬勃发展，货币市场基金面临的挑战不断地升级，以前规定设置的法律法规和监管措施的适用性、合理性日渐降低，难以适应我国多变的货币市场基金现状。为了规避由此对人们利益造成的损失，给予以下一些具有针对性的对策：

1.加强各部门之间的合作，提高监管效率

在我国，货币市场基金的结构比较复杂，所以监管主体涉及证监会、中国人民银行、银保监会等多个监管部门，因此要加强各监管部门之间的协调与合作。一方面，各部门要明确各自的监管对象，以免因监管重叠而导致的监管遗漏，对此应加强统计监测，实现资源数据的共享。另一方面，各监管部门应进行对盲区的扫描，要做到精细、谨慎，不能遗漏任一盲点。只有这样，才能构建高效的货币市场基金监管网络，引导货币市场基金健康有序发展。

2.制定并且完善相关的法律法规，推进行业规范

我国的货币市场基金法律体系尚未成熟，可以参考欧美国家成功的案例，结合我国的实际情况，制定有效的管理条例，内容应对投资者强调投资风险，明确投资销售对策，从而使法律体系逐步完善，使货币市场基金稳步发展。

资料来源：花一鑫. 我国货币市场基金现状及发展研究［J］. 价值工程，2020，39（4）：103-104.

这一案例简述了我国货币市场基金的发展现状、监管情况及发展建议。货币市场不同于一般的金融市场，它是短期资金融通市场，是指融资期限在一年以下的金融市场，是金融市场的重要组成部分。货币市场是一个开放的金融市场，但能够进入货币市场融通资金的参与者却只限于资本雄厚、信誉卓著的借款人，如银行、非银行金融机构等。那么，货

币市场是一个什么样的金融市场？有什么类型、特征和功能？其基本运行方式是怎样的呢？这正是本章要向大家介绍的。

2.1 同业拆借市场

同业拆借市场是货币市场的重要组成部分之一。由于其具有期限短、流动性高及利率敏感性强等特点，同业拆借市场已经成为国际国内金融市场中最活跃、交易量最大的市场，在各国中央银行货币政策的实施中发挥着核心作用。

2.1.1 同业拆借市场的概念、特点和分类

1）同业拆借市场的概念

同业拆借市场，是指具有准入资格的金融机构之间进行临时性资金融通的市场。其中从资金多余的金融机构临时借入款项时，称为拆入；而资金多余的金融机构向资金不足的金融机构贷出款项时，则称为拆出。参与同业拆借市场的主体主要是具有准入资格的金融机构。

从传统意义上讲，同业拆借市场是金融机构之间进行临时性“资金头寸”调剂的市场，多为“隔夜融通”或“隔日融通”，即今天借入，明天偿还。而从现代意义上讲，同业拆借市场已成为各金融机构间弥补资金流动性不足和充分、有效运用资金，减少资金闲置的市场，成为金融机构协调流动性与盈利性关系的有效市场。

2）同业拆借市场的特点

同业拆借的交易品种期限短、流动性高、信用要求高，有着不同于其他金融交易的特点：

（1）对进入市场的主体有严格限制。由于同业拆借市场是金融机构通过货币借贷进行短期资金融通而形成的市场，市场规模很大，交易频繁，在货币市场中占有重要地位。同业拆借利率也是货币市场的关键利率，所以，金融监管当局往往对同业拆借市场的准入规定了很严格的要求。凡是参加同业拆借的成员，都必须是经过一国中央银行批准的、经营金融业务的银行和非银行金融机构。例如，中国人民银行在2005年1月21日颁布的《银行业金融机构进入全国银行间同业拆借市场审核规则》中，详细规定了我国银行业金融机构进入全国银行间同业拆借市场的准入要求。又如，中国人民银行在2007年7月9日发布的《同业拆借管理办法》中规定，16类金融机构可以申请进入同业拆借市场，其中，信托公司、金融资产管理公司、金融租赁公司、汽车金融公司、保险公司、保险资产管理公司6类非银行金融机构被首次纳入同业拆借市场申请人的范围。

（2）融资期限较短。同业拆借的期限最长不得超过一年。当然，由于拆借目的不同，不同拆借交易在期限上也存在明显差别。为解决头寸临时不足或头寸临时多余所进行的资金融通，期限很短，一般多为一天或两天，最短为几个小时或隔夜；而为各金融机构弥补短期资金不足和短期资金运用时进行的融通，期限则相对长一些，最长可达一年。同业拆借市场发展到今天，资金拆借已经成为各金融机构弥补短期资金不足和进行短期资金运用的重要手段，成为解决或平衡资金流动性和盈利性矛盾的工具。

（3）完全是一种信用交易。同业拆借市场上的资金拆借一般不需要担保或抵押，完全

是协议和信用交易关系，双方都以自己的信用作担保，都严格遵守交易协议。这一方面是因为同业拆借的期限短，另一方面是因为参与市场拆借的仅限于实力较强、信誉较高的或是相互之间有其他业务往来的银行和其他金融机构。它们一般都能严格遵守有关交易规则，同时也很注重加强信用风险的管理和控制，如为每一个交易对象限定最高信用额度等。因此，同业拆借可以使商业银行在不用保持大量超额准备金的前提下，就能满足存款支付的需要。

（4）交易效率高。当前，发达国家的同业拆借市场都建立了一套高效率的交易机制和结算机制，虽然市场参与者分散在市场的不同角落，但他们都可以通过电话、电脑网络等现代化的通信手段传递信息、询问价格和进行交易，手续比较简便，成交较为迅捷，交易成本很低，市场交易的效率大大提高。如采用电话协商的方式进行拆借，达成协议后，就可以通过各自在中央银行的存款账户自动划账清算；或者向资金交易中心提出供求和进行报价，由资金交易中心进行撮合成交，并进行交割划账。

（5）利率由交易双方议定，可以随行就市。同业拆借市场上的利率可由双方协商，讨价还价，最后议价成交。因此，资金拆借的利率是一种市场利率，或者说是市场化程度最高的利率，能够充分、灵敏地反映市场资金供求的状况和变化。

3）同业拆借市场的分类

同业拆借市场是金融市场的重要组成部分，按照方式的不同，拆借市场可作多种分类：

（1）按有无担保，可分为有担保的拆借市场和无担保的拆借市场。有担保的拆借市场是指以担保人或担保物作为安全或防范风险的保障而进行的资金拆借融通，通常以承兑汇票、短期债券、国库券等具有较高流动性和安全性的资产作为抵押。有担保拆借多采用回购协议的方式，即拆出方向拆入方交付现金，拆入方以持有的有价证券作抵押担保。与此同时，交易双方签订证券回购协议，约定在未来某一时间以某一价格再进行反向的交易。当拆借期满时，拆入方按约定的价格和利率归还现金，拆出方则交回担保物。有担保拆借一般适用于较长期限及资信一般的金融机构之间的拆借。

无担保拆借市场是指不需要提供担保物的拆借，属于信用放款，多用于一天或几天内的拆借，拆出和收回一般通过在中央银行的账户直接转账完成。无担保拆借一般适用于较短期限及资信较高的金融机构之间的拆借。

（2）按组织形式，可分为有形拆借市场和无形拆借市场。有形拆借市场是指拆借业务在固定场所通过专门拆借中介机构进行集中交易。由于拆借经纪机构集中经营，因而交易效率较高，且较为公平和安全。日本的短资公司是比较典型的有形拆借市场。

无形拆借市场是指没有固定的地点与场所，由拆借双方通过电话、电报、电传等通信方式直接洽谈成交。美国的联邦基金市场是比较典型的无形拆借市场，它是一个电话市场，以联邦基金进行拆借的金融机构通过电话联系，在中央银行账户上直接进行拆借交易。

（3）按交易性质，可分为头寸拆借市场和同业借贷市场。头寸拆借，是指银行在经营过程中常出现短暂的资金时间差和空间差，出现有的银行收大于支，即多头寸，有的银行支大于收，即少头寸的情况。多头寸的银行想要多余资金生息，少头寸的银行则需要拆入资金补足差额。这样，银行间的头寸拆借就产生了。

同业借贷，是指银行等金融机构之间因为临时性和季节性的资金短缺而相互融通调剂，以利于业务经营。对借入行来说，同业借贷是其拓展资产业务、增加贷款能力以取得更多收益的又一资金来源。对贷出银行来讲，同业借贷是其投放部分闲置资金的手段，可以增强其资产的流动性和收益性。同业借贷因其借贷资金额较大，属于金融机构之间的批发业务。

小思考 2-1

同业借贷和头寸拆借之间的区别是什么？

提示：同业借贷与头寸拆借之间的最大区别在于融通资金的用途不同。同业借贷是调剂临时性、季节性的业务经营资金短缺；头寸拆借则是为了轧平票据交换头寸、补足存款准备金和减少超额准备而进行的短期资金融通。同业借贷较之头寸拆借的期限要长。

拓展阅读 2-1　同业拆借市场的形成

同业拆借市场最早出现于美国，其形成的根本原因在于法定存款准备金制度的实施。按照美国1913年通过的《联邦储备法》的规定，加入联邦储备银行的会员银行，必须按存款数额的一定比率向联邦储备银行缴纳法定存款准备金。而由于清算业务活动和日常收付数额的变化，总会出现有的银行存款准备金多余，有的银行存款准备金不足的情况。存款准备金多余的银行需要运用多余部分，以获得利息收入，而存款准备金不足的银行又必须设法借入资金以弥补准备金缺口，否则就会因延缴或少缴准备金而受到央行的经济处罚。在这种情况下，存款准备金多余和不足的银行，在客观上需要互相调剂。于是，1921年在美国纽约形成了以调剂联邦储备银行会员银行的准备金头寸为内容的联邦基金市场。

在经历了20世纪30年代的第一次资本主义经济危机之后，西方各国普遍强化了中央银行的作用，相继引入法定存款准备金制度作为控制商业银行信用规模的手段，与此相适应，同业拆借市场也得到了较快发展。在经历了长时间的运行与发展过程之后，当今西方国家的同业拆借市场，较之形成之时，无论在交易内容开放程度方面，还是在融资规模等方面，都发生了深刻变化。拆借交易不仅仅发生在银行之间，还扩展到银行与其他金融机构之间。从拆借目的看，已不仅仅限于补足存款准备金和轧平票据交换头寸，金融机构如在经营过程中出现暂时的、临时性的资金短缺，也可进行拆借。更重要的是同业拆借已成为银行实施资产负债管理的有效工具。由于同业拆借的期限较短，风险较小，许多银行都把短期闲置资金投放于该市场，以利于及时调整资产负债结构，保持资产的流动性。特别是那些市场份额有限、承受经营风险能力脆弱的中小银行，更是把同业拆借市场作为短期资金经常性运用的场所，力图通过这种做法提高资产质量，降低经营风险，增加利息收入。

资料来源：佚名．同业拆借市场的形成［EB/OL］．［2019-06-18］．https：// www.zdcj.net/jiaoyizhinan-15700.html.

2.1.2　同业拆借市场的运行机制

1）同业拆借市场的参与者

由于同业拆借市场是金融机构之间进行资金头寸融通的市场，所以，能够进入该市场的一般是金融机构。也可以说，金融机构是同业拆借市场上的主要参与者。但各个国家在同业拆借市场的准入条件上会有各自不同的标准，有时也会根据具体情况对准入标准进行调整。从整体上分析，同业拆借市场的参与者大致可以分为以下几类：

（1）资金需求者。从大多数国家的情况来看，在同业拆借市场拆入资金的多为大型商业银行。大型商业银行之所以成为同业拆借市场上的主要资金需求者，主要有两方面的原因：一方面，大型商业银行作为一国金融组织体系中的主体力量，承担着重要的信用中介和支付中介职能，同时又是中央银行金融调控的主要对象，其在运营过程中会经常出现准备金头寸、清算头寸及短期资金不足的现象，因此有进入同业拆借市场的主观要求和基本动力；另一方面，进入拆借市场融资的拆入方一般无须提供抵押或担保，因而该市场对拆入方的信誉要求很高，大型商业银行则恰恰具有雄厚的资金实力和良好的社会信誉，而实力差、资信低者，很快就会被逐出市场。

当然，同业拆借市场上的资金需求者并不仅仅是大型商业银行，进入拆借市场融资手续简便、快捷，且无须缴纳法定存款准备金，这为其他商业银行施行主动性负债和流动性管理提供了有利条件。除大型商业银行外，一些非银行金融机构也通过拆借市场取得资金。

（2）资金供给者。同业拆借市场上的资金供给者，主要是有多余超额储备的金融机构，包括大型商业银行、地方性中小银行及非银行金融机构等。这些金融机构将暂时多余的超额储备在拆借市场上拆借出去，一方面可获得利息收入，提高资产的盈利能力；另一方面，由于资金拆借期限较短，风险较小，可以实现当前市场利率，又可及时收回资金，补充流动性，从而实现有效的资产负债管理。

（3）中介机构。这是指在资金需求者与资金供给者之间起媒介作用的市场中介机构。中介机构收集和储存市场各类资金供求信息和拆借行情信息，沟通拆借双方并促成交易，其在引导资金合理流动、平衡市场供求关系方面发挥着重要作用，对同业拆借市场的正常运行和健康发展是必不可少的。从这个意义上也可以说，同业拆借市场中介机构队伍的存在和发展壮大，是建立结构健全、运作规范的同业拆借市场的基本条件，是同业拆借市场走向成熟的重要标志。

同业拆借市场的中介机构可以分为两类：一类是专门从事拆借市场中介业务的专业性中介机构；另一类是非专门从事拆借市场中介业务的兼营机构，多由大型商业银行担当，这些大型商业银行在市场上资信好、信誉高，所以不论是作为拆借市场的主要资金需求者还是作为拆借市场的中介机构，都是值得信赖的，可以在直接拆出、拆入资金的同时，代理其他小银行及非银行金融机构拆出或拆入资金。

（4）中央银行与金融监管机构。中央银行与金融监管机构也是同业拆借市场的重要参与者。同业拆借市场是中央银行货币政策传导的重要市场环节。由于同业拆借市场在货币市场中的基础作用，同业拆借市场也是各国金融监管部门的重要监管对象。中国人民银行和中国银行业监督管理委员会在我国同业拆借市场上分别发挥着中央银行与金融监管部门的角色。

近年来，我国同业拆借市场在不断走向规范的同时，市场交易主体也在逐步增加，目前已经发展到700多家。其中不仅有商业银行、政策性银行、外资银行，还包括了保险公司、信托公司、证券公司、基金管理公司、财务公司和信用社在内的非银行金融机构。市场交易成员的扩大，尤其是成员类型的增多，为活跃我国同业拆借市场的交易创造了不可或缺的条件。

拓展阅读 2-2　我国同业拆借市场发展

我国的同业拆借始于1984年。1984年以前，我国实行的是高度集中统一的信贷资金管理体制。银行间的资金余缺只能通过行政手段纵向调剂，而不能自由地横向融通。1984年10月，我国针对中国人民银行专门行使中央银行职能，二级银行体制已经形成的新的金融组织格局，对信贷资金管理体制也实行了重大改革，推出了统一计划，划分资金，实贷实存，相互融通的新的信贷资金管理体制，允许各专业银行互相拆借资金。新的信贷资金管理体制实施后不久，各专业银行之间，同一专业银行各分支机构之间即开办了同业拆借业务。不过，由于当时实行严厉的紧缩性货币政策，同业拆借并没有真正广泛地开展起来。1986年1月，国家体改委、中国人民银行在广州召开金融体制改革工作会议，会上正式提出开放和发展同业拆借市场。同年3月国务院颁布的《中华人民共和国银行管理暂行条例》，也对专业银行之间的资金拆借作出了具体规定。此后，同业拆借在全国各地迅速开展起来。1986年5月，武汉市率先建立了只有城市信用社参加的资金拆借小市场，武汉市中国工商银行、中国农业银行和中国人民银行的拆借市场随之相继建立。不久，上海、沈阳、南昌、开封等大中城市都形成了辐射本地区或本经济区的同业拆借市场。到1987年6月底，除西藏外，全国各省、自治区、直辖市都建立了不同形式的拆借市场，初步形成了一个以大中城市为依托的，多层次的，纵横交错的同业拆借网络。

1988年9月，面对社会总供求关系严重失调，储蓄存款严重滑坡，物价涨幅过猛的严峻的宏观经济和金融形势，国家实行了严厉的“双紧”政策，同业拆借市场的融资规模大幅度下降，某些地区的拆借市场甚至关门歇业。到1992年，宏观经济、金融形势趋于好转，全国各地掀起一轮新的投资热潮。同业拆借市场的交易活动也随之活跃起来，交易数额节节攀升。1993年7月，针对拆借市场违章拆借行为频生，严重扰乱金融秩序的情况，国家开始对拆借市场进行清理，要求各地抓紧收回违章拆借资金，于是，市场交易数额再度萎缩。1995年，为了巩固整顿同业拆借市场的成果，中国人民银行进一步强化了对同业拆借市场的管理，要求跨地区、跨系统的同业拆借必须经过人民银行融资中心办理，不允许非金融机构和个人进入同业拆借市场，从而使同业拆借市场得到了进一步规范和发展。1995年11月中国人民银行发布通知，要求商业银行在1996年4月1日前撤销其所办的拆借市场。这一措施为建立全国统一的同业拆借市场奠定了坚实的基础。1996年1月3日，经过中国人民银行长时间的筹备，全国统一的银行间同业拆借市场正式建立。

中国同业拆借市场的产生与发展是与金融经济改革的脚步相伴随的。1981年中国人民银行就首次提出了开展同业拆借业务，但直到1986年实施金融体制改革，打破了集中统一的信贷资金管理体制的限制，同业拆借市场才得以真正启动并逐渐发展起来。从1986年至今，中国拆借市场的发展大致经历了三个阶段：

（1）起步阶段

1986年至1991年为中国同业拆借市场的起步阶段。这一时期拆借市场的规模迅速扩大，交易量成倍增加，但由于缺乏必要的规范措施，拆借市场在不断扩大的同时，也产生了一些问题。如经营资金拆借业务的机构管理混乱、利率居高不下、利率结构严重不合理、拆借期限不断延长，违反了短期融资的原则等。对此，1988年，中国人民银行根据国务院指示，对同业拆借市场的违规行为进行了整顿，对融资机构进行了清理。整顿后，拆借市场交易量保持了不断上升的势头。

（2）高速发展阶段

1992年到1995年为中国同业拆借市场高速发展的阶段。各年的成交量逐年上升，但在1992年下半年到1993年上半年，同业拆借市场又出现了更为严重的违规现象。大量短期资金被用于房地产投资、炒买炒卖股票，用于开发区上新项目，进行固定资产投资，市场机构重复设置，多头对外，变短期资金为长期投资，延长拆借资金期限，提高拆借资金利率。这种混乱状况造成了银行信贷资金大量流失，干扰了宏观金融调控，使国家重点资金需要无法保证，影响了银行的正常运营，扰乱了金融秩序。为扭转这一混乱状况，1993年7月，中国人民银行先后出台了一系列政策措施，对拆借市场全面整顿，大大规范了拆借市场的行为。拆借交易量迅速下降，利率明显回落，期限大大缩短，市场秩序逐渐好转。

（3）完善阶段

1996年至今为中国同业拆借市场的逐步完善阶段。1996年1月3日，中国人民银行正式启动全国统一同业拆借市场，中国的拆借市场进入了一个新的发展阶段。最初建立的统一拆借市场分为两个交易网络，即一级网络和二级网络。中国人民银行总行利用上海外汇交易中心建立起全国统一的资金拆借屏幕市场。它构成了中国银行间同业拆借的一级网络。一级网络包含了全国15家商业银行总行、全国性金融信托投资公司以及35家融资中心（事业法人）。二级网络由35家融资中心为核心所组成，进入该网络交易的是仅商业银行总行授权的地市级以上的分支机构、当地的信托投资公司、城乡信用社、保险公司、金融租赁公司和财务公司等。1996年3月1日之后，随着全国35个二级网络与一级网络的联通，同业拆借市场成交量明显跃升。至此，中国统一的短期资金拆借市场的框架已基本形成。中国同业拆借市场增强了商业银行潜在的流动性能力，通过同业拆借市场来调剂头寸已成为商业银行的首选方式。至1997年12月，银行间同业拆借市场一级网络成员共96家，其中商业银行总行16家，城市商业银行45家，融资中心35家。

1998年6月，中国人民银行正式决定逐步撤销融资中心。

2002年，中国人民银行为了加快货币市场的建设，又陆续出台了一系列支持货币市场发展的政策措施。

2007年8月，中国实行《同业拆借管理办法》，全面调整了同业拆借市场的准入管理、期限管理、限额管理、备案管理、透明度管理、监督管理权限等规定。包括：

①放宽市场准入条件，除银行类金融机构之外，绝大部分非银行金融机构首次获准进入拆借市场。其中，主要包括信托公司、金融资产管理公司、金融租赁公司、汽车金融公司、保险公司、保险资产公司共6类。

②放大机构自主权，适当延长了部分金融机构的最长拆借期限，简化了期限管理档次。根据《同业拆借管理办法》，在限额管理上，调整放宽了绝大多数金融机构的限额核定标准，总共分为5个档次；而拆借期限针对不同金融机构分为3档，从7天到1年不等。

③规定了同业拆借市场参与者的信息披露义务、信息披露基本原则、信息披露平台、信息披露责任等。《同业拆借管理办法》还明确了同业拆借中心在公布市场信息和统计数据方面的义务，为加强市场运行的透明度提供了制度保障。

资料来源：佚名．我国同业拆借市场发展历程［EB/OL］．［2020-04-23］．https：// www.docin.com/p-1512741232.html.

2）同业拆借市场的交易程序

（1）准备金的预测与管理。同业拆借市场拆借的资金是拆借银行在中央银行存款账户上的准备金余额。参与同业拆借的第一步，就是对影响准备金变化的因素进行预测，将所有资金流入量和流出量相抵后，得出准备金的变动数额和余额，从而计算出是否要在同业拆借市场上买入或卖出资金，以及买卖资金的数额。

小知识2-1

哪些因素可以影响准备金的变化？

提示：准备金的变化受到多种因素的影响，银行客户存款的变化、代理行存款的变化、银行贷款的发放与回收以及回购协议的签订等因素，都会导致流动资金的变化，从而导致准备金余额的变化。

（2）同业拆借利率的确定和利息的计算。

第一，同业拆借利率的确定。同业拆借的利率因关系人不同而分为两种情况：一种是由拆借双方当事人协定，而不通过公开市场竞价来确定。这种机制下形成的利率弹性较大，主要取决于拆借双方拆借资金愿望的强烈程度。另一种是拆借双方借助于中介机构通过公开竞价来进行确定。这种机制下形成的利率弹性较小，主要由中介机构根据市场中拆借资金的供求状况来决定。但无论哪种情况，拆借利率的确定和变化，都要受制于银根松紧、中央银行的货币政策意图、货币市场其他金融工具的收益率水平、拆借期限、拆入方的资信情况等多方面因素。同业拆借的拆款按日计息。拆借利息额占拆借本金的比例称为拆借利率。拆借利率每天不同，甚至每时每刻都有变化，其高低灵敏地反映着货币市场资金的供求状况。

如同外汇买卖有两个价格一样，同业拆借也有两个利率：拆入利率和拆出利率。拆入利率表示银行愿意借款的利率，写在利率报价单的前面；拆出利率表示银行愿意贷款的利率，写在利率报价单的后面。一家银行的拆入（借款）利率，实际上也就是另一家银行的拆出（贷款）利率。同一家银行的拆入利率和拆出利率相比，拆入利率永远小于拆出利率，其差额就是银行的收益。

同业拆借利率一般低于中央银行的再贴现率。不过，当中央银行实行从紧的货币政策，金融机构向中央银行申请贷款较为困难时，只能从同业拆借资金以应急需，这样就会出现同业拆借利率高于再贴现率的现象。

第二，同业拆借利息的计算。在同业拆借中，当拆借金额和拆借利率确定后，同业拆借的利息就取决于生息的天数和基础天数。其中，基础天数是指一年的天数，生息天数是指借款实际使用的天数。目前，国际上对生息天数和基础天数的计算方法有不同的习惯。基础天数有两种计算方法：一种是把1年中的12个月每个月都当作30天，而不管实际的天数，即1年固定按360天计算；另一种是把具体年份的日历天数作为基础天数，平年按

365天计算，闰年按366天计算。同样，生息天数也有两种计算方法：一种是把生息月份的每个月都按30天计算；另一种是把生息月份的日历天数作为生息天数。不同的计算方法得出的利息数是不同的。同业拆借利息的基本计算公式是：

拆借利息=拆借金额×拆借利率×（生息天数÷基础天数）

第三，选择交易方式。交易方式包括通过中介机构的同业拆借和不通过中介机构的同业拆借。通过中介机构的同业拆借又可分为通过中介机构的同城同业拆借和通过中介机构的异地同业拆借。

第四，支付工具。一般而言，同业拆借市场中可以使用以下几种支付工具：

①本票，即由出票人自己签发，约定自己在指定日期无条件支付一定金额给收款人或持票人的凭证。它是同业拆借市场最常用的支付工具之一。本票的计算方式是：由资金短缺银行开出本票，凭本票向资金盈余银行拆借；奖金盈余银行接到本票后，将中央银行的资金支付凭证交换给资金拆入行，以抵补其当日所缺头寸。这种由拆出行交换给拆入行的中央银行支付凭证，通称为“今日货币”。

②支票，是同城结算的一种凭证，也是同业拆借市场最通用的支付工具之一。拆入行开出本银行的支票，到次日才能交换抵补所缺头寸，故支票也称为“明日货币”。

③承兑汇票，即经过办理承兑手续的汇票，由借入行按规定要求开具承兑汇票交拆出行，凭票办理拆借款项，到期后拆出行凭票收回款项。

小思考 2-2

本票、汇票、支票的区别是什么？

提示：(1) 从性质来看：支票、汇票属于委托证券，本票属于自付证券。(2) 从基本当事人来看：支票、汇票的基本当事人有出票人、付款人、收款人，而本票的基本当事人只有出票人和收款人。(3) 从分类来看：支票的分类有普通支票、现金支票、转账支票；汇票的分类有银行汇票、商业汇票（商业承兑汇票、银行承兑汇票）；本票的分类有银行本票（定额银行本票、不定额银行本票）、商业本票。(4) 从提示付款期限来看：支票的付款期限只有10天；汇票的付款期限为1个月；本票的付款期限为2个月。

④同业债券，是拆入单位向拆出单位发行的一种债券，主要是用于拆借期限超过4个月和资金额较大的拆借。同业债券可在金融机构之间相互转让。

⑤转贴现，是银行同业之间融资的一种方式。在拆借市场上，银行贴现商业票据后，如头寸短缺，也可将贴现票据转给其他银行再贴现，以抵补其短缺头寸。

⑥资金拆借，是横向资金融通通常使用的一种支付凭证。由拆入方同拆出方商妥后，拆入方出具加盖公章和行长章的“资金拆借借据”给资金拆出方，经拆出方核对无误后，将该借据的三、四联加盖印章后给拆入方，同时划拨资金。

3）同业拆借市场的交易方式

同业拆借市场虽然在拆借额度、利率等方面受到中央银行的调控和影响，但在其具体的运作机理上一般根据双方意愿及传统惯例来确定。根据交易组织形式和拆借双方所处的地理位置的差异，同业拆借市场的交易方式可以分为以下几种：

（1）通过中介机构的同业拆借。根据交易双方所处地理位置的差异，通过中介机构的同业拆借又可分为通过中介机构的同城同业拆借和通过中介机构的异地同业拆借。

①通过中介机构的同城同业拆借。在同一城市或地区的金融机构通过中介机构进行拆借，多是以支票作媒介的。以隔夜拆借为例，当拆借双方协商成交后，拆入行签发由自己付款的支票，支票面额为拆入金额加上次营业日为止的利息（有些国家的惯例是利息另开一张支票）。拆入行以此支票与拆出行签发的以中央银行为付款人的支票进行交换。支票交换后，通知同城中央银行分支机构在内部转账，借记卖方账户，同时贷记买方账户，拆入行在中央银行的存款增加，拆出行在中央银行的存款减少。次日，拆入行签发由自己付款的支票，由拆出行提交票据，在票据交换以后，再以拆入行在中央银行的存款清算，用反方向的借贷冲账。其交易程序如图2-1所示。

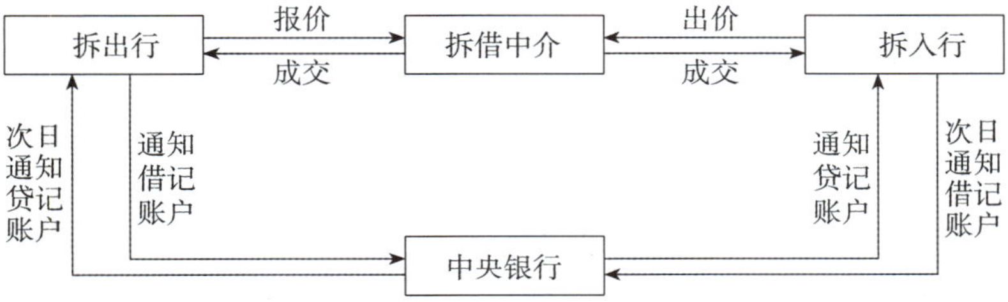

图2-1　通过中介机构的同城同业拆借

②通过中介机构的异地同业拆借。所处不同城市或地区的金融机构进行异地同业拆借，其交易程序大体上与同城的同业拆借程序相同，有所区别的主要是：拆借双方无须交换支票，仅通过中介机构以电话协商成交；成交后，拆借双方通过各自所在地区的中央银行资金清算系统划拨转账。其交易程序如图2-2所示。

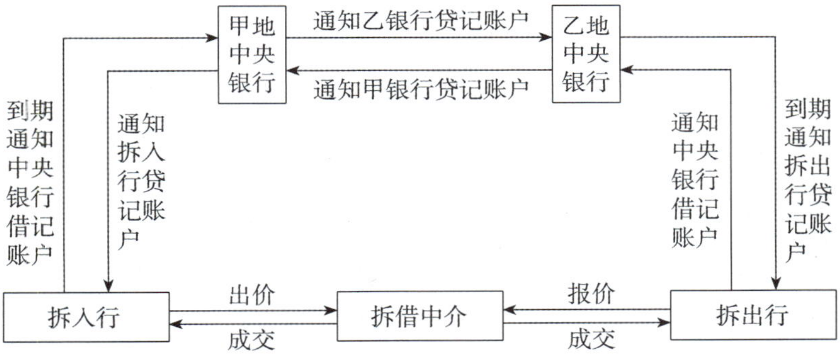

图2-2　通过中介机构的异地同业拆借

以上两种通过中介机构的同业拆借，既包括通过市场经纪公司的拆借，也包括通过代理银行媒介的拆借，其交易程序如图2-3所示。

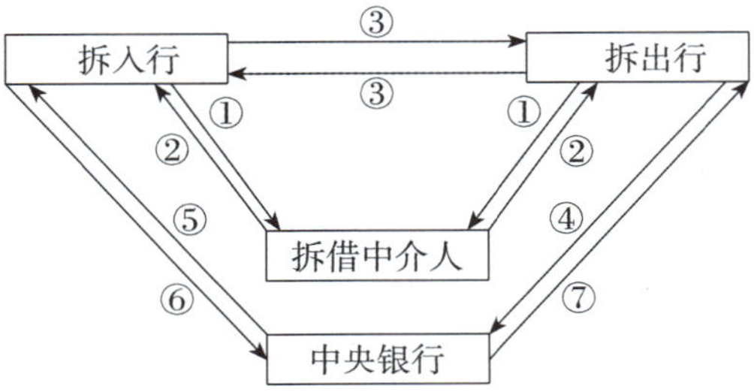

图2-3　通过中介机构的同业拆借程序

图2-3中，①表示拆出行通知中介人，告诉中介人自己可以拆出资金的数量、利率期

限，同时，拆入行通知拆借中介人自己需要的资金数量、期限、利率；②表示中介人将双方的信息进行整理后将适宜的情况分别通知拆借双方；③表示拆借双方按照中介人提供的情况直接与对方进行协商；④、⑤表示拆借双方协商一致，同意拆借成交后，拆出行将自己在中央银行存款账户上的可用资金划转到拆入行账户上；⑥、⑦表示当拆借到期后，拆入行把自己在中央银行存款账户上的资金划转到拆出行的账户上。

通过中介机构的同业拆借，既包括通过拆借市场经纪公司（经纪人）的拆借，也包括通过代理银行媒介的拆借。委托中介机构拆借一般要给中介机构一些手续费。有些国家是以拆出和拆入的利差代替的，如日本短资公司，每日上午9时营业开始，即根据当日资金供求状况公布拆借利率，通常公布的是资金拆出者所希望的利率，短资公司再加0.625%作为确定的拆入利率，利差为短资公司收取的手续费。还有些国家的中介机构有专门的手续费制度。

（2）不通过中介机构的同业拆借。其交易程序和过程与前面所述有中介机构的拆借程序和过程大同小异，所不同的是：后者是双方直接洽谈协商，不通过专门的中介机构，成交后相互转账，增减各自账户上的存款。其交易程序如图2-4所示。

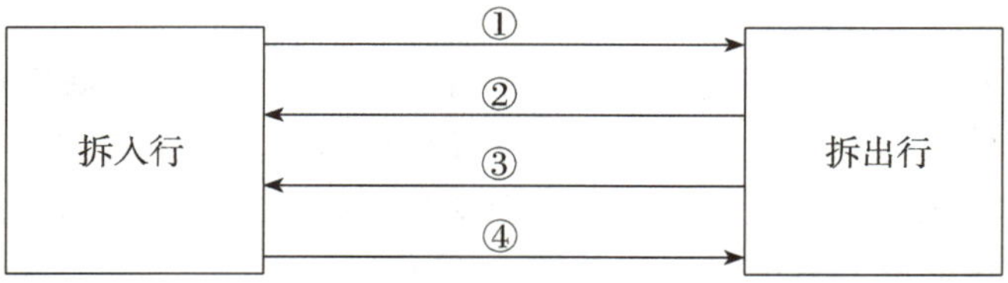

图2-4　不通过中介机构的同业拆借程序

图中，①、②表示拆出机构与拆入机构直接联系，互报拆借资金条件；③表示成交后拆出机构把资金划转至拆入机构；④表示到期按相反方向划账。

相关知识2-1　我国头寸融资操作程序

1）业务主体

我国头寸融资的业务主体包括：国有及股份制商业银行、城市商业银行、外资银行、国家政策性银行、农村信用合作联社、城市信用社、基金公司、证券公司、信托公司、金融租赁公司、财务公司、保险公司等。

2）实务操作

（1）市场准入。金融机构进入全国银行间拆借市场需经中国人民银行审批，其中商业银行及其授权分行、外资银行、证券公司和财务公司等金融机构由中国人民银行总行审批，农村信用社和城市信用社则由中国人民银行总行授权的分支机构依据属地管理的原则进行审批。金融机构经中国人民银行批准成为全国银行间拆借市场交易成员后，其拆借限额由批准其进入市场的中国人民银行核定。中国人民银行同意金融机构加入全国银行间拆借市场的批文将被发送至交易中心，交易中心以此为依据安排交易成员的交易员培训和联网交易。

（2）联网交易前的准备。金融机构获得银行间市场交易成员资格后，需随即着手交易前的准备工作：一是通过选送业务人员参加交易中心统一组织的交易员培训，从而具备至少2名拥有交易员资格证书的交易员；二是选择联网方式；三是配置交易必需的计算机设备。

(3) 联网手续。交易成员在完成交易员培训与硬件配置等联网准备工作后，即可向交易中心市场二部提交联网申请。

(4) 向市场披露本方机构有关基本信息。经中国人民银行批准或通过备案成为银行间市场成员的各类机构依据《全国银行间债券市场债券交易规则》和中国人民银行的有关规定，均需通过“中国货币网”定期披露资产负债表、利润表和基本情况一览表等反映经营和资产状况的财务报表。

(5) 获得用户名和登录口令。为了保证交易和信息的安全，交易成员和信息系统用户均需使用用户名和密码等安全措施，经检验无误后方可登录交易系统和中国货币网。

(6) 日常交易前的准备。每日入市交易前，至少应该完成以下准备工作：①拟定交易规划，确定操作目标；②熟悉潜在的交易对手；③了解市场最新动态。

(7) 报价、询价和成交。

第一，公开报价。交易系统开市后，交易员应该尽快通过交易系统把本方拆借交易的意向向市场发布，这就是公开报价。公开报价不能直接成交，必须将其转为对话报价并经双方交谈才能成交。

第二，对话报价。它是指交易过程中向特定交易成员的交易员所做的报价。交谈过程中只要拥有交谈权的一方同意对方报价，即可确认成交。

第三，小额报价。交易系统还为交易成员提供了一种更为便利的交易方式——小额报价。如果满足交易数量和交易对手的要求，其他交易成员可以直接通过点击成交，无须经过询价过程。

(8) 交易后的资金清算。全国银行间同业拆借市场的资金清算按双边逐笔全额直接清算、自担风险的原则办理，即交易成员按照成交通知单所载明的有关内容，在规定的起息日自行向交易对手方逐笔全额办理资金清算，由此产生的风险由交易成员自行承担。

在中国人民银行各地分、支行开立人民币基本账户的交易成员，其与交易对手之间人民币资金的异地清算通过中国人民银行电子联行系统办理，人民币资金的同城清算通过当地人民银行票据交换等途径办理。

2.1.3 同业拆借市场的功能

在发达的市场经济国家，同业拆借市场已经成为货币市场中最活跃、最主要的市场，在促进国家的经济发展、增强中央银行货币政策的有效性、保障国家金融体系的安全运行方面发挥着积极作用。其具体表现为：

(1) 满足了金融机构实现流动性的需要。良好的流动性是金融机构实现经营安全性的前提。通过同业拆借市场，金融机构既可以及时地获得短期的资金来源，弥补资金的缺口，从而满足流动性的需要；同时又可避免通过低价出售资产来维持流动性的不足，从而在一定程度上保障了金融机构的经营安全。因此，金融机构通过同业拆借加强了资产的流动性和经营的安全性，优化了资产负债的组合。

(2) 提高金融机构的资产盈利水平。金融机构运行的原则之一就是在保证自身安全性、流动性的前提下，追求最大限度的盈利。通过拆借市场，一方面，可以使金融机构将暂时盈余的资金头寸及时贷放出去，减少资金的闲置，由此增加资产的总收益；另一方面，也可以使金融机构不必为了维持一定的法定准备金而刻意保持较多的超额储备资金。这使金融机构有能力来更充分、更有效地运用所有资金，适当增加盈利性资产的比重，提高总资产的盈利水平。另外，同业拆借市场的存在也有利于金融机构灵活调整流动性储备，使资产组合的平均及整体盈利水平提高。

（3）及时反映资金供求的变化。同业拆借利率作为拆借市场上的资金价格，是货币市场的核心利率，也是整个金融市场上具有代表性的利率，在整个利率体系中处于相当重要的地位。它能够及时、灵敏、准确地反映货币市场乃至整个金融市场的资金供求关系，因此，同业拆借市场的利率也就成了体现资金供求状况的一个重要指标。同业拆借利率的水平及其变化，可以反映出整个金融市场利率的变动趋势以及资金的供求状况，对货币市场上其他金融工具的利率具有重要的导向和牵动作用。拆借利率的升降，会引导和牵动其他金融工具的利率同步升降。因此，同业拆借市场上的利率也经常被看成基础利率，各金融机构的存放款利率都在此利率基础上进行确定。比如，国际上广为使用的伦敦银行同业拆借利率（简称LIBOR）就被欧洲货币市场、美国金融市场及亚洲美元市场作为基础利率来确定其他各种利率水平。

拓展阅读2-3　LIBOR改革的主要历程

一、美元LIBOR的替代改革

2014年，纽约联储牵头成立了推进美元LIBOR替换的替代参考利率委员会（ARRC）。经过2年多的研究和论证，ARRC于2017年6月从六类备选利率中选定了有担保隔夜融资利率（SOFR）替代美元LIBOR，由纽约联储负责编制和发布SOFR。2018年5月，芝加哥商品交易所（CME）正式推出SOFR期货，并推出了挂钩SOFR的隔夜指数掉期（OIS）。2019年，ARRC发布了SOFR公布一年来的发展与展望，并在工作论文中发布了SOFR期限利率的参考计算方式。SOFR是覆盖美国国债回购交易最广泛的利率：一方面，其交易规模庞大，与其挂钩的日均资金交易量近万亿美元；交易主体广泛，包括银行、保险公司、货币市场基金、经纪商等。另一方面，SOFR衍生品市场流动性日益增强，市场规模不断提升。截至2020年一季度末，SOFR期货未平仓名义本金达到2万亿美元，季度成交量为16.8万亿美元。美国银行业已开始发行与SOFR挂钩的浮息债券。2019年10月，中国银行发行首支与SOFR挂钩的中资行外币债券。

二、英镑LIBOR的替代改革

英格兰银行于2015年3月发起成立英镑无风险利率工作组（RFR），分别选定了有担保隔夜抵押利率和无担保隔夜信用利率。其中，有担保隔夜抵押利率分别备选了英镑回购指数利率（RIR）和英镑隔夜抵押交易利率（SONET），无担保隔夜信用利率备选了无担保拆借交易生成的英镑隔夜指数平均利率（SONIA）。2015年11月，英格兰银行着手对SONIA进行系列改革，包括管理和发布机构、交易基础的范围、计算方法的调整等；2016年4月，英格兰银行成为SONIA的管理者，负责计算和发布SONIA；2017年4月，英镑RFR工作组建议采用改革后的SONIA作为替代英镑LIBOR的基准利率，主要基于SONIA的四个特点：坚实的交易基础、价格相对稳定、具备一定的市场基础、与政策利率关联度高；2017年7月，FCA宣布，英国将采用改革后的SONIA作为新的基准利率；2018年4月，SONIA指数正式公布，并于同年7月，发售了首笔与SONIA挂钩的浮动利率票据；2019年6月，英格兰银行发布LIBOR过渡进展回顾及未来计划，基准利率替代改革在各种产品中稳步推进。目前，SONIA挂钩浮动利率票据在英镑浮动利率金融产品中占主要地位，SONIA复合指数在英国债券市场的应用也日益广泛。

三、欧元LIBOR的替代改革

欧洲银行间同业拆借利率（EURIBOR）与欧元隔夜指数平均利率（EONIA）是欧元区两种重要的基准利率。2017年9月，欧元RFR工作组成立，初步选定以EONIA作为近似欧元无风险利率；2018年6月，欧元RFR工作组指出，由于欧元区拆借交易下降明显，已从2008年金融危机前的350亿欧元降至2018年的50亿欧元，且拆借交易由少数几家银行主导，故EONIA不适合作为无风险基准利率。此后，欧元RFR工作组提出欧元短期利率（ESTER）、一般抵押延迟利率（GC Pooling Deferred）、再回购基金利率（Repo Funds Rate）作为无风险基准利率的三种备选利率；2018年9月，欧元RFR工作组宣布，确定采用ESTER替代EONIA，作为新的欧元无风险利率。ESTER反映的是欧元区银行在无担保隔夜市场中的资金借贷成本，是一个新的批发属性的拆借利率。

2019年5月，欧洲央行发布从EONIA到ESTER的法律行动计划，提出衍生交易、抵押协议和现金产品涉及EONIA的遗留与新合同解决办法。欧洲央行2019年10月2日首次对外发布ESTER。目前，原使用EONIA定价的合同将采用ESTER加点的方式进行利率转换，且EONIA也被重新定义为ESTR+8.5BP作为存量协议的利率。而EURIBOR已于2019年7月起启用新的混合方法生成，引入了“瀑布法则”（该法则是生成利率报价的一种方法，即在正常情况下主要基于实际交易利率报价；但当实际交易量无法满足特定要求时，可参考专家意见进行报价），以进一步提高其可靠性。改革后的EURIBOR预期将与ESTER共同存在。

资料来源：付英俊．LIBOR改革的最新进展及启示［J］．中国外汇，2020（23）：27-29.

（4）为中央银行有效实施货币政策提供了重要渠道。同业拆借市场与其他货币市场有着十分密切的联系，在中央银行货币政策的实施中发挥着核心的作用。这是因为同业拆借市场利率能够及时反映资金的供求状况，反映金融机构头寸或银根松紧的程度，进而反映出金融机构进一步扩张信贷及货币供应量的能力，因此，中央银行可以通过调节存款准备金率，提高或减少商业银行缴存准备金的数量，使同业拆借市场银根抽紧或放松，使利率上扬或下降，进而带动其他利率变动，最后使信贷需求、投资需求、消费需求发生变化，从而控制商业银行的信贷能力与规模，实现其既定的货币政策目标。正因为如此，同业拆借利率成为经济中反映整个信贷资金供求状况的一个非常敏感的指标，也成为中央银行货币政策的重要参考依据。

2.1.4 同业拆借市场的管理

金融管理部门都视同业拆借利率为资金价格的重要参考依据，为使同业拆借利率保持较高的市场化程度，各国金融管理部门都基本放开同业拆借市场，不做太多干预，但依然进行适当的管理，以维护市场的良性发展。一般来讲，对同业拆借市场的管理主要体现在以下几个方面：

（1）对市场准入的监管。由于同业拆借市场业务比较特殊，中央银行或金融管理当局一般都会设立比较严格的准入制度来规范同业拆借市场的参与者，规定只有符合资格的金融机构才能进入该市场。对市场准入的管理又可分为对拆出者的管理、对拆入者的管理以及对中介机构的管理三部分。一般来讲，各国央行或金融管理当局对市场中介机构制定了更为严格的准入条件。各国金融管理部门根据本国金融市场的发展状况来决定其准入条件的严格程度。如有些国家只允许一些大的、信誉好的商业银行作为代理中介机构从事同业拆借业务，有些国家则专门指定一些资信好的专业拆借经纪服务机构或经纪公司来充当资金拆入与拆出的媒介。

（2）对拆入、拆出数额的管理。许多国家从控制风险、保障金融体系安全的目的出发，对不同类型金融机构同业拆借的资金拆出、拆入数额作出了一定的限制。如我国规定：中资商业银行、城乡信用社、政策性银行为主要负债的8%；外资银行为实收资本（或人民币营运资金）的2倍；财务公司、金融资产管理公司、金融租赁公司、汽车金融公司、保险公司为实收资本的100%；证券公司为净资本的80%；信托公司、保险资产管理公司为净资产的20%。

（3）对拆借市场利率的监管。在一些发达的市场经济国家，利率较为充分地反映了市场上资金的供求关系，已经基本市场化了。然而，在一些市场经济尚不发达的发展中国家，利率仍然受到不同程度的管制，同业拆借市场的利率也会受到政府管理机构一定的干预和限制。

小知识 2-2

对拆借市场利率的管理可通过哪些途径实现？

提示：一般而言，对拆借市场利率的管理可通过三种途径来实现：一是规定同业拆借市场利率的上限，即同业拆借市场利率只能在规定的最高上限之内浮动，而不能超出其上限；二是规定同业拆借市场利率的波动范围，即可以围绕某一利率水平上下浮动一定的百分点；三是直接规定不同拆借期限的利率水平，中央银行可以不定期调整，而一旦宣布，各金融机构就要严格执行，不得擅自调整变动。我国规定同业拆借市场利率由交易双方自行商定。

（4）对拆借期限的监管。同业拆借市场是为金融机构实现短期资金融通及头寸融通而建立的市场，是实现流动性与盈利性统一的市场。因此，为了防止将短期资金用于长期项目，维护金融体系的安全性与盈利性，许多国家都对同业拆借的期限有所限制，限制金融机构将拆入资金用于长期贷款或投资。同业拆借市场的拆借期限通常以1～2天为限，短则隔夜，多则1～2周，一般不超过1个月，当然也有少数同业拆借交易的期限接近或达到1年的。

（5）对拆借抵押、担保的监管。为保证拆出的资金能够及时、足额地收回，保障同业拆借市场健康、高效、安全地运行，有些国家的金融市场管理当局要求拆入资金者提供一定的担保或抵押；有些国家则以法规的形式明确规定，拆借资金必须有担保或抵押，并对抵押的种类及品质做了相应规定。一般来讲，可以作为拆借抵押品的主要是短期国债、金融债、优良的银行承兑票据、大额可转让定期存单及高品质的企业债券。

相关知识 2-2　　同业拆借管理办法

中国人民银行2007年7月3日发布《同业拆借管理办法》，自2007年8月6日起实施。这是自1996年全国银行间同业拆借市场建立以来，中国人民银行在总结10年市场发展和管理经验基础上，颁布的全面规范同业拆借市场管理规则的规章，也是近十年最重要的同业拆借管理政策调整。

全国银行间同业拆借市场建立以来，始终在规范的轨道上快速发展。截至2006年年末，市场参与者达到703家，是市场建立之初的14倍；年交易量达到2.15万亿元，是市场建立初期的10倍多；同业拆借利率的信号功能不断完善，已经成为中国货币市场最重要的利率指标之一。同业拆借市场保持10年持续快速健康发展的事实证明：现有的同业拆借管理措施能够有效防范系统性风险，应该继续坚持并完善。

近年来，随着金融改革不断深化，金融机构的内控制度建设取得了明显进步，金融机构融资渠道多样化、定价机制市场化程度提高，金融市场的其他子市场有了长足发展。一方面，新形势下，金融机构对进一步发展同业拆借市场提出了新的需求，特别是上海银行间同业拆放利率（SHIBOR）报价制改革推行后，金融机构希望同业拆借市场能够更加具有深度和广度；另一方面，中国人民银行在10年同业拆借市场管理的实践中，探索出一系列行之有效的市场管理措施，期限管理、限额管理、准入管理、备案管理、透明度管理等市场管理手段，既能防范系统风险，又能灵活适应不同类型市场参与者的多样化需求。《同业拆借管理办法》正是在总结同业拆借市场管理经验基础上，为了进一步促进同业拆借市场发展，配合SHIBOR报价制改革，顺应市场参与者需求而出台的重要规章。

《同业拆借管理办法》共8章54条，全面规定了同业拆借市场的准入与退出、交易和清算、风险控制、信息披露、监督管理等规范，明确规定了违反同业拆借管理规定的法律责任。《同业拆借管理办法》的主要规定包括六个方面：一是规定了同业拆借市场准入的条件和程序，可以申请进入同业拆借市场的金融机构包括16类，涵盖了所有的银行类金融机构和绝大部分非银行金融机构；二是规定了同业拆借交易必须通过全国统一的同业拆借网络进行，明确了同业拆借交易和清算的基本规范；三是规定了各类金融机构同业拆借期限管理、限额管理的具体标准，对金融机构内部风险管理提出了原则要求；四是规定了同业拆借市场透明度管理的基本原则，将强化透明度作为加强市场约束、防范系统性风险的重要措施；五是规定了同业拆借市场监督检查的具体内容和程序，明确了中国人民银行各分支机构在同业拆借市场监督检查中的权限，按照权责对等原则确定了监管者的法律责任；六是明确了各类市场参与者、市场中介机构违反同业拆借管理规定时，应当承担的法律责任和处理依据。

中国人民银行在起草《同业拆借管理办法》过程中，充分吸收了监管部门、金融机构、市场中介的意见和建议。新颁布的《同业拆借管理办法》是市场各方面参与者广泛共识的成果，体现了坚持市场化改革方向、放松市场管制、尊重市场选择的政策取向，中国人民银行将以更加开放的政策促进同业拆借市场发展。

资料来源：佚名. 中国人民银行发布《同业拆借管理办法》[EB/OL]. [2007-07-09]. https://news.sina.com.cn/o/2007-07-09/183212172767s.shtml.

课程思政 2-1　遵守法律法规，养成良好职业素养

由于金融市场隐含着极大的风险，很容易引起社会的动荡，因此需要有关法律法规来进行监管，维护金融秩序。大学生未来走上职业道路如果选择了金融领域相关职业，成为金融机构从业者，应该遵守金融机构从业者行为规范，知法守法，维护国家利益和金融

安全，保守国家机密和商业机密，保护知识产权和专利，自觉抵制内幕交易，不应该利用内幕消息谋取个人利益，也不能将内幕消息以明示或者暗示的方式告知他人，努力做好自己的本职工作，做一名合格的金融机构从业者。

2.2 票据市场

票据是一种重要的有价证券，它作为金融市场上通行的结算和信用工具，是货币市场上主要的交易工具之一。而以票据为媒介所产生的票据市场也构成了货币市场的主要组成部分，它是金融市场参与者进行资金融通的重要场所，在经济的运行中起着不可替代的作用。按照票据的种类来分，票据市场可分为商业票据市场、银行承兑汇票市场和大额可转让定期存单市场。

2.2.1 商业票据市场

商业票据市场是货币市场中历史最悠久的短期金融市场，它是指买卖业绩卓著而极有信誉的工商企业所发出的期票的市场。商业票据市场上交易的对象是具有高信用等级的大企业发行的短期、无担保期票，期限一般为3～270天不等。

1）商业票据市场的参与者

（1）发行者。商业票据的发行者主要包括金融公司和非金融公司两大类。其中，金融公司又可分三种：一是独立的金融公司；二是附属于制造业公司的金融公司，如附属于美国通用汽车公司的金融公司；三是商业银行和商业银行控股的子公司。非金融公司主要是指发行商业票据的大公司，这些大公司往往都具有很好的信誉与知名度。

（2）投资者。国外商业票据的主要投资者是中央银行、商业银行、非金融公司、保险公司、政府部门、基金组织和投资公司等。由于面值较大，通常很少有个人参与购买商业票据。但近年来的国际经验表明，国外个人投资已经蔚然成风，个人可以从交易商、发行者那里购买商业票据，也可以购买投资商业票据的货币市场基金份额。历史上，商业银行是国外商业票据的主要购买者，但它们自己持有的商业票据却很少，它们主要是为信托部门和顾客代理购买票据。近年来，由于国外市场上商业票据的期限较短，收益较高，许多公司也开始购买商业票据、代保管商业票据以及提供商业票据发行的信用担保和信用额度支持。尽管如此，商业银行始终是商业票据市场上最主要的卖者和买者。我国商业票据市场由于流动性较差，票据的投资功能还基本不能发挥。

（3）中介机构。投资银行及专门从事商业票据销售的小经纪商是为商业票据发行和交易提供服务的中介机构。商业票据的发行方式可以按有无中介参与分为直接发行与间接发行。投资银行主要是帮助一些规模虽大但仍无力直接销售的公司发行商业票据以从中获得一定的收益。由于大公司商业票据的发行规模都比较大，投资银行通常以辛迪加方式承销大公司发行的商业票据，而一些专门从事销售的小经纪商主要是参与其中的小部分商业票据零售活动。中介机构的存在既有利于提高市场交易效率，更有利于活跃市场。

（4）中央银行与金融监管机构。中央银行是票据市场的重要参与者和调控者。中央银行通过再贴现业务对票据市场的运营产生重要的影响。在我国，中国人民银行还通过在票据市场上发行央行票据来调节货币供应量。由于票据市场的重要作用，票据市场也是中国银行业监督管理委员会的重要监管对象。

2）商业票据的发行要素

发行商业票据，一般要考虑以下几个要素：

（1）对各种借款方式进行成本收益比较，确定是否采取发行商业票据方式筹资。

（2）发行数量。一般来讲，公司发行商业票据是为了筹集所需的短期资金，用于短期临时性的周转需要，其发行数量主要取决于资金需要量和市场需求量。

（3）发行方式。商业票据的发行方式主要分为直接发行和承销发行。直接发行商业票据者须为资信卓著的大公司，而且其发行数量巨大，发行次数频繁。承销发行是通过商业票据交易商来发行商业票据，发行较简便，但费用高。选择何种发行方式，通常由公司本身的资信及经营需要决定。

（4）发行时机。发行商业票据往往与其资金使用计划相衔接。发行过早，筹到的资金不能立即使用，就会增加利息负担；发行时间过晚，需用资金时又无法立即使用，从而影响生产周转。

（5）发行条件。其主要包括贴现率、发行价格、发行期限、兑付和手续费。贴现率主要根据发行人的资信等级、市场资金供求情况、发行期限等因素确定，通常应参考当时中央银行贴现率、国库券及大额可转让存单利率、商业银行优惠放款利率、同业拆放利率等。发行期限视筹资需要及发行方式而确定。直接发行的商业票据期限可由投资者指定。

（6）发行承销机构。直接发行由大公司附设的金融公司发行，承销发行则需选择好承销机构，便于顺利发行以筹足资金。通常应选择资历深厚、社会信誉高，又与发行公司有密切合作关系的交易商作为代理发行人。

（7）到期偿付能力测算。其通常由评级机构和自身两方面测算组成。与测算中长期偿债能力不同，商业票据的偿付通常从流转资金中偿付，需要比较精确的计算。

（8）评级。虽然商业票据作为短期票据，法律并未规定其必须通过评级程序，但是未经评级的商业票据发行较为困难，特别是那些资信不为投资者广泛了解的商业票据更是无人问津。一般是由发行人或委托代理发行的交易商向信用评级机构申请评级，并提供必要的财务数据。

3）商业票据的发行方式

商业票据的发行方式有两种：直接发行和承销发行。选择何种方式，通常由公司本身的资信及经营需要决定。

（1）直接发行。它是指发行人直接面向市场投资者发行商业票据。其发行程序如下：①对商业票据进行评级。②发行人公告发行商业票据的数量、价格、期限等。③投资者与发行人洽谈买卖条件，包括数量、票据期限等。在美国，直接发行人允许投资者指定票据到期日。④投资者买入票据，发行者收入现金。

直接发行降低了成本，因此适合于发行数量巨大、发行次数频繁的资信卓著的大公司。

（2）承销发行。它是指通过交易商发行商业票据，通常有三种形式：①助销发行；②招标发行；③代销发行。这三种承销方式由于承担的风险、发行成本及服务范围不同，因此交易商收取的费用也不同。其中，助销发行费用最高，其次为招标发行，代销发行费用最低。

承销发行适合于不经常发行，或发行数额较小的发行人，这样既可以充分利用证券交易商已经建立起来的发行网络，并争取到尽可能好的利率和折扣，又可以节省自己建立销售网络的成本开支。

小知识2-3

比较直接发行与间接发行的优劣。

提示：直接发行可以节省向中介机构支付的手续费，降低发行成本，适用于发行人知名度高、发行数量少、风险低的证券，但发行风险大；间接发行可以在较短时间内筹集到所需资金，发行风险小，但需要支付一定的手续费，发行成本高。

4）商业票据的发行价格和成本

（1）商业票据的发行价格。商业票据均为贴现发行，因而商业票据的利率也就是贴现率。影响商业票据利率的主要因素有商业票据的发行成本、发行人的资信等级、有无担保及担保人的资信等级、税收高低、流动性的强弱等。发行成本越高，越需要较高的发行利率予以弥补。一般资信等级越高，其发行利率也就越低。若再有高等级银行担保，票据利率又可更低一些。商业票据与国债相比，风险较大且流动性较差，而且需要纳税，所以商业票据利率高于国债利率。商业票据利率也与货币市场资金供求状况相联系，当资金供给紧张时，发行利率要高一些，反之则低一些。商业票据价格主要是指发行价格，确定商业票据发行价格的公式是：

发行价格=面额-贴现金额

贴现金额=面额×贴现率×（期限/360）

贴现率=（1-发行价格/面额）×（360/期限）

=（贴现金额/面额）×（360/期限）

（2）商业票据的发行成本。它主要由两部分组成：利息成本和非利息成本。利息成本即为按规定利率所支付的利息。由于商业票据是贴现发行的，所以商业票据总的利息成本就是其面值与发行价格之间的差额。非利息成本主要是发行和销售过程中的一些费用，具体包括：①承销费，即支付给承销机构的佣金；②保证费，即支付给为发行者提供信用保证的金融机构的费用；③签证费，即为证明所载事项的正确性而由权威中介机构予以签证所支付的费用；④评级费，即发行者支付给为其评级的信用评级机构的费用。

5）商业票据的信用评级

所谓商业票据的信用评级是指对商业票据的信用风险程度进行评价，并据此进行分级。信用评级对于商业票据的发行有重要作用：一方面，只有经过评级的商业票据才容易为公众所接受，并能够扩大商业票据的销路；另一方面，信用评级的结果是投资者进行投资决策的重要依据。信用评级虽然增加了发行的手续和成本，但能够使市场投资者进一步了解发行人的财务状况，有利于增加信息的透明度，使市场更好地评价不同的商业票据，从而也能够使信誉高的发行人降低利息成本。因此，发行者一般都主动向资信评级机构申请评级。

美国主要有四家机构对商业票据进行评级，分别是穆迪投资服务公司、标准普尔公司、德莱·费尔普斯信用评级公司和费奇投资公司。发行商业票据至少需要获得一个评级，大部分需要获得两个评级。美国证券交易委员会认可两种商业票据：一级票据和二级票据。等级低的票据在发行成本和融资成本上都相对较高，货币市场基金对其投资会受到限制。

相关知识2-3　公司信用评级标准

穆迪投资服务公司信用评级标准见表2-1，标准普尔公司信用评级标准见表2-2。

表2-1　穆迪投资服务公司信用评级标准

信用等级	说明
Aaa	最佳质量
Aa	用所有标准衡量的高质量
A	较高的中间等级
Baa	中间等级
Ba	有投机成分
B	一般缺乏符合要求的投资特点
Caa	劣等，可能不履行债务
Ca	高度投机性，经常不履行债务
C	最低等级，前景非常不好

表2-2　标准普尔公司信用评级标准

信用等级	说明
AAAA	最高质量，能力非常强
AA	高质量，能力很强
A	能力强
BBB	能力充足
BB	低投机性
B	投机性
CCC-CC	高投机性
C	有收益但未曾付息
DDD-D	不履行债务

从表2-1和表2-2可以看出，虽然两家公司使用的评级符号略有不同，但对信用等级的描述是基本一致的，对同一种证券的评级结果往往也是相同的。其中，前四个等级的证券被称为投资级证券，在市场上尤为重要，因为许多金融机构为降低风险限定所持有的证券必须为投资级证券。一般来说，信用等级较低的证券投资风险较大，因而投资人也会要求更高的收益率以弥补所承担的风险。因此，信用等级较低的证券在发行和融资成本上都相对较高。

资料来源：作者根据相关资料整理。

拓展阅读2-4　　　　　　　我国票据市场现状

我国票据市场是金融领域的重要子市场，在发挥交易属性、服务实体经济、丰富金融产品等方面具有重要代表作用。但不可否认的是，随着票据市场规模以及参与主体不断扩大，各种交易风险、信用风险、合规风险扰乱了票据市场的交易秩序和规范。纸质票据具有天然的操作风险，克隆票、延期划款、一票多卖等问题，使票据成为融资套利工具和规避金融监管的“掩体”。电子票据作为票据市场中另一大主体，能够降低纸质票据出现假票、克隆票以及纸质票据在保管、流转中的风险，但在纸质票据的电子化过程中，还存在着法律冲突、风险管理隐患和客户群难以网络化等问题。我国票据市场发展应顺应金融科技潮流，探索一条票据业务的新型管理路径，区块链技术则是规范和优化票据业务的合适载体。在区块链技术的驱动下，传统票据市场可实现跨越式发展，票据交易的安全性和可追溯性可得到保障。

资料来源：王娟，傅洁．区块链技术下的数字票据业务研究［J］．现代商贸工业，2019，40（17）：89-90.

2.2.2　银行承兑汇票市场

1）银行承兑汇票的含义

汇票是出票人签发的委托付款人在见票时或指定日期无条件支付一定金额给收款人或持票人的票据。按照出票时间的不同，汇票可分为即期汇票和远期汇票。

银行承兑汇票是由出票人开立的一种远期汇票，以银行为付款人，在未来某一约定的日期，支付给持票人一定数量的金额。当银行承诺负责支付并在汇票上盖上“承兑”字样后，该汇票就成为承兑汇票。银行一旦做出“承兑”的承诺，即表明该银行已成为这笔商品交易所产生的债务关系的最终付款人，实际上是银行将自己的信用借给了商品的买方，因此，买方必须向承兑银行支付一定的手续费。这里，银行是第一责任人，出票人只是第二责任人。

2）银行承兑汇票的产生和承兑

（1）银行承兑汇票的产生。银行承兑汇票在国内贸易和国际贸易中都有运用，而且更多的是运用在国际贸易中。

在国际贸易中，银行承兑汇票对减少不同国家之间商品交易的过多不确定因素能发挥很大的作用，从而大大方便了国际贸易往来。国际贸易中的交易双方由于空间距离的原因，交易畅通所需要的信用很难得到保证，一方面，出口商担心进口商不付款；另一方面，进口商担心出口商不发货。这两方面问题可以依靠银行承兑汇票与国际贸易中经常使用的信用证解决。具体地讲，进口商先要求本国银行开具信用证，并交给出口商，作为进口商信用的保证，收到信用证的出口商可以开始发货，并同时将发货证明凭单和开具的汇票一起交给信用证开证行，若是即期付款的交易，开证行见票即付款；若是远期付款的交易，开证行在汇票上注明“承兑”字样并签章，这样银行承兑汇票就产生了。为国内贸易融资创造的银行承兑汇票，主要是银行应国内购货人的请求，对国内售货人签发的向购货人索取货款的汇票承兑，从而承担付款责任而产生的承兑汇票。银行承兑汇票最常见的期限有30天、60天和90天等几种，另外也有180天和270天的。

（2）银行承兑汇票的承兑。银行对汇票的承兑，是指银行对远期汇票的付款人明确表示同意按出票人的指示，于到期日付款给持票人的行为。承兑是一种附属票据行为。承兑包括两个行为：一是在汇票上签字注明“承兑”字样；二是把承兑的汇票交给持票人，或者把承兑通知书交给持票人，这样才算完成了承兑行为。

银行汇票承兑大致有以下几种类型：①国际进出口贸易的银行汇票承兑。它是对国际出口贸易或国际进口贸易的资金融通，又可分为信用证项下银行承兑汇票、托收项下银行承兑汇票以及银行承兑本票。②出口备货融资的银行汇票承兑。出票人将合同交承兑银行来证实确有一笔出口交易，在出口前准备货物需要融资，银行同意承兑后，出口商可持此票到市场上贴现，取得备货资金。③国内仓储货物的银行汇票承兑。出票人将仓库收据交给承兑银行作为质押品，开出汇票，由银行承兑。④国内货物运输的银行汇票承兑。出票人将物权单据交给承兑银行，经审核同意，开立银行承兑汇票。

3）银行承兑汇票的流通转让

银行承兑汇票的流通转让一般通过贴现方式进行。通常商业银行通过贴现方式买入自己承兑的汇票后，可将汇票持有至到期日，也可通过交易商把汇票再贴现出去。一般参与银行承兑汇票贴现市场的交易者有本国中央银行、外国中央银行、企业、公司、银行和一些非银行金融机构。

（1）贴现。票据贴现是票据持有人将未到期票据卖给银行来融通资金，即票据持有人为了取得现款，将未到期的银行承兑汇票以贴付自贴现日到到期日为止的利息为条件，向银行所做的票据转让行为。从票据行为上看，它是一种票据买卖行为。也就是说，票据持有人将票据按一定价格卖给了银行，票据的权利就转让给了银行。票据到期时，银行向付款人提示票据要求付款。表面上看，票据贴现是一种票据转让行为，其实质是短期资金的融通。其具体操作流程如图2-5所示。

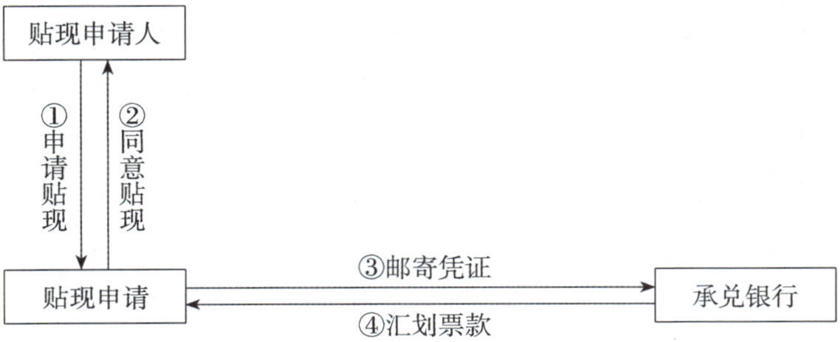

图2-5　银行承兑汇票贴现流程图

商业银行在贴现票据时，可以根据以下公式计算应贴现金额：

$$贴现额=票据面额\times（1-贴现率\times\frac{贴现天数}{360}）$$

$$=票据面额-贴现利息$$

式中，贴现率是商业银行办理贴现时收取的利息与票据面额的比率。贴现天数即未到期天数，计算时包括贴现日，但不包括到期日。另外，注意贴现利率与期限的匹配，一般贴现利率是年利率，因而公式中的期限应换成年期限，若给出的贴现利率是月利率或日利率，则期限要相应地换算成月或日期限。比如，某企业将一张金额为1 000万元还有40天才到期的银行承兑汇票向一家商业银行申请贴现。经银行审查，汇票符合贴现条件，银行决定对这张汇票进行贴现。假定银行的贴现率为10%。根据公式，其贴现金额为：

贴现金额=1 000×（1−10%×40÷360）=989（万元）

银行预扣利息=1 000−989=11（万元）

银行贴现票据所得实际收益比表面上看起来要高，因为银行是预收利息。也就是说，银行实际贷出的款项已不是1 000万元，而是989万元。银行所获实际利息率明显高于10%。

（2）转贴现。它是指商业银行将其贴现的尚未到期的银行承兑汇票，再以贴现方式向另一金融机构转让以融通资金的票据行为。转贴现一方面可以解决提供贴现的银行或其他贴现机构短期资金不足的情况；另一方面也可以使其他有闲置资金的银行或贴现机构获得一定收益。在西方发达国家的票据市场上，转贴现行为非常普遍，银行和市场上的其他投资者往往利用银行承兑汇票进行多次转贴现，以灵活运用资金并获取收益。其具体操作流程如图2−6所示。

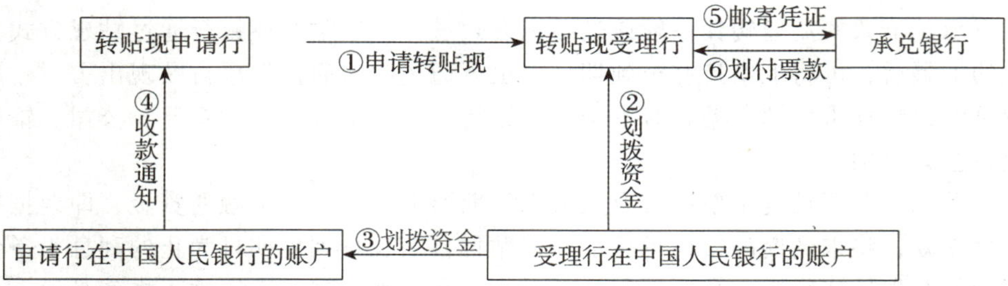

图2−6　银行承兑汇票转贴现流程图

（3）再贴现。它是商业银行及其他金融机构将买入的未到期的贴现票据向中央银行办理的再次贴现。从形式上看，再贴现与贴现并无区别，都是一种票据和信用相结合的融资方式，但从职能上看，再贴现是中央银行执行货币政策的重要手段之一。当中央银行需要收缩银根、抑制经济过快扩张时，就可提高再贴现率，使商业银行和其他金融机构向中央银行融资的成本提高，从而抑制信贷需求，减少货币供给。另外，再贴现率可以影响市场利率，通过调整再贴现率，能及时将货币政策的意图传递给社会，并引导人们的投资、消费行为，推动货币政策目标的实现。其具体操作流程如图2−7所示。

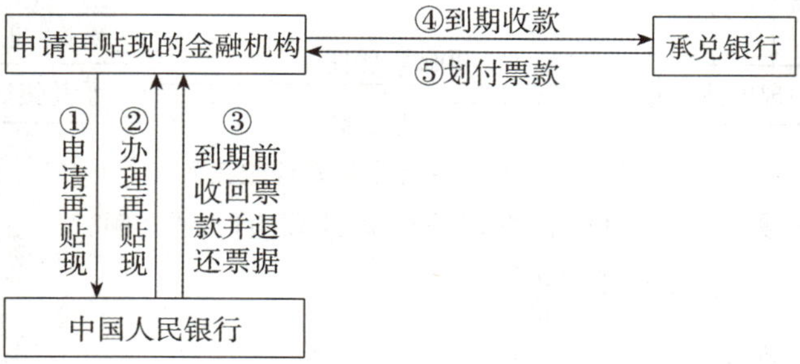

图2−7　银行承兑汇票再贴现流程图

小思考2-3

再贴现与贴现、转贴现的区别是什么？

提示：贴现、转贴现和再贴现作为票据贴现的具体形式，都是经济主体之间的票据转让行为。但是，从宏观层面分析，三者对市场货币供应量和社会经济生活的影响程度有明显差别。在贴现和转贴现过程中，授信主体是商业银行，用于贴现与转贴现的资金只是在持票人（企业）与银行之间、银行与银行之间发生转移，只影响充当授信主体的贴现银行的资金存量，并不对总的社会货币供应量产生影响。中央银行的再贴现则是中央银行基础货币投放的重要渠道。通过再贴现流入商业银行的资金，成为放款的初始资金来源。在整个商业银行体系的派生存款机制作用下，其能够形成数倍于自身的货币供应量，从而对物价上涨率、经济增长率等宏观经济指标产生影响。

相关知识 2-4　银行承兑汇票的风险

我国于1995年出台《中华人民共和国票据法》（简称《票据法》），中国人民银行在1996年的《贷款通则》中将票据贴现列为贷款的一种，1997年中国人民银行相继实施《票据管理实施办法》《支付结算办法》，为商业汇票的宏观管理和制度奠定了基础。银行承兑汇票属于贷款的一种，其风险主要有以下情况：

（一）贸易业务的真实性风险

票据融资业务是根据《票据法》及《票据管理实施办法》、《支付结算办法》的有关规定，票据的签发、取得、转让及承兑、贴现、转贴现、再贴现应以真实、合法的商业交易为基础，而票据的取得，必须给付对价。从票据融资的概念看，企业取得银行承兑汇票，必须以真实、合法的商业交易为基础。出票企业与供应商协商支付方式前，对供应商的贸易业务审核时，存在信息不对称的风险，导致出票企业最终开出的银行承兑汇票实际上不是以真实贸易业务为背景。在不真实贸易背景下开出的银行承兑汇票给企业带来以下风险：

1.无法收到贸易商品的风险

由于票据业务是在不真实的贸易业务背景下进行的，因此供应商的贸易货物的真实性存在可疑。如果供应商无法按期交付货物给企业，其连锁反应是导致企业无法如期收到贸易货物，从而无法按期向下游客户交付贸易货物。企业还会因此产生支付合同违约金风险。

2.银行承兑汇票到期无法偿还的风险

由于业务的不真实性，其实质就是出票企业成为了被资金短缺企业利用的融资渠道。这种业务的不真实性，有三种情况：第一种情况是，供应商存在欺诈、骗取票据行为，出票企业票据已经开出，但无法按期向其下游客户交付货物，导致企业不但对下游客户违约，还有可能最终导致出票企业因无法收到货款而面临到期票据无法偿还的风险。第二种情况是，由于下游客户的原因，不能按合同约定付款，经多次催收，依然不能偿还，导致企业资金受影响。第三种情况是，企业在签订合同时，上下游企业存在一定的关联关系，出票企业是它们融资的桥梁，为它们提供资金来源。这种业务合同，实质上也存在有欺诈、骗取票据行为。随着业务的开展，由于这种关联关系的存在，只要上下游企业一方存在资金问题或者蓄意欺诈行为，客户就无法按合同约定支付货款，从而影响企业如期偿还到期的银行承兑汇票。如果出票企业现金池资金不足，企业将无法偿还银行款项，不但导致企业在银行的授信额度受到影响，还不利于企业长期发展。

（二）收取票据的风险

对收取银行承兑汇票方而言，在保管和使用中主要有以下风险：

1.银行承兑汇票背书转让的风险

银行承兑汇票持票人在自身的业务活动中，对收到的银行承兑汇票可以背书转让用于支付企业的货款。但是，当收到票据方在票据到期遭到银行拒付时，企业作为背书方，需要承担被后手或非直接后手追索的风险，直到最终持票人收到款项为止。

2.银行承兑汇票保管和接收的风险

目前，大部分企业收取的银行承兑汇票为电子票据，减少了收取纸质票据丢失的风险，同时也降低了票据变造、伪造、克隆的风险。当然，为安全起见，企业还是需要对收到的电子票据真伪进行验证。但是，在票据保管中依然会存在一些风险，如票据到期银行拒付的风险；票据票面金额较小，承兑成本较高的风险；企业由于票据保管人责任导致票据到期还没有向银行办理承兑的风险等。

（三）税务风险

出票方在采购货物时，取得增值税发票，可以用于抵扣其销项税额。根据《中华人民共和国发票管理办法》第三十七条的规定，让他人为自己开具与实际经营业务情况不符的发票，由税务机关没收违法所得；虚开金额在1万元以下的，可以并处5万元以下的罚款；虚开金额超过1万元的，并处5万元以上50万元以下的罚款；构成犯罪的，依法追究刑事责任。《中华人民共和国发票管理办法》第四十一条规定违反发票管理法规，导致其他单位或者个人未缴、少缴或者骗取税款的，由税务机关没收违法所得，可以并处未缴、少缴或者骗取的税款1倍以下的罚款。因此，企业已经抵扣的税款，有可能存在被税务局追缴的情况。其原因是：一是由于业务的不真实性，即使企业取得的发票已经认证抵扣，税务局在审核时，对这种不真实的业务取得的增值税发票会要求企业将已经抵扣的税金向税务局补交相应的税款，严重的情况下，还可能缴纳相应的滞纳金和罚款。二是由于供应商没有及时向税务局缴纳税款，而企业收到的该供应商的增值税发票已经抵扣，税务局依然可能要求企业将已经抵扣的税款补交税务局。

资料来源：周艳兵. 银行承兑汇票融资风险及其防范［J］. 广东经济，2021（2）：74-77.

2.3 可转让大额定期存单市场

2.3.1 可转让大额定期存单的概念

可转让大额定期存单（简称CDs），是指由商业银行发行的，按一定期限和约定利率，到期前可以流通转让的证券化的存款凭证。存单上印有票面金额、存入日、到期日和利率等，到期后可以按照票面金额和规定利率提取本息。存单不能提前支付，但可流通转让。

20世纪50年代末，美国银行利率受“Q条例”限制，低于一般市场利率水平，导致定期存款大量缩减。为规避这种不利影响，1961年，纽约花旗银行首先采取措施，发行可转让大额定期存单。可转让大额定期存单发展很快，目前已成为货币市场和证券市场的重要融资工具。

小思考 2-4

可转让大额定期存单与定期存款的区别是什么？

提示：可转让大额定期存单是在原有银行定期存款的基础上所做的金融创新，同传统的定期存款相比，可转让大额定期存单主要有以下几点不同：(1) 定期存款是记名不可转让的，更不能在金融市场上流通；而可转让大额定期存单通常是不记名和可以流通、转让的。(2) 定期存款票面金额不固定，因存款人不同而有大有小，有整有零；而大额可转让定期存单面额固定，按标准单位发行，且起点较高。如在美国面向机构投资者发行的可转让大额定期存单面额最少为10万美元，二级市场交易单位为100万美元，面向个人投资者发行的可转让大额定期存单面额最少为100美元。(3) 定期存款的利率一般是固定的，尽管到期才能提取本息，但实际上存款人只要放弃一部分利息，仍然能够提前支取；而可转让大额定期存单既有固定利率也有浮动利率，到期才能向银行提取本息，到期前持有人如需现金，只能通过二级市场转让变现。一般来说，可转让大额定期存单的利率比同期限的定期存款利率高。

2.3.2 可转让大额定期存单市场的结构

可转让大额定期存单市场是可转让大额定期存单发行和流通交易活动关系的总和，它是金融市场的一个重要组成部分，由发行市场和转让市场构成。其参与者主要有：

(1) 存单的发行者。其主要是较大的商业银行。这是因为大型商业银行信誉较高，可以相对降低筹资成本，且发行规模较大，容易在二级市场流通。据统计，美国大型银行发行的存单占存单发行量的90%，其次为中小型银行发行的存单。不少中小型银行是借大型银行作为发行代理人以扩大销路。存单自创立以来，商业银行的经营思想发生了很大的改变。过去商业银行注重资产管理，注意力主要放在贷款和证券投资的管理上，需要调节流动性时，往往靠减少放款和卖出证券来实现。存单的发行及转让市场的形成，使商业银行认识到调节流动性不一定要靠减少放款和卖出证券来实现，通过发行存单吸收存款也能实现，也就是靠增加负债来扩大和稳定资产业务。这样，存单市场就成为商业银行特别是大型银行调整流动性的手段，也是筹集资金以优化资产的手段。

(2) 存单的投资者。其包括企业、金融机构、外国政府及个人。大企业是存单的最大买主。对企业来说，在保证资金流动性和安全性的情况下，其现金管理目标就是寻求剩余资金的收益最大化。企业剩余资金一般用于应付各种固定的预付费用或意想不到的支出。投资于存单，企业可将存单的到期日与固定支出的到期日联系起来，到期以存单的本息支付。如果遇到意外支出，企业可在二级市场出售存单获取资金。

金融机构也是存单的积极投资者，最主要的是货币市场基金，其次是商业银行和银行信托部门。银行可购买其他银行发行的存单，但不能购买自己发行的存单。此外，政府机构、外国中央银行及个人也是存单的投资者。本国政府一般不投资本国银行发行的可转让大额定期存单，参与投资的一般都是外国政府。对于个人投资者来说，由于存单的面值很大，因此，个人持有存单的数量很少，通常情况下都是通过购买货币市场基金来实现对可转让大额定期存单的投资。

(3) 中介机构。它一般由投资银行来充当，它们负责承销可转让大额定期存单，并通过向发行人收取一定的费用作为承销收益。

2.3.3 可转让大额定期存单的发行要素、价格和方式

1）可转让大额定期存单的发行要素

通常情况下，商业银行在决定发行存单时应考虑以下因素：

（1）银行资产负债的差额及期限结构。在分析银行资产负债结构的同时，预测负债的增长能否满足临时出现的优良资产项目的资金需要及作为经常调节流动性的需要，要预测负债差额及支付日期。

（2）利率风险。主要根据市场利率变动情况，判断总的利率走势，从而确定适当的期限。一般而言，如果预期利率上升，物价上涨，可将存单期限定长一些；反之，则短一些。

（3）发行人的资信等级。发行人通常可向资信评级机构申请评级，若发行人的信用等级高，则可将存单利率定低一些；反之，则高一些。

（4）金融管理法规。应根据本国有关金融法规确定发行规模、发行方式和发行利率等。

2）可转让大额定期存单的发行价格的确定

存单发行价格是否恰当往往决定着发行的成败，因此，商业银行在确定发行价格时，应该综合考虑自身资信等级状况、市场利率水平、存单期限及市场资金供应状况等因素，并选择合适的计算方式。可转让大额定期存单的发行价格有两种：一种是按面额发行，到期偿还本金和利息；另一种是贴现发行，发行价格低于面额，到期按票面价值进行偿还。

存单的利率有固定利率和浮动利率两种。其中，固定利率的存单的特点有固定面额、固定存期、固定票面利率、利息到期支付，是市场上普遍存在的存单。浮动利率存单到期支取本息时按付息期的基数加浮动幅度，利息是分期支付的，上下浮动幅度视货币市场利率波动及发行者的资信不同而定。贴现发行的存单利息反映在折扣里，在发行时即进行支付。

3）可转让大额定期存单的发行方式

可转让大额定期存单的发行方式包括直接发行和间接发行两种。

（1）直接发行。它是指发行者直接在银行营业网点零售或开展销售。大型银行地理位置优越，分支机构多，直接发行存单能节省发行成本。事实上，直接发行更多地表现为发行银行与机构投资者直接协商成交，这种方式对于双方而言具有成本低、效率高的优势。

（2）间接发行。它是通过承销商发行，即发行人委托承销商发行存单。通常是发行人首先公布发行存单的总数、利率、发行日期、到期日、每张存单面值等，然后由一家或数家经理人组成包销团，发行人需要支付承销佣金、法律费用、宣传费用及文件、存单印刷费，还要支付一定的广告费用，因而发行成本较高。

2.3.4 可转让大额定期存单的转让市场

可转让大额定期存单的转让市场是对已发行但尚未到期的存单进行买卖的市场，一般需要交易商作为中介，由它在买卖双方之间沟通信息，促成交易。在转让市场上买卖存单

的主要是一些证券公司和大银行。这些证券公司和大银行不仅自己买卖存单，同时还充当存单市场的主要中介人。

可转让大额定期存单的转让价格取决于转让时的市场利率。投资者在市场上转让存单时，当时的市场利率可能与存单的约定利率存在差异，但存单的新购买者总是以当时的市场利率作为可接受的收益率；而存单到期时，银行按约定利率支付利息，这种差异就要求存单的转让价格依据市场利率的升降而进行相应的调整。当市场利率高于存单利率时，存单转让价格相对低些，反之则相对高些。

可转让大额定期存单在二级市场上转让的方式主要取决于存单记名与否。记名存单转让时需要背书，通常在交易完成时，在存单背后写上原存单持有人和存单新持有人的姓名。不记名存单在市场上转让时，无须背书，交付给购买者即可，这是绝大多数存单的转让方式。

在美国，大额可转让定期存单有非常活跃的二级市场。20世纪80年代，每天的存单交易量就达10亿美元。

拓展阅读2-5　我国大额可转让定期存单市场发展现状

与西方国家相比，我国的大额可转让定期存单业务发展比较晚。我国第一张大额可转让定期存单面世于1986年，最初由交通银行和中央银行发行，1989年经中央银行审批其他的专业银行也陆续开办了此项业务，大额可转让定期存单的发行者仅限于各类专业银行，不准许其他非银行金融机构发行。存单的主要投资者是个人，企业为数不多。

中央银行当时规定：对个人发行的存单面额为500元及其整数倍，对单位发行的存单面额为50 000元及其整数倍，存单的期限分别为1个月、3个月、6个月及1年（《大额可转让定期存单管理办法》第二章第九条规定：对城乡居民个人发行的大额可转让定期存单，面额为：1万元、2万元、5万元；对企业发行的大额可转让定期存单，面额为50万元、100万元和500万元；第十条规定：大额可转让定期存单的期限为3个月、6个月和12个月），存单不分段计息，不能提前支取，到期时一次性还本付息，逾期部分不计付利息；存单全部通过银行，由营业柜台向投资者发放，无须借助中介机构。存单的利率水平一般是在同期期限的定期储蓄存款利率的基础上再加1～2个百分点，弹性不大，专业银行以大额可转让定期存单吸收的存款需向中央银行缴存准备金。

为了维系大额可转让定期存单的流动性，中国人民银行曾就营业存单转让业务的主体资格、存单的转让价差、手续费标准等方面做出了规定（《大额可转让定期存单管理办法》第十七条），尤其是对大额可转让定期存单作为储种设置的试验引起了金融界的大讨论。

对于将大额可转让定期存单作为储种设置，有人提出了两种方案；一是利率不再上浮，与同期同档次的定期储蓄存款利率一样；二是较同期同档次的定期存款利率上浮，浮动上限为10%。前一种方案由于利率不再上浮，与同期同档次定期储蓄存款利率一样，设计上与同档次定期储蓄种类重复，它的金额固定，不能提前支取，逾期不计付利息的规定不如同档次定期储蓄存款优越，对于储户没有什么吸引力，预计此项业务很难展开。第二种方案的利率较同档次定期储蓄利率上浮，对群众有很大的吸引力。在一定的时间内对筹集资金可以起到“立竿见影”的作用。但另一方面会出现储种之间的“大搬家”，弱化其他储蓄设置的意义，改变了储蓄存款正常的结构与态势。

据中国农业银行绵阳市分行调查，1990年3月份，发行大额可转让定期存单1 297.4万元，就地转储567.4万元，转储率为43.7%。另据中国农业银行江油市支行反映，市中区储蓄所发行初期就地转储率为60%左右，主要是提前支取定期存款购买大额可转让定期存单。同时中国工商银行四川省分行也反映，1990年3月发行大额可转让定期存单4.74亿元，储蓄存款较2月份增加25 859万元，存款结构的变化是除零存整取增加2 940万元之外，其余的储种额均出现下滑，各类储蓄共减少20 417万元，占大额可转让定期存单发行额的43%。这说明该行3月份发行的大额可转让定期存单有43%是其他储种"搬家"来的，而且大额可转让定期存单利率上浮会增加银行的资金成本，影响银行自身经济效益。利率是资金的价格，用高价来吸收储蓄存款，这使本来存贷倒挂的矛盾更加突出。1990年3月份四川省各专业银行对个人发行大额可转让定期存单80 633.44万元，仅此一项银行就多支付利息10.6万元。

基于各专业银行在发行大额可转让定期存单时出现的由于利率过高引发的存款"搬家"，增加银行资金成本的弊病，中国人民银行曾一度限制大额定期存单的利率，加之我国还未形成完整的二级流通市场，20世纪80年代大量发行的大额可转让定期存单到1996年以后几近停滞。

近些年随着我国市场机制的进一步发展完善，为了拓宽筹资渠道，努力集聚社会闲散资金支持国家经济建设，经中国人民银行批准，曾一度停止发行的大额可转让定期存单又开始在各专业银行争相发行。

资料来源：佚名. 大额可转让定期存单的发展现状［EB/OL］.［2016-05-14］. https：//zhidao.baidu.com/question/371789420700473604.html.

2.4 回购协议市场

2.4.1 回购协议市场的概念及特点

1）回购协议市场的概念

回购是交易双方进行的以有价证券为权利质押的一种短期资金融通业务。具体地讲，回购就是资金需求者在将证券出质给资金供给者以融入资金的同时，双方约定在将来某一日期由资金需求者将按约定利率计算的资金额返还给资金供给者，资金供给者则返还原出质证券的融资行为。

回购协议，是指资金需求者在出售证券的同时与证券购买者签订的在一定期限内按原定价格或约定价格购回所卖证券的协议。从本质上说，回购协议是一种质押贷款协议，其标的物是有价证券。回购协议市场则是指通过回购协议进行短期资金融通交易的场所。

小思考2-5

比较回购与质押贷款的区别。

提示：(1) 利率不同。回购的利率是由借贷双方协商确定的，而贷款利率受多种因素影响。(2) 交易主体不同。回购一般发生在金融机构之间，而贷款的对象无此限制。

2）回购协议市场的特点

（1）流动性强。回购协议的交易期限主要以短期为主，最常见的是隔夜回购，但也有期限较长的，最长的回购期限一般不超过一年。由于回购协议的交易期限较短，因此，回购协议市场的流动性往往较强。

（2）安全性高。回购协议的交易场所是经国家批准的规范性场内交易场所，只有合法的机构才可以在场内进行交易，交易的双方以出让或取得证券质押权为担保进行资金拆借，交易所作为证券质押权的监管人承担相应的责任。回购交易的对象是经货币当局批准的最高资信等级的有价证券。

（3）收益稳定且超过银行存款收益。回购利率是市场公开竞价的结果，在一定程度上代表了一定时期的市场利率水平，市场参与者如果将闲置资金用于证券回购交易，一般可获得高于银行同期存款利率的平均收益。

（4）对于商业银行来说，利用回购协议融入的资金不属于存款负债，不用缴纳存款准备金。由于大型商业银行是回购市场的主要资金需求者，回购交易具有非常明显的优势，这些银行往往利用回购市场作为筹集资金的重要手段。

小思考 2-6

正回购和逆回购的区别是什么？

提示：正回购为中国人民银行向一级交易商卖出有价证券，并约定在未来特定日期买回有价证券的交易行为，正回购为央行从市场收回流动性的操作，正回购到期则为央行向市场投放流动性的操作。

逆回购为中国人民银行向一级交易商购买有价证券，并约定在未来特定日期将有价证券卖给一级交易商的交易行为，逆回购为央行向市场上投放流动性的操作，逆回购到期则为央行从市场收回流动性的操作。

逆回购为A向B购买有价证券，并约定在未来特定日期将这个有价证券卖回给B的交易行为；正回购是一方以一定规模证券作抵押融入资金，并承诺在日后再购回所抵押证券的交易行为。

2.4.2 回购协议市场的收益与风险

1）回购协议市场的收益

回购协议市场的收益受回购协议本金、期限和回购利率的综合影响。回购市场利率随行就市，但因为其有证券作为质押，利率水平一般低于同业拆借利率，其收益主要为买卖双方协定的利息，其计算公式为：

回购收益=回购利息=回购本金×回购利率

小知识 2-4

在回购协议市场中，利率水平的确定取决于哪些因素？

提示：（1）用于回购的证券的质地。用于回购的证券质地越好，信用越高，利率水平越低，即利率与回购证券的质地成反比。

（2）回购期限的长短。回购期限越长，风险越高，则出于风险补偿的目的，利率水平也要求越高，即高风险对应高收益。因此，利率与回购期限成正比。

（3）货币市场其他子市场的利率水平，一般参照同业拆借市场利率而确定。回购协议市场作为货币市场的一个重要组成部分，其利率水平的高低必然受整个货币市场利率水平的影响。

2）回购协议市场的风险

虽然回购协议是一种高质量的质押贷款，但仍有一定的信用风险。当所质押的证券价格下跌时，卖方可能会到期不购回证券，从而给买方造成损失；相反，当所质押证券价格上涨时，买方可能不愿意将证券回售给卖方，从而给卖方造成损害。因此，信用风险是回购协议市场的主要风险。

小知识 2-5

为了防范和控制信用风险，协议双方可以通过哪些方式来降低风险？

提示：（1）要求质押的证券市值大于借款额，质押证券市值与借款额之间的差额称为保证金，通常保证金为1%～3%。

（2）当质押证券市值上涨或下跌一定百分比时，相应调整回购协议，要求资金需求者调整质押金或者要求资金供应者调整回购协议本金。

（3）资金供应者把质押证券转到资金需求者的清算银行中由资金供应者监管的账户上，其实质是质押，从而有效降低了信用风险。美国普遍采用此种方式。

拓展阅读 2-6　美国的回购协议市场发展

1969年，美国联邦政府在法律中明确规定：银行运用政府债券进行回购形成的资金，可以不受法定存款准备金的限制。这进一步推动了银行踊跃参与回购协议交易，并将回购协议的内容主要集中到国库券和地方政府债券身上。从20世纪60年代开始，当通货膨胀的阴云开始笼罩整个西方世界时，回购协议市场却迎来了意想不到的黄金时期。随着市场利率的高涨，大多数西方公司的财务主管们急于为手中掌握的短期资金寻找妥当的投资场所。企业的积极参与为回购协议市场带来了大批投资者。

除了企业和商业银行以外，美国各级地方政府也成为回购协议市场的受益者和积极倡导者。因为按照美国法律的规定，美国各级地方政府的闲置资金必须投资于政府债券或者以银行存款的形式持有，并且要保证资金的完整性。在以前，这极大地限制了地方政府在财务上的灵活性。回购协议市场正好提供了既投资于政府债券，又有还款保障的投资渠道。因此地方政府成为该市场的积极参与者，也就不足为奇了。

美国的回购协议市场是世界上规模最大的回购协议市场。早在20世纪90年代初，隔夜回购协议的日交易量就已经远远超过了100亿美元。拥有数千亿美元短期资金的共同基金是这个市场上的最大投资者。一家投资基金的经理每天通过同一个经纪人做几亿美元的回购协议交易，已经不是什么新鲜事了。

资料来源：佚名．回购协议的美国市场［EB/OL］．［2016-05-12］．https：//zhidao.baidu.com/question/1821900073117052868.html.

2.5 国库券市场

2.5.1 国库券市场的运行

1）国库券的概念及种类

国库券又称短期国债，是国家财政当局为弥补国库收支不平衡而发行的一种政府债券。因国库券的债务人是国家，其还款保证是国家财政收入，所以它几乎不存在信用违约风险，是金融市场风险最小的信用工具。

我国国库券的期限最短的为1年，而西方国家国库券品种较多，一般可分为3个月、6个月、9个月、1年期四种，其面额起点各国也不一样。例如，美国的短期国库券（Treasury Bills）期限为13周、26周或52周，大多以折价方式拍售，最小购买金额为10 000美元，较大面额应为10 000美元的倍数。国库券采用不记名形式，无须经过背书就可以转让流通。

由于国库券期限短、风险小、流动性强，因此国库券利率比较低。美国国库券利率仅仅高于通知放款利率。

国库券是1877年由英国的经济学家、作家沃尔特·巴佐特发明的，并首次在英国发行。后来许多国家都依照英国的做法，以发行国库券的方式来满足政府对短期资金的需要。美国首次发行国库券是在1929年，现在国库券已成为美国货币市场上最重要的信用工具。

2）国库券发行的目的和意义

（1）用发行国库券的方法来弥补财政收支不平衡引起的资金缺口。发行国库券不会改变国民经济的收支总量，因而不像财政透支那样会带来货币扩张和通货膨胀的效果，也不像增加税收那样会直接影响到经济的增长和行业结构的改变，在平衡财政收支的几种方式中，它的副作用是最小的。所以通常认为，发行国库券比用增加税收和透支的办法来弥补财政赤字更有利于经济增长。

（2）国库券是中央银行进行公开市场业务的主要工具。中央银行通过买卖国库券来调节市场利率和市场货币流通量，以保证国民经济按比例协调发展。中央银行买进国库券，会使流通中的货币量增加，市场利率下降，进而刺激投资，增加总需求，使经济增长速度加快；中央银行卖出国库券，会使流通中的总货币量减少，市场利率上升，进而抑制投资，减少需求，使经济增长速度减缓。所以，国库券不仅是一种筹集资金的手段，也是管理宏观经济的调控手段。

（3）短期国债在货币市场发展方面具有独特的作用。一般而言，富有流动性的短期证券更容易满足金融机构的流动性需要。投资者持有和销售短期国债的风险较小，成本较低，因此流动性更好。

3）国库券的特点

（1）国库券的利率是市场利率变动情况的集中反映。国库券利率与商业票据、存款等有密切的关系，国库券期货可为其他凭证在收益波动时提供套期保值。

（2）国库券的流动性强。国库券有广大的二级市场，交易方便，随时可以变现。

（3）信誉高。国库券是政府的直接债务，对投资者来讲是风险最低的投资，众多投资者都把它作为最好的投资对象。

（4）收益高。国库券的利率一般略高于银行存款，但低于其他债券。

（5）税收优惠。为了鼓励投资者购买国债，大多数国家都规定国债投资者可以享受国债利息收入方面的税收优惠，甚至免税。

4）国库券市场的发行和流通

国库券的发行通常采取招标投标制。财政部确定本次发行规模以后，向社会公告；各投标人在一定的约束条件下，报出自己拟购买的数量和价格；发行人根据投标情况，按一定的规则进行配售。

投标有两种形式：一种是竞争性投标，出价最高者首先中标，之后按出价顺序，由高到低依次配售，直到售完为止；另一种是非竞争性投标，适用于一些小规模的金融机构，它们无力或不愿意参与竞争性投标，便按照竞争性投标的最高价和最低价的平均数购买。

短期国债发行通常采用贴现方式，发行价格一般采用贴现价格，即以低于票面金额的价格发行，短期国债的票面金额减去贴现利息作为发行价格，到期再按票面金额足额偿付。发售价格与票面额之差即为国库券的利息。短期国债是货币市场的重要交易工具。

西方有些国家短期国债发行频繁，具有连续性，如美国每周均有国库券发行，每周亦有到期的，便于投资者根据投资需要选择。

2.5.2 国库券市场收益率的计算

每一种国库券的发行都有不同的价格，这些价格就是被接受的竞争性投标价格和非竞争性投标价格，相应地，不同的价格对应不同的收益率。下面通过公式予以说明：

以P为国库券的发行价格，d为年贴现率，D为国库券的期限，r为国库券的真实收益率，则（以100元面额的国库券为例计算）：

$$d = (100 - P)/100 \times (360/D)$$
$$P = 100 \times (1 - D \times d/360)$$
$$r = (100 - P)/P \times (365/D)$$

如以3个月期限面额为100元的国库券为例，其发行价格为97.25元，则年贴现率为：

$$\begin{aligned} d &= (100 - P)/100 \times (360/D) \\ &= (100 - 97.25) \div 100 \times (360 \div 91) \\ &\approx 0.1088 \end{aligned}$$

真实收益率为：

$$\begin{aligned} r &= (100 - P)/P \times (365/D) \\ &= (100 - 97.25) \div 97.25 \times (365 \div 91) \\ &\approx 0.1134 \end{aligned}$$

真实收益率比年贴现率要高，其原因是年贴现率的计算日期是360天，年贴现率以国库券到期面值为基数，而投资者实际支付只有97.25元，所以真实收益率要以97.25元为基数计算，因而真实收益率比年贴现率要高。

拓展阅读2-7　　我国国库券的历史

中国发行国库券的历史不长，只有70多年的历史。1950年国家发行了最早的国家债券“人民胜利折实公债”，人民胜利折实公债的单位定名为“分”，第一期公债总额为1亿分，于1950年1月5日开始发行，公债年息5厘。第二期因国家财政经济状况好转，停止发行。公债票面值分为：1分、10分、100分、500分四种。1950年公债的发行拉开了中国发行国库券的序幕。早期公债的发行，是中华人民共和国成立初期为了支援解放战争，迅速统一全国，以利于安定民生，恢复和发展经济，中央人民政府采取的重要金融措施。此后中央财政部于1954年至1958年之间又发行了“国家经济建设公债”。到了1958年这个特殊的年份，国家的经济秩序由于“大跃进”“浮夸风”被打乱，国债被迫暂停发行，直到1981年国家恢复国债的发行。

1981年至1996年的十多年内，发行的国库券都是实物券，面值有1元、5元、10元、50元、100元、1 000元、1万元、10万元、100万元等。自1992年国家开始发行少量的凭证式国库券，1997年开始就全部采用凭证式和证券市场网上无纸化发行。但在国库券恢复发行之初的20世纪80年代，很多人对国库券和当初发行的股票一样认识不清，那时发行采用摊派的形式。进入20世纪90年代，人们逐渐对国库券有了认识，国库券采用承销包销方式发行。国库券的发行也走了一段曲折的道路。

资料来源：佚名. 国库券的发行历史［EB/OL］.［2006-10-24］. https://wenwen.soso.com/z/q842760378.htm.

2.6 货币市场基金市场

2.6.1 货币市场基金市场的概念与特征

1）货币市场基金市场的概念

货币市场基金（Money Market Fund，MMF）是指投资于货币市场上短期（一年以内，平均期限120天）有价证券的一种投资基金。该基金资产主要投资于短期货币工具如国库券、商业票据、银行定期存单、政府短期债券、企业债券等短期有价证券。

在我国，根据《公开募集证券投资基金运作管理办法》的规定，仅投资于货币市场工具的，为货币市场基金。货币市场基金的优点是资本安全性高、购买限额低、流动性强、收益较高、管理费用低，有些还不收取赎回费用。因此，货币市场基金通常被认为是低风险的投资工具。货币市场基金市场是指以货币市场基金为交易对象所形成的基金发行与交易场所。

2）货币市场基金市场的特征

（1）货币市场基金市场与其他基金市场的基金单位资产净值计算不同。货币市场基金市场中基金单位的资产净值是固定不变的，通常是每个基金单位1元。投资该基金后，投资者可利用收益再投资，投资收益就不断累积，增加投资者所拥有的基金份额。比如，某投资者以100元投资于某货币市场基金，可拥有100个基金单位，1年后，若投资报酬率是8%，那么该投资者就多拥有8个基金单位，总共108个基金单位，价值108元。

（2）衡量货币市场基金市场中基金表现好坏的标准是收益率，这与其他基金以净资产价值增值获利不同。

（3）流动性好、资本安全性高。这些特点主要源于货币市场是一个低风险、流动性高的市场。同时，投资者不受到期日限制，随时可根据需要转让基金单位。

（4）风险较低。货币市场工具的到期日通常很短，货币市场基金投资组合的平均期限一般为4～6个月，因此风险较低，其价格通常只受市场利率的影响。

（5）投资成本低。货币市场基金市场通常不收取赎回费用，并且其管理费用也较低，货币市场基金的年管理费用为基金资产净值的0.25%～1%，低于1%～2.5%的传统基金年管理费率。

（6）货币市场基金市场中的基金均为开放式基金。货币市场基金通常被视为无风险或低风险投资工具，适合资本短期投资生息以备不时之需，特别是在利率高、通货膨胀率高、证券流动性下降、可信度降低时，可使本金免遭损失。

2.6.2 货币市场基金市场的运行

1）货币市场基金市场的投资对象

按照中国证监会发布的《货币市场基金监督管理办法》以及其他有关规定，目前我国货币市场基金能够进行投资的金融工具主要包括：①现金；②1年以内（含1年）的银行定期存款、大额存单；③剩余期限在397天以内（含397天）的债券；④期限在1年以内（含1年）的债券回购；⑤期限在1年以内（含1年）的中央银行票据；⑥剩余期限在397天以内（含397天）的资产支持证券；⑦中国证监会、中国人民银行认可的其他具有良好流动性的货币市场工具。

小知识2-6

货币市场基金不得投资于哪些金融工具？

提示：①股票；②可转换债券；③剩余期限超过397天的债券；④信用等级在AAA级以下的企业债券；⑤国内信用评级机构评定的A-1级或相当于A-1级的短期信用级别及该标准以下的短期融资券；⑥流通受限的证券；⑦中国证监会、中国人民银行禁止投资的其他金融工具。

2）货币市场基金市场的分红方式

货币市场基金只有一种分红方式——红利转投资。货币市场基金每份单位始终保持在1元，超过1元的收益会按时自动转化为基金份额，拥有多少基金份额即拥有多少资产。而其他开放式基金是份额固定不变、单位净值累加的，投资者只能依靠基金每年的分红来实现收益。

对货币市场基金的利润分配，中国证监会有专门的规定。《货币市场基金监督管理办法》第十条规定："对于每日按照面值进行报价的货币市场基金，可以在基金合同中将收益分配的方式约定为红利再投资，并应当每日进行收益分配。"

2005年3月25日，中国证监会下发《关于货币市场基金投资等相关问题的通知》，其中规定："当日申购的基金份额自下一个工作日起享有基金的分配权益，当日赎回的基金份额自下一个工作日起不享有基金的分配权益。"具体而言，货币市场基金每周五进行利润分配时，将同时分配周六和周日的利润；每周一至周四进行分配时，则仅对当日利润进行分配。投资者于周五申购或转换转入的基金份额不享有周五和周六、周日的利润；投资者于周五赎回或转换转出的基金份额享有周五和周六、周日的利润。

拓展阅读2-8　货币市场基金发展历史和当前概况

（一）发展历史

美国第一家货币市场共同基金作为银行存款的一个替代物创建于1972年，是在市场变化环境下金融创新的一个最好的例子。

20世纪70年代初美国对商业银行与储蓄银行提供的大部分存款利率均进行管制，出台了"Q项条款例"，而货币市场工具则是浮动利率，但许多中小投资者无法进入货币市场（因有最低交易额规定），货币市场共同基金利用这一事实，将许多投资者的小额资金集合起来，由专家操作，这也表明追求利润的企业家能够发现设计不严密的政府法规的漏洞。但由于当时市场利率处于存款机构规定能支付的利率上限以下，货币市场共同基金因其收益并不高于银行存款利率而难以发展，总份额在几年中非常有限。

1973年仅有4家基金，资产总额只有1亿美元。但到了20世纪70年代末，由于连续几年的通货膨胀导致市场利率剧增，货币市场工具如国库券和商业票据的收益率超过了10%，远远高于银行与储蓄机构为储蓄存款和定期存款所支付的5.5%的利率上限。随着储蓄机构的客户不断地从储蓄存款和定期存款中抽出资金投向收益更高的货币市场共同基金，货币市场共同基金的总资产迅速扩大，从1977年的不足40亿美元激增到1982年有200多家基金持有2 400亿美元的资产，并在总资产上超过了股票和债券共同基金。因此，货币市场共同基金的迅速发展是市场利率超过银行和其他存款机构管制利率的产物。同时货币市场共同基金能迅速发展并且能保持活力的原因还在于管制较少，货币市场共同基金没有法定的利率上限，而且对提前取款也没有罚款。

货币市场共同基金迅速发展，引起了商业银行和储蓄机构的强烈反应，它们要求国会对货币市场共同基金附加储备要求和其他限制，国会最终虽然没有批准存款机构的要求，但给予商业银行和储蓄机构发行一种新型的金融工具即货币市场存款账户（MMDAS），它与货币市场共同基金相似，也提供有限的支票签发而且没储备要求，而且收益率几乎与货币市场共同基金一样高。

在银行和其他存款机构以超级NOW账户和MMDAS的反击下，1982年年末和1983年年初，货币市场共同基金的总资产开始下降。商业银行和存款机构的这些创新金融工具暂时阻止了资金从银行向货币市场共同基金的流动。但商业银行与存款机构无法承受提供高收益的成本，不久以后，降低了MMDAS的利率。其结果是货币市场共同基金再次迅速发展，20世纪80年代末和90年代创造了极大的收益。1987年美国股市大崩溃，导致大量的资金流入货币市场共同基金，其资产总额突破3 000亿美元。1989年和1990年的储蓄和贷款协会危机引起商业银行突然增加它们的存款保险，来保护它们的存款，同时监管当局更加关注存款机构已经出现的高利率。所有这些变化都有利于货币市场共同基金的快速发展，其资产在1991年达到5 000亿美元。1996年大约有650家应税基金，250家免税基金，总资产大约为7 500亿美元，80%以上为纳税的资产。其股份大约占所有金融中介资产的4%，而且在所有共同基金（股票基金、债券基金、货币市场共同基金）总资产中占25%以上。1997年达到1万亿美元。

（二）当前概况

在当前的金融危机中，流动性已经成为一个大问题。即使金融工具，例如信用良好的银行发行的存单（一般也是完全流动的），已经变得很难交易了——事实上，这一市场有时甚至停业了。在美国，联邦储备委员会宣布，2a-7（国债式）货币市场基金提供流动性以达到现金流出额。英国央行正致力于提供类似的服务，做与欧洲央行相同的事情。进一步的计划是要以资金为支持来建立存款保险计划。

作为一种防御性的举动，在2008年9月下旬，大部分基金增加了它们的隔夜流动资金（在英镑基金中，其范围在200亿~300亿英镑，或者300亿~450亿美元之间），这更打乱了银行同业拆借市场，加大了隔夜拆借利率和伦敦银行同业拆借利率之间的差距。不过，这种方式是以基金表现为代价的，特别是对于那些有较高比例的流动性较差的流动证券基金，如浮动利率的债券和商业票据，其基金经理因此会认为，在发生隔夜拆借利率崩溃时，他们管理的基金在隔夜投资中不得不占有更大比例。

英镑货币市场基金和欧元货币市场基金似乎已经经受住了暴风雨的考验，但后期不同基金的表现差距已经远远大于往常的差距，因为各种基金都有各自的基准。这是一个值得探索的领域，因为它可以告诉你很多关于如何管理基金以及出现了什么问题的信息。了解基金如何应对全球利率的低迷时期会是十分有趣的。在利率下降的情况下，基金往往最有竞争力。

很显然，无论是美国的还是欧洲的监管机构都应该审视如何对货币市场基金进行具体管理，同时，更谨慎地管理和经营基金。

资料来源：百度百科. 货币市场基金［EB/OL］.［2018-06-30］. https://baike.baidu.com/item/%E8%B4%A7%E5%B8%81%E5%B8%82%E5%9C%BA%E5%9F%BA%E9%87%91/261155? fr=aladdin.

本章要点

本章主要介绍了货币市场的种类，各个种类市场的概念、特点、类型和运行机制。其中，重点是票据市场。

问题讨论

1. 货币市场业务都有哪些共同特征？
2. 我国的货币市场有哪些地方需要完善？
3. 货币市场作为金融市场的重要构成，其重要性有哪些？

推荐阅读

1. 法伯兹，曼恩，乔德里. 全球货币市场［M］. 孟昊，郭红，译. 大连：东北财经大学出版社，2011.

2. 中国货币市场的发展与创新课题组. 中国货币市场的发展与创新［M］. 成都：西南财经大学出版社，2015.

3. 祁群. 中国货币市场的发展与创新［M］. 北京：法律出版社，2012.

4. 石凯，聂丽. 人民币国际化对资本市场的影响［M］. 北京：中国社会科学出版社，2017.

思考与练习

1. 单项选择题

（1）下列选项中不属于货币市场的是（　　）。

A. 同业拆借市场　　B. 可转让大额定期存单市场

C. 回购协议市场　　D. 股票市场

（2）金融机构之间发生的短期临时性借贷活动是（　　）。

A. 贷款业务　　B. 票据业务　　C. 同业拆借　　D. 再贴现

（3）货币市场是指融资期限在（　　）的金融市场。

A. 1 年以下　　B. 1~5 年　　C. 5 年以上　　D. 无限制

2. 多项选择题

（1）货币市场有许多子市场，（　　）属于货币市场。

A. 票据市场　　B. 同业拆借市场　　C. 债券市场

D. 回购协议市场　　E. 货币市场基金市场

（2）商业票据流通转让的形式有（　　）。

A. 背书转让　　B. 转贴现　　C. 贴现

D. 再贴现　　E. 交付转让

（3）货币市场基金的投资对象有（　　）。

A. 现金　　B. 1 年以内的银行定期存款、大额存单

C. 剩余期限在 397 天以内的债券　　D. 期限在 1 年以内的债券回购

E. 期限在 1 年以内的可转换债券

3. 简答题

（1）简述同业拆借市场的特点。

（2）同业拆借市场的交易方式有哪些？

（3）商业票据的发行成本有哪些？

（4）商业票据的发行价格如何确定？

（5）试述银行承兑汇票贴现、转贴现和再贴现的区别。

（6）简述可转让大额定期存单的特点。

（7）试述回购协议市场的收益与风险。

（8）国库券市场的收益率如何计算？

（9）试述货币市场基金的投资对象和分红方式。

案例分析

区块链票据业务发展特点的比较与启示

2019 年 10 月 24 日，中共中央政治局专门就区块链技术发展现状和趋势进行了第十八

次集体学习，习近平总书记在主持学习时指出，要推动区块链和实体经济深度融合，解决中小企业融资难、银行风控难、部门监管难等问题，要探索“区块链+”在民生领域的运用，积极推动区块链技术在教育、就业、养老、精准脱贫、医疗健康、商品防伪、食品安全、公益、社会救助等领域的应用。由于区块链技术与传统票据结合有助于提高票据的使用效率、规避票据风险、消除业务痛点，从而创新传统票据业务，因此，近年来区块链票据业务获得了较快的发展。

票据有广义、狭义之分：广义票据是指商业活动中的一切票证，包括各种有价证券和凭证，如股票、债券、本票、提货单、车船票、借据等，典型的广义票据是发票；狭义票据是指发票人依法签发，由自己无条件支付或委托他人无条件支付一定金额的有价证券，即《票据法》中规定的汇票、本票与支票。值得注意的是，尽管近年来上述两类区块链票据业务均获得了一定程度的发展，但也面临着诸多现实的困境，因此，对这两类区块链票据业务发展特点进行比较分析，有助于更深刻地把握两类区块链票据业务发展的共性和差异以及面临的挑战，从而为促进我国区块链票据业务的健康发展提供有针对性的政策建议。

市场要素对区块链票据业务的发展有重要的影响。首先，市场参与主体的多元性是推动区块链票据业务创新的重要因素。就票据市场参与主体来说，广义票据市场参与主体多元性较强，由于财税机关是管理票据的重要部门，因此区块链票据创新主体主要由财税机关承担；而狭义票据市场参与主体以银行为主，其发展高度依赖于银行，区块链票据业务的创新主体有限，不利于票据业务的创新。其次，票据种类的多样性对区块链票据业务发展有重要影响。就票据的种类而言，广义票据市场上票据类型多种多样，覆盖了医疗、交通等领域，对票据的需求类型也较多，有利于区块链票据业务在更加多样化的场景中试点应用；而狭义票据市场对银行的倚重极大地刺激了银行承兑汇票的发展，使得其他类型的票据发展不足，因此区块链票据业务的创新多源自银行。

由此可见，票据市场的参与主体、票据种类等市场要素在促进区块链技术与票据业务结合过程中发挥了重要作用。一方面，多元化的市场参与主体提升了市场竞争水平，不仅有利于提升票据交易的活跃度，还有利于推动票据业务的创新，加速区块链技术与票据业务的结合；另一方面，丰富的票据种类往往意味着更加多样化的应用场景，对区块链技术与票据的结合有积极的助推作用，丰富的票据种类有利于提升市场交投活跃度，适应票据市场投资主体多元化的局面，从而有利于区块链票据业务的落地。

两大动因对区块链票据业务的发展起关键作用。一方面，区块链技术特有的性质与传统票据业务的“痛点”具有较高的契合度，为两类票据市场的发展提供了新的思路，极大地激发了商业银行、财税部门等重要市场参与主体对区块链票据业务的创新动力。另一方面，区块链技术标准、监管政策的日趋完善以及区块链技术的快速发展也为区块链票据业务的试点与落地创造了良好的外部条件。毫无疑问，各级政府发布的鼓励区块链技术发展与应用的政策发挥了积极的推动作用，不仅有助于促进区块链技术的发展，还有力地支撑了区块链技术的广泛应用，成为区块链票据业务试点应用的有力推手。

总之，在区块链技术与传统票据业务结合的过程中，两类票据市场内、外部动因在推动区块链票据发展的过程中发挥了关键作用，二者缺一不可。首先，区块链技术的优势有助于优化传统票据业务，是票据业务创新的坚实基础。其次，区块链作为一种新兴技术，其健康发展离不开政策的正确引导。各级政府积极出台的区块链政策对行业发展起到了助推器的作用，极大地推动了区块链技术与票据业务的结合，借助区块链技术破解传统票据业务的“痛点”。

应用标准对区块链票据业务的发展意义重大。首先，应用标准的制定是促进区块链票据业务规范发展的重要前提。尽管两类票据市场均已实现区块链票据的应用，但在区块链票据应用标准上仍有差距，迄今狭义票据市场还未启动应用标准的制定工作。而且，在区块链票据试点前，广义票据市场给予了区块链票据法律上的认可，这大大地加速了区块链票据的落地；而狭义票据市场中现行的《票据法》《票据交易管理办法》等法律法规滞后于票据业务的发展，缺少对区块链票据法律地位的必要支持，不利于区块链票据业务的发展。其次，两类区块链票据业务的应用取得了显著的成效。区块链票据业务依靠区块链技术的优势有效地缓解了狭义票据的信息不对称问题，能帮助企业更快地获取资金，同时也成功地降低了广义票据中征纳双方的多项成本。

总之，区块链票据应用标准的制定对业务发展具有重要意义。应用标准的缺失可能导致区块链票据业务发展方向不明，各类试点应用良莠不齐，潜在的技术风险和政策风险都很大，不利于区块链业务的健康发展。相反地，统一的应用标准将极大地规范区块链票据业务的发展，防止业务发展的混乱无序，防范业务创新带来的风险。当然，为区块链票据业务提供必要的法律支持也是很重要的制度保障。

问题：如何促进我国区块链票据业务发展？

提示：丰富狭义票据市场主体，创新票据种类；提升广义票据业务创新力度，优化外部创新环境；完善狭义票据法律法规，制定应用标准。

资料来源：张正平，宋芳萱．区块链票据业务发展特点的比较与启示［J］．财会月刊，2020（22）：73-78.

实践训练

1.实训项目：可转让大额定期存单转让价格确定。

实训目的：掌握可转让大额定期存单转让价格的计算方法。

实训步骤：

（1）熟悉可转让大额定期存单转让价格的计算方法；

（2）阅读实例：有一张50万元的可转让大额定期存单，利率为10%，期限为6个月，投资人持有3个月后出售，距到期日还有90天，当时利率为12%；

（3）计算该存单的转让价格。

2.实训项目：国库券收益率的确定。

实训目的：掌握国库券收益率确定的计算方法。

实训步骤：

（1）熟悉国库券收益率确定的方法；

（2）阅读实例：有面额100元的3个月期限的国库券300张，发行价格为97.25元；

（3）计算该国库券的贴现率及收益率。

第3章
债券市场

【学习目标】

- 知识目标：通过学习本章内容，了解债券的概念、特征、要素和各种类型，了解债券市场的主体结构及债券市场的功能；掌握债券发行市场的发行方式、发行程序；熟悉债券发行市场发行利率和发行价格的确定；了解债券流通市场的结构，掌握债券流通市场的交易程序和交易方式。
- 技能目标：通过学习本章内容，在了解债券市场的组成部分和运行方式及价格计算方式后，能够对我国债券市场有个全面的认识，了解债券市场对我国经济发展的影响。

知识结构图

- 债券市场
  - 债券与债券市场概述
    - 债券的概念及特征
    - 债券的基本要素
    - 债券的分类
    - 债券市场的主体结构及功能
  - 债券的发行市场
    - 债券的发行方式
    - 债券发行利率和发行价格的确定
  - 债券的流通市场
    - 债券流通市场的结构
    - 债券的交易程序
    - 债券的交易方式
  - 债券交易理论价格及主要的影响因素
    - 债券交易的理论价格
    - 影响债券交易价格的主要因素
    - 债券理论价格的计算和投资决策

导入案例

中国国债纳入富时指数 人民币国际化再进一步

2021年3月30日，富时罗素宣布，将从2021年10月29日起，在之后的36个月中逐步将中国国债纳入其旗舰指数富时世界国债指数（WGBI），中国债券在其中的权重为5.25%。至此，全球三大债券指数公司（另外两家为彭博–巴克莱、摩根大通）均将把中国债券纳入其旗舰产品。这意味着中国债券再克一城，得全球资本之力，为人民币国际化赋能。

WGBI是富时罗素追踪资金量最大的旗舰指数产品，是全球政府债券指数的标杆，覆盖超过20个国家。富时罗素将中国国债纳入WGBI，多家机构表示，基于跟踪该指数的约2.5万亿美元管理资金以及中国债券的5.25%纳入权重计算，未来36个月，中国债市有望迎来逾1 300亿美元（约万亿人民币）的被动资金流入。

而WGBI对中国债市开放的认可将进一步增强人民币债券市场的吸引力。中国国债原本就具有稳健的金融体系、坚挺的汇率、较高的利率，国际投资者趋之若鹜。通过WGBI的推荐，中国国债可获得更多的买家，可以卖出更高的价钱，有望降低中国政府举债融资的成本；可以引来更多的投资者参与，可以提升市场主体的多元性，分散风险，促进中国债市更加稳定；可以调动更多的人民币资产需求，提升人民币的国际美誉度，扩大人民币的影响力，加快人民币国际化进程。

资料来源：蔡恩泽．中国国债纳入富时指数 人民币国际化再进一步［EB/OL］．［2021-04-01］．https：//stock.stcn.com/djjd/202104/t20210401_2989265.html.

这一案例简述了当前我国国债纳入富时指数的影响，中国债券目前纳入全球三大债券指数，将进一步促进外资流入中国债市，并支持人民币汇率。债券市场是金融市场的重要组成部分。债券市场作为一个开放的金融市场，对国民经济的快速发展及大国金融战略的实施都极为重要。那么，债券市场是一个什么样的金融市场？它有什么特征和功能？其基本运行方式是怎样的呢？这正是本章要介绍的内容。

3.1 债券与债券市场概述

3.1.1 债券的概念及特征

债券是一种有价证券，是社会各类经济主体如政府、金融机构或企业单位为筹措资金而向投资人出具的并且承诺按一定利率定期支付利息和到期偿还本金的债权债务凭证。债券规定资金借贷的权责关系主要有三点：第一，借贷货币的数额；第二，借款时间；第三，在借贷时间内的补偿或代价（即债券的利息）。

债券包含四个方面的含义：第一，发行人是借入资金的经济主体；第二，投资者是出借资金的经济主体；第三，发行人需要在一定时期付息还本；第四，债券反映了发行者和投资者之间的债权债务关系，而且是这一关系的法律凭证。债券作为一种重要的融资手段和金融工具，具有如下特征：

（1）偿还性。它是指债券有规定的偿还期限，债务人必须按期向债权人支付利息和偿还本金。这一特征与股票的永久性有很大的区别。债券一般都规定有偿还期限，发行人必须按约定条件还本付息。只有无期公债或永久性公债不规定到期时间，这种公债的持有者不能要求清偿，只能按期取得利息。

（2）流动性。它是指债券持有人可根据需要和市场的实际状况，灵活地转让债券，以提前收回本金和实现投资收益。流动性首先取决于市场为转让提供的便利程度；其次取决于债券在迅速转变为货币时，是否在以货币计算的价值上蒙受损失。

（3）安全性。它是指债券持有人的收益相对稳定，不随发行者经营收益的变动而变动。债券与股票相比，收益比较稳定，风险较小。因为债券通常规定有固定的利率，它与企业绩效没有直接联系；债券在市场上有抵御价格下降的特性，波动幅度远小于股票。此外，在企业破产时，债券持有者享有优先于股票持有者对企业剩余资产的索取权。

（4）收益性。它是指债券能为投资者带来一定的收入，即债券投资的报酬。在实际经济活动中，债券的收益性主要表现在两个方面：一是利息收入，即投资债券可以定期或不定期地给投资者带来利息收入。因为债券的风险比银行存款要大，所以债券的利息收入通常高于同期银行存款利息。二是资本利得，即投资者可以利用债券价格的变动，赚取买卖债券的价差。

3.1.2 债券的基本要素

债券的基本要素主要由以下几个方面构成：

（1）债券的票面价值。它是债券票面标明的货币价值，是债券发行人承诺在债券到期日偿还给债券持有人的金额。在债券的票面价值中，首先要规定票面价值的币种，即以何种货币作为债券价值的计量标准。确定币种主要考虑债券的发行对象。其次要确定债券票面的金额。票面金额大小不同，可以适用于不同的投资对象，同时也会产生不同的发行成本。票面金额定得较小，有利于小额投资者，购买持有者分布面广，但债券本身的印刷及发行工作量大，费用可能较高；票面金额定得较大，有利于少数大额投资者认购，且印刷费用等也会相应减少，但使小额投资者无法参与。因此，债券票面金额的确定也要根据债券的发行对象、市场资金供给情况及债券发行费用等因素综合考虑。

（2）债券的到期期限。它是指从债券发行之日起到偿清本息之日为止的时间，也是债券发行人承诺履行合同义务的全部时间。各种债券有不同的偿还期限，短则几个月，长则几十年，习惯上有短期债券、中长期债券之分。发行人在确定债券期限时，要考虑多种因素的影响，主要包括资金使用方向、市场利率变化、债券变现能力等。

一般来说，当未来市场利率趋于下降时，应发行期限较短的债券；而当未来市场利率趋于上升时，应发行期限较长的债券，这样有利于减轻筹资者的利息负担。

小思考 3-1

债券的变现能力对债券的期限有何影响？

提示：一般而言，债券的变现能力越强，长期债券越容易被人接受。如果流通市场发达，债券容易变现，长期债券较能被投资者接受；反之，如果流通市场不发达，投资者买了长期债券，但急需资金时又不易变现，长期债券的销售就可能不如短期债券。

（3）债券的票面利率。它也称名义利率，是债券年利息与债券票面价值的比率，通常年利率用百分数表示。利率是债券基本要素中不可缺少的内容。在实际经济生活中，债券利率有多种形式，如单利、复利和贴现利率等。债券利率亦受很多因素的影响，主要有：①借贷资金市场利率水平；②筹资者的资信；③债券期限的长短。

（4）债券发行者的名称。这一要素表明了该债券的债务主体，即明确了债券发行人应履行对债权人偿还本金及利息的义务，也为债权人到期追索本金及利息提供了依据。债务人按法定程序发行债券，筹措到所需资金，取得一定时期资金的使用权以及由此而带来的利益，同时承担举债的风险和义务，要按期还本付息。债权人应当定期转让资金的使用权，并有依法或按合同规定取得利息和到期收回本金的权利。

（5）债券的价格。债券的价格包括发行价格和市场价格。因为存在平价发行、溢价发行和折价发行几种情况，所以发行价格有等于、高于和低于面值三种情况。债券是一种可以买卖的有价证券，它有市场价格。债券的价格，从理论上讲是由面值、票面利率、市场收益率和供求关系决定的。

此外，债券还有提前赎回、税收待遇、拖欠的可能性等方面的规定。

3.1.3 债券的分类

对债券可以从各种不同的角度进行分类，并且随着人们对融通资金需要的多元化，会有各种新的债券形式不断产生。目前，债券的类型大体有以下几种：

1）按发行主体分类

（1）政府债券。其发行主体是政府。中央政府发行的债券称为国债，其主要用途是解决由政府投资的公共设施或重点建设项目的资金需要和弥补国家财政赤字。地方政府发行的债券称为地方债。有些国家把政府担保的债券也划归为政府债券体系，称为政府保证债券。

（2）金融债券。其发行主体是银行或非银行金融机构。金融机构一般有雄厚的资金实力，信用度较高，因此，金融债券往往也有良好的信誉。金融债券的期限以中期较为多见。金融债券能够较有效地解决银行等金融机构的资金来源不足和期限不匹配的矛盾。由于银行等金融机构在一国经济中占有较特殊的地位，政府对它们的运营有严格的监管，比非金融机构债券有较高的安全性和较小的违约风险，因此，利率通常低于一般的公司债券，但高于国债和银行储蓄存款利率。

（3）公司债券。非金融性公司发行的债券称为公司债券。由于企业主要以本身的经营利润作为还本付息的保证，因此企业债券风险与企业本身的经营状况直接相关，风险较大，它们的利率通常也高于政府债券和金融债券。

2）按偿还期限分类

债券按偿还期限可分为：短期债券、中期债券、长期债券和永久债券。一般说来，偿还期限在1年以下的为短期债券；偿还期限在1年或1年以上、10年以下（包括10年）的为中期债券；偿还期限在10年以上的为长期债券；永远没有偿还期限的债券为永久债券。我国目前不存在永久债券。

我国国债的期限划分与上述标准相同。但根据我国企业债券的期限划分，短期企业债券期限在1年以内，中期企业债券期限在1年以上5年以内，长期企业债券期限在5年以上。

3）按利息的支付方式分类

（1）零息债券。它也称零息票债券，是指债券合约未规定利息支付的债券。通常，这类债券以低于面值的价格发行和交易，债券持有人实际上是以买卖（到期赎回）价差的方式取得债券利息。

（2）附息债券。债券合约中明确规定，在债券存续期内，对持有人定期支付利息（通常每半年或每年支付一次）。按照计息方式的不同，这类债券还可细分为固定利率债券和浮动利率债券。有些附息债券可以根据合约条款推迟支付定期利率，故称缓息债券。

（3）息票累积债券。与附息债券相似，这类债券也规定了票面利率，但是，债券持有人必须在债券到期时才能一次性获得本息，存续期间没有利息。

4）按债券的利率浮动与否分类

（1）固定利率债券。它是指在偿还期内利率固定不变的债券。固定利率债券不考虑市场变化因素，因而其筹资成本和投资收益可以事先预计，不确定性较小，但债券发行人和投资者仍然必须承担市场利率波动的风险。

（2）浮动利率债券。它是指票面利率随市场利率定期变动的债券。浮动利率债券往往是中长期债券。浮动利率债券的利率通常根据市场基准利率加上一定的利差来确定。

（3）累进利率债券。随着时间的推移，其后期利率比前期利率更高，呈累进状态。

5）按债券的计息方法分类

（1）单利债券。它是指在计息时，不论期限长短，仅按本金计息，所生利息不再加入本金计算下期利息的债券。

（2）复利债券。它是指在计息时，按一定期限将所生利息加入本金再计算利息，逐期滚算的债券。

6）按是否记名分类

（1）记名债券。企业债券上登记有债券持有人的姓名，投资者领取利息时要凭印章或其他有效的身份证明，转让时要在债券上签名，同时还要到发行公司登记的，称为记名企业债券。

（2）不记名债券。企业债券上不记载债券持有人的姓名，债券转让无须签名和登记的，称为不记名企业债券。

7）按有无抵押担保分类

（1）信用债券。它也称无担保债券，是指仅凭筹资人的信用发行的、没有担保的债券，信用债券只适用于信用等级高的债券发行人。

（2）担保债券。它是指以抵押、质押、保证等方式发行的债券。其中，抵押债券是指以不动产作为担保品所发行的债券；质押债券是指以有价证券作为担保品所发行的债券；保证债券是指由第三者担保偿还本息的债券。

8）按债券可否提前赎回分类

（1）可提前赎回债券。如果企业在债券到期前有权定期或随时赎回全部或部分债券，这种债券就称为可提前赎回企业债券。

（2）不可提前赎回债券。它只有在期满时才能归还本金。

9）按发行人是否给予投资者选择权分类

（1）附有选择权的企业债券。它是指债券发行人给予债券持有人一定的选择权，如可转换公司债券、附认股权证的企业债券、可退还企业债券等。可转换公司债券的持有者，能够在一定时间内按照规定的价格将债券转换成该公司发行的股票；附认股权证的债券持有者，可凭认股权证约定的价格购买该公司的股票；可退还的企业债券，在规定的期限内可以退还。

（2）不附有选择权的企业债券。债券持有人没有上述选择权的，就是不附有选择权的企业债券。

拓展阅读 3-1　可转换公司债券管理办法

为落实新《中华人民共和国证券法》（简称《证券法》）的规定，完善可转换公司债券（以下简称可转债）各项制度，防范风险，保护投资者合法权益，证监会发布了《可转换公司债券管理办法》（以下简称《管理办法》）。

可转债作为一种兼具“股性”和“债性”的混合证券品种，为企业募集资金提供了多样化的选择，在提高直接融资比重、优化融资结构、增强金融服务实体经济能力等方面发挥了积极作用。近期个别可转债被过分炒作，暴露出制度规则与产品属性不完全匹配的问题，有必要尽快出台专门规范可转债的规章，对其进行系统规制。

《管理办法》共二十三条，涵盖交易转让、信息披露、转股、赎回、回售、受托管理、监管处罚、规则衔接等内容，具体如下：

一是关于交易制度。要求证券交易场所根据可转债的风险和特点，完善现行交易规则，防范和抑制过度投机，同时要根据正股所属板块的投资者适当性要求，制定相应的投资者适当性管理规则；明确强制赎回条款触发前后发行人的信息披露要求；明确证券交易场所的风险监测职责等。

二是关于信息披露。以《证券法》第八十条、第八十一条关于信息披露的规定为基础，结合可转债的特点以及交易所实际监管经验，对临时披露重大事件进行了完善。

三是关于转股价格。按照兼顾发行人、股东与可转债持有人权益的原则，结合现行再融资办法，对上市公司发行可转债转股价格的确定、修正及调整进行了完善。

四是关于受托管理制度。依照《证券法》第九十二条规定建立可转债受托管理制度，明确受托管理人职责要求等。

五是关于监管处罚。对于违反本办法规定的行为，证监会将采取相关监管措施；依法应予行政处罚的，依照有关规定进行处罚；情节严重的，对有关责任人员采取证券市场禁入措施；涉嫌犯罪的，依法移送司法机关追究刑事责任。

六是关于规则衔接。《管理办法》不改变可转债现有发行规则，同时为上市公司向特定对象发行可转债购买资产预留一定的制度空间。

七是关于新老划断。《管理办法》施行日及施行日以后发行申请被受理的可转债适用本办法，但是本办法有关交易规则、投资者适当性、信息披露、赎回回售等交易环节的要求，一体适用于已经发行和尚未发行的可转债。

下一步，证监会将按照“建制度、不干预、零容忍”的方针，继续支持可转债市场规范发展，丰富企业直接融资工具，依法严厉打击扰乱可转债市场秩序的行为，为资本市场高质量发展提供保障。

资料来源：中国证券监督管理委员会．可转换公司债券管理办法［EB/OL］．［2021-01-01］．http：//www.gov.cn/xinwen/2021-01/01/content_5576017.htm.

10）按发行方式分类

（1）公募债券。它是指按法定手续经证券主管部门批准公开向社会投资者发行的债券。

（2）私募债券。它是指以特定的少数投资者为对象发行的债券，发行手续简单，一般不能公开上市交易。

相关知识 3-1　　私募债券的概念

私募债券是指向与发行者有特定关系的少数投资者募集的债券，其发行和转让均有一定的局限性。私募债券的发行手续简单，一般不能在证券市场上交易。公募债券与私募债券在欧洲市场的区分并不明显，可是在美国与日本的债券市场，这种区分是很严格的，并且也是非常重要的。

私募债券的发行相对公募债券而言有一定的限制条件，私募债务的对象是数量有限的专业投资机构，如银行、信托公司、保险公司和各种基金会等。一般发行市场所在国的证券监管机构对私募的对象在数量上并不作明确的规定，但在日本则规定不得超过50家。这些专业的投资机构一般都拥有经验丰富的专家，对债券及其发行者具有充分调查研究的能力，加上发行人与投资者相互都比较熟悉，所以没有公开展示的要求，即私募发行不采取公开制度。购买私募债券一般不是为了转手倒卖，只是作为金融资产而保留。日本对私募债券的转卖有一定的规定，即在发行后2年之内不能转让，即使转让，也仅限于转让给同行业的投资者。

私募债券的优点：发行成本低；对发债机构资格认定标准较低；不需要提供担保；信息披露程度要求低；有利于与业内机构建立战略合作。

私募债券的缺点：只能向合格投资者发行，我国的合格投资者是指注册资本金要达到1 000万元以上，或者经审计的净资产在2 000万元以上的法人或投资组织；定向发行债券的流动性差，只能以协议转让的方式，在合格投资者之间进行流通。

资料来源：佚名．私募债券［EB/OL］．［2020-02-18］．https：//baike.baidu.com/item/%E7%A7%81%E5%8B%9F%E5%80%BA%E5%88%B8/2904983？fr=aladdin.

11）按债券形态分类

（1）实物债券。它是一种具有标准格式实物券面的债券，又称实物券或国库券或无记名式国债。无记名式国债是一种票面上不记载债权人姓名或单位名称的债券，通常以实物券形式出现。

（2）凭证式债券。其形式是一种债权人认购债券的收款凭证。我国近年来通过银行系统发行的凭证式国债，券面上不印制票面金额，而是根据认购者的认购额填写实际的缴款金额，是一种国家储蓄债，可记名、挂失。

（3）记账式债券。记账式债券又称为无纸化债券，是指没有实物形态，而是在电脑账户中做记录的票券。在我国，上海证券交易所和深圳证券交易所已为证券投资者建立了电脑证券账户。

12）按债券发行人和投资人所属国别的异同分类

（1）国内债券。其发行者和投资者属于同一个国家。

（2）国际债券。其发行者和投资者属于不同的国家，筹集的资金来源于国外金融市场。国际债券是一国政府、金融机构、工商企业或国际组织为筹措和融通资金，在国外金融市场上发行的、以外国货币为面值的债券。

国际债券根据发行债券所用货币与发行地点的不同，又可分为外国债券和欧洲债券。外国债券是一国政府、金融机构、工商企业或国际组织在另一国发行的以当地国家货币计值的债券。例如，中国公司在纽约发行的美元债券就属于外国债券。外国债券的发行主要集中于世界上几个主要国家的金融中心，主要有苏黎世、纽约、东京、伦敦和阿姆斯特丹等。在美国发行的外国债券称为扬基债券，在日本发行的外国债券称为武士债券，在英国发行的外国债券称为猛犬债券。

欧洲债券是一国政府、金融机构、工商企业或国际组织在国外债券市场上以第三国货币为面值发行的债券。欧洲债券的发行人、发行地以及面值货币分别属于三个不同的国家。例如，日本一家机构在英国债券市场上发行的以美元为面值的债券即为欧洲债券。

相关知识3-2　外国债券

外国债券是指外国借款人（政府、私人公司或国际金融机构）所在国与发行市场所在国具有不同的国籍并以发行市场所在国的货币为面值货币发行的债券。对发行人来说，发行外国债券的关键就是筹资的成本问题；而对购买者来讲，它涉及发行者的资信状况、偿还期限和方式、付息方式以及和投资收益率相关的如票面利率、发行价格等问题。对于发行方式，有两种：一种是公募，另一种是私募。公募指向社会上不特别指定的广大投资者进行募集资金。

这种债券只在一国市场上发行并受该国证券法规制约。例如，扬基债券是非美国主体在美国市场上发行的债券，武士债券是非日本主体在日本市场上发行的债券，同样，还有英国的猛犬债券、西班牙的斗牛士债券、荷兰的伦勃朗债券，都是非本国主体在该国发行的债券。在人民币逐步实现资本项目下的可自由兑换以及人民币的国际化基础上，我国也可以考虑发行以人民币计价的外国债券，以进一步向外国筹资者开放国内债券市场。

公募债券与私募债券在欧洲市场上区分并不明显，可是在美国与日本的债券市场上，这种区分是很严格的，并且也是非常重要的。在日本发行公募债券时，必须向有关部门提交有价证券申报书，并且在新债券发行后的每个会计年度还要向日本政府提交一份反映债券发行国有关情况的报告书。在美国，在发行公募债券时必须向证券交易委员会提交登记申报书，其目的是向社会上广泛的投资者提供有关债券的情况及其发行者的资料，以便于投资者监督和审评，从而更好地维护投资者的利益。

资料来源：佚名．外国债券［EB/OL］．［2020-12-30］．http：//baike.sogou.com/v76068.htm.

3.1.4 债券市场的主体结构及功能

1）债券市场的主体结构

（1）按发行主体和债券的性质划分。债券市场按发行主体和债券的性质可划分为政府债券市场、企业债券市场和金融债券市场。

（2）按交易功能划分。债券市场按交易功能可划分为发行市场和转让市场。债券发行市场又称一级市场，是发行主体初次出售新债券的市场。债券发行市场的作用是将债券发行到投资者手中，实现政府、金融机构以及工商企业筹集资金和投资者投资的目的。债券流通市场又称二级市场，是指已发行债券的交易市场。

债券发行市场和流通市场相辅相成，是互相依存的整体。发行市场是整个债券市场的源头，是债券流通市场的前提和基础；发达的流通市场是发行市场的重要支撑，流通市场的发达是发行市场扩大的必要条件。

（3）按组织形式划分。债券市场按组织形式可划分为场内交易市场和场外交易市场。场内交易市场是指在证券交易所进行债券交易的市场。证券交易所是为证券集中交易提供场所和设施，组织和监督证券交易，实行自律管理的法人，如我国的上海证券交易所和深圳证券交易所。场外交易市场也称柜台交易市场，是指在证券交易所外进行债券交易的市场。在国外，柜台市场为债券场外交易市场的主要形式。在柜台市场中，开办柜台交易的证券经营机构既是交易的组织者，又是交易的参与者。

目前，我国债券交易市场由沪、深证券交易所债券市场（为债券场内交易市场）和全国银行间债券交易市场、银行柜台市场（均为债券场外交易市场）组成。

（4）按筹资币种划分。债券市场按筹资币种可划分为本币债券市场和外币债券市场。交易债券的面额以本币标价的债券市场为本币债券市场，交易债券的面额以外币标价的债券市场为外币债券市场。

（5）按债券发行地点划分。债券市场按债券发行地点可以划分为国内债券市场和国际债券市场。国内债券市场的发行者和发行地点同属一个国家，而国际债券市场的发行者和发行地点属于不同国家。

2）债券市场的功能

债券市场的功能主要表现在以下几个方面：

（1）融资功能。债券市场作为金融市场的一个重要组成部分，具有使资金从资金剩余者流向资金需求者，为资金不足者筹集资金的功能。债券市场是政府、企业、金融机构及公共团体筹集稳定性资金的重要渠道。我国政府和企业先后发行过多批次债券，为弥补国家财政赤字和国家的许多重点建设项目筹集了大量资金。在2020年，我国政府、企业、金融机构等各类发行主体在债券市场通过发行各类债券融资达57.3万亿元，重点支持了能源、交通、重要原材料等重点建设项目以及城市公用设施建设。截至2020年12月末，债券市场托管余额为117万亿元，其中银行间债券市场托管余额为100.7万亿元。

（2）投资功能。它是指债券市场为资金的供给者提供了投资渠道。在债券市场上交易的所有债券，既是融资工具，也是投资工具。在经济运行过程中，资金盈余者为使自己的资金价值增值，必须寻找投资机会和投资对象，而债券市场则是投资者进行投资的重要场所。资金盈余者可以通过买卖债券实现自身资金的保值增值。

（3）资源配置功能。效益好的企业发行的债券通常较受投资者欢迎，因而发行时利率低，筹资成本小；相反，效益差的企业发行的债券风险相对较大，受投资者欢迎的程度较低，筹资成本较大。因此，通过债券市场，资金得以向优势企业集中，从而有利于资源的优化配置。

（4）宏观调控功能。中央银行是国家货币政策的制定与实施部门，公开市场业务是中央银行进行宏观经济调控的重要政策工具，即中央银行通过在证券市场上买卖国债等有价证券，实现调节货币供应量和调控宏观经济的目的。在经济过热、需要减少货币供应时，中央银行卖出债券、收回金融机构或公众持有的一部分货币，从而抑制经济的过热运行；当经济萧条、需要增加货币供应量时，中央银行买入债券，增加货币的投放。可以说，债券市场为政府干预经济、实现宏观经济目标提供了重要机制。

3.2 债券的发行市场

债券发行市场主要由发行者、认购者和委托承销机构组成。不管是国家、政府机构和金融机构，还是公司、企业和其他法人，只要具备发行资格，都可以通过发行债券来筹资。投资人主要有社会公众团体、企事业单位法人、证券经营机构、非营利性机构、外国企事业单位和个人。委托承销机构就是代发行人办理债券发行和销售业务的中介机构，主要有投资银行、证券公司、商业银行和信托投资公司等。

3.2.1 债券的发行方式

债券的发行方式有以下几种分类方法：

1）私募发行和公募发行

债券的发行方式按照发行对象的不同，可分为私募发行和公募发行。

（1）私募发行。它是指发行主体直接面向少数特定的投资者发行债券，一般以少数关系密切的单位和个人为发行对象，不对所有的投资者公开出售。具体发行对象有两类：一类是机构投资者，如大的金融机构或是与发行者有密切业务往来的企业等；另一类是个人投资者，如发行单位的职工，或是使用发行单位产品的用户等。私募发行一般多采取直接销售的方式，不经过证券发行中介机构，不必向证券管理机关办理发行注册手续。

（2）公募发行。其发行对象是所有的投资者。公募债券发行者必须向证券管理机关办理发行注册手续。由于发行数额一般较大，通常要委托证券公司等中介机构承销。公募债券信用度高，可以上市转让，因而发行利率一般比私募债券利率低。

小知识 3-1　私募发行和公募发行的优缺点

私募发行和公募发行的优缺点见表3-1。

表3-1

	优点	缺点
私募发行	①手续简便、节省发行时间、简化发行过程、节省申请注册费用；②不必由专门的中介机构协助发行承销，节省推销费用；③免于社会公证，节省信息咨询等费用	①不利于提高发行者的知名度和信用度，不利于开拓筹资市场；②筹资范围有限，资金规模有限；③不能公开上市交易，或在一定期限内不能转让，降低债券的流动性和吸引力；④投资者往往提出一些特殊的要求和条件，从而使发行者处于不利和被动地位
公募发行	①可以提高发行者的知名度和信用度；②可以上市交易，提高流动性和吸引力；③发行范围广泛，筹资潜力较大；④发行者与投资者处于平等竞争、公平选择的地位	①要支付必要的申请费用；②要向中介机构支付大量的承销费用；③要求进行社会评估、公证、咨询，费时且需支付费用

2）直接发行与间接发行

债券发行按是否有金融中介机构参与出售的标准来看，有直接发行与间接发行之分。

（1）直接发行。它一般是指作为发行主体的财政部直接将国债定向发行给特定的机构投资者，也称定向私募发行。采取这种方式发行的国债数额一般不太大。

（2）间接发行。它是指债券的发行是通过承销商实现的。间接发行又包括代销、承购包销、招标发行和拍卖发行四种方式。

代销是指由债券发行主体委托代销者代为向社会出售债券，代销者按预定的发行条件，于约定日期内代为推销，代销期终止，若有未售出余额，全部退给发行主体，代销者不承担任何风险与责任。因此，代销方式的缺点是：①不能保证按当时的供求情况形成合理的发行条件；②推销效率难尽如人意；③发行期较长，因为有预约推销期的限制。代销发行仅适用于证券市场不发达、金融市场秩序不良、机构投资者缺乏承销条件和积极性的情况。

承购包销是指大宗机构投资者组成承购包销团，按一定条件向发行主体协议承购包销债券，并由其负责在市场上转售，未售出余额均由承销者包购。这种发行方式的特征是：①承购包销要求承销者向社会再出售，有确定的发行条件，因而承销者是作为发行主体与投资者间的媒介而存在的；②承购包销是用经济手段发行债券的标志，并可用招标方式决定发行条件。

相关知识 3-3　全额承购包销与债券余额包销

全额承购包销方式，是承销者以合同确定的价格全部购进债券，并按合同规定的发售价格或市场价格出售。

债券余额包销，也称为助销，是指由发行人委托承销商按照已定的发行额和发行条件，在约定期限内向社会推销债券，到了销售截止日期未售出余额由承销商负责认购。余额包销实际上是先代理发行，然后承购包销，是代销与包销相结合的承销方式。

资料来源：作者根据相关资料整理所得。

公开招标是指作为债券发行主体直接向大宗机构投资者招标，中标者即为债券的认购者，也可以按一定价格向社会再行出售。公开招标发行的优点是：①实现了发行者与投资者的直接接触，减少了中间环节；②引入了竞争和其他市场机制，有利于形成公平合理的发行条件；③有利于缩短发行期限，提高市场效率，降低发行主体的发行成本。

拍卖发行是指在拍卖市场上，按照例行的、经常性的拍卖方式和程序，由发行主体主持，公开向投资者拍卖债券，完全由市场决定债券发行价格与利率。由于该种发行方式更加科学合理、高效，具有高度市场化的特点，所以目前西方发达国家的国债发行多采用这种形式。

3.2.2 债券发行利率和发行价格的确定

1）发行利率

发行利率是债券票面规定支付的利率，是年付利息额对票面金额的比率。发行利率应当依据下列因素来确定：

（1）债券的期限。一般来说，期限较长的债券流动性差，风险相对较大，发行利率应该定得高一些；期限较短的债券流动性强，风险相对较小，发行利率可以定得低一些。但是，债券的发行利率与期限关系较复杂，它还受其他因素的影响，所以有时也会出现短期债券的发行利率高于长期债券发行利率的现象。

（2）债券的信用等级。如果债券发行人的资信状况良好，债券的信用等级高，投资者的风险小，债券的发行利率就可以定得比其他条件相同的债券低一些；如果债券发行人的资信状况差，债券的信用等级低，投资者的风险大，债券的发行利率就需要定得高一些。此时的利率差异反映了信用风险的大小，高利率是对高风险的补偿。

（3）有无可靠的抵押和担保。有可靠抵押和担保的债券，由于其在一定程度上降低了投资者的风险，所以债券的发行利率可以相对低一些。相反，无可靠抵押和担保的债券，其风险相对较大，所以债券的发行利率要定得高一些。这个利率差异同样反映了信用风险的大小，也是对风险的补偿。

（4）借贷资金市场的利率水平。市场利率较高时，债券的发行利率也相应较高，否则，投资者会选择其他金融资产进行投资而舍弃债券；反之，市场利率较低时，债券的发行利率也相对较低，这样可以降低发行者的利息负担。

（5）债券利息的支付方式。它主要有到期一次性还本付息和定期支付利息（通常每半年或每一年支付一次）两种。对于定期支付利息的债券而言，一方面，由于投资能提前获得利息，在一定程度上降低了信用风险；另一方面，投资者提前获取的利息额还能再投资产生收益。综合这两方面的优势，该类债券的发行利率可以定得低一些。

（6）金融管理当局对利率的管制。例如，有些国家直接规定债券利率水平或最高上限，有些国家规定债券利率的浮动幅度，有些国家规定债券利率与受到管制的存款利率挂钩，有些国家对债券利率不加任何管制，使其完全取决于债券发行人信誉、债券期限、市场条件和投资者的选择。

2）发行价格

发行价格是债券发行时的出售价格。在债券发行时，其发行价格未必与债券的票面金额相等。根据对债券本身的情况、资金市场的状况与投资者的可接受程度进行比较分析，债券的发行价格有三种情况：①平价发行，即以票面价格发行债券。前提是债券发行利率和市场利率相同，这在西方国家比较少见。②折价发行，即以低于票面额的价格发行债券。折价发行是因为规定的票面利率低于市场利率。③溢价发行，即以高于票面额的价格发行债券。在债券票面利率高于市场利率的条件下才能采用这种方式发行。

发行价格的确定公式如下：

（1）债券利率为单利时的公式。

$$\text{发行价格}=\frac{\text{票面价格}+\text{票面利率}\times\text{票面价值}\times\text{期限}}{1+\text{市场收益率}\times\text{期限}}$$

例如：某公司发行面额为100元的3年期债券，票面利率为14%，当时市场利率为18%，则其发行价格应为92.21元。具体计算如下：

$$\text{发行价格}=\frac{100+14\%\times100\times3}{1+18\%\times3}=92.21\text{（元）}$$

（2）债券利率为复利时的公式。

$$P=\frac{V}{(1+r)^n}+\sum_{i=1}^{N}\frac{I}{(1+r)^i}$$

式中，P——待确定的债券发行价格；r——市场利率；i——债券的期数（$i=1, 2, \cdots, N$）；N——到期时间，也是利息支付的次数；I——定期支付的利息；V——债券的票面价值。

相关知识3-4　债券的发行条件

债券发行条件是指债券发行者发行债券筹集资金时所必须考虑的有关因素，具体包括发行额、面值、期限、偿还方式、票面利率、付息方式、发行价格、发行费用、有无担保等。由于债券通常是以发行条件分类的，所以，确定了发行的条件也就确定了发行债券的种类。

债券的发行者在发行债券前必须按照规定向债券管理部门提交申报书；政府债券的发行则须经过国家预算审查批准机关的批准。发行者在申报书中所申明的各项条款和规定，就是债券的发行条件，其主要内容有：拟发行债券数量、发行价格、偿还期限、票面利率、利息支付方式、有无担保等。债券的发行条件决定着债券的收益性、流动性和安全性，直接影响着发行者筹资成本的高低和投资者投资收益的多寡。对于投资者来说，比较重要的发行条件是债券的票面利率、偿还期限和发行价格，因为它们决定着债券的投资价值，所以被称为债券发行的三大基本条件。对于发行者来说，除上述条件外，债券的发行数量也是比较重要的，因为它直接影响筹资规模。如果发行数量过多，就会造成销售困难，甚至影响发行者的信誉以及日后债券的转让价格。

在我国，一般情况下，企业债券发行须经中国人民银行批准，重点企业债券和国家债券发行须经国务院批准。通常企业债券采取自主发行或者委托有关金融机构代办发行的方式，重点企业债券和国家债券采取银行代理发行的，由国家承担发行风险。国家债券采取分配认购方式，或者向单位分配认购任务，或由个人自愿认购。当前，我国的国库券发行也是由财政部委托中央银行牵头，各大专业银行及其他金融机构办理的，额度由国务院确定。企业债券和金融债券一般采用自愿认购的方式。除贴现金融债券和企业短期融资券的一部分采取折价发行方式外，其他各种债券均采取平价发行的方式。

拓展阅读3-2　绿色债券发行规模保持强劲势　头最新版绿债目录迎三大突破

大力发展绿色金融，是深入践行“绿水青山就是金山银山”理念、推动生态文明建设的内在要求，是实现绿色低碳发展和“30·60目标”的重要举措，也是“双循环”新发展格局下金融供给侧结构性改革的重要内容。

近年来，中国绿色金融市场快速发展。央行行长易纲2021年4月15日至16日在中国人民银行与国际货币基金组织联合召开“绿色金融和气候政策”高级别研讨会上表示，2020年末，中国绿色贷款余额约1.8万亿美元，绿色债券存量约1 250亿美元，规模分别居世界第一和世界第二。

为进一步规范国内绿色债券市场，充分发挥绿色金融在调结构、转方式、促进生态文明建设、推动经济可持续发展等方面的积极作用，助力实现碳达峰、碳中和目标，近日，央行等三部门联合印发《绿色债券支持项目目录（2021年版）》（以下简称《绿债目录（2021年版）》）。

值得关注的是，《绿债目录（2021年版）》实现三大重点突破。

一是绿色项目界定标准更加科学准确。煤炭等化石能源清洁利用等高碳排放项目不再纳入支持范围，并采纳国际通行的“无重大损害”原则，使减碳约束更加严格。

二是债券发行管理模式更加优化。首次统一了绿色债券相关管理部门对绿色项目的界定标准，有效降低了绿色债券发行、交易和管理成本，提升了绿色债券市场的定价效率。

三是为我国绿色债券发展提供了稳定框架和灵活空间。在分类逻辑上，《绿债目录（2021年版）》实现二级和三级目录与国际主流绿色资产分类标准基本一致，有助于境内外主体更好地识别、查询和投资绿色资产；四级目录与《绿色产业指导目录（2019年版）》三级目录基本一致，有助于国家绿色低碳转型发展重点项目得到“清单”式金融服务；随着经济社会、国家战略和国际合作的发展，还可在二级和三级目录中增加绿色农业、可持续建筑、水资源节约和非常规水资源的分类层次，拓展绿色债券支持领域。

资料来源：证券日报. 绿色债券发行规模保持强劲势头　最新版绿债目录迎三大突破［EB/OL］.［2021-04-23］. http：//www.zqrb.cn/finance/hongguanjingji/2021-04-23/A1619109396813.html.

3.3　债券的流通市场

3.3.1　债券流通市场的结构

根据市场组织形式，债券流通市场可进一步分为场内交易市场和场外交易市场。证券交易所是专门进行证券买卖的场所，如我国的上海证券交易所和深圳证券交易所。在证券交易所内买卖债券所形成的市场，就是场内交易市场，这种市场组织形式是债券流通市场较为规范的形式。交易所作为债券交易的组织者，本身不参加债券的买卖和价格的决定，只是为债券买卖双方创造条件，提供服务并进行监管。

场外交易市场是在证券交易所以外进行证券交易的市场。柜台市场为场外交易市场的主体。许多证券经营机构都设有专门的证券柜台，通过柜台进行债券买卖。在柜台交易市场中，证券经营机构既是交易的组织者，又是交易的参与者，此外，场外交易市场还包括银行间交易市场，以及一些机构投资者通过电话、电脑等通信手段形成的市场等。目前，深、沪证券交易所上市债券如图3-1所示。

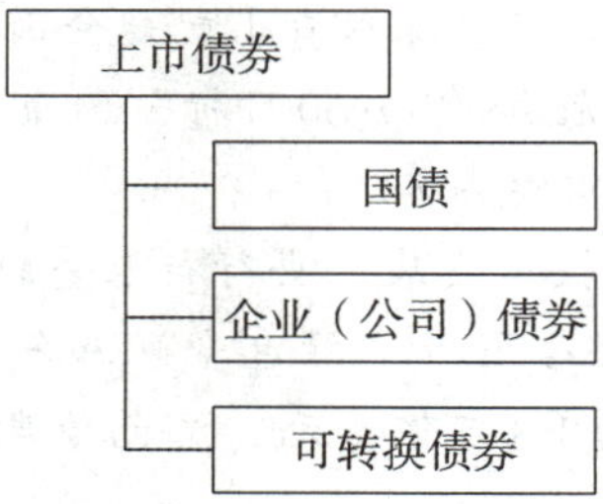

图3-1　深、沪证券交易所上市债券

目前，我国债券的流通市场由三部分组成，即沪深证券交易所市场、银行间交易市场和证券经营机构柜台交易市场。政府债券交易主要发生在场外市场，交易所的交易量很小，发达国家无不如此。不过，政府债券通常既可在交易所挂牌上市，又能在场外市场进行流通，这有利于促进货币市场和资本市场的协调发展。

3.3.2　债券的交易程序

1）证券交易所的基本做法

（1）交易委托。债券投资人在决定买入或卖出某种债券后，便用书面、口头或电话等方式向各自委托的经纪商发出指令，委托其买入或卖出该债券。委托内容包括债券种类和交易数量。

（2）信息传递。经纪商接到指令后，立即通知投资人开户的证券交易所；交易所立即通知在交易大厅内的工作人员大声喊出或打手势报价给场内其他经纪商，并用电子屏幕显示。

（3）公开竞价成交。众经纪商开始公开竞价，本着价格优先、时间优先和量大优先的原则开始交易。首先考虑价格因素，买入价格相对高的报价，先与卖方成交；卖出价格相对低的报价，先与买方成交；在价格没有差别的情况下，先报价的先成交；在价格、时间上都没有差别的情况下，交易量大的经纪商先成交。

（4）办理成交后的手续。经纪商将成交情况通知给投资人，投资人就要按时将款项或债券交付经纪商。

（5）经纪商核对交易记录，办理清算交割手续。经纪商于营业终了时，按债券类别与交易所记录核对无误后，就受托成交的同种债券买卖双方数额进行相抵，相抵后的差额与证券交易所办理清算交割手续。随后，受托经纪商再与委托人办理交割和债券过户手续。

2）场外交易的操作流程

场外交易以自营买卖为主，也有少量的代理买卖。由于证券交易商可以在自营买卖中与普通投资者直接交易，所以，在自营买卖中，投资者与投资者、投资者与证券商之间的交易可以不通过交易所和经纪商，而直接通过协商议价的方式进行。

相关知识 3-5　　场外交易程序

1.自营买卖债券程序

场外自营买卖债券就是由投资者个人作为债券买卖的一方，证券公司作为债券买卖的另一方，其交易价格由证券公司自己挂牌。自营买卖程序十分简单，具体包括：

（1）买入、卖出者根据证券公司的挂牌价格，填写申请单。申请单上载明债券的种类，提出买入或卖出的数量。

（2）证券公司按照买入、卖出者申请的券种和数量，根据挂牌价格开出成交单。成交单的内容包括交易日期、成交债券名称、单价、数量、总金额、票面金额、客户的姓名、地址、证券公司的名称、地址、经办人姓名、业务公章等，必要时还要登记卖出者的身份证号。

（3）证券公司按照成交量，向客户交付债券或现金，完成交易。

2.代理买卖债券程序

场外代理买卖就是投资者个人委托证券公司代其买卖债券，证券公司仅作为中介而不参与买卖业务，其交易价格由委托买卖双方分别挂牌，达成一致后形成。场外代理买卖的程序包括：

（1）委托人填写委托书，内容包括委托人的姓名和地址、委托买卖债券的种类数量和价格、委托日期和期限等。委托卖方要交验身份证。

（2）委托人将填好的委托书交给委托的证券公司。其中，买方要交纳买债券的金额保证金，卖方则要交出拟卖出的债券，证券公司为其开临时收据。

（3）证券公司根据委托人的买入或卖出委托书上的基本要素，分别为买卖双方挂牌。

（4）如果买方、卖方均为一人，则通过双方讨价还价，促使债券成交；如果买方、卖方为多人，则根据“价格优先，时间优先”的原则，按顺序办理交易。

（5）债券成交后，证券公司填写具体的成交单。其内容包括成交日期、买卖双方的姓名和地址、交易机构名称、经办人姓名、业务公章等。

（6）买卖双方接到成交单后，分别交出价款和债券。证券公司收回临时收据，扣收代理手续费，办理清算交割手续，完成交易过程。

资料来源：佚名．债券交易程序［EB/OL］．［2018-03-05］．https：//wenku.baidu.com/view/6a9e474de009581b6ad9eb84.html.

3.3.3　债券的交易方式

债券的交易方式有五种，分别是现货交易、回购交易、期货交易、期权交易和信用交易。

（1）现货交易。它是指交易双方在成交后立即交割，或在极短的期限内交割的交易方式。现货交易是实物交易，买方交割时须支付现款，是买方的投资行为。债券现货交易的交割日有即时交割、即日交割、次日交割三种。

（2）回购交易。它是在卖出（或买入）债券的时候，事先约定到一定时间后按规定的价格再买回（或卖出）同一名称的债券，在美国称“购回协议交易”，其实质与同业拆借一样，是一种短期资金的借贷交易，债券在此充当担保。从不同的角度看，回购交易分两种形式：①回购交易（先卖出债券，后买回债券）：卖方和买方签订协议出售债券，然后获得对方的资金，卖方需按商量好的利率支付利息；卖方在协议规定的时间以协议约定的价格将债券再买回来。②逆回购交易（先买入债券，后卖出债券）：买方和卖方签订协议买入债券，并获得卖方按商量好的利率支付的利息；买方在协议规定的时间以协议约定的价格将债券再卖给卖方。

（3）期货交易。它是指交易双方在成交后按照期货协议规定条件进行远期交割的交易方式，其交易过程分为预约成交和定期交割两个步骤。

（4）期权交易。它又称选择权交易，是投资者在给付一定的期权费后，取得一种可按约定价格在规定期限内买进或卖出一定数量的金融资产或商品的权利，买卖这一权利的交易即为期权交易。

（5）信用交易。它又称垫头交易，是指交易人凭自己的信誉，通过交纳一定数额的保证金取得经纪人的信任，进行债券买卖的交易方式。信用交易可分为保证金买长和保证金卖短两种。

拓展阅读 3-3　　央行连续出手逆回购稳市场

央行官网2020年8月19日发布公告称，为维护银行体系流动性合理充裕，央行以利率招标方式开展了1 500亿元逆回购操作，期限为7天，中标利率为2.2%，与上次持平。鉴于有1 400亿元逆回购到期，当日实现净投放100亿元。

北京商报记者注意到，自2020年8月6日重启逆回购以来，目前央行已持续9个交易日进行逆回购操作，累计操作金额达8 100亿元，期限均为7天，利率均为2.2%，保持不变。从近期连续逆回购的操作特点来看，央行采取的仍是“量增价稳、小步快走”的方式，通过多频次的逆回购方式向市场净投放流动性，且保持利率稳定。

在光大银行金融市场部分析师周茂华看来，央行近期持续操作逆回购主要有两方面考虑，一是为平抑资金面波动。近期由于缴税等传统因素、国债发行增加等资金面收敛，央行通过公开市场操作稳定资金面。二是为稳定市场预期。从总量看，国内流动性整体适度，由于宏观经济持续改善，市场对央行政策调整预期升温，央行近期接连实现小量净投放，释放继续保持流动性合理充裕的信号。

周茂华称，逆回购操作常态化有助于市场资金面整体保持平稳，市场资金利率整体处于低位区间震荡格局，且央行精准调控市场流动性避免大水漫灌产生负面效应及后遗症等。

资料来源：岳品瑜，刘四红．央行连续出手逆回购稳市场［EB/OL］．［2020-08-20］．https：//finance.ifeng.com/c/7z4eEmozhBR.

3.4　债券交易理论价格及主要的影响因素

3.4.1　债券交易的理论价格

债券交易的理论价格也是债券的内在价值（或现值），是根据债券的面值、票面利率、债券期限和市场利率运用一定的理论公式计算得到的，是理性投资者决定是否投资的重要参考数据。当市场上债券的价格低于理论价格时，投资者认为债券价格低于债券的内在价值，该债券有投资价值，所以会买进债券；若债券的市场价格高于其理论价格则放弃投资。因此，债券交易的实际价格并不等于其理论价格，而多数交易价格都低于其内在价值。

债券的付息方式（分次付息或到期一次性还本付息）、计息方法（单利计息或复利计息）不同，其理论价格的计算方法也不同。

小思考 3-2

若票面利率为8%，请问哪种付息方式（分次付息与到期一次性还本付息）能使投资者获得到更多的利益？

提示：分次付息。因为分次付息方式可以将利息再投资获利。

3.4.2 影响债券交易价格的主要因素

影响债券价格的因素包括债券自身的因素、政策因素、宏观经济因素和市场因素。

1）债券自身的因素

（1）剩余期限（待偿期）。债券的待偿期越短，债券的价格就越接近其终值（本息和）；相反，债券的待偿期越长，其价格就越低。另外，待偿期越长，发债企业的各种风险也越大，所以债券的价格也就越低。

（2）票面利率。债券的票面利率也就是债券的名义利息率，债券的名义利率越高，到期的收益就越大，债券的售价也就越高；相反，票面利率越低，债券售价就越低。

（3）企业的资信程度。发债者资信程度高的，其债券的风险就小，因而其价格就高；而资信程度低的，其债券价格就低。所以，在债券市场上，对于其他条件相同的债券，国债的价格一般要高于金融债券，而金融债券的价格一般又高于企业债券。

（4）企业的经营情况和财务状况。如果企业的经营情况和财务状况变好，债券的违约风险就会变小，债券的价格就会上扬；如果企业的经营情况和财务状况恶化，债券的违约风险就增大，债券的价格就会下跌。

（5）其他因素。债券面额一般为固定数值，如我国规定公司债券面值为100元，所以对债券价格没有影响。

2）政策因素

当中央银行、财政部门、外汇管理部门运用政策手段对经济进行宏观调控时，往往会引起市场资金供给量的变化，引起利率、汇率的相应变化，从而导致债券价格的涨跌。存款准备金率、贴现政策和公开市场业务是中央银行的货币政策工具，货币政策的最终目标正是通过操作这些政策性工具而实现的。

中央银行的贴现率提高，基准利率提高，债券价格下跌；反之，债券价格上升。中央银行的公开市场业务对债券市场的影响也是非常大的，如果中央银行大量地卖出债券回笼货币，债券的供给增加，债券的价格就会下跌；相反，债券的价格就会上升。

3）宏观经济因素

（1）GDP（国内生产总值）增长率。一般来讲，GDP增长率开始下降时，对债券市场有利。因为经济形势不好时，通货膨胀率的预期就比较低，中央银行一般都不会提高利率，反而会降低利率。在这种形势下，投资债券的风险就比较小，而潜在的收益则比较大。同时，GDP增长率下降时，企业的盈利能力也会下降，股票市场也不会太好，进而会影响资金的进入。一般来讲，退出股市的资金会有一部分流入债券市场，这在客观上会推动债券价格的上升。而当GDP进入下降通道时，引起的经济衰退会导致企业违约率的增加，债券价格则会大幅下降。

（2）物价波动。当物价上涨的速度较快或通货膨胀率较高时，人们出于保值的考虑，一般会将资金投资于房地产、黄金、外汇等可以保值的领域，从而引起资金供应的不足，导致债券价格的下跌。

（3）政治因素。政治是经济的集中反映，并反作用于经济的发展。当人们认为政治形势的变化将会影响到经济的发展时，比如说在政府换届时，国家的经济政策和规划将会有大的变动，从而促使债券的持有人做出买卖决策。

4）市场因素

（1）供求关系。债券的供求将直接影响债券的市场价格和债券收益率。如果到期的债券资金大于当年新发行债券的计划资金，就会导致债券需求大于供给，债券价格有可能上升；反之，如果债券发行量大于当年到期债券资金，债券的价格就有可能下跌。中国市场对债券的需求是巨大的，但债券的供给是有限的。2002年以前，我国每年债券（包括国债、金融债和企业债券）的发行量不到10 000亿元，债券供求矛盾非常突出。在这种情况下，中国债券的收益率持续下降，债券的价格不断走高。

债券的市场价格还取决于在特定经济形势下，各经济主体对资金和债券需求的权衡。在经济发展呈上升趋势时，企业一般要增加设备投资，所以它一方面因急需资金而抛出债券，另一方面又会从金融机构借款或发行公司债，这样就会使市场的资金趋紧而债券的供给量增大，从而引起债券价格下跌。

当经济不景气时，生产企业对资金的需求将有所下降，金融机构则会因贷款减少而出现资金剩余，从而增加对债券的投入，引起债券价格的上涨。

（2）投机因素。一些实力较为雄厚的机构大户为了获得债券买卖的差价收益，利用手中的资金或债券进行技术操作，如拉抬或打压债券价格，从而引起债券价格的变动。

（3）相关市场的走势。债券价格和收益率除了受宏观经济走势和供求关系影响外，相关金融市场如股票市场、外汇市场、货币市场、商品期货市场和中央银行的公开市场等的变化同样会影响债券的价格和收益率的变化。

股票市场与债券市场有很强的关联性。一般来讲，两个市场会呈反方向变化，即股票市场上升，债券市场就会下降；反之，股票市场下跌，债券市场就会上扬。

商品市场的变化同样会影响债券市场。当主要商品市场，特别是能源和原材料市场的价格发生大幅度上升时，就会推动消费品价格的上升，而消费品价格的持续上升，就会造成通货膨胀。为了遏制通货膨胀的发生，中央银行一般会提高利率，提高利率的直接后果就是债券价格的下跌。

债券市场还受货币市场的影响。如果短期资金供应充足，资金的价格即利率就会下降。在经济发展比较平稳、通货膨胀压力不大的情况下，一部分资金为了追逐较高的收益，就会流向收益较高的债券，从而引起债券的价格上升。

拓展阅读3-4　　**保护债券投资人的合法权益 促进债券市场健康发展**
——《全国法院审理债券纠纷案件座谈会纪要》正式发布

为保护债券市场投资人的合法权益，强化对债券发行人的信用约束，依法提高债券市场违法违规行为成本，促进债券市场的健康平稳发展，最高人民法院经国家发展和改革委员会、中国人民银行、中国证监会等相关部门同意，研究制定了《全国法院审理债券纠纷案件座谈会纪要》(以下简称《会议纪要》)，于2020年7月15日正式发布。

《会议纪要》的及时发布，有利于畅通债券纠纷司法救济渠道，统一债券纠纷案件裁判思路，增强债券审判的公开性、透明度以及可预期性，对于完善债券市场基础制度、防范化解债券市场金融风险、提升债券风险处置机制的市场化法治化水平均具有重要意义。

《会议纪要》是我国第一部审理债券纠纷案件的系统性司法文件，主要针对三类债券的发行和交易活动所引发的三类民商事纠纷案件的审理问题统一裁判尺度。三类债券是指公司债券、企业债券、非金融企业债务融资工具，三类纠纷案件是指债券违约纠纷案件、欺诈发行和虚假陈述纠纷案件以及发行人破产案件。《会议纪要》全文共计三十四条，分别就债券纠纷案件审理的基本原则、诉讼主体资格的认定、案件的受理管辖与诉讼方式、债券持有人权利保护的特别规定、发行人的民事责任、其他责任主体的责任、发行人破产管理人的责任等七个方面的法律适用问题进行了规定。

资料来源：佚名. 保护债券投资人的合法权益 促进债券市场健康发展——《全国法院审理债券纠纷案件座谈会纪要》正式发布［EB/OL］.［2020-07-16］. https: //www.sohu.com/a/408035089_120381437.

3.4.3　债券理论价格的计算和投资决策

1）到期一次性还本付息债券理论价格的计算和投资决策

对于贴现发行和到期一次性还本付息的债券来讲，它们的共同特点是：期初有唯一的一次现金流流出（称为现值PV）；期中没有现金流发生；期末有唯一的一次现金流流入（称为终值FV）。由于计息方法（单利计息或复利计息）的不同，其理论价格的计算方法是不同的。

（1）单利计息债券的理论价格。根据单利计息公式：

$$本息和(终值FV) = 本金(现值PV) \times (1 + r \times n)$$

简化并转化为：

$$FV = PV \times (1 + r \times n) \Rightarrow PV = \frac{FV}{1 + r \times n}$$

式中，PV——本金（现值）或债券的理论价格；FV——本息和（终值）；r——市场利率；n——债券剩余的期限。

【例3-1】面额100元的5年期单利计息债券，还有3年到期，票面利率为5%，到期一次性还本付息，当前市场利率为7%，市场价格为99元。请计算其理论价格，并确定是否值得投资。

$$PV = \frac{FV}{1 + r \times n} = \frac{100 + 5 \times 100 \times 5\%}{1 + 3 \times 7\%} = 103.31（元）$$

由于该债券的市场价格低于其理论价格，显然债券价值被市场低估，债券有投资价值，值得投资。

（2）复利计息债券的理论价格。根据复利计息公式：

$$本息和(终值FV) = 本金(现值PV) \times (1 + r)^n$$

简化并转化为：

$$FV = PV \times (1 + r)^n \Rightarrow PV = \frac{FV}{(1 + r)^n}$$

【例3-2】面额100元的5年期复利（每年复利一次）计息债券，还有3年到期，票面利率为5%，到期一次性还本付息，当前市场利率为7%，市场价格为99元。请计算其理论价格，并确定是否值得投资。

$$PV = \frac{FV}{(1 + r)^n} = \frac{100 \times (1 + 5\%)^5}{(1 + 7\%)^3} = \frac{127.628}{1.225} = 104.19（元）$$

由于该债券的市场价格低于其理论价格，显然债券价值被市场低估，债券有投资价值，值得投资。

2）分次付息到期还本债券理论价格的计算方法和投资决策

（1）单利计息债券的理论价格。根据债券投资收益率的计算公式：

$$r = \frac{V \times (1 + R \times n) - P}{P \times n}$$

可得债券价格 P 的计算公式：

$$P = \frac{V \times (1 + R \times n)}{1 + r \times n}$$

式中，P——债券理论价格；r——市场利率（r为买方的获利预期收益率，因为预期收益率应当至少等于市场利率，否则债券没有投资价值，所以，r也是市场利率）；n——债券剩余的期限；R——债券的票面利率；V——债券的票面价值。

【例3-3】面额100元的5年期单利计息债券，还有3年到期，票面利率为5%，每年付息一次，当前市场利率为7%，市场价格为98元。请计算其理论价格，并确定是否值得投资。

$$P = \frac{V \times (1 + R \times n)}{1 + r \times n} = \frac{100 \times (1 + 3 \times 5\%)}{1 + 3 \times 7\%} = 95.04（元）$$

由于该债券的市场价格高于其理论价格，显然债券价值被市场高估，没有投资价值，不应投资。

（2）复利计息债券的理论价格。

$$P = \frac{V}{(1 + r)^n} + \sum_{i=1}^{N} \frac{I}{(1 + r)^i}$$

式中，I——每期支付的利息；i——债券的期数($i = 1,2,\cdots,n$)；其余各字母代表的含义同上。

【例3-4】面额100元的5年期复利计息债券，还有3年到期，票面利率为5%，每年付息一次，当前市场利率为7%，市场价格为98元。请计算其理论价格，并确定是否值得投资。

$$P = \frac{V}{(1 + r)^n} + \sum_{i=1}^{N} \frac{I}{(1 + r)^i} = \frac{100}{(1 + 7\%)^3} + \frac{100 \times 5\%}{1 + 7\%} + \frac{100 \times 5\%}{(1 + 7\%)^2} + \frac{100 \times 5\%}{(1 + 7\%)^3}$$

$$= 94.75(元)$$

由于该债券的市场价格高于其理论价格，显然债券价值被市场高估，没有投资价值，不应投资。

小思考 3-3

面额为100元，票面利率同为8%，市场利率都是5%的3年期、每年付息一次的债券，采用哪种利息计算方法（单利和复利），债券的理论价格更高？

提示：单利计算的理论价格是107.83元，复利计算的理论价格是108.17元，显然复利计算的债券价格更高。

小实训 3-1

看看我国的证券公司都有哪些债券业务，并分析这些债券业务在金融活动中扮演了怎样的角色。

课程思政 3-1　关注国家经济政策，提升自身专业素养

债券是一种古老的筹资和投资工具，起源于资本主义国家。短短的40多年，我国的证券市场取得了长足发展、成绩斐然，形成了银行间的债券交易系统，包括上海证券交易所与深圳证券交易所。公司债大幅度增长，成为公司融资的重要渠道，可转换债券成为常见的上市公司融资形式。同时，资产债券化也得到有效发展，债券市场的法律法规也日益完善。作为一名大学生，要想能够跟得上国家的经济发展趋势，加强学习证券投资知识，增强证券投资能力是必不可少的，我们应该努力提高自身的专业知识水平，学习相关法律法规，关注国家宏观经济政策、行业政策、企业大事，并学会分析这些事件对各企业、各行业的影响，对投资者的影响，甚至对我们生活的影响，做一个理性思考的人。

本章要点

本章主要介绍了债券的概念、特征、要素和各种类型，债券市场的主体结构和债券市场的功能，债券流通市场的结构和交易程序，债券交易价格理论和主要影响因素。

问题讨论

1. 讨论我国债券市场存在的问题。

2. 根据本章所学内容，查找我国以及其他国家的债券市场发展的状况和创新情况，为我国的债券市场建言献策。

推荐阅读

1. 法博齐．债券市场分析与策略［M］．北京：中国人民大学出版社，2016.

2. 沈炳熙，曹媛媛．中国债券市场：30年改革与发展［M］．北京：北京大学出版社，2014.

思考与练习

1.单项选择题

（1）下列选项中不属于债券特征的是（　　）。

A.收益性　　B.安全性　　C.流动性　　D.风险性

（2）假如债券票面金额定得较小，将会（　　）。

A.不利于小额投资者购买　　B.发行工作量大

C.持有者分布面窄　　D.印刷费用较低

（3）当未来市场利率趋于下降时，应选择发行（　　）。

A.短期债券　　B.中期债券　　C.长期债券　　D.不确定

（4）一般而言，下列债券按其信用风险从低到高排列的是（　　）。

A.政府债券、公司债券、金融债券　　B.金融债券、公司债券、政府债券

C.政府债券、金融债券、公司债券　　D.金融债券、政府债券、公司债券

2.多项选择题

（1）关于债券的特征，下列描述不正确的有（　　）。

A.偿还性是指债券没有规定偿还时间，债务人必须按时向债权人支付利息

B.流动性首先取决于市场为债权转让所提供的便利程度，其次取决于债券在转变为货币时，是否在以货币计算的价值上蒙受损失

C.一般来说，具有高度流动性的债券同时风险较大

D.一般情况下，政府债券的风险低于金融债券和公司债券

（2）影响债券票面利率的因素有（　　）。

A.借贷资金市场利率水平　　B.筹资者的资信

C.债券期限长短　　D.债券发行者名称

（3）债券的发行方式按照发行对象的不同分为（　　）。

A.公募发行　　B.私募发行　　C.直接发行　　D.间接发行

（4）债券的发行方式按是否有金融中介机构参与分为（　　）。

A.公募发行　　B.私募发行　　C.直接发行　　D.间接发行

3.简答题

（1）简述债券的基本特征。

（2）债券的基本要素有哪些？

（3）债券的类型有哪些？

（4）比较外国债券与欧洲债券的异同。

（5）简述债券市场的功能。

（6）比较债券直接发行与间接发行的优劣。

（7）比较债券公募发行与私募发行的优劣。

(8) 影响债券发行利率的因素有哪些？

(9) 试述债券交易的基本交易程序。

(10) 如何计算债券的理论价格？

案例分析

我国债券市场的发展历史

我国债券市场的历史最早可追溯到1950年，经过多年的发展，我国债券市场已经成为我国金融市场的重要支柱。这期间，债券市场的交易由柜台交易为主发展到以银行间市场交易为主；债券的发行主体由国家、政府、大型国企、金融机构为主扩展到民营企业、中外合资企业、外资企业；债券的交易主体由以银行为主覆盖到其他金融机构、非金融机构；债券的品种由以国债为主丰富到地方政府债、企业债、公司债、金融债等；债券规模也由几亿元增长到现在的40多万亿元，仅次于美国和日本，位列世界第三。

一、前市场时期（1950—1980年）

1950—1958年，我国发行了“人民胜利折实公债”和“国家经济建设公债”。

1954—1958年，连续五次发行“国家经济建设公债”。

1958年，国家的经济秩序由于“大跃进”“浮夸风”被打乱，国债被迫暂停。

1959—1980年为“空白期”，没有国债发行。

二、第一时期：场外柜台交易为主（1981—1990年）

1981—1987年，国债恢复发行。1981年1月，我国颁布了《中华人民共和国国库券条例》，财政部开始发行国债。但国债恢复发行之后，经历了长达7年的有债无市的历史过程。

1988—1991年，实物券柜台市场主导时期即早期的场外市场，而债券市场真正的起步要从1988年算起。

1988年，我国尝试通过商业银行和邮政储蓄的柜台销售方式发行实物国债，开始出现国债一级市场。同一年，为了使先后发行的大规模国债能够流通变现，财政部在全国61个城市进行国债流通转让的试点，这是银行柜台现券的场外交易，中国国债二级市场（柜台交易市场）也初步形成。

1990年12月，上海证券交易所成立，开始接受实物债券的托管，并在交易所开户后进行记账式债券交易，首次形成了场内场外两个交易市场并存的格局。

三、第二时期：以交易所交易为主（1991—1997年）

1991年随着交易所的成立，债券的交易重心逐渐向交易所转移，形成了场内和场外交易并存的市场格局，但场内市场尚不成熟。直到1995年，国债招标发行试点成功，国债发行利率才开始实行市场化，这标志着我国债券发行的市场化正式开始。

1995年5月，因国债“327”事件的影响，国债期货市场关闭，交易陡然萎缩。1995年8月，国家正式停止了一切场外债券市场，证券交易所变成了中国唯一合法的债券市场。1995年，财政部仅试点发行了117亿元的记账式国债。

到了1996年，记账式国债开始在上海证券交易所和深圳证券交易所大量发行。随着债券回购交易的展开，初步形成了交易所债券市场体系。

1997年上半年，根据国务院的统一部署，中国人民银行决定商业银行全部退出上海证券交易所和深圳证券交易所的债券市场。

四、第三时期：以银行间市场交易为主（1997年至今）

1997—2001年，银行间债券市场产生并初步发展，场外交易市场兴起。

1997年6月，中国人民银行发文通知商业银行全部退出上海和深圳交易所的债券市场，将其所持有的国债、融资券和政策性金融债统一托管于中央国债登记结算公司，并进行债券回购和现券买卖，全国银行间债券市场启动。

1998年5月，中国人民银行债券公开市场业务恢复，以买进债券和逆回购投放基础货币，为商业银行提供了流动性支持，促进了银行间债券市场交易的活跃。

1999年开始，随着银行间债券市场规模的扩大，场外债券市场已渐渐演变为中国债券市场的主导力量。银行间债券市场成为中国债券发行的首要场所。

同时，中国人民银行开始大量增加银行间债券市场的成员，推动商业银行将资金融通的方式转移到债券回购上来。

到了2001年8月，中国工商银行、中国农业银行、中国建设银行等9家商业银行获准为双边报价商，我国银行间债券市场的做市商制度正式确立。

2002年至今，市场的融合与发展阶段。

2002年，我国债券市场体系基本确立。

2002年以后，债券市场的发展主要表现为债券品种的不断丰富，尤其是企业债品种的不断完备。

资料来源：佚名. 中国债券市场发展历史［EB/OL］.［2018-03-20］. http://www.sohu.com/a/44563381_117262.

问题：请分析近年来中国债券市场飞速发展的原因。

分析提示：经济稳定增长，投资者需求，交易机制与监管机制完善。

实践训练

1.实训项目：债券发行价格的确定。

实训目的：掌握债券发行价格确定的计算方法。

实训步骤：

（1）熟悉债券发行价格确定的计算方法。

（2）阅读实例，某企业发行面额为100元的3年期债券，票面利率为14%；当市场利率分别为10%、14%、18%时，计算该债券的发行价格。

2.实训项目：债券交易。

实训目的：掌握债券交易的基本程序。

实训步骤：

（1）熟悉债券交易的程序；

（2）5名学生为一组，作为债券交易人员；

（3）情景模拟，开展债券交易；

（4）小组总结，对实训效果进行评价。

3.实训项目：分析债券价格如何受各种因素的影响。

实训目的：学会分析各因素如何影响债券价格。

实训步骤：

（1）利用“大智慧”软件选择一只企业债券；

（2）查找当前的宏观经济变量的变动情况；

（3）查找该企业的经营和财务信息；

（4）分析各因素对该债券价格的影响，并判断该债券的价格走势。

第4章
股票市场

【学习目标】

- 知识目标：通过学习本章内容，要掌握股票的概念、特征和分类以及股票市场的结构和功能；了解股票发行的注册制和核准制，掌握股票发行的条件、发行方式、发行价格的种类和确定方法以及股票发行的程序；理解股票流通市场的组织方式，掌握股票上市的条件和程序，上市股票的特别处理与退市，股票流通市场的交易程序及方式。
- 技能目标：通过学习本章内容，在了解我国股票市场的现状后，能够对我国的股票市场有更清晰的认知。

知识结构图

- 股票市场
  - 股票与股票市场概述
    - 股票的概念及特征
    - 股票的分类
    - 我国特有的股票类型
    - 股票市场的结构、分类及功能
  - 股票的发行市场
    - 股票发行的注册制和核准制
    - 股票发行的条件
    - 股票发行的方式
    - 股票发行的价格
    - 股票发行的程序
  - 股票的流通市场
    - 股票流通市场的组织方式
    - 股票上市的条件和程序
    - 上市股票的特别处理与退市
    - 股票流通市场的交易程序及方式
  - 股票交易价格及影响因素
    - 股票交易价格的形成基础
    - 影响股票交易价格变动的主要因素
  - 股票价格指数
    - 编制股票价格指数的意义
    - 编制股票价格指数的基本要求
    - 股票价格指数的计算方法

导入案例

创业板注册制

2020年4月27日，备受市场期待的创业板改革和试点注册制方案“出炉”，中国资本市场深刻变革的征程再次迎来关键节点。在新冠肺炎疫情给全球金融市场带来巨大风险挑战的背景下，中国资本市场逆风扬帆，勇闯改革“深水区”。人们相信，随着改革的深入，中国资本市场的明天将更加美好，不仅将为中国经济转型升级注入澎湃动力，也将给投资者带来更多机遇。

证监会透露，这次改革将重点解决两个问题：一是在科创板的基础上，扩大注册制试点，为存量板块推行注册制积累经验；二是增强对创新创业企业的包容性，突出板块特色。

纵观改革方案，改革将把握“一条主线”和“三个统筹”。“一条主线”，即实施以信息披露为核心的股票发行注册制，提高透明度和真实性，由投资者自主进行价值判断，真正把选择权交给市场。

“三个统筹”则是统筹创业板改革与多层次资本市场体系建设、统筹注册制试点与其他基础制度建设、统筹增量改革与存量改革。

改革后的创业板将进一步升级，主要服务成长型创新创业企业，支持模式创新、服务创新、业态创新，支持传统产业与新模式、新业态、新应用的深度融合。

从发行上市条件看，创业板改革根据新证券法，制定了更加包容多元的股票发行条件。值得关注的是，创业板改革方案明确再融资与首次公开发行同步实施注册制，程序基本一致。创业板上市公司并购重组涉及发行股票或可转换公司债券的，实行注册制。

改革后创业板的投资者门槛会有什么变化？方案明确对新开户投资者实行“10万元资产+2年投资经验”的门槛。已开户投资者签署新的风险揭示书后，可以继续交易创业板股票。

改革方案还在持续披露、公司治理、股权激励、股份减持等方面制定了一系列具体规则，同时重点压实发行人和中介机构责任，简化退市程序等。

资料来源：佚名. 创业板注册制［EB/OL］.［2021-01-26］. https://baike.baidu.com/item/%E5%88%9B%E4%B8%9A%E6%9D%BF%E6%B3%A8%E5%86%8C%E5%88%B6/19416843?fr=aladdin.

这一案例简述了股票市场中的二板市场——创业板改革内容。股票市场是金融市场的重要组成部分。股票市场作为一个开放的金融市场，对国民经济的快速发展及大国金融战略的实施都极为重要。那么，股票市场是一个什么样的金融市场？有什么特征和功能？其基本运行方式是怎样的呢？这正是本章要向大家介绍的。

4.1 股票与股票市场概述

4.1.1 股票的概念及特征

1）股票的概念

股票是股份证书的简称，是股份公司为筹集资金而发行给股东作为持股凭证并借以取得股息和红利的一种有价证券。每股股票都代表股东对企业拥有一个基本单位的所有权。股票有三个基本要素：发行主体、股份、持有人。

股票是股份公司资本的构成部分，可以转让、买卖或作价抵押，是资本市场的主要长期信用工具。股票的作用有三点：①股票是一种出资证明，当一个自然人或法人向股份有限公司参股投资时，便可获得股票作为出资的凭证；②股票的持有者凭借股票来证明自己的股东身份，参加股份公司的股东大会，对股份公司的经营发表意见；③股票持有者凭借股票参加股份发行企业的利润分配，也就是通常所说的“分红”，以此获得一定的经济利益。

股票作为一种所有权证书，最初是采取有纸化印刷方式的，股票纸面通常记载着股票面值、发行公司名称、股票编号、发行公司成立登记的日期、该股票的发行日期、董事长及董事签名、股票性质等事项。随着现代互联网技术的发展，电子化股票应运而生，它将有关事项储存于电脑中心，股东只持有一个股东账户卡，通过电脑终端即可查到持有的股票品种和数量，这种电子化股票又称无纸化股票。目前，我国在上海和深圳证券交易所上市的股票基本采取这种方式。

2）股票的特征

股票是人类文明活动和商业交往的结晶。人类发行股票已有400多年的历史。股票代表一个有限公司在集资时向投资人发行的股份凭证，它有如下基本特征：

（1）收益性。它是股票的最基本特征，是指股票可以为持有者带来收益的特性，股票的收益来源可分成两类：一是来自股份公司分红（股息红利）；二是来自股票流通交易差价（资本利得）。

（2）风险性。股票风险的内涵是股票投资收益的不确定性，或者说实际收益与预期收益之间的偏离程度。风险不等于损失。

（3）流动性。它是指股票可以通过依法转让而变现的特性。由于股票的转让可能受各种条件或法律法规的限制，因此，并非所有股票都具有相同的流动性。通常情况下，大盘股流动性强于小盘股，上市公司股票的流动性强于非上市公司股票，而上市公司股票又可能因市场或监管原因受到转让限制，从而具有不同程度的流动性。

（4）永久性。它是指股票所载有权利的有效性是始终不变的，因此它是一种无期限的法律凭证。

（5）参与性。它是指股票持有人有权参与公司重大决策的特性。股票持有人作为公司的股东，有权出席股东大会，行使对公司经营决策的参与权。

4.1.2 股票的分类

1）根据股东享有的权利不同划分

（1）普通股。它是指在公司的经营管理和盈利及财产分配上享有普通权利的股份。持有普通股的股东享有以下基本权利：①公司的决策参与权，有权参加股东大会，有选举权、表决权、建议权和被选举权；②资产收益权，可以从公司的经营利润中分得红利和股息；③剩余资产分配权，当公司破产时，普通股股东有权参加公司剩余资产的分配；④优先认购权，如果公司需要扩张和发行股票，现有普通股的股东有权按其持股的比例，以低于市价的某一特定的价格，优先购买一定数量的新发行股票。

（2）优先股。它是公司在集资时，给予投资者某些优先权利的股票。这种股票的优先权表现在两个方面：①优先股有固定的股息，不随公司的盈利好坏而变化，优先于普通股领取股息；②优先股优先于普通股参加剩余财产的分配。

优先股股东一般不享有公司经营参与权，即优先股股票不包含表决权，优先股股东无权过问公司的经营管理，但在涉及优先股股票所保障的股东权益时，优先股股东可发表意见并享有相应的表决权。

小知识4-1　　优先股股票赎回规则

优先股股票可由公司赎回。由于股份有限公司需向优先股股东支付固定的股息，优先股股票实际上是股份有限公司的一种举债集资的形式，但优先股股票又不同于公司债券和银行贷款，这是因为优先股股东分取收益和公司资产的权利只能在公司满足了债权人的要求之后才能行使。优先股股东不能要求退股，却可以依照优先股股票上所附的赎回条款，由股份有限公司予以赎回。大多数优先股股票都附有赎回条款。

2）根据股票是否标明票面金额划分

按股票是否标明每股金额分为有面额和无面额股票。有面额股票在票面上标注出票面价值；无面额股票，也称比例股票或份额股票，只是记明每股占公司资本总额的比例。目前，世界上很多国家（包括中国）的公司法规定不允许发行无面额股票。

3）根据股票是否记载股东姓名划分

根据股票是否记载股东姓名分为记名和无记名股票。记名股将股东姓名记入专门设置的股东名簿，转让时须办理过户手续；无记名股的股东姓名不记入名簿，买卖后无须过户，通过交付而生效。

4.1.3 我国特有的股票类型

1）按投资主体的不同划分

中国的上市公司是一个比较特殊的主体，与国外的上市公司有所不同，它的股份可按投资主体的不同划分为国有股、法人股、社会公众股和公司职工股。不同的上市公司有不同的组成，有的上市公司没有法人股和国有股，只有公众股，如方正科技、兴业房产、飞乐音响等，这些股票也叫三无概念股。

（1）国有股。它是指有权代表国家的投资部门和投资机构以及国有资产向公司投资所形成的股份。国有股在公司的股权中占有较大的比例。

（2）法人股。它是指企业法人或具有法人资格的事业单位和社会团体所持有的股份。在我国上市公司的股权中，法人股平均占20%。

（3）社会公众股。它是指中国境内的个人和机构在股票市场上合法投资所持有的股票。《中华人民共和国公司法》（以下简称《公司法》）规定，单个自然人所持有的公司股票不能超过该公司股份的0.5%。

（4）公司职工股。它是本公司的工作人员和职工按股票的发行价格认购本公司的股份，按规定不能超过社会公众股的10%。公司职工股在本公司股票上市6个月后才能安排上市流通。

2）按发行地点或发行币种的不同划分

中国上市公司的股票按发行地点或发行币种的不同划分为A股、B股、H股、N股和S股。这主要是根据股票的上市地点和面对投资者的不同来区分的。

（1）A股。A股的正式名称是人民币普通股票，它是由中国境内的公司发行，供境内机构、组织和个人以人民币交易的普通股票。

（2）B股。B股的正式名称是人民币特种股票，它是以人民币标明面值，用外币认购和买卖，在境内交易所上市交易的股票。

（3）H股。公司注册在内地、上市地点在中国香港的外资股是H股。香港的英文首字母H（Hong Kong），在港上市的外资股统称为H股。

（4）N股。上市公司注册在中国内地，在美国纽约上市的是N股。N是纽约（New York）的第一个英文字母。

（5）S股。上市公司注册在中国内地，在新加坡上市的是S股。S是新加坡（Singapore）的第一个英文字母。

小思考 4-1

什么是外资股？

提示：外资股是指国外和中国香港、澳门、台湾地区的投资者，以购买人民币特种股票形式向股份有限公司投资形成的股份。外资股按上市地域可以分为境内上市外资股（B股）和境外上市外资股（H股、N股、S股等）。

相关知识 4-1　IPO首次公开募股管理办法

首次公开募股（Initial Public Offerings，缩写为IPO）是指一家企业或公司（股份有限公司）第一次将它的股份向公众出售（首次公开发行，指股份公司首次向社会公众公开招股的发行方式）。首次公开募股的审核工作流程分为受理、见面会、问核、反馈会、预先披露、初审会、发审会、封卷、会后事项、核准发行等主要环节，分别由不同处室负责，相互配合、相互制约。

在询价机制下，新股发行价格并不事先确定，而在固定价格方式下，主承销商根据估值结果及对投资者需求的预计，直接确定一个发行价格。固定价格方式相对较为简单，但效率较低。过去中国一直采用固定价格发行方式，2004年12月7日证监会推出了新股询价机制，迈出了市场化的关键一步。

发行方式确定以后，进入了正式发行阶段，此时如果有效认购数量超过了拟发行数量，即为超额认购，超额认购倍数越高，说明投资者的需求越强烈。在超额认购的情况下，主承销商可能会拥有分配股份的权利，即配售权，也可能没有，依照交易所规则而定。通过行使配售权，发行人可以达到理想的股东结构。在中国，主承销商不具备配售股份的权利，必须按照认购比例配售。

2012年7月16日，上证综合指数再创阶段新低，深证成分指数出现2%以上的跌幅，两市共有135只个股跌停。针对投资者要求停发新股、停止扩容的问题，证监会投保局称，“以过往的经验看，停发新股并不能对市场环境有实质性改善。”“停发新股是一种行政管制行为，改革应当尽可能避免采取这类措施，应当在市场和经济正常运行的条件下进行。”资本市场不够热烈的气氛，主要是国际国内经济增长下行压力较大，投资者信心受到影响，不是因为资金不足。

2015年7月5日，上交所和深交所共披露了28家公司的暂缓发行公告，其中上交所10家，深交所18家，已经参与申购的资金将在周一陆续退款。据悉，这是证监会史上第九次暂停IPO。

2015年11月6日，重启新股发行，并进一步改革完善新股发行制度，将申购时预先缴款改为确定配售数量后再进行缴款。

资料来源：佚名．IPO首次公开募股管理办法［EB/OL］．［2020-08-04］．https://wenku.baidu.com/view/29e48a686e175f0e7cd184254b35eefdc8d315b3.html.

4.1.4 股票市场的结构、分类及功能

1）股票市场的结构

股票市场是股票发行和交易的场所，它由股票市场的所有者和参与者构成。中国股票市场的所有者是国家，而很多国家的股票市场是私人所有。

股票市场的所有者应设立证券交易所，这是提供证券集中竞价交易场所的机构。目前在中国有上海证券交易所和深圳证券交易所两个证券交易所，这两个交易所属于国家所有。美国有三个证券交易所，中国香港有一个证券交易所，这些交易所属于私人所有。股票市场的参与者有上市公司、投资者、中介机构和监管机构。

其一，上市公司，即股票的发行者，按《公司法》《证券法》和监管机构的要求向公众发行股票。

其二，投资者。它包括：①个人投资者，即以自然人身份从事股票买卖的投资者；②机构投资者，是指用自有资金或者从分散的公众手中筹集的资金专门进行有价证券投资活动的法人机构，其中最典型的机构投资者是专门从事有价证券投资的共同基金。在中国，机构投资者目前主要是具有证券自营业务资格的证券经营机构以及符合国家有关政策法规的各类投资基金等。

其三，中介机构。它包括证券公司和证券服务机构。证券公司是二级市场上重要的金融中介机构之一，最重要的职能就是为投资者提供代理股票等证券买卖的中介服务。证券服务机构是指依法设立的从事证券服务业务的法人机构，主要包括证券投资咨询公司、信用评级机构、会计师事务所、资产评估机构、律师事务所、证券登记结算机构和证券信息公司等。

其四，监管机构。它是指对证券的发行、买卖和交易制定规则的权力机构。在我国，中国证券监督管理委员会是政府监管股票市场的一个职能机构。

2）股票市场的分类

股票市场是股票发行和交易的场所。股票市场有以下几种分类方法：

（1）根据市场的功能划分，股票市场可分为发行市场和流通市场。

发行市场是通过发行股票进行筹资活动的市场，一方面为资本的需求者提供筹集资金的渠道，另一方面为资本的供给者提供投资场所。发行市场通过发行股票，把社会闲散资金转化为生产资本，实现了资本职能的转化。由于发行活动是股市一切活动的源头和起始点，因此发行市场又称“一级市场”或初级市场。

流通市场是已发行股票进行转让的市场，又称“二级市场”。已发行的股票一经上市，就进入二级市场。流通市场一方面为股票持有者提供随时变现的机会，另一方面又为新的投资者提供投资机会。

发行市场是流通市场的基础和前提，流通市场又是发行市场得以存在和发展的条件。发行市场的规模决定了流通市场的规模，影响着流通市场的交易价格。没有发行市场，流通市场就成为无源之水、无本之木。所以，发行市场和流通市场是相互依存、互为补充的整体。

相关知识 4-2

中国股市结构见表4-1。

表4-1　　中国股市结构

管理机构	证监会：统一监督管理全国证券期货市场
	银保监会：监督管理银行业金融机构，监督管理保险市场
	财政部：调整税收及财政政策
	中国人民银行：制定及实施货币政策
交易与服务机构	上海证券交易所：股票、债券、基金、衍生品交易
	深圳证券交易所：股票、债券、基金、衍生品及创业板、中小板交易
	中金所：金融期货、期权等金融衍生品交易与结算
	中证登：为证券交易提供集中登记、存管与结算服务
	证券公司：承销发行、自营买卖或自营兼代理买卖证券
	会计师事务所：披露公司运营信息、报表、审计
	律师事务所：对企业申报文件的真实性承担责任，出具法律意见书
	证券业协会：规范、监督证券市场的运行
	证金公司：监控证券公司融资融券，提供转融通服务
投资者	机构投资者：沪股通、QFII、银行、投资基金、保险公司、证券公司、养老基金
	个人投资者：通过沪港通参与投资的境外投资者、内地居民

资料来源：作者根据相关资料整理所得。

（2）根据市场的组织形式划分，股票市场可分为场内交易市场和场外交易市场。

场内交易市场是指股票集中在股票交易所内交易。股票交易所有严密的组织和严格的管理，并有进行集中交易的固定场所。在许多国家，交易所是股票交易的唯一合法场所。

场外交易市场是在股票交易所以外的各证券交易机构柜台上进行的股票交易市场，所以也称“柜台交易市场”。随着通信技术的发展，一些国家出现了有组织的并通过现代化通信与电脑网络进行交易的场外交易市场（有形市场），如美国的全国证券交易商协会自动报价系统（NASDAQ）。

（3）其他分类。如按交易的地理、空间范围分为地方性、区域性、全国性、国际性股票市场；按上市公司上市条件的不同分为主板市场、创业板市场和三板市场等。

3）股票市场的功能

股票市场的功能包括：①发行股票可以使股份公司获得创建的资本；②发行股票可以使股份公司不断扩充资本，扩大经营规模，提高竞争能力；③发行股票可以使股份公司减轻债务还本付息的压力；④股票交易所对上市公司股票行情及定期经营信息的披露，起到了一种广告效果，有效地扩大了上市公司的知名度，提高了上市公司的信誉；⑤发行股票可以为投资者提供一种新的、高风险与高收益并存的投资工具；⑥股票市场可以综合反映发行公司的经营状况及国民经济的运行情况，同时可以促进企业不断改善经营管理，努力开拓市场，提高资金的使用效益；⑦可以扩大我国利用外资的渠道和方式，增强对外资的吸纳能力，有利于更多地利用外资和提高利用外资的经济效益，收到“用外资而不借外债”的效果。

4.2 股票的发行市场

4.2.1 股票发行的注册制和核准制

目前，世界各国、各地区均依据其证券市场成熟程度以及法律背景、文化传统的不同，对股票发行监管主要采取了注册制和核准制两种模式。

注册制强调发行人申请发行股票时，必须依法将公开的各种资料完全准确地向证券监管机构申报。证券监管机构的职责是对申报文件的全面性、准确性、真实性和及时性作形式审查，不对发行人的资质进行实质性审核和价值判断，而是将发行人股票的良莠留给市场判断。注册制的基础是强制性信息公开披露原则，遵循“买者自行小心”理念。

核准制吸取了注册制强制性信息披露原则，同时要求申请发行股票的公司必须符合有关法律和证券监管机构规定的必备条件。证券监管机构除进行注册制所要求的形式审查外，还关注发行人的法人治理结构、营业性质、资本结构、发展前景、管理人员素质、公司竞争力等，并据此做出发行人是否符合发行条件的判断。核准制遵循的是强制性信息公开披露和合规性管理相结合的原则，其理念是“买者自行小心”和“卖者自行小心”并行。

《证券法》主要从以下几个方面对股票发行核准制进行明确规定：①规定了发行人申请发行股票的资格；②规定了强制性信息披露的制度；③规定了国务院证券监管机构的核准责任；④规定了发行人自主选择券商、协议确定发行价格的市场化原则。

拓展阅读4-1　　注册制实施以来创业板IPO市场回顾

2020年8月24日，创业板注册制下的首批18家公司成功上市，最终募资金额达200.66亿元。数据显示，从2020年8月创业板注册制下的新股上市以来，截至2021年2月25日，创业板注册制下共有84家企业成功上市。

数据显示，截至2021年2月25日，创业板注册制下共有84家企业累计募集资金达757.99亿元。从募资总额分布来看，100亿元以上的只有1家，为金龙鱼；募资总额10亿元以下的企业数量占比达到80.9%。

按照证监会的行业分类标准，农副食品加工业募集资金总额最高，达到139.33亿元，其次是计算机、通信和其他电子设备制造业，达到94.01亿元。

从省市分布来看，上海市企业募资金额总额最高，达到167.34亿元，其次是广东省，达到146.17亿元。

资料来源：佚名．干货！注册制实施以来创业板IPO市场回顾与2021年前景展望［EB/OL］．［2021-04-22］．https：//baijiahao.baidu.com/s？id=1697708720718146140&wfr=spider&for=pc.

4.2.2 股票发行的条件

根据《证券法》、《上市公司证券发行管理办法》和《首次公开发行股票并上市管理办法》，上市公司同次发行的同种类股票，每股的发行条件和价格应当相同，任何单位或者个人所认购的股份，每股应当支付相同价额。

1）股票首次公开发行的基本条件

（1）根据《证券法》，公司公开发行新股，应当符合下列条件：①具备健全且运行良好的组织机构；②具有持续盈利能力，财务状况良好；③最近3年财务会计文件无虚假记载，无其他重大违法行为；④经国务院批准的国务院证券监督管理机构规定的其他条件。

（2）《首次公开发行股票并上市管理办法》规定的股票首次公开发行的具体条件有以下5个方面：

第一，主体资格。发行人应当是依法设立且合法存续的股份有限公司。经国务院批准，有限责任公司在依法变更为股份有限公司时，可以采取募集设立方式公开发行股票。

第二，独立性。发行人应当具有完整的业务体系和直接面向市场独立经营的能力。发行人的独立性包括资产完整、人员独立、财务独立、机构独立、业务独立以及发行人在独立性方面不得有其他严重缺陷。

第三，规范运行。发行人已经依法建立健全股东大会、董事会、监事会、独立董事、董事会秘书制度，相关机构和人员能够依法履行职责。发行人的董事、监事和高级管理人员已经了解与股票发行上市有关的法律法规，知悉上市公司及其董事、监事和高级管理人员的法定义务和责任。发行人的董事、监事和高级管理人员符合法律、行政法规和规章规定的任职资格，发行人的内部控制制度健全且被有效执行，能够合理保证财务报告的可靠性、生产经营的合法性、营运的效率与效果。发行人的公司章程中有明确对外担保的审批权限和审议程序，不存在为控股股东、实际控制人及其控制的其他企业进行违规担保的情形。发行人有严格的资金管理制度，不得有资金被控股股东、实际控制人及其控制的其他企业以借款、代偿债务、代垫款项或者其他方式占用的情形。

第四，财务与会计。发行人应当符合下列条件：①最近3个会计年度净利润均为正数且累计超过人民币3 000万元，净利润以扣除非经常性损益前后较低者为计算依据；②最近3个会计年度经营活动产生的现金流量净额累计超过人民币5 000万元，或者最近3个会计年度营业收入累计超过人民币3亿元；③发行前股本总额不少于人民币3 000万元；④最近一期末无形资产（扣除土地使用权、水面养殖权和采矿权等后）占净资产的比例不高于20%；⑤最近一期末不存在未弥补亏损。

第五，募集资金运用。募集资金应当有明确的使用方向，原则上应当用于主营业务。

2）向原股东配售股份（简称配股）的规定

向原股东配售股份应当符合下列规定：①上市公司的组织机构健全、运行良好；②上市公司的盈利能力具有可持续性；③上市公司的财务状况良好；④上市公司最近36个月内财务会计文件无虚假记载，且不存在重大违法行为；⑤上市公司募集资金的数额和使用应当符合规定；⑥拟配售股份数量不超过本次配售股份前股本总额的30%；⑦控股股东应当在股东大会召开前公开承诺认配股份的数量；⑧采用《证券法》规定的代销方式发行。

控股股东不履行认配股份的承诺，或者代销期限届满，原股东认购股票的数量未达到拟配售数量70%的，发行人应当按照发行价并加算银行同期存款利息返还已经认购的股东。

3）向不特定对象公开募集股份（简称增发）的规定

除符合配股的前5项规定外，还应当符合下列规定：①最近3个会计年度加权平均净资产收益率平均不低于6%，扣除非经常性损益后的净利润与扣除前的净利润相比，以低者作为加权平均净资产收益率的计算依据；②除金融类企业外，最近一期末不存在持有金额较大的交易性金融资产和可供出售的金融资产、借予他人款项、委托理财等财务性投资的情形；③发行价格应不低于公告招股意向书前20个交易日公司股票均价或前一个交易日的均价。

4）非公开发行股票的条件

非公开发行股票的条件包括：①发行价格不低于定价基准日前20个交易日公司股票均价的90%。②本次发行的股份自发行结束之日起，12个月内不得转让；控股股东、实际控制人及其控制的企业认购的股份，36个月内不得转让。③募集资金使用符合《上市公司证券发行管理办法》第十条的规定。④本次发行将导致上市公司控制权发生变化的，还应当符合中国证监会的其他规定。⑤非公开发行股票的特定对象应当符合下列规定：特定对象符合股东大会决议规定的条件；发行对象不超过10名；发行对象为境外战略投资者的，应当经国务院相关部门事先批准。⑥要健全各项财务制度。

4.2.3 股票发行的方式

1）公开发行与非公开发行

如果按照发行与认购的方式及对象，股票发行可划分为公开发行与非公开发行。公开发行又称公募，是指事先不确定特定的发行对象，而是向社会广大投资者公开推销股票；非公开发行又称私募，是指发行公司只对特定的发行对象推销股票。

非公开发行方式主要在以下三种情况下采用：①以发起方式设立公司；②内部配股；③私人配股，又称第三者分摊。

2）直接发行与间接发行

如果按是否有中介机构（证券承销商）协助，股票发行也可划分为直接发行与间接发行。

（1）直接发行。它又称直接招股，或称发行公司自办发行，是指股份公司自己承担股票发行的一切事务和发行风险，直接向认购者推销出售股票的方式。

（2）间接发行。它又称委托发行，是指发行者委托证券发行承销中介机构出售股票的方式。股票间接发行又可分为三种：①代销。发行者和承销者签订协议，由承销者代为向社会销售股票。承销者按规定的发行条件尽力推销，如果在约定期限内未能按照原定发行数额全部销售出去，股票剩余部分可退还给发行者，承销者不承担发行风险。采用代销方式发行股票，手续费一般较低。②余额包销。承销者按照规定的发行数额和发行条件，向社会推销股票，在约定期限内推销股票，如果有剩余，须由承销者负责认购。采用这种方式销售股票，承销者承担部分发行风险，能够保证发行者筹资计划的实现，但承销费用高于代销费用。③全额包销。首先由承销者按照约定条件将股票全部承购下来，并且立即向发行者支付全部股票价款，然后再由承销者向投资者分次推销。采用全额包销方式销售股票，承销者承担了全部发行风险，可以保证发行者及时筹集到所需要的资金，因而包销费用也较余额包销费用高。在中国普遍采用余额包销的方式，即卖不出去的股票由证券商全部买下。

3）有偿增资发行与无偿增资发行

若按不同的发行目的，股票发行还可以分为有偿增资发行和无偿增资发行。

（1）有偿增资发行方式。有偿增资发行，就是认购者必须按股票的某种发行价格支付现款，方能获得新发股票。一般公开发行的股票和私募中定向发行的股票都采用有偿增资的发行方式。它具体分为三种：①对原有股东配股的发行方式；②对第三者配股发行的方式；③一般公开发行的方式。

（2）无偿增资发行。它是指股份公司将公司盈余结存、公积金和资产重估增益转入资本金科目的同时，发行与之对应的新股票，分配给公司原有股东。原有股东无须缴纳认购股金款。

4.2.4 股票发行的价格

（1）股票发行价格的种类。在一级市场上的股票价格是由上市公司制定的，经审核批准，其价格是不变的，发行和买卖是一次性的。

股票的发行包括平价发行、溢价发行和折价发行。平价发行是按股票的面额发行。溢价发行是指发行人按高于面额的价格发行股票，因此可使公司用较少的股份筹集到较多的资金，同时还可降低筹资成本。折价发行是以低于股票的面额发行。但《证券法》规定，股票发行价格可以等于票面金额，也可以超过票面金额，但不得低于票面金额。

（2）股票发行价格的决定因素。按照国际惯例，股票的发行价格的决定因素有：①上市公司最近3年每股税后利润与股票市场上同一类型的公司相比较；②发行价要高于上市公司的每股净资产值；③股票市场3年的平均市盈率；④发行股票的上市公司当年的税后利润预测；⑤上市公司未来的成长性。

（3）股票发行价格的确定方法。股票发行价格的确定方法有市价折扣法、市盈率定价法、可比公司定价法、贴现现金流量定价法。我国股票的发行价格的确定方法一般采用市盈率定价法：

$$\text{股票发行价}=\text{每股预期盈利}\times\text{发行市盈率}$$

市盈率又称股份收益比率或本益比，是股票市价与其每股收益的比值。市盈率定价法的发行市盈率是根据二级市场的平均市盈率、发行人同行业股票的平均市盈率、发行人的经营情况和发行人的成长前景等拟定的。其计算公式是：

$$\text{市盈率}=\frac{\text{每股市场价}}{\text{每股收益}}$$

每股收益又称每股税后利润、每股盈余，是分析每股价值的一个基础性指标。每股收益突出了分摊到每一份股票上的盈利数额，是股票按市盈率定价的基础。市盈率法的每股收益应当按发行前一年经会计师事务所审计的、扣除非经常性损益前后孰低的净利润除以发行后总股本计算。每股收益指标的计算公式为：

$$每股收益=\frac{期末净利润}{发行后总股本}$$

4.2.5 股票发行的程序

1）公司首次发行股票的程序

根据中国证券监督管理委员会颁发的《上市公司证券发行管理办法》和《首次公开发行股票并上市管理办法》，公司首次发行股票的程序应当包括以下步骤：

步骤一：股东大会通过。发行人董事会应当依法就本次股票发行的具体方案、本次募集资金使用的可行性及其他必须明确的事项做出决议，并提请股东大会批准。

发行人股东大会就本次发行股票做出的决议，应当包括下列内容：①封面、书脊、扉页、目录、释义；②概览、本次发行概况、风险因素、发行人基本情况；③业务和技术、同业竞争和关联交易；④董事、监事、高级管理人员与核心技术人员；⑤公司治理结构、财务会计信息、业务发展目标；⑥募股资金运用；⑦发行定价及股利分配政策；⑧其他重要事项；⑨董事及有关中介机构声明；⑩附录和备查文件。

步骤二：推荐并申请。发行人应当按照中国证监会的有关规定制作申请文件，由保荐人保荐并向中国证监会申报。特定行业的发行人应当提供管理部门的相关意见。

公司公开发行新股，应当向国务院证券监督管理机构报送募股申请和下列文件：①公司营业执照；②公司章程；③股东大会决议；④招股说明书；⑤财务会计报告；⑥代收股款银行的名称及地址；⑦承销机构名称及有关的协议。依照《证券法》规定聘请保荐人的，还应当报送保荐人出具的发行保荐书。

上市公司非公开发行股票的，发行人及其主承销商应当在发行完成后向中国证监会报送下列文件：①发行情况报告书；②主承销商关于本次发行过程和认购对象合规性的报告；③发行人律师关于本次发行过程和认购对象合规性的意见；④会计师事务所验资报告；⑤中国证监会要求的其他文件。

招股说明书的内容包括：①发行目的；②发行条件；③公司近3年或5年的资产负债总额及其变化；④产品销售及其变化趋势；⑤盈利和分红水平；⑥公司股份总额和结构；⑦公司股东的权益；⑧公司产品价格；⑨公司债务清偿情况；⑩公司董事、监事及经理各单位等情况。

股票发行申请未获核准的，自中国证监会做出不予核准决定之日起6个月后，发行人可再次提出股票发行申请。

步骤三：核准。中国证监会依照下列程序审核发行证券的申请：①收到申请文件后，5个工作日内决定是否受理；②中国证监会受理后，对申请文件进行初审；③发行审核委员会审核申请文件；④中国证监会做出核准或者不予核准的决定。

中国证监会在初审过程中，将征求发行人注册地省级人民政府是否同意发行人发行股票的意见，并就发行人的募集资金投资项目是否符合国家产业政策和投资管理的规定征求国家发展和改革委员会的意见。中国证监会依照法定条件对发行人的发行申请做出予以核准或者不予核准的决定，并出具相关文件。

步骤四：发行。自中国证监会核准发行之日起，发行人应在6个月内发行股票；超过6个月未发行的，核准文件失效，须重新经中国证监会核准后方可发行。

上市公司发行证券，应当由证券公司承销；非公开发行股票，发行对象均属于原前10名股东的，可以由上市公司自行销售。

（1）询价和定价。首次公开发行股票，应当通过向特定机构投资者（以下称询价对象）询价的方式确定股票发行价格。询价对象是指符合《首次公开发行股票并上市管理办法》规定条件的证券投资基金管理公司、证券公司、信托投资公司、财务公司、保险机构投资者、合格境外机构投资者以及经中国证监会认可的其他机构投资者。

发行人及其主承销商应当在刊登首次公开发行股票招股意向书和发行公告后向询价对象进行推介和询价，并通过互联网向公众投资者进行推介。

询价分为初步询价和累计投标询价。发行人及其主承销商应当通过初步询价确定发行价格区间，在发行价格区间内通过累计投标询价确定发行价格。上市公司发行证券，可以通过询价的方式确定发行价格，也可以与主承销商协商确定发行价格。

（2）承销。证券公司的承销方式有代销和包销两种。证券的代销、包销期限最长不得超过90天。股票发行采用代销方式，代销期限届满，向投资者出售的股票数量未达到拟公开发行股票数量70%的，为发行失败。发行人应当按照发行价并加算银行同期存款利息返还股票认购人。

发行人及其主承销商网下配售股票，应当与网上发行同时进行。网下配售的对象是参与询价的机构投资者。网上发行的对象可以是机构投资者和个人投资者。

（3）股票的发行。它主要有以下几种方式：

第一，股票的上网定价发行方式。其流程包括：①开户。投资者在申购前必须先开户，并在开户的证券营业部存入足额的资金用以申购。新股只能申购一次，并且不能撤单，重复申购无效。②确认申购数量。交易所对申购新股的每个账户申购数量是有限制的。申报下限是1 000股，认购必须是1 000股或者其整数倍；申购上限在发行公告中有具体规定。③确认新股申购配号。在新股发行后的第三个交易日（T+3日）办理交割手续时交割单上的成交编号是新股配号。新股配号是按照每1 000股配一个号，按时间顺序连续配号，号码不间断。每个股票账户在交割时只打印一个申购配号，同时打印有效申购股数。④申购新股资金被冻结。根据新股申购的有关规定，投资者的申购款会被冻结几天，于T+4日返还其资金账户。⑤确认中签。投资者在T+3日得到自己的配号之后，可以在T+4日查询证监会指定报刊上由主承销商刊登的中签号码。

上网定价发行方式下，申购资金的流动程序为：T+0日，申购日；T+1日，交易所登记结算机构将所有申购资金集中冻结在申购专户中；T+2日，交易所登记结算机构配合主承销商和会计师事务所对申购资金进行验资，以实际有效到位资金作为有效申购配号；T+3日，主承销商负责组织摇号抽签，公布中签结果，交易所根据抽签结果进行清算交割和股东登记；T+4日，对未中签部分的申购款予以解冻。

第二，向二级市场投资者配售新股。它是指在新股发行时，将一定比例的新股由上网公开发行改为向二级市场投资者配售，投资者根据其持有上市流通证券的市值和折算的申购数量，自愿申购新股。

操作时间如下：T−2日，刊登招股书概要；T−1日，刊登发行公告；T+0日，自愿申购；T+1日，摇号抽签；T+2日，公布中签结果；T+3日，收缴股款；T+4日，交割，将募集资金划入主承销商指定的账户，且将未使用资金返还投资人；T+5日，承销商划款至发行公司账户。

第三，对一般投资者上网发行和对机构投资者配售相结合。发行公司有权选择股票的发行方式，发行后总股本在4亿元以下的公司也可采用一般投资者上网发行和法人配售方式相结合的方式发行股票。已获配售的法人投资者和证券投资基金不得同时参加上网申购。在采用法人配售和一般投资者上网发行相结合的发行方式下，发行量的确定有两种方法：一是开始不确定上网发行量，先配售后上网；二是一开始就确定上网发行量，配售和上网分别进行。

发行申请核准后、股票发行结束前，发行人发生重大事项的，应当暂缓或者暂停发行，并及时报告中国证监会，同时履行信息披露义务。影响发行条件的，应当重新履行核准程序。

2）公司增发股票的程序

公司增发股票的程序包括：①制订新股发行计划；②形成董事会决议；③向主管部门提交发行申请书；④如果在股东之间进行分摊，则要冻结股东簿，停止办理股票转让后的过户手续；⑤签订委托推销合同；⑥向现有股东发出通知或公告；⑦股东认购或公开发行；⑧股票交割；⑨处理零股或失权股；⑩向证券管理部门登记发行情况和结果。

相关知识4-3　借壳上市

借壳上市是指一间私人公司（Private Company）透过把资产注入一间市值较低的已上市公司（壳，Shell），得到该公司一定程度的控股权，利用其上市公司地位，使母公司的资产得以上市。通常，该壳公司会被改名。

美国自1934年已开始实行借壳上市，由于成本较低及成功率甚高，因此借壳上市越来越受欢迎。在经济衰退时期，有不少上市公司的收入减少，市值大幅下跌，这造就了让其他私人公司利用这个“壳”得以上市的机会。

近年来，中国经济改革开放，有很多企业欲在海外上市，但碍于政治因素以及烦琐的程序，部分企业会选择收购美国一些壳公司，在纳斯达克股票市场或纽约证券交易所上市。在互联网泡沫破灭后，很多互联网公司濒临破产，市值极低，这造就了更多借壳上市的机会。

在实施手段上，借壳上市的一般做法是：第一步，集团公司先剥离一块优质资产上市；第二步，通过上市公司大比例的配股筹集资金，将集团公司的重点项目注入到上市公司；第三步，再通过配股将集团公司的非重点项目注入到上市公司，实现借壳上市。

要实现借壳上市，或买壳上市，首先要选择壳公司，要结合自身的经营情况、资产情况、融资能力及发展计划。选择规模适宜的壳公司，壳公司要具备一定的质量，不能具有太多的债务和不良债权，具备一定的盈利能力和重组的可塑性。接下来，非上市公司通过并购，取得相对控股地位，要考虑壳公司的股本结构，只要达到控股地位就算并购成功。其具体形式有三种：

（1）通过现金收购，这样可以节省大量时间，智能软件集团即采用这种方式借壳上市，借壳完成后很快进入角色，形成良好的市场反应。

（2）完全通过资产或股权置换，实现“壳”的清理和重组合并，容易使壳公司的资产、质量和业绩迅速发生变化，很快实现效果。

（3）两种方式结合使用，实际上大部分借“壳”或买“壳”上市都采取这种方法。

非上市公司进而控制股东，通过重组后的董事会对上市壳公司进行清理和内部重组，剥离不良资产或整顿提高壳公司原有业务状况，改善经营业绩。

资料来源：佚名．借壳上市［EB/OL］．［2020-11-05］．http://baike.sogou.com/v44060.htm?fromTitle=%E5%80%9F%E5%A3%B3%E4%B8%8A%E5%B8%82.

拓展阅读4-2　蚂蚁集团暂缓上市

2020年11月3日晚间，上海证券交易所（简称上交所）发布《关于暂缓蚂蚁科技集团股份有限公司科创板上市的决定》（简称《决定》）。该《决定》称，暂缓蚂蚁科技集团股份有限公司（简称蚂蚁集团）的A股于科创板上市。随后，蚂蚁集团在港交所发布公告，同时进行的H股于香港联合交易所有限公司主板上市亦将暂缓。

在上述决定中，上交所称：“你公司原申请于2020年11月5日在上海证券交易所科创板上市。近日，发生你公司实际控制人及董事长、总经理被有关部门联合进行监管约谈，你公司也报告所处的金融科技监管环境发生变化等重大事项。该重大事项可能导致你公司不符合发行上市条件或者信息披露要求。”

2020年11月4日晚间，就蚂蚁集团暂缓上市一事，证监会新闻发言人回答记者提问。证监会新闻发言人表示，蚂蚁集团暂缓在科创板上市是上交所依法依规作出的决定。金融监管部门的监管约谈和近期金融科技监管环境的变化，可能对蚂蚁集团业务结构和盈利模式产生重大影响，属于上市前发生的重大事项。本着保护投资者合法权益，充分、透明、准确披露信息，切实维护市场公平公正的原则，上交所依据科创板注册管理办法相关规定作出了暂缓蚂蚁集团上市的决定。中国证监会支持上海证券交易所依法依规作出的决定，同时，与香港证监会和一些境外主要市场的证券监管机构保持沟通协作，共同稳妥做好后续工作。

证监会新闻发言人表示，避免蚂蚁集团在监管政策环境发生重大变化的情况下仓促上市，是对投资者和市场负责任的做法，体现了敬畏市场、敬畏法治的精神。相信这一决定将有利于资本市场长远发展，有利于增强境内外投资者的信任和信心。

资料来源：作者根据相关资料整理。

4.3　股票的流通市场

4.3.1　股票流通市场的组织方式

股票流通按照组织方式可分为场内交易和场外交易。

1）场内交易

场内交易是指通过证券交易所进行的股票交易。证券交易所是由证券管理部门批准的、为证券的集中交易提供固定场所和有关设施，并制定各项规则以形成公正合理的价格和有条不紊秩序的正式组织。证券交易所作为进行证券交易的场所，本身并不持有证券，也不进行证券的买卖，主要作用是为交易双方成交创造或提供条件，并对双方的交易行为进行监督。

在证券交易所，股票持有人和投资人通过经纪人实现股票的买卖、成交、结算和交割。目前，世界上大部分国家的股票流通、转让交易都是在证券交易所内进行的，因此，证券交易所是股票流通市场的核心，场内交易是股票流通的主要方式。它成为交易所会员、证券自营商或证券经纪人在证券市场内集中买卖上市股票的市场，是二级市场的主体。

2）场外交易

凡在证券交易所以外进行股票买卖流通的组织方式统称为场外交易。随着金融市场管制的放松和金融自由化的推进，场外交易已成为股票流通市场的重要组成部分。各国场外交易的组织形式主要有三种：

（1）店头市场。它亦称柜台交易，是场外交易最主要和最典型的形式，没有固定的交易场所，其交易是由自营商组织，其价格是通过买卖双方协议达成的。它可以在证券商的营业点内，由购销双方当面议价进行交易，也可以通过电话、电脑等现代通信手段进行交易。场外交易市场不像证券交易所，要求较高的上市条件，而且管制少，灵活方便，因而成为中小企业和具有发展潜质的公司证券流通的主要场所。

（2）第三市场。它是指在柜台市场上从事已在交易所挂牌上市的证券交易的一种场外交易形式。第三市场的股票交易主要发生在证券商和机构投资者之间。第三市场最早出现在20世纪60年代的美国，由于美国的证券交易所长期以来实行固定佣金制，大宗交易没有折扣佣金，导致买卖大宗上市证券的机构投资者和个人投资者通过场外市场交易上市证券以降低其交易费用。

（3）第四市场。这也是近年来在美国出现的场外交易形式。它是指股票的买卖双方绕开证券经纪商，利用电信手段直接进行大宗股票交易，不通过任何中介机构，也无固定交易场所。第四市场的优点在于：①信息灵敏，成交迅速；②交易成本低；③可以保守交易秘密；④不冲击股票行市。

总之，场外交易的特点是：①交易对象比较广泛；②双方议定交易价格；③交易方式较灵活；④交易场所分散。

相关知识4-4

国内外有影响的OTC市场见表4-2。

表4-2 国内外有影响的OTC市场

美国	纳斯达克（NASDAQ）、场外证券交易行情公告榜（OTCBB）、粉红单（Pink Sheets）
英国	替代投资市场（AIM）
法国	店头市场（CMF）、巴黎新兴市场（New Market）
韩国	店头市场
中国	天交所、天津OTC市场

资料来源：作者根据相关资料整理所得。

4.3.2 股票上市的条件和程序

1）股票上市的条件

根据《证券法》和《公司法》的有关条款，股份有限公司申请股票上市，应当符合下列条件：①股票经国务院证券监督管理机构核准已公开发行。②公司股本总额不少于人民币5 000万元。③公开发行的股份达到公司股份总数的25%以上；公司股本总额超过人民币4亿元的，公开发行股份的比例为10%以上。④公司最近3年无重大违法行为，财务会计报告无虚假记载。

国家鼓励符合产业政策并符合上市条件的公司股票上市交易。

2）股票上市的程序

（1）申请。申请证券上市交易，应当首先向证券交易所提出申请，并报送下列文件：①上市报告书；②申请股票上市的股东大会决议；③公司章程；④公司营业执照；⑤依法经会计师事务所审计的公司最近三年的财务会计报告；⑥法律意见书和上市保荐书；⑦最近一次的招股说明书；⑧证券交易所上市规则规定的其他文件。

（2）审核批准。股票上市交易申请经证券交易所审核同意后，由双方签订上市协议。

（3）信息公告。公司在签订上市协议后应当在规定的期限内公告股票上市的有关文件，将该文件置于指定场所供公众查阅，并且公告《证券法》中要求的其他文件。

（4）上市交易。

3）股票上市的费用

证券交易的收费项目、收费标准和管理办法由国务院有关主管部门统一规定，但各证券交易所的规定又有不同，分别如下：

（1）上市费。它是股票上市公司在其股票上市后按一定时间和标准交纳给证券交易所的费用。上市费包括：①上市初费。上市初费由发行者最迟在其股票上市的三天前向证券交易所缴纳。沪市上市初费自2022年1月1日起至2022年12月31日暂免。②上市年费。沪市上市年费自2022年1月1日起至2022年12月31日暂免。

（2）场内交易费。它是准许进入证券交易所进行场内交易活动的证券商按一定时间、一定收费标准交纳给证券交易所的费用。场内交易费包括：①席位年费。年费是证券商按年付给证券交易所的费用。席位年费包括交易单元使用费、流速费和流量费，各交易所的收取标准不同。②经手费和证管费。经手费和证管费是证券商（会员）在证券交易所的场内交易成交后，按实际成交金额（以市价计算）的一定比例向证券交易所交纳的交易经手费。成交各方均需交纳交易经手费。

（3）佣金。它是指委托者委托买卖成交后，按实际成交金额数的一定比例向承办委托的证券商交纳的费用。佣金也就是证券商代理委托买卖成交后的经营收入或者说手续费收入。委托买卖股票的收费标准是小于或等于成交金额的5‰，最低起点为5元。

4.3.3 上市股票的特别处理与退市

股票交易特别处理分为警示存在终止上市风险的特别处理（*ST）和其他特别处理

(ST)，若上市公司出现法定原因，会依法暂停上市或终止上市。

1）警示存在终止上市风险的特别处理

我国从2003年5月8日起实行退市风险警示制度。所谓退市风险警示制度，是指由证券交易所对存在股票终止上市风险的公司股票交易实行“警示存在终止上市风险的特别处理”。退市风险警示的处理措施包括：第一，在公司股票简称前冠以“*ST”字样，以区别于其他股票；第二，股票报价的日涨跌幅限制为5%。

（1）受到退市风险警示的上市公司条件。上市公司出现以下情形之一的，证券交易所对其股票交易实行退市风险警示：①最近2年连续亏损（以最近2年年度报告披露的当年经审计净利润为依据）。②因财务会计报告存在重大会计差错或虚假记载，公司主动改正或被中国证监会责令改正，对以前年度财务会计报告进行追溯调整，导致最近2年连续亏损。③因财务会计报告存在重大会计差错或虚假记载，被中国证监会责令改正，在规定期限内未改正，且公司股票已停牌2个月。④在法定期限内未披露年度报告或者半年度报告，公司股票已停牌2个月。⑤处于股票恢复上市交易日至其恢复上市后首个年度报告披露日期间。⑥在收购人披露上市公司要约收购情况报告至维持被收购公司上市地位的具体方案实施完毕之前，因要约收购导致被收购公司的股权分布不符合《公司法》规定的上市条件，且收购人持股比例未超过被收购公司总股本的90%。⑦法院受理公司破产案件，可能依法宣告公司破产。⑧证券交易所认定的其他存在退市风险的情形。

（2）上市公司应当在股票交易实行退市风险警示之前1个交易日发布公告，公告相关内容。

2）其他特别处理

其他特别处理的处理措施包括：第一，在公司股票简称前冠以“ST”字样，以区别于其他股票；第二，股票报价的日涨跌幅限制为5%。特别处理不是对上市公司的处罚，只是对上市公司目前状况的一种提示，是要提示投资者注意风险。

上市公司出现以下情形之一的，证券交易所对其股票交易实行其他特别处理：

（1）最近一个会计年度的审计结果显示其股东权益为负。

（2）最近一个会计年度的财务会计报告被注册会计师出具无法表示意见或否定意见的审计报告。

（3）上市公司曾因2年连续亏损而实行退市风险警示，以后亏损情形消除，于是按规定申请撤销退市风险警示并获准，但其最近一个会计年度的审计结果显示主营业务未正常运营，或扣除非经常性损益后的净利润为负值。

（4）由于自然灾害、重大事故等导致公司主要经营设施被损毁，公司生产经营活动受到严重影响且预计在3个月以内不能恢复正常。

（5）公司主要银行账户被冻结。

（6）公司董事会无法正常召开会议并形成董事会决议。

（7）中国证监会根据相关制度的规定，要求证券交易所对公司的股票交易实行特别提示。

（8）中国证监会或证券交易所认定为状况异常的其他情形。

3）暂停上市

《证券法》规定，上市公司有下列情形之一的，由证券交易所决定暂停其股票上市交易：①公司股本总额、股权分布等发生变化，不再具备上市条件；②公司不按照规定公开其财务状况，或者对财务会计报告作虚假记载，可能误导投资者；③公司有重大违法行为；④公司最近3年连续亏损；⑤证券交易所上市规则规定的其他情形。

4）终止上市

《证券法》第四十八条规定，不再规定具体的终止上市情形，改为由证券交易所上市规则作出规定。同时，取消了证券暂停上市制度，对于出现上市规则的，由证券交易所按照业务规则终止其上市交易。

拓展阅读4-3　　乐视网退市

进入A股市场近10年的乐视网，终于迎来了黯淡的退场。

2020年7月21日起乐视网终止上市交易，7月20日成为乐视网最后一个交易日，最终股价收报0.18元，总市值7.18亿元，较高峰时的1 700亿元市值蒸发了99%以上。

一路走来，贾跃亭收割了不少富豪明星以及28万股民。除了孙宏斌之外，还有谁“愿赌服输”？7月20日，在乐视投资人维权交流群里，有人认栽，有人依然愤愤不平。

乐视网股价较最高点跌去99%以上。

乐视网用5年时间冲上1 700亿元的巅峰市值，又用了5年走到退市，市值现在仅7.18亿元。也就是说，如果有股民在2015年5月12日的历史最高价买了乐视网的股票，一直持有到现在，几乎是血本无归。

贾跃亭坑得最多的，也正是普通股民。截至2019年12月底，乐视网股东总数28.08万户，除了前十大股东之外，剩余投资者持有约62%的股份。

乐视网还能不能回股市？根据相关规定，深圳证券交易所创业板不接受公司股票重新上市的申请，因此乐视网退市后，将不能重新上市。

值得注意的是，2020年7月2日，贾跃亭发表公开信，宣布已于6月26日完成个人破产重组。他表示，对其个人而言，这意味着人生的重启。

但毕节市律师协会副会长姜桢祥告诉中新网，破产方案获得通过，并不意味着其债务自然消失。“贾跃亭在美国破产，国内债权人和股民依然可以向其主张债权，而且中国目前并无法律规定个人可以通过破产来免除债务，其个人在美国申请破产，并不能免除其在国内所负债务，国内的债权人依然可以依据相关债权凭证向其主张权利。”

乐视网即将退市，但贾跃亭与投资人的故事仍未结束。

资料来源：佚名．乐视网退市！[EB/OL]．[2020-07-21]．https：//baijiahao.baidu.com/s? id=1672778216080664940&wfr=spider&for=pc.

4.3.4　股票流通市场的交易程序及方式

1）股票流通市场的交易程序

下面以个人投资者A股交易流程为例介绍：

（1）开户。投资者首先选定某一证券公司或其营业部为自己买卖证券的唯一交易代理人，或称交易的中介人，然后到该证券公司开户，包括开设上证或深证股东账户卡和资金账户。

开立证券账户须持本人身份证原件及复印件，开立资金账户还须携带证券账户卡原件及复印件。如需委托他人操作，需与代理人（代理人也须携带本人身份证）一起前来办理委托手续。一张身份证只能开立一个证券账户。

（2）委托。投资人发出委托买卖股票的命令。委托的内容包括：①开立账户；②买进或卖出；③股票名称或代码；④交易数量（数量必须以百股为单位，每百股为一手）；⑤价格。

委托方式有：①柜台委托，是指投资者到证券营业部柜台填写书面买卖委托单，委托证券商代理买卖股票的方式。②电话委托，是指投资者通过电话向证券商计算机系统输入委托指令，以完成证券买卖委托和有关信息查询的委托方式。③电脑委托，是指投资者通过与证券商自动委托交易系统连接的电脑终端，按照系统发出的指示输入买卖委托指令，以完成证券买卖委托和有关信息查询的一种先进的委托方式。

（3）成交或撤销委托。股票成交价格是股票买卖双方在一定的撮合原则下，根据供求关系决定的公平价格。目前，上交所和深交所同时采用集合竞价和连续竞价两种方式。

每个交易日上午9：15—9：25为集合竞价时间，9：25对所有委托进行集中撮合成交。在各种委托价位中找到一个能够产生最大成交量的价格，这一价格就是集合竞价的成交价，所有交易均按照这一价格进行。撮合系统按照“价格优先，同等价格下时间优先”的顺序依次成交，直到不能成交为止。

连续竞价的成交价确定规则是：①最高买入申报价格与最低卖出申报价格相同，以该价格为成交价格；②买入申报价格高于即时揭示的最低卖逆风申报价格的，以即时揭示的最低卖出申报价格为成交价格；③卖出申报价格低于即时揭示的最高买入申报价格的，以即时揭示的最高买入申报价格为成交价格。

交易所主机撮合成交的，主机将成交信息即刻回报到券商处，供投资者查询。未成交的或部分成交的，投资者有权撤销自己的委托或继续等待成交，一般委托有效期为一天。

（4）结算。证券结算是指证券交易完成后，对买卖双方应收应付的证券和价款进行核定计算，并完成证券由卖方向买方的转移和相对应的资金由买方向卖方的转移的全过程。在证券实行无纸化交易方式以后，结算在事实上只需要通过证券交易所将各券商买卖证券的数量和金额分别相抵，计算应收、应付证券和应收、应付股款的差额就可以了。

小知识4-2　上海证券交易所和深圳证券交易所采用的证券结算制度

上海证券交易所和深圳证券交易所采用的证券结算体系有所不同。上海证券交易所自1998年4月1日实行全面指定交易以后，投资者只能委托指定交易的证券营业部卖出或买进自己的全部证券。也就是说，上海证券交易所是对单个证券账户的指定，每个账户只能在指定的证券营业部进行买卖和办理投资者的结算。

深圳证券交易所的结算制度的特点是：实行托管证券商制度，投资者所持的证券必须托管到某一证券商名下，且只能委托该证券商卖出。托管是在托管券商制度下，投资者在一个或几个券商处以认购、买入、转换等方式委托这些券商管理自己的股份，并且只可以在这些券商处卖出自己的证券；券商为投资者提供证券买卖、分红派息自动到账、证券与资金的查询、转托管等各项业务服务。

（5）交割。交割是结算过程中，投资者与证券商之间的资金结算。沪深两市除B股外的上市交易证券（A股、基金、债券），都实行T+1交割制度。T+1制度是指证券的交割事宜应当在交易日的次日完成，如果次日逢节假日则交割日顺延。

小思考4-2

什么是T+0和T+1？

提示：所谓T+0，是指在证券成交当天办理好证券和价款清算交割手续的交易制度。通俗说就是当天买入的证券（或期货）在当天就可以卖出。所谓T+1，是指投资者当天买入的股票或基金不能在当天卖出，需待第二天进行交割过户后方可卖出的交易制度。

（6）过户。过户是在办理清算和交割完毕后，将股票从卖出人账户名下转出，记到买入人账户名下的过程。对于记名股票来说，只有办妥过户手续，交易过程才算完成，股票买入人才真正拥有股票的所有权。

2）股票流通市场的交易方式

（1）按买卖双方决定价格的方式不同，股票流通市场的交易方式可分为议价买卖和竞价买卖。议价买卖就是买方和卖方一对一地面谈，通过讨价还价达成买卖交易。它是场外交易中常用的方式，一般在非上市股票、交易量少、需要保密或为了节省佣金等情况下采用。

竞价买卖是指买卖双方都是由若干人组成的群体，双方公开进行双向竞争的交易。交易不仅在买卖双方之间有出价和要价的竞争，在买者群体和卖者群体内部也存在着激烈的竞争，最后在买方出价最高者和卖方要价最低者之间成交。在这种双方竞争中，买方可以自由地选择卖方，卖方也可以自由地选择买方，使交易比较公平，产生的价格也比较合理。竞价买卖是证券交易所中买卖股票的主要方式。

（2）按达成交易的方式不同，股票流通市场的交易方式可分为直接交易和间接交易。直接交易是买卖双方直接洽谈，股票也由买卖双方自行清算交割，在整个交易过程中不涉及任何中介的交易方式。场外交易绝大部分是直接交易。间接交易是买卖双方不直接见面和联系，而是委托中介人进行股票买卖的交易方式。证券交易所中的经纪人制度，就是典型的间接交易。

（3）按交割期限不同，股票流通市场的交易方式可分为现货交易和期货交易。现货交易是指股票买卖成交以后，马上办理交割清算手续，当场钱货两清。期货交易则是股票成交后按合同中规定的价格、数量，过若干时间再进行交割清算的交易方式。

拓展阅读4-4　2021年中国股票市场流通现状和发展趋势分析

在2015年我国股票市场经历了牛市后，我国股票市场活跃度一度下降。但在2019—2020年间，股票市场流通情况重新变好，股票成交数量和成交金额都已非常逼近2015年水平。随着2021年经济增长恢复，预计2021年我国股票市场活跃度将再次提高。

1.股市流通股本与市值规模

2011—2020年我国股票市场上市公司数量逐年增加，总数量自2011年末的2 342家增长到2020年末的4 154家。2020年末上海证券交易所共有上市公司总计1 800家，较2019年增长了228家，增长幅度为14.50%；深圳证券交易所共有上市公司数量总计2 354家，较2019年增长了149家，增长幅度为6.76%；二者2020年上市公司数量总计4 154家，较2019年末总计同比增长了9.98%。

截至2021年1月底，我国上海证券交易所中的流通股本为42 674亿股，深圳证券交易所中的流通股本为18 994亿股，总计61 668亿股。

2.股市股票交易规模

从我国股票市场的股票成交数量来看，2014—2020年，中国股票市场股票成交数量不断增长，曾在2015年牛市期间达到顶峰值17.10亿股。2020年全年股票成交量共16.74万亿股，同比增长32.2%，但还未达到2015年水平。

在2019年经济下行压力背景和2020年新冠肺炎疫情背景下，我国沪深股市的股票成交金额总体却呈现震荡上升趋势，并且随着当代人理财和投资意识的增长，预计我国的证券市场活跃度将持续提升。

2021年，国内国际双循环的新发展格局正在加速形成，资本市场的作用日益凸显，“十四五”时期将是中国资本市场实现“规范、透明、开放、有活力、有韧性”的目标、中国证券行业实现高质量发展的关键时期。

资料来源：前瞻产业研究院. 2021年中国股票市场流通现状和发展趋势分析 市场活跃度有望继续提升［EB/OL］.［2021-03-08］. https：//baijiahao.baidu.com/s？id=1693628582991191865&wfr.

4.4 股票交易价格及影响因素

4.4.1 股票交易价格的形成基础

静态地看，股票自身并没有价值，也不可能有价格。但由于股票是证明持有人所有的财产权利的法律凭证，因此股票的价值应当是其所代表的所有者权益（即公司资产净值的一定份额）。所以，股票交易价格的形成基础首先是公司净资产。

从动态或者投资者的角度来看，之所以持有股票是因为它代表着获取收益的权利，能够给持有人带来股息、红利收入，或者说人们追求的是获得较高的投资收益。所以，股票的价值就是用货币来衡量的作为获利手段的价值，股票流通转让的实质就是这种获利权利凭证的让渡。这种价值也称股票的理论价格，就是为获得这种股息、红利收入的请求权而付出的代价（机会成本），是股息资本化的表现。对投资者来说，是把资金投资于股票还是存入银行，这首先取决于哪方的投资收益率高。按照等量资本获得等量收入的理论，如果股息率高于利息率，人们对股票需求就会增加，股票价格就会上涨，从而股息率就会下降，一直降到股息率与市场利息率大体一致为止。

按照这种分析，即可以得出股票的理论价格公式：

$$\text{股票理论价格}=\frac{\text{预期股票红利}}{\text{市场利息率}}$$

上式中，预期股票红利是指股票定期的分红，市场利息率是指相同期限的银行定期存款利率。由于大部分公司都是一年分红一次，因此市场利息率通常使用一年期银行存款利率。尽管股票的理论价格并不等于股票实际的市场价格，但它是股票市场价格的形成基础，对于预测股票的市场价格有重要的指导意义。

事实上，投资股票得到的收益包括红利和股票买卖的差价收益。投资人在投资股票时要考虑的是，预期投资股票的全部收益（预期股票投资收益）与银行利息率之比，并以此来决定投资的方向，因此股票交易价格的形成基础可以用下式表示：

$$\text{股票交易价格}=\frac{\text{预期股票投资收益}}{\text{市场利息率}}$$

上式说明，股票交易价格的形成主要取决于两个基础因素：一个是预期股票投资收益，另一个是市场利息率。股票交易价格与预期股票投资收益成正比，与市场利息率成反比。

当市场上股票的价格低于理论价格时，投资者认为股票价格低于股票的内在价值，该股票有投资价值，就会买进股票；若股票的市场价格高于其理论价格时，则放弃投资。因此，股票交易的实际价格并不等于其理论价格，而多数交易价格都低于其内在价值。

相关知识4-5　股票面值、净值、清算价值、市场价值与内在价值

1.股票面值

股票的面值，是股份公司在所发行的股票上标明的票面金额，它以元/股为单位，其作用是用来表明每一张股票所包含的资本数额。股票的面值一般都印在股票的正面且基本都是整数，如百元、拾元、壹元等。在我国上海证券交易所和深圳证券交易所流通的股票，其面值都统一定为一元，即每股一元。股票票面价值的最初目的是保证股票持有者在退股之时能够收回票面所标明的资产。随着股票的发展，购买股票后将不能再退股，所以股票面值现在的作用：一是表明股票的认购者在股份公司投资中所占的比例，作为确认股东权利的根据，如某上市公司的总股本为1 000万元，持有一股股票就表示在该股份公司所占的股份为千万分之一；二是在首次发行股票时，将股票的面值作为发行定价的一个依据。

一般来说，股票的发行价都会高于面值。当股票进入二级市场流通后，股票的价格就与股票的面值相分离了，彼此之间并没有什么直接的联系，股民爱将它炒多高，它就会有多高，如前些年上海股市有些股票的价格曾达到80多元，但其面值也就仅为一元。

2.股票净值

股票的净值，又称账面价值或每股净资产，指的是用会计的方法计算出来的每股股票所包含的资产净值。其计算方法是将公司的注册资本加上各种公积金、累积盈余，也就是通常所说的股东权益，将净资产再除以总股本就是每股的净值。股票的账面价值是股份公司剔除了一切债务后的实际资产，是股份公司的净资产。

由于账面价值是财会计算结果，其数字准确程度较高，可信度较强，因此它是股票投资者评估和分析上市公司经营实力的重要依据之一。股份公司的账面价值高，则股东实际所拥有的资产就多；反之，股票的账面价值低，股东拥有的资产就少。虽然股票的账面价值只是一个会计概念，但它对于投资者进行投资分析具有较大的参考作用，也是产生股票价格的直接根据。因为股票价格越贴近每股净资产，股票的价格就越接近于股票的账面价值。

在股票市场中，股民除了要关注股份公司的经营状况和盈利水平外，还需特别注意股票的净资产含量。净资产含量越高，公司自己所拥有的本钱就越大，抗拒各种风险的能力也就越强。

3.股票清算价值

股票的清算价值，是指股份公司破产或倒闭后进行清算之时每股股票所代表的实际价值。从理论上来讲，股票的每股清算价值应当与股票的账面价值相一致，但企业在破产清算时，其财产价值是以实际的销售价格来计算的，而在进行财产处置时，其售价都低于实际价值。所以，股票的清算值就与股票的净值不相一致，一般都要小于净值。股票的清算价值只是在股份公司因破产或因其他原因丧失法人资格而进行清算时才被作为确定股票价格的根据，在股票发行和流通过程中没有什么意义。

4.股票市场价值

股票的市场价值，又称为股票的市值，是指股票在交易过程中交易双方达成的成交价。股票的市值直接反映股票市场行情，是股民买卖股票的依据。由于受众多因素的影响，股票的市场价值处于经常性的变化之中。股票的市场价值是与股票价格紧密相连的，股票价格是股票市场价值的集中表现，前者随后者的变化发生相应的波动。在股票市场中，股民是根据股票的市场价值（股票行市）的高低变化来分析判断和确定股票价格的，所以通常所说的股票价格也就是股票的市场价值。

5.股票内在价值

股票的内在价值，是在某一时刻股票的真正价值，也是股票的投资价值。计算股票的内在价值需用折现法，由于上市公司的寿命期、每股税后利润及社会平均投资收益率等都是未知数，因此股票的内在价值较难计算，在实际应用中，一般都是取预测值。

资料来源：作者根据相关资料整理所得。

小思考4-3

假定股票的预期投资收益率不变，市场利率上升1倍，股票价格会怎样变化？

提示：股票价格会下跌一半。

4.4.2 影响股票交易价格变动的主要因素

从股票交易价格的公式可以看出，影响股票交易价格的因素可以从两个方面分析：

1）对影响分子的因素分析

从股票价格公式中的分子来看，股票投资收益率与股票价格成正比，对股票价格有正向的影响。因此，凡是对股票投资收益有影响的因素对股票价格都有同方向的影响。影响股票投资收益的因素有宏观经济因素、政治因素和自然因素、行业因素、公司自身因素。

（1）宏观经济因素。其主要包括：

第一，经济周期。经济周期是指经济从衰退、萧条、复苏到繁荣的过程。在不同的经济周期，公司的盈利能力和股票价格的上升幅度也不一样。在衰退时期，公司的盈利能力和股票价格上升幅度都是负数；在萧条时期，公司的盈利依然为负，但股价开始平稳；在复苏时期，公司的盈利能力和股票价格逐渐恢复；在繁荣时期，公司的盈利能力达到最高，公司股票的预期投资收益也是如此。

第二，投资与消费因素。二者构成了社会总需求的最主要因素。社会总需求的扩张意味着对产品需求的增加，进而带动公司销售收入的增加，也就是公司盈利能力的增加和股票价格的提升，也是公司股票的预期投资收益的增加；社会总需求的收缩则会产生相反的效果。

第三，物价因素。通常物价因素通过三个方面影响股票投资收益：①物价因素直接影响公司的盈利能力。物价上涨使公司的销售收入增加，也使公司的成本增加，当前者增幅大于后者时，盈利能力提高；反之，盈利能力下降。②物价因素通过影响公司的盈利能力而影响股价。③物价因素通过人们的保值观念而影响人们的投资倾向，进而影响股价。由于实物资产价格的上涨，人们更倾向于持有实物资产，因此使投资者将资金从股市中抽出来，转投向动产或不动产，如房地产、贵金属等保值性强的物品，使股票的需求量降低，从而使股价下跌。

第四，汇率因素。外汇行情与股票价格有着密切的联系，一般来说，如果一国货币的基本趋势是升值，股价便会上涨；相反，如果货币的趋势是贬值，股价即随之下跌。所以，外汇行情会给股市带来很大的影响。

第五，国际收支因素。一般情况下，若国际收支是逆差，即进口大于出口，政府通常会控制进口，鼓励出口，并相应地提高利率，实行紧缩政策，或降低汇率使本国货币贬值，从而造成股价看跌；反之，股价将看涨。

（2）政治因素和自然因素。政治因素和自然因素将最终影响经济，影响上市公司经营，从而影响股票价格波动。政治因素包括：战争因素和政局因素，如政权的转移、领导人的更替等。自然因素主要是指自然灾害，一旦发生自然灾害，经济和生产受损，股价也会下跌，对股票的预期投资收益的影响也是同方向变化的。

（3）行业因素。它将影响某一行业股票价格的变化。这部分内容将在后续章节中进行详细介绍。

（4）公司自身的因素。公司自身的经营状况及发展前景，直接影响该公司所发行股票的价格。公司自身的因素主要包括公司盈利能力、股息及红利的分配政策、公司的投资方向、产品销路及董事会和主要负责人调整等。由于在后面的章节还有这部分内容的详细说明，这里我们重点介绍股息及红利的分配政策对股票投资收益的影响。股息及红利的分配政策对股票投资收益的影响包括以下四个方面的内容：

第一，公司盈利能力。公司的税后利润在弥补以前亏损、提取公积金和公益金后的剩余部分用来发放股息。公司的税后利润的大小代表着公司的盈利能力，所以公司的盈利能力越强，股息收益也越高；反之，股息收益则越低。

第二，股息及红利的分配政策。股份公司的股息及红利的分配政策对股票价格的影响最为直接。公司盈利增加后，不同的股利政策也将对股票价格产生不同的影响，而且股利政策比公司盈利对股价的影响更为直接和迅速。股利政策包括无股息政策、固定股息政策（包括定额股息政策和定率股息政策）、等速递增股息政策、任意股息政策。一般的情况是，公司宣布增加股利时，股价会上升，股票交易收益增加；减少股利，则股价下降，股票的差价收益减少。如果股利不增不减，则对股票的价格不会产生太大影响。

第三，分红方式的选择。不同公司股利的分配方式不同，一般分为三种：只派发现金红利；只转增股票；既派发现金红利又转增股票。一般在派发现金红利前，股价上升，在派发结束后股价回落。其他两种情况也大体相同。

第四，股票分割政策。公司有时采用股票分割政策，也会刺激股票价格上升。虽然股票分割后股票持有者保持的股权份额没有发生变化，但是能够给股票持有人带来更高收益的希望，所以股票分割政策往往比公司宣布增加股利更具吸引力。

2）对影响分母的因素分析

从股票价格公式中的分母来看，利率水平与股价成反比关系，实际表现也往往如此。当利率上升时，会引起以下几方面的变化，从而导致股价下降：一是公司借款成本增加，相应使利润减少；二是资金从股市流入银行，资金供应减少；三是投资者评估价值所用的折现率上升，股票价值因此会下降，反之，股价会上升。

因此，凡是影响市场利率的因素对股票交易价格都有相反方向的影响作用。影响市场利率的主要因素有财政政策因素、货币的供求状况和市场因素。

（1）财政政策因素。它包括：积极的财政政策，主要是指财政支出增加或降低税收；消极的财政政策，主要是减少财政支出或增加税收。只要国家采取积极的财政方针，股票就会上涨；相反，国家财政规模缩小，或者显示将要紧缩财政的征兆，则投资者会因预测未来前景不好而减少投资，使股价下跌。股价反应的程度会依当时的股价水平而有所不同。

（2）货币的供求状况。货币供应量增加会引起商品价格的上涨以及公司的销售收入与税后利润的增加，以现金分配的股利会有一定幅度的上升，公司利润的增加使股票价格也相应提升。但货币供应量增加过多会引起通货膨胀，通货膨胀带来的往往是虚假的市场繁荣。当通货膨胀率达到一定程度，甚至超过两位数时，将会推动利率上涨，从而促使股票价格下跌。

（3）市场因素。投资者的市场地位、心理和投资动机的不同，会对股票价格产生不同的影响，也会使股票投资的预期收益率发生变化。其具体包括：

第一，心理因素。它是指投资者心理状况对股票价格的影响。当投资者不甚了解事实真相或缺乏预期判断能力时，心理上波动很大，往往容易跟在一些大投资者后面，出现急于抛出或买进的状况，形成抢购风潮或抛售风潮，对股价影响很大。

第二，人为操纵因素。一般说来，在正常的股票市场上，能操纵股价的往往不是个人，而是一些大的机构投资者。他们在股市疲软时，低价大量买进，然后设法哄抬价格，并通过散发各种谣言，诱骗大量散户跟进，从而使股市形成一种“利多”气氛效应，待股价达到相对高峰时，再悄悄将股票卖出，从而赚取巨额利润；相反，他们在股价高峰时，不断卖出，并设法压低行情，造成一种股价下跌的气氛，等股价低到某一价位时，再把高价卖出的股票全部买回，从而牟取暴利。人为操纵因素会使股票的交易价格发生剧烈波动。

第三，其他影响股票供求的因素，如技术因素、制度因素等。

小思考 4-4

一国的经济增长率提高了，股票价格会怎样变动？

提示：在经济繁荣时期，一般情况下，企业收益会增加，股票价格会上涨。

拓展阅读4-5　　融资融券风险警示

资本市场中股权融资和债权融资是两种重要的形式。随着我国多层次资本市场的不断完善，我国企业不断参与国际资本市场的实践，通过股票的发行上市融资已成为现代企业资本运营的主要方式之一。

融资融券，是指证券公司向客户出借资金供其买入证券或者出借证券供其卖出，并收取担保物的经营活动。股票质押是指出质人以其所拥有的股票（股权）作为质押标的物而设立的质押。上市公司的股权质押是指上市公司股东将自己持有的股权出质给证券公司等主体，目的通常是融资。

融资融券交易具有普通证券交易所具有的政策风险、市场风险、违约风险、系统风险等各种风险，以及其特有的投资风险放大等风险。

1.杠杆交易风险。融资融券交易使用杠杆，投资者在交易中因判断失误而遭受亏损的风险会随着杠杆作用被进一步放大。此外，投资者融资买入证券要支付融资利息，融券卖出证券要支付融券费用，这些费用在投资亏损时仍需支付。

2.强制平仓风险。投资者在从事融资融券交易期间，如果不能按照约定的期限清偿债务，或上市证券价格波动导致担保物价值与其融资融券债务之间的比例低于维持担保比例，且不能按照约定的时间、数量追加担保物，那么投资者将面临担保物被证券公司强制平仓的风险。

3.提前了结交易风险。投资者在从事融资融券交易期间，如果因自身原因导致其资产被司法机关采取财产保全、强制执行措施，或出现丧失民事行为能力、破产、解散等情况，抑或发生融资融券标的证券范围调整、标的证券暂停交易或终止上市等情况，投资者将面临被证券公司提前了结融资融券交易的风险。

4.利率风险。投资者在从事融资融券交易期间，如果中国人民银行规定的同期金融机构贷款基准利率调高，证券公司将相应调高融资利率或融券费率，投资者将面临融资融券成本增加的风险。

资料来源：北京证监局．两融、股票质押风险警示及案例［EB/OL］．［2019-12-20］．http：//www.csrc.gov.cn/pub/heilongjiang/xxfw/tzzsyd/201912/t20191220_368007.htm

4.5　股票价格指数

4.5.1　编制股票价格指数的意义

股票价格指数简称股票指数，是反映不同时期股价变动情况的相对指标，也就是将基期的股价平均数作为报告期股价平均数的基准的百分数。通过股票指数，人们可以了解计算期的股价比基期的股价上升或下降的百分比。由于股票指数是一个相对指标，因此就一个较长的时期来说，股票指数比股价平均数更能够精确地衡量股价的变动情况。

股票价格指数可以反映整个股市股票价格的平均变化趋势。将市场上的所有股票纳入指标的计算范围计算得出的股票指数，被称为综合指数；选取市场上的一部分股票作为样本股票计算得出的股票指数，被称为成分指数。成分指数有两种类型：①反映整个股市价格趋势的股票指数，即从股市的所有股票中，选择各行业有代表性的少数大公司的股票进行加权平均得到的股票指数。如果股票指数上升，股票市场上大多数股票的价格就会上涨；如果股票指数下降，股票市场上大多数股票的价格就会下跌。这样的股票指数能够反映市场的全貌。②反映某类股票价格趋势的股票指数，即将某一个板块或某一个行业所包括的所有股票作为样本股，计算得到的股票指数。这样的股票指数可以反映该板块或该行业股票价格的变化趋势，将各行业或板块指数的汇总平均可以得到综合指数。

股票指数的意义在于：第一，股票指数的升降可以反映股票价格的变动趋势；第二，投资者可以据此确定自己的投资策略，检验自己的投资效果，并预测股票市场的动向；第三，新闻界、公司老板乃至政界领导人等也以此为参考指标，观察、预测社会政治、经济的发展形势；第四，股票指数是进行股票研究的重要数据，如可以用来计算股票的平均收益率等。

相关知识4-6　沪深300指数

沪深300指数是沪深证券交易所于2005年4月8日联合发布的反映A股市场整体走势的指数。沪深300指数的编制目的是反映中国证券市场股票价格变动的概貌和运行状况，并能够作为投资业绩的评价标准，为指数化投资和指数衍生产品创新提供基础条件。沪深300指数样本覆盖了沪深市场六成左右的市值，具有良好的市场代表性。2016年1月7日，沪深300指数跌至7.21%，触发7%熔断阈值。

沪深300指数以2004年12月31日为基日，以该日300只成分股的调整市值为基期，基期指数定为1 000点，自2005年4月8日起正式发布。

其计算公式为：报告期指数=报告期成分股的调整市值/基日成分股的调整市值×1 000

其中，调整市值=∑（市价×调整股本数），基日成分股的调整市值亦称为除数，调整股本数采用分级靠档的方法对成分股股本进行调整。

2016年1月4日是熔断机制实施的首个交易日。午后，沪指延续低迷态势，沪深300指数触发熔断阈值，跌幅达5.05%，A股暂停交易15分钟。

根据熔断机制，当股票交易市场（上交所和深交所）和期货交易市场（中金所）的基准指数（沪深300指数）波动超过一定幅度时，整个市场暂停交易一段时间，防止市场过度反应。

当沪深300指数当日涨、跌幅达5%时，将触发熔断阈值，三家交易所（上交所、深交所、中金所）暂停交易15分钟；当沪深300指数当日涨、跌幅达7%时，暂停交易直至收盘；当沪深300指数当日在尾盘阶段（14：45及之后）涨、跌幅达5%，暂停交易至收盘。

1月4日，午后，创业板指数跌幅超过8%。13点34分，沪深300指数跌幅达7%，A股二度触发熔断阈值。按照规定，两市及股指期货将暂停交易至收市。两市无一板块上涨，全线下跌。

2016年1月7日，早盘9点42分，沪深300指数跌幅扩大至5%，再度触发熔断阈值，两市在9点57分恢复交易。开盘后，沪深300指数再度向下，最大跌幅7.21%，二度触发熔断阈值。这是2016年股市的第二次提前收盘。

2016年1月7日晚，证监会发布官方微博，三家交易所发布通知自1月8日起暂停实施指数熔断机制。

资料来源：佚名. 沪深300指数 [EB/OL]. [2020-11-05]. http: //baike.sogou.com/v135406.htm?fromTitle=沪深300指数.

4.5.2 编制股票价格指数的基本要求

要使股价平均数和股票指数符合客观性、代表性和敏感性的要求，必须做到以下几点：首先，要正确选择若干种股票作为对象（即样本股票）；其次，要采用恰当的计算方法进行科学的编制计算；最后，在计算股票指数时需选好基期。

基期应该有较好的代表性和均衡性，即能够代表正常情况下股票市场的均衡水平，具体应当考虑下列因素：

（1）样本股票的选取。综合指数的样本股票是市场上的全部股票，但成分指数就存在选取哪些股票为样本股票的问题。成分指数的样本股票必须具有代表性、典型性和普遍性。选择样本股票时应综合考虑其行业分布、市场影响力、股票等级、适当数量等因素。例如，上证180指数选取的样本股，是从10个行业中，根据总市值、流通市值、成交金额和换手率对股票进行排名；然后，将各指标的排名结果相加，并将所得和的排名作为股票的综合排名；最后，各行业根据分配的样本股数量选取综合排名前几位的股票，共选取180只样本股。

（2）计算方法的选择。计算方法应具有高度的适应性，并能对不断变化的股市行情做出相应的调整或修正，从而使股票指数或股价平均数对市场股票的价格趋势有较好的敏感性。例如，是采用算术平均法还是采用加权平均法，是按单价加权平均还是按总交易量加权平均，从而得到股票指数的计算方法。

（3）要有科学的计算依据和手段。计算依据的口径必须统一，一般以收盘价为计算依据。但随着计算频率的增加，有的以每小时价格、每分钟甚至更短的时间价格为计算依据。当前，由于计算机软件的应用，证券交易所股票指数的发布和股票行情的变化几乎是同步的。

（4）基期的选择和基期指数I_0的确定。基期应选择有较好的均衡性和代表性的时期。例如，现在的道·琼斯股票价格平均指数是以1928年10月1日为基期，因为这一天收盘时的道·琼斯股票价格平均指数恰好约为100美元。基期指数I_0是对基期股价总水平的度量。

4.5.3 股票价格指数的计算方法

世界各地的股票市场都有自己的股票价格指数，并且每个股票市场都有多种股票价格指数。不同的股票价格指数，由于计算的对象不同，计算的基期不同，计算的方法也有所不同。目前，世界上股票价格指数的计算方法主要有以下几种：

1）算术股价指数法

算术股价指数法是以某交易日为基期，将各采样股票报告期价格与基期价格之比的和除以采样股票数，再乘以基期的指数值。其计算公式如下：

$$I = \frac{\sum_{i=1}^{n} P_i / P_0}{n} \times I_0$$

式中：I——股票价格指数；P_i——第 i 个报告期股票价格；P_0——基期股票价格；I_0———基期股票价格指数；n——组成股票指数的股票种类数。

2）加权平均法

在利用加权平均法计算股价指数时，应赋予每种股票一定的权数。通常，权数是根据每种股票当时交易的市场总价值或上市总股数来分配，权数就是分发“选票”的依据。其计算公式如下：

$$I = \frac{\sum_{i=1}^{n} P_i \cdot w_i}{\sum_{i=1}^{n} P_0 \cdot w_i} \times I_0$$

式中：I——股票价格指数；P_i——组成股价指数的各种股票报告期价格；P_0——组成股价指数的各种股票基期价格；n——组成股价指数的股票种类数；w_i——组成股价指数的各种股票的上市总量或市场总值，即权数；I_0——基期股票价格指数。

在大多数国家的股票交易所中，股票指数都是采用加权平均法计算的。比较著名的股票指数有美国标准·普尔指数、巴黎证券交易所指数、德国商业银行指数、意大利商业银行股票价格指数、多伦多300种股票价格指数以及东京股票交易所指数等。

3）除数修正法

除数修正法又称道式修正法，是美国道·琼斯公司为克服算术平均法的不足，在1928年发明的一种计算股票价格平均数的方法。该方法的步骤如下：

（1）计算一个道式除数，目的是修正有偿增资、股票分割等因素造成的股价总额的变化，以便如实反映平均股价水平。其计算公式如下：

$$道式除数=\frac{变动后新的股价总额}{旧的股价平均数}$$

（2）计算道式修正平均股价。其计算公式如下：

$$道式修正平均股价=\frac{报告期股价总额}{道式除数}$$

（3）将道式修正平均股价代替算术平均法的报告期股票价格，即可得到除数修正法计算的股票指数。

4）基数修正法

基数修正法的对象是基期的数值。由于发生有偿增资、新股上市或股票退市等情况后，会引起上市股数改变并导致时价总额的变动，为了使报告期与基期的统计口径基本一致且具有较好的可比性，必须对基期的时价进行相应的调整。方法是求出上市股数改变前后的时价总额之比，将原基期的时价总额乘以这个比率，即可得基期修正值。其计算公式如下：

$$基期时价总额修正值=原基期的时价总额\times\frac{上市股数改变后时价总额}{上市股数改变前时价总额}$$

目前，日本东京证券交易所在编制股价指数时，就是采用此法来修正基期时价总额的。

相关知识4-7　主要的股票价格指数简介

1）中国内地主要股票价格指数

（1）深证综合指数。深证综合指数，简称深证指数，是深圳证券交易所于1991年4月3日公布的，它规定这一天是指数的基日，该日的指数为100点。深证综合指数是以发行量为权数的加权综合股价指数，是用所有在深圳参加交易的股票来计算的。当有新的股票上市时，上市后的第二天，要把新股票总市值加到基数修正法计算公式的分母内；当有一只股票停牌时，停牌的第二天应在基日总市值内减去停牌股票的总市值。深证综合指数反映了深圳股市的全貌。

（2）上证综合指数。上证综合指数简称“上证指数”或“上证综指”，是上海证券交易所从1991年7月15日起编制并公布的，它是以1990年12月19日为基期，以上海证券交易所挂牌上市的全部股票为计算范围，以上市公司的总股本为权数，进行加权计算后得出的综合股价指数。新上市的股票在挂牌的第二天纳入股票指数的计算范围。

（3）上证成分指数。上证成分指数（简称“上证180指数”）是上海证券交易所对原上证30指数进行了调整并更名而形成的，其样本股是在所有A股股票中抽取最具市场代表性的180种样本股票。上证180指数自2002年7月1日起正式发布。上证180指数编制的目的在于，建立一个能够反映上海证券市场的概貌和运行状况，具有可操作性和投资性，能够作为投资评价尺度及金融衍生产品基础的基准指数。

（4）上证30指数。上证30指数是上海证券交易所编制的一种成分指数，它是以从上市的所有A股股票中抽取的具有市场代表性的30种样本股票为计算对象，并以流通股数为权数计算得出的加权股价指数，它综合反映了上海证券交易所全部上市A股的股价走势。

（5）深证成分指数。深证成分指数是深圳证券交易所编制的一种成分指数，它是以从深圳股市中选取的40家有代表性的公司为计算对象，并以流通股为权数计算得出的加权股价指数，它综合反映了深圳证券交易所A股和B股的股价走势。40家上市公司的A股用于计算成分A股指数及行业分类指数；有B股的公司，其B股用于计算成分B股指数。深证成分指数以1994年7月20日为基准日，基日指数为1 000点，于1995年1月23日发布，1995年5月5日正式使用。

2）国外主要股票价格指数

（1）道·琼斯股票价格平均指数。道·琼斯股票价格平均指数是反映美国股市行情变化最敏感的股票价格平均指数之一，是观察市场动态和从事股票投资的投资者的主要参考。道·琼斯股票价格平均指数由道·琼斯公司的创始人查理斯·道于1884年开始编制，是世界上历史最为悠久的股票指数，也是目前世界上影响最大、最有权威性的一种股票价格指数。因为它选用的股票的上市公司都是在本行业中具有重要影响的著名公司，其股票行情为世界股票市场所瞩目；同时，它包括的公司仅占目前2 500多家上市公司的极少部分。道·琼斯股票价格平均指数是一种成分指数。

（2）标准·普尔股票价格指数。标准·普尔股票价格指数由美国最大的证券研究机构——标准·普尔公司于1923年编制并发表，它在美国也很有影响力。标准·普尔股票价格指数的选取范围是500种股票，通过加权计算得到。

(3) 纽约证券交易所股票价格指数。纽约证券交易所股票价格指数是由纽约证券交易所编制的股票价格指数，它包括在纽约证券交易所上市的全部股票。其具体计算方法是将这些股票按价格高低分开排列，分别计算工业股票、金融业股票、公用事业股票、运输业股票的价格指数。虽然纽约证券交易所编制股票价格指数的时间不长，但它可以全面、及时地反映其股票市场活动的综合状况，因而较受投资者欢迎。

(4) 日经平均股价指数。日经平均股价指数原称“日本经济新闻社道·琼斯股票平均价格指数”，是由日本经济新闻社从1950年9月开始编制并公布的反映日本股票市场价格变动的股票价格平均指数。按计算对象采样数目的不同，该指数可分为两种：一种是日经225种平均股价指数，其所选样本均为在东京证券交易所第一市场上市的股票，样本选定后原则上不再更改；另一种是从1982年1月4日起开始编制的日经500种平均股价指数，由于其采样包括500种股票，因此代表性相对更为广泛，但它的样本不是固定的。

(5)《金融时报》股票价格指数。《金融时报》股票价格指数的全称是“伦敦《金融时报》工商业普通股股票价格指数”，是由英国《金融时报》编排和公布的。《金融时报》股票价格指数包括从英国工商业中挑选出来的具有代表性的30家公开挂牌的普通股股票。

3) 中国香港恒生股票价格指数

中国香港恒生股票价格指数是香港股票市场上历史最悠久、影响最大的股票价格指数，由香港恒生银行于1969年11月24日开始发表。中国香港恒生股票价格指数包括从香港500多家上市公司中挑选出来的33家有代表性且经济实力雄厚的大公司股票，这些股票涉及香港的各个行业，占香港股票市值的68.8%，具有较强的代表性。

小实训4-1

选择一家上市公司，了解其股票发行的程序及其股票在流通市场中的交易程序和方式。

课程思政4-1　　权衡风险收益，树立正确观念

通过本章的学习，我们对风险和收益有了进一步的认识，风险与收益共生共存，承担风险是获取收益的前提，收益是风险的成本和报酬。在生活中我们要树立正确的投资观与理财观，即对风险意识、资金管控、资金投入有清晰的认识，在面对风险与收益的平衡抉择上，要全面地分析与做决定，同时对生活中所遇的机遇与挑战要学会审时度势，去体会、去领悟、去思考、去积累，处理事情的态度要更加稳重与客观。

本章要点

本章主要介绍了股票的概念、特征和分类，股票市场的结构及功能，股票发行的注册制和核准制，股票发行条件、方式、价格的种类和确定方法，股票发行的程序，股票流通市场的组织方式，股票上市的条件和程序，上市股票的特别处理与退市，股票流通市场的交易程序、方式以及股票价格指数的相关知识。其中，重点是股票发行的条件、方式及程序；难点是股票价格的确定方法。

问题讨论

1.讨论股票发行的注册制和核准制各自的优缺点以及各自的典型代表国家。

2.比较公司首次发行股票程序与增发股票程序。

3.根据本章所学内容，选择一只股票并探讨其交易流程。

推荐阅读

1.孙延生. 股票发行上市［M］. 北京：中国金融出版社，2011.

2.中国证券业协会. 证券市场基础知识［M］. 北京：中国金融出版社，2015.

3.深圳证券交易所创业企业培训中心. 中小企业板、创业板股票发行上市问答［M］. 北京：中国财政经济出版社，2021.

思考与练习

1.单项选择题

（1）下列选项中不属于股票特征的是（　　）。

A.收益性　B.安全性　C.流动性　D.风险性

（2）优先股股票的“优先”主要体现在（　　）。

A.经营参与优先　B.认购优先

C.公司盈利多时，股息高于普通股股利　D.股息分派和剩余资产清偿优先

（3）目前我国不允许发行（　　）。

A.比例股票　B.普通股股票　C.优先股股票　D.法人股票

2.多项选择题

（1）下列股票属于境外上市的外资股的是（　　）。

A.A股　B.B股　C.H股　D.N股

（2）优先股股票不同于普通股股票，它有（　　）的特征。

A.股息率固定　B.股息分派优先

C.剩余资产分配优先　D.一般无表决权

（3）股票的发行按照是否有中介机构参与可分为（　　）。

A.公开发行　B.非公开发行　C.直接发行　D.间接发行

3.简答题

（1）简述股票的基本特征。

（2）股票的类型有哪些？

（3）比较债券与股票的异同。

（4）什么是股票市场的注册制和核准制？

（5）股票发行的方式有哪些？

(6) 如何确定股票的发行价格?

(7) 简述股票的发行程序。

(8) 试述股票交易的程序。

(9) 股票交易价格的形成基础是什么?

(10) 影响股票价格变动的主要因素是什么?

(11) 简述股票价格指数的意义及种类。

案例分析

某股份有限公司2020年11月首次公开发行股票，由于客观情况发生变化，所筹资金未能用于招股说明书规定的项目，而是经董事会决定用于另外的项目。由于该项目需要的资金较多，董事会决定再次募股，并就新股的种类、数额、发行价格、发行起止日期等事项做出决议，初步确定在次年上半年完成发行计划。董事会将有关资料报请主管部门批准。

问题：该公司的申请能否得到批准，为什么?

分析提示：上市公司募集资金的数额和使用应当符合下列规定：(1) 募集资金数额不超过项目需要量；(2) 募集资金用途符合国家产业政策和有关环境保护、土地管理等法律和行政法规的规定；(3) 除金融类企业外，本次募集资金使用项目不得为持有交易性金融资产和可供出售的金融资产、借予他人、委托理财等财务性投资，不得直接或间接投资于以买卖有价证券为主要业务的公司；(4) 投资项目实施后，不会与控股股东或实际控制人产生同业竞争或影响公司生产经营的独立性；(5) 建立募集资金专项存储制度，募集资金必须存放于公司董事会决定的专项账户，发行价格应不低于公告招股意向书前20个交易日公司股票均价或前一个交易日的均价。

实践训练

本章主要讲授了股票的发行程序、交易程序和影响股票价格变动的主要因素。为了让学生深入理解股票的交易程序，了解影响股票价格变动的主要因素，本章实践训练主要包括以下内容：

1.实训项目：证券开户。

实训目的：掌握证券开户的流程及开户条件。

实训步骤：

(1) 熟悉证券开户的基本知识。

(2) 2名学生为一组，分别扮演证券经纪人与投资者。

(3) 在证券经纪人的指导下，投资者模拟开户。

(4) 小组总结，对实训效果进行评价。

2.实训项目：股票交易。

实训目的：掌握股票交易的基本程序。

实训步骤：

(1) 熟悉股票交易的程序。

（2）2名学生为一组，分别扮演证券经纪人与投资者。
（3）情景模拟，投资者委托证券经纪人代为开展股票交易。
（4）小组总结，对实训效果进行评价。
3.实训项目：分析股票价格如何受各种因素的影响。
实训目的：学会分析各种因素如何影响股票价格。
实训步骤：
（1）利用“大智慧”软件选择一只企业股票。
（2）查找当前的宏观经济变量的变动情况。
（3）查找该企业的经营和财务信息。
（4）分析各因素对该股票价格的影响，判断该股票的价格走势。
4.实训项目：构造和计算股票成分指数。
实训目的：学会构造和计算股票成分指数。
实训步骤：
（1）根据某一原则，如行业、地区、市场总体情况等，构造一个股票成分指数。
（2）列出你设计的股票成分指数包括的各只股票。
（3）设计股票成分指数的基期和基期的点数。
（4）选择股票成分指数的计算方法。
（5）计算基期后2～3日的股票指数。

第5章
证券投资收益与风险

【学习目标】

- 知识目标：通过学习本章内容，了解债券、股票投资收益的来源；掌握证券投资风险的类型、来源和防范措施；理解证券投资风险管理的内容；掌握证券投资收益率的计算方式及证券投资风险防范的衡量方法。
- 技能目标：通过学习本章内容，在了解我国证券市场收益与风险后，能够进行证券投资收益与风险管理。

知识结构图

- 证券投资收益与风险
  - 证券投资收益
    - 股票投资收益
    - 债券投资收益
  - 证券投资风险及其防范
    - 证券投资风险及其类型
    - 证券投资风险的衡量
    - 证券投资风险的防范

导入案例

A股暴涨暴跌的台前幕后

经历了2020年7月初的快速上涨，虽然部分市场人士已经嗅到了危险的信号，但7月16日的单边下行，还是超出了市场的预期。当日，上证综合指数跌至3 210点，创业板指数下跌近6%。

市场鼓噪的牛市就此戛然而止？一时间，坊间忐忑之声此起彼伏。

实际上，目前这一阶段，过于简单的判断并不能准确阐释市场趋势。多位机构人士在接受《中国经营报》记者采访时均表示，A股长期向上的大方向未发生改变。与此同时，需要警惕的是，近期市场波动将会加大，风格轮动也可能加快。

就前期市场上的资金流量来看，市场供给相对充裕。一方面，低利率环境下，各类投资者配置权益资产的倾向不断提高，“赎债买股”的环境，也会进一步推动债券下跌股票上涨。另一方面，增量资金也在持续入场。爆款基金的吸金能力就是一个重要表现：单只新发混合型基金一天认购金额超1 300亿元，另有多只新发基金成立规模超百亿元。整体来看，新发基金自6月以来不断增加，主动和被动偏股型基金募集金额已超过1 300亿元。

7月16日的大跌，或许正是源于增量资金带来的不确定性，“7月16日，中芯国际(688981.SH)上市，单日成交额近500亿元，对市场造成一定虹吸效应，使得部分芯片股下跌。另一方面，这轮行情结构分化非常突出，市场涨得过快也是风险，尤其是公募基金买了太多热门板块个股。由此，监管也在局部性地为过热板块降温，导致7月16日大跌的原因，不排除有公募基金在之前抱团的板块，出现互相踩踏这一因素。”业内人士向记者指出。

资料来源：易妍君．A股暴涨暴跌的台前幕后［EB/OL］．［2020-07-18］．https：//baijiahao.baidu.com/s？id=1672498818931473675&wfr=spider&for=pc.

这一案例简述了股票投资的系统性风险之一，即市场风险，系统性风险不能像非系统性风险一样进行分散，只能进行防范和规避。众所周知，证券投资是一种风险性投资，证券市场是一个机遇与风险并存的地方，高风险对应高收益。那么，证券投资的收益来自哪里？在投资过程中会面临哪些风险？如何有效防范风险？这正是本章要介绍的内容。

5.1 证券投资收益

证券投资收益是指投资者在一定时期内进行投资，其所得与支出的差额，即证券投资者在从事证券投资活动中所获得的报酬。证券投资的方式多种多样，它们在收益性、安全性、流动性等方面存在较大的差异。因此，分析不同证券投资收益的来源，衡量不同证券投资的收益，是十分重要的。证券投资收益主要包括股票投资收益和债券投资收益。

5.1.1 股票投资收益

股票投资收益是指股票持有人因拥有股票所有权而获得的超出股票实际购买价格的收益。股票投资收益包括股票投资收益的来源和股票投资收益率两项内容。

1）股票投资收益的来源

股票投资收益由股利、资本利得和资本增值收益组成。

（1）股利。它是指股票持有者依据股票从公司分取的盈利。通常，股份有限公司在一个会计年度结束后，会将一部分净利润作为股利分配给股东。其中，优先股股东按照规定的固定股息率优先取得固定股息，普通股股东则根据剩余利润分配红利。股利的来源是公司的税后利润，税后利润是公司分配股利的最高限额。但由于税后利润要扣除一定的公积金，因此公司实际分配的股利总是少于税后利润。股利的具体形式主要有以下几种：

①现金股利。它是以货币形式支付的股息和红利，是一种最普通、最基本的股利形式。分派现金股利既可以满足股东预期的现金收益目的，又有助于提高股票的市场价格，吸引更多的投资者。在公司留存收益和现金足够的情况下，现金股利分派的多少取决于董事会对影响公司发展的诸多因素的权衡，并要兼顾公司和股东两者的利益。一般来说，股东更偏重近期利益，董事会则偏重公司的财务状况和未来的发展，希望保留足够的现金购置固定资产或用于其他用途。但是，由于股利的高低会直接影响公司股票的市价，而股价的涨跌又关系到公司本身信誉的高低及筹资能力的大小，因此董事会在权衡公司的长远利益和股东的近期利益之后，制定出较为合理的现金股利发放政策。

②股票股利。它是以股票的形式派发的股利，通常是用新增发的股票或一部分库存股票作为股利，以代替现金分派给股东。股票股利实际上是将当年的留存收益资本化，对公司的资产、负债、股东权益总额毫无影响，也不会改变股东在公司中占有权的比重。股票股利既可以使公司保留现金，解决公司发展对现金的需要，又可以使公司股票数量增加，股价下降，有利于股票的流通。由于股票股利在大多数西方国家可以免征所得税，出售增加的股票又可以转化为现实的货币，有利于股东实现投资收益，因此发放股票股利既可兼顾公司利益又可兼顾股东利益。

③财产股利。它是指公司用现金以外的其他财产向股东分派股利。最常见的是公司持有的其他公司或子公司的股票、债券，也可以是实物。分派财产股利可减少现金支出，满足公司对现金的需要，有利于公司的发展。在现金不足时，用公司的产品以优惠的价格充当股利可扩大其产品销路。当公司需要对其他公司控股时，可有意地将持有的其他公司的股票作为股利，并采用内部转移的方式分派给股东，以维持控股公司的地位。

小知识 5-1　　建设股利和负债股利

建设股利是指经营铁路、港口、水电、机场等业务的股份公司，由于其建设周期长，不可能在短期内建成投产、实现利润，为了筹措到所需要的资金，在公司章程中明确规定并获得批准后，公司可以将一部分股本作为股利支付给股东。此外，由于建设股利的资金来源不是公司的盈利，而是对公司未来盈利的预分，因此建设股利的发放有严格的法律限制，在公司开业后，应在分配盈余前扣抵或逐年扣抵冲销。

负债股利是公司通过建立一种负债，用债券或应付票据作为股利分派给股东。这些债券或应付票据既可以作为公司支付的股利，也可以满足股东的获利需要。负债股利一般是在公司已宣布发放股利但又面临现金不足、难以支付的情况下不得已采取的权宜之计，董事会往往更愿意推迟股息发放日期。

拓展阅读 5-1　　A 股证券市场分红年度报告（2019）

2019 年，A 股市场共有 2 608 家公司进行现金分红，占全部上市公司数量的 75.14%，分红总额为 10 180.48 亿元。整体来说，2019 年现金分红上市公司数量占比相比 2018 年略有下降，分红总额相对 2018 年有小幅提升。从股利支付率来看，全市场 2018 年年报股利支付率的中位数为 30.60%，均值为 43.07%，市场整体股利支付率为 34.74%，从股息率来看，全市场整体的股息率水平为 1.93%，估值水平为 14.94。因我国上市公司的股利支付率在整体上差异不大，主要集中在 20%～40% 的区间，上市公司的股息率则主要受到公司自身估值的影响。

上市公司分红与宏观经济发展和自身经营状况密切相关。上市公司所处经营环境的变化将直接影响其分红能力和分红意愿。在经济增速换挡，下行压力增加的宏观环境下，上市公司经营业绩将会出现分化，那些基本面优良、未来现金流量持续向好并契合经济结构转型发展的上市公司将会受到投资者的持续青睐。

资料来源：中证指数有限公司．A 股证券市场分红年度报告（2019）[EB/OL]．[2020-01-20]．http：//finance.sina.com.cn/money/fund/fundzmt/2020-01-20/doc-iihnzahk5301449.shtml.

（2）资本利得。投资者可以在股票交易市场上出售持有的股票，以收回投资或赚取盈利，也可以利用股票价格的波动低买高卖，赚取差价收益。股票买入价和卖出价之间的差额就是资本利得，或称资本损益。资本利得可正可负，当股票卖出价大于买入价时，资本利得为正，称为资本收益；当股票卖出价小于买入价时，资本利得为负，称为资本损失。资本损益主要取决于股份公司的经营业绩和股票市场的价格变化，同时与投资者的投资心态、投资经验、投资技巧也有很大关系。

（3）资本增值收益。股票投资获得资本增值收益的形式是送股，但送股的资金不是来自当年的可分配利润，而是公司提取的公积金，即公积金转增股本。公司提取的盈余公积有法定盈余公积和任意盈余公积。很多国家的《公司法》规定，法定盈余公积可以转化为资本，也可以用来弥补亏损，但不能作为红利分配。公司提取的任意盈余公积主要是为了应付今后的不时之需而准备的。资本增值收益是长期投资者选择优质公司股票后长期持有的主要投资目的。

2）股票投资收益率

股票投资收益通常用股票投资收益率表示，一般包括股利收益率、交易差价收益率、拆股后持有期收益率等。

（1）股利收益率。它又称获利率，是指股份公司以现金形式派发股利与股票市场价格的比率。该收益率可用于计算已得的股利收益率，也可用于预测未来的股利收益率。如果计算已得的股利收益率，则可用本期所得的年现金股利与股票买入价计算；如果预测未来的股利收益率，则可用上期实际派发的年现金股利与现行股票买入价计算。预测的股利收益率是投资者决定是否购买股票的最重要的指标。其计算公式如下：

$$股利收益率=\frac{D}{P_0}\times100\%$$

式中：D——现金股利；P_0——股票买入价格。

小实训5-1

某公司上一年现金股利为16元，该股票现行市价为160元。计算股利收益率。

提示：股利收益率=16÷160×100%=10%

（2）交易差价收益率。它又称持有期收益率，是指投资者持有股票期间的现金股利和买卖差价占股票买入价格的比率。股票虽没有到期日，但可以买卖转让，从而使股票在某个投资者手里的持有期可长可短。交易差价收益率就是反映投资者在一定持有期内的全部股利收入和资本利得占投资本金的比率。其计算公式如下：

$$交易差价收益率=\frac{D+(P_1-P_0)}{P_0}\times100\%$$

式中：D——现金股利；P_0——股票买入价格；P_1——股票卖出价格。

小实训5-2

某投资者以每股125元的价格购买某公司的股票，又以每股131元的价格卖出，在持有期间每股从公司获利14元。计算持有期交易差价收益率。

提示：$持有期交易差价收益率=\frac{14+(131-125)}{125}\times100\%=16\%$

小思考5-1

交易差价收益率在计算时需要注意哪些问题？

提示：交易差价收益率是投资者最关心的指标，但如果将它与债券收益率、银行利率等其他金融资产的收益率相比较，需注意时间的可比性，即要将交易差价收益率化为年率。另外，在计算过程中要注意时间的统一，交易差价应与年股利收益一致，统一为年。

（3）拆股后持有期收益率。投资者在买入股票后，有时会发生该股份公司进行股票分割（即拆股）的情况。由于股份公司拆股后，会出现股份增加和股价下降的情况，因此拆股后股票的价格必须调整，以计算拆股后持有期收益率。其计算公式如下：

$$拆股后持有期收益率=\frac{调整后的资本利得或损失+调整后的现金股利}{调整后的购买价格}\times100\%$$

小实训 5-3

投资者以20元/股的价格买入某公司的股票，持有一年后分得现金股利1.8元/股，之后，某公司以1∶2的比例拆股。拆股决定公布后，某公司股票的市价涨至22元/股，拆股后的市价为11元/股。若投资者此时以市价出售，计算拆股后持有期收益率。

提示：拆股后持有期收益率$=\frac{(11-10)+0.9}{10}\times100\%=19\%$

小思考 5-2

拆股后持有期收益率在计算时需要注意哪些问题？

提示：拆股是投资者在实际操作过程中经常遇到的，在计算拆股后持有期收益率时，同样需要注意时间的统一。调整后的资本利得或损失应与年现金股利一致，统一为年。

5.1.2 债券投资收益

债券投资收益是指投资人因持有债券而获得的报酬。债券投资收益包括债券投资收益的来源和债券投资收益率两项内容。

1）债券投资收益的来源

债券投资收益来自两个方面：一是债券的利息收益，这是债券发行时就决定的。除了保值贴补债券和浮动利率债券，债券的利息收益一般不变。二是资本利得，即因债券价格上涨而得到的资本收益或因债券价格下降而受到的资本损失。

（1）债券的利息收益。它取决于债券的票面利率和付息方式。债券的票面利率是债券票面载明的利率，是指一年的利息占票面金额的比率。债券票面利率的高低直接影响着债券发行人的筹资成本和投资者的投资收益。一般来说，债券的票面利率是由债券的期限、债券的信用级别、利息的支付方式以及投资者的接受程度等多方面因素决定的。通常，期限长的债券的票面利率相对高一些，期限短的债券的票面利率相对低一些；信用级别高的债券的票面利率相对低一些，信用级别低的债券的票面利率相对高一些；按单利计息的债券的票面利率应高于按复利计息的债券的票面利率。发行人在参照其他相似条件债券的利率水平后，在多数投资者能够接受的程度内，以最低的票面利率发行债券。

小知识 5-2　　债券的付息方式

债券的付息方式是指发行人在债券的有效期内，何时和分几次向债券持有者支付利息的方式。债券的利息支付一般分为一次性付息和分期付息两大类。

①一次性付息。它有三种形式：单利计息、复利计息和贴现方式计息。

单利计息又称利随本清，即到期还本时一次支付所有应付利息。单利计息债券计算方便，支付手续简单，收益水平明确，但较同等利率的复利债券的收益低。

复利计息即每年把投资本金所得到的利息收入加进投资本金内滚存计算。运用这种复利计息的债券，投资者的实际收益要高于同等利率的单利债券的收益。

贴现方式计息即投资者按票面金额和应收利息的差价购买债券，到期按票面金额收回本息。贴现方式计息通常是为了解决期限为一年以内的债券无法计算复利而采取的方式。运用贴现方式计息的债券，能使投资者得到高于同水平单利利率所表示的实际收益率，对投资者具有较大的吸引力。

②分期付息。分期付息是一种在债券到期以前按约定的日期分次按票面利率支付利息，到期再偿还债券本金的付息方式。它一般分为按年付息、半年付息和按季付息三种方式。对投资者来说，分期付息可获得利息再投资收益，或享有每年获得现金利息便于支配的流动性好处。

（2）资本利得。它是指债券买入价与卖出价或买入价与到期偿还额之间的差额。债券的资本利得可正可负：当卖出价或到期偿还额大于买入价时，资本利得为正，此时可称为资本收益；当卖出价或到期偿还额小于买入价时，资本利得为负，此时可称为资本损失。投资者可以在债券到期时，利用债券市场价格的变动将持有的债券低买高卖，从中取得资本收益；当然，也有可能遭受资本损失。

2）债券投资收益率

衡量债券投资收益率的指标有：名义收益率、即期收益率、持有期收益率、到期收益率和贴现债券收益率等。

（1）名义收益率。它又称票面收益率，是投资者按既定的债券票面利率每年所获得的利息收益与债券票面金额的比率。其计算公式如下：

$$Y_n = \frac{C}{V} \times 100\%$$

式中：Y_n——名义收益率或票面收益率；C——债券年利息收益；V——债券票面金额。

小实训5-4

某债券的票面金额为100元，按票面利率投资者每年可获得利息收益8元。计算该债券的名义收益率。

提示：持有期收益率=8÷100×100%=8%

名义收益率所考虑的债券收益只是债券的票面利息收益，而没有考虑买入价与票面金额不一致的情况和债券到期偿还时的资本损益。因此，债券的名义收益率一般不能反映债券的实际收益水平，名义收益率对投资者不一定有很大影响。但由于债券的名义收益率规定了债券发行人必须支付的利息额，反映了发行人的投资成本，因此名义收益率对债券发行人来讲具有重要意义。

（2）即期收益率。它又称直接收益率或当前收益率，是债券的年利息收益与买入债券的实际价格（投资本金）的比率。债券的买入价格可以是发行价格，也可以是流通市场的交易价格；它可能等于债券的票面金额，也可能高于或低于债券的票面金额。其计算公式如下：

$$Y_d = \frac{C}{P_0} \times 100\%$$

式中：Y_d——即期收益率；P_0——债券买入价格；C——债券年利息收益。

小实训 5-5

某债券的票面金额为1 000元，票面利率为10%，现以1 100元的发行价向社会公开发行。计算投资者可获得的即期收益率。

提示：$即期收益率 = \frac{1\ 000 \times 10\%}{1\ 100} \times 100\% \approx 9.1\%$

即期收益率反映了投资者的投资成本带来的收益。在“小实训5-5”中，由于买入价格大于债券的票面金额，因此即期收益率低于票面利率；反之，即期收益率则高于票面利率。

小知识 5-3　即期收益率与名义收益率比较

即期收益率与名义收益率相比，考虑到了买入价格与票面金额不一致的情况，以债券的投资本金，即债券的买入价格作为计算对象。因此，在买入价格与票面金额不等的情况下，即期收益率反映了投资者的实际收益水平。

即期收益率也有不足之处，它和名义收益率一样，没有考虑债券到期偿还时的资本损益，所以不能全面地反映投资者的实际收益。

（3）持有期收益率。它是指买入债券后持有一段时间，又在债券到期前将其出售而得到的收益率，它包括持有债券期间的利息收益和资本损益。其计算方法有以下几种：

①附息债券持有期收益率的计算。其计算公式如下：

$$Y_h = \frac{C + (P_1 - P_0)/n}{(P_1 + P_0)/2} \times 100\%$$

式中：Y_h——持有期收益率；C——债券年利息收益；P_0——债券买入价格；P_1——债券卖出价格；n——债券持有年限。

小实训 5-6

若投资者以105元的价格买入某种附息债券，2年后以115元的价格卖出，按票面利率计算的年利息收益为10元。计算该债券的持有期收益率。

提示：$持有期收益率 = \frac{10 + (115 - 105) \div 2}{(115 + 105) \div 2} \times 100\% \approx 13.64\%$

在实际使用中，附息债券持有期收益率常用下述公式计算，即分母直接表示投入的本金：

$$Y_h = \frac{C + (P_1 - P_0)/n}{P_0} \times 100\%$$

“小实训5-6”用此式计算，即：

$$Y_h = \frac{10 + (115 - 105) \div 2}{105} \times 100\% \approx 14.29\%$$

②一次性还本付息债券持有期收益率的计算。我国发行的债券多为到期一次还本付息债券，中途出售的卖价中包含了持有期的利息收益。其计算公式如下：

$$Y_h = \frac{(P_1 - P_0)/n}{P_0} \times 100\%$$

式中：Y_h——持有期收益率；P_0——债券买入价格；P_1——债券卖出价格；n——债

券持有年限。

（4）到期收益率。它又称最终收益率，是债券投资者从债券购买到最终偿还日期间，每年所获得的收益与债券购买价格的比率。到期收益率同样包括了利息收益和资本损益。其计算方法有以下几种：

①附息债券到期收益率的计算。其计算公式如下：

$$Y_m = \frac{C + (V - P_0)/n}{(V + P_0)/2} \times 100\%$$

式中：Y_m——到期收益率；C——债券年利息收益；V——债券偿还价格；P_0——债券买入价格；n——债券到期年限。

在实际使用中，附息债券到期收益率常用下述公式计算，即分母直接表示债券买入价格：

$$Y_m = \frac{C + (V - P_0)/n}{P_0} \times 100\%$$

小实训5-7

某投资者以95元的价格买入票面金额为100元的五年期附息债券，年利率为10%，持有至到期。计算该债券的到期收益率。

提示：到期收益率 $= \frac{100 \times 10\% + (100 - 95) \div 5}{95} \times 100\% \approx 11.58\%$

②一次性还本付息债券到期收益率的计算。其计算公式如下：

$$Y_m = \frac{[V \cdot (1 + i \cdot n_1) - P_0]/n_2}{P_0} \times 100\%$$

式中：Y_m——到期收益率；V——债券票面金额；P_0——债券买入价格；n_1——债券有效年限；n_2——债券持有年限；i——债券票面利率。

小实训5-8

某债券票面金额为100元，期限为3年，票面利率为12%，发行1年后，某投资者以110元买入持有至到期。计算该债券的到期收益率。

提示：到期收益率 $= \frac{[100 \times (1 + 12\% \times 3) - 110] \div 2}{110} \times 100\% \approx 11.82\%$

（5）贴现债券收益率。贴现债券又称贴水债券，是指以低于债券面值的价格发行，发行价与票面金额的差额相当于预先支付的利息，债券期满时按面值偿付的债券。

①贴现债券到期收益率。

当贴现债券发行时，只公布票面金额和贴现率，并不公布发行价格，所以要计算贴现债券到期收益率，必须先计算其发行价格。由于贴现率通常以年率表示，为了使计算方便，习惯上将年贴现率按360天计，在计算发行价格时还要将年贴现率换算成债券实际期限的贴现率。贴现债券发行价格的计算公式如下：

$$P_0 = V \cdot (1 - d \cdot n)$$

式中：P_0——债券发行价格；V——债券票面金额；d——年贴现率（按360天计）；n——债券有效期限。

将发行价格计算出来以后，方可计算其到期收益率。为了便于与其他债券比较，年收益率要按365天计。贴现债券到期收益率的计算公式如下：

$$Y_m=\frac{V-P_0}{P_0}\times\frac{365}{n}\times100\%$$

式中：Y_m——到期收益率；V——债券票面金额；P_0——债券发行价格；n——债券有效期限。

小实训 5-9

某贴现债券的面值为1 000元，有效期限为180天，以10%的贴现率公开发行。某投资者在发行时买入，持有至到期。计算该贴现债券的到期收益率。

提示：发行价格 $=1\,000\times\left(1-10\%\times\frac{180}{360}\right)=950$（元）

到期收益率 $=\frac{1\,000-950}{950}\times\frac{365}{180}\times100\%\approx10.67\%$

到期收益率高于贴现率是因为贴现额预先扣除，使投资者的实际成本小于债券的票面金额。

②贴现债券持有期收益率。

贴现债券也可在期限未满时中途出售。证券行情表每天公布各种未到期贴现债券二级市场的折扣率。投资者必须先计算出债券的卖出价格，再计算债券的持有期收益率。贴现债券卖出价格的计算公式如下：

$$P_1=V\cdot(1-d_1\cdot n_1)$$

式中：P_1——债券卖出价格；V——债券票面金额；d_1——折扣率；n_1——债券剩余年限。

贴现债券持有期收益率的计算公式如下：

$$Y_h=\frac{P_1-P_0}{P_0}\times\frac{365}{n}\times100\%$$

式中：Y_h——持有期收益率；P_1——债券卖出价格；P_0——债券买入价格；n——债券持有期限。

小实训 5-10

某贴现债券面值为1 000元，期限为180天，距到期日120天，以9%的折扣率在二级市场出售，买入价格为950元。计算该贴现债券的持有期收益率。

提示：卖出价格 $=1\,000\times\left(1-9\%\times\frac{120}{360}\right)=970$（元）

持有期收益率 $=\frac{970-950}{950}\times\frac{365}{60}\times100\%\approx12.81\%$

5.2 证券投资风险及其防范

5.2.1 证券投资风险及其类型

一般而言，风险是指造成投资者实际收益与预期收益背离的可能性。证券投资风险就是预期收益率与实际收益率之间的差异，也就是投资者在投资期内不能获得预期的收益或遭受损失的可能性。证券投资是一种高度复杂而又充满风险的投资活动，在证券投资活动中，投资者投入一定数量的本金，目的是希望得到预期收益，而投资行为是在当前，取得收益则在未来，在持有证券这段时间，会有很多因素导致预期收益减少甚至使本金遭受损失。可见，证券投资者必须面对证券投资的风险。从风险的性质来看，证券投资的风险可以分为两类：系统性风险和非系统性风险。

1）系统性风险

系统性风险又称市场风险，也称不可分散风险，它是指由于某种因素的变化对证券市场上所有证券都会带来损失的可能性。系统性风险的特征主要表现在以下几个方面：一是系统性风险是由共同因素引起的。例如，经济方面的利息率、汇率、消费者需求等，政治方面的战争冲突、政权更迭等，都属于会对投资者的收益产生影响的共同性因素。二是系统性风险影响所有证券的收益，只是不同证券受它影响的敏感程度不同。例如，原材料行业等受其影响较大，系统性风险较高。三是系统性风险不可能通过投资多样化来规避和消除。由于系统性风险是由经济、政治等因素带来的，它影响着大多数的个人、企业和产业，因此投资者无论如何分散投资，都不能消除这种风险。四是系统性风险与证券投资收益正相关。投资者承担较高的系统性风险，可以获得与之相适应的较高的投资收益。

系统性风险包括政策风险、经济周期波动风险、利率风险和购买力风险。

（1）政策风险。它是指政府有关证券市场的政策发生重大变化，或是有重要的举措、法规出台而引起的证券市场波动，从而给投资者带来的风险。政府应在充分考虑证券市场现状、整体经济的发展水平及政治形势等多方面的因素后，制定相应的政策和规划，如税收政策、管理条例、政府补贴及其他立法等。在政策和规划既定的前提条件下，政府还应运用法律手段、经济手段和必要的行政管理手段引导证券市场的健康、有序发展。我国的证券市场处于初级发展阶段，还存在着对证券市场发展规律的认识不足、法规体系不健全、管理手段不充分等问题，在某些特殊情况下，政府需要出台一些扶持或抑制市场发展的政策，制定出新的法规或交易规则，从而改变市场原先的运行轨迹。由于证券市场政策是政府指导、管理整个证券市场的手段，一旦出现政策风险，几乎所有的证券都会受到影响。

拓展阅读5-2　　严监管导致电子烟行业龙头股受挫

电子烟行业将告别野蛮生长，或参照卷烟规定执行。受电子烟即将迎来严监管影响，电子烟板块大跌。

据统计，截至2021年3月23日收盘，A股电子烟概念指数收跌3.45%。A股电子烟概念股亿纬锂能大跌15.85%，电子烟尼古丁提供商金城医药跌逾12.4%。港股上市的思摩尔国际也大跌27.22%。

3月22日，工信部网站显示，工信部、国家烟草专卖局研究起草了《关于修改〈中华人民共和国烟草专卖法实施条例〉的决定（征求意见稿）》（简称《实施条例》）。根据征求意见稿，电子烟等新型烟草制品参照《实施条例》中关于卷烟的有关规定执行。受此消息影响，当地时间3月22日，美股电子烟龙头雾芯科技股价大跌，截至收盘报10.15美元，跌幅47.84%。较3月19日（上周五）收盘价19.46美元，该股市值蒸发144.58亿美元。3月23日，国内资本市场电子烟板块同样受到影响。A股上市公司爱施德全天一字跌停，亿纬锂能也大幅低开并以下跌15.85%收盘，总市值为1 315亿元。集友股份、东风股份、华宝股份等冲高回落，其中华宝股份一度大涨15%，随后震荡回落，截至收盘涨幅收窄至4.75%。港股烟草龙头思摩尔国际开盘跌逾14%，最终以48.00港元收盘，跌幅27.22%。

3月23日晚间，思摩尔国际公告称，公司股份在香港联交所之股价及成交量近期出现不寻常波动，公司无法核实或了解监管当局在烟草专卖方面之任何立法计划或执行政策详情，将会监察有关情况及其对公司旗下内地业务之潜在影响。

亿纬锂能参股了电子烟生产制造龙头企业思摩尔国际。公司目前持有思摩尔国际的股份占思摩尔国际已发行股本的比例约为32.44%。3月23日，雾芯科技旗下电子烟品牌悦刻代理商爱施德跌停。

资料来源：倪明. 严监管将至 电子烟行业龙头股受挫［EB/OL］.［2021-03-24］. http：//finance.eastmoney.com/a/202103241857590084.html.

（2）经济周期波动风险。它是指证券市场行情随经济周期变动而引起的风险。这种行情变动不是指证券价格的日常波动和中级波动，而是指证券行情长期趋势的改变。

证券行情变动受多种因素的影响，但决定性的因素是经济周期变动。经济周期变动是国民经济活动依次经过高涨、衰退、萧条和复苏四个阶段所形成的。它决定了公司的效益，因此从根本上决定了证券行情。证券行情随经济周期的循环而起伏变化，总的趋势可分为看涨市场（多头市场）和看跌市场（空头市场）两大类型。证券价格指数呈现出持续上升的趋势就是看涨市场，呈现出持续下跌的趋势就是看跌市场。看涨市场从萧条开始，经复苏到高涨；而看跌市场则从高涨开始，经衰退到萧条。在看涨市场中，证券并非直线上升，而是大涨小跌，不断出现盘整和回档行情；在看跌市场中，证券也非直线下降，而是小涨大跌，不断出现反弹行情。但在这两大变动趋势中，一个重要的特征是：在整个看涨市场中，几乎所有证券的价格都会上涨；在整个看跌市场中，几乎所有证券的价格都不可避免会有所下跌，只是涨跌的程度不同而已。

拓展阅读5-3　当前中国经济周期最大的特点就是“没有周期”

2012年以后的中国经济，一方面，是经济总量增速的不断下降，不考虑2020年疫情的影响，实际GDP增速从2012年一季度的8.1%下降到了2019年四季度的6.0%。另一方面，是中国经济结构的不断转型。从生产的角度看，2012年中国的国内生产总值中第三产业占比首次超过第二产业，当年第三产业占GDP比重达到45.5%，高于第二产业的45%；从需求的角度看，投资对GDP的拉动作用在减小，消费的拉动在增大。

除此之外，中国经济运行的一大特点，就是宏观经济的波动大幅降低，按我们之前一直的说法，就是“L”型、“稳”。从数据上可以很明显地看出来，2012年以后我国实际GDP的走势曲线越来越平滑、斜率越来越平坦。GDP基本上没有波动地每年小幅下滑。

非但是GDP，其他宏观经济指标也是面临同样的情况，M2、工业增加值、固定资产投资、社会消费品零售总额等，这些主要宏观经济指标的波动性都在大幅下降。特别是以往宏观研究分析中使用最多的工业增加值同比增速，2015年以后静如止水几乎就是一条直线，毫无波动，使得研究分析该指标的使用价值大幅下降。

资料来源：逯文云．当前中国经济周期最大的特点就是“没有周期”[EB/OL]．[2020-06-23]．http：//news.shdjt.com/gpnews.asp？newsid=002736-20200623150200-doc-iirczymk8557796.

（3）利率风险。它是指市场利率变动引起证券投资收益变动的可能性。市场利率的变动会引起证券价格的变动，并进一步影响证券收益的确定性，从而给投资者带来风险。一般而言，当市场利率下降时，人们会把资金转向证券市场，证券价格会有一定幅度的上涨，投资者的利率风险较小；当市场利率上升时，证券市场的资金供给量缩减，证券价格下跌，投资者的利率风险较大。利率变动对普通股的影响表现在：当利率上升时，市场货币量减少，投资者可用资本量下降，其风险规避动机随之增强，因此，对于风险较大的普通股，由于出价很低，股价下降幅度将更大。

利率变动对债券的影响表现在：当利率上升时，市场货币量减少，投资者风险回避动机增强，由于债券的利率是固定的，要使持有的债券对新的投资人具有吸引力，就必须降低债券价格，从而使新的投资人由于债券利率低于市场利率而遭受的损失在价格上得到补偿。另外，利率对偿还期不同的债券的影响是不同的，对长期债券的影响要大于对短期债券的影响。当利率下降时，由于市场货币量增加，投资者规避风险倾向减弱，更愿意购买利率较高的长期债券，因此，长期债券将比短期债券获得较高收益；反之，当利率上升时，由于市场货币量减少使投资者更加回避风险，购买债券时倾向于风险较小的短期债券，因此，长期债券价格的下降幅度大于短期债券价格的下降幅度，购买长期债券遭受的损失也大于短期债券。此外，市场利率水平的提高会使借款公司的成本提高，从而影响到公司的净利润，导致证券价格下跌。

拓展阅读5-4　识别利率风险

从表面上看，利率受基准利率的影响。而基准利率通常由国家的中央银行控制，在中国，由中国人民银行管理。从这里看，似乎利率是个变化无常的家伙，它受着人为的操控。但是，中央银行对于利率的控制也并不是随心所欲，原因是它们将利率作为宏观经济调控的重要工具之一。

从这个角度来看，利率的调节也是有迹可循的。当经济过热、通货膨胀率上升时，它们便会提高利率、收紧信贷；当过热的经济和通货膨胀率得到控制时，它们便会把利率适当地调低。

利率的定义决定了影响利率的变动因素有：货币供应量、中央银行再贷款利率和存款准备金率等。因此，识别利率的风险的过程就要从这点突破。一个投资者应该时刻关注国家的宏观政策，应该对于国家的宏观经济政策时刻保持警惕，随时作出应对措施。而识别利率风险的最高境界是时刻关注国家的经济发展状况，利用“当经济过热、通货膨胀率上升时，便提高利率、收紧信贷；当过热的经济和通货膨胀率得到控制时，便会把利率适当地调低”这一简单易于理解的道理，从而对于利率的变化有个自己的判断。

如果不能达到这个程度，当发现经济环境发生剧烈变化时，虽然不能判断其变化的趋势，但已经识别出了利率的风险，就需要采取一定的措施，应对利率的变化。

资料来源：唐艳．利率对股市有影响吗？利率风险定义及其对股票市场的影响[EB/OL]．[2020-02-24]．https：//www.beicaiw.com/gupiaozhishi/3138.html.

小实训 5-11 债券投资的利率风险

我们在进行证券投资时，都会面临着较大的利率风险。利率风险就是指由于市场利率的变动而导致证券价格的变化，从而给证券投资者带来损失的风险。不同的证券受利率风险的影响不同。其中，固定收益证券，特别是债券，受利率风险的影响最大。利率提高，债券的价格相应下跌。假设有一债券，其票面金额为100元，票面利率为6%，期限为5年，每年付息一次。当债券发行时，如果市场利率也为6%，则此债券将会按票面金额平价发行。一年以后，由于市场前景看好，资金供不应求，市场利率上升到7%，从理论上来说，债券价格将会下降。

问题：

1. 请计算利率上升以后上述债券的价格变化。

2. 如果这时你正在进行证券投资的话，你将如何防范利率风险？

资料来源：佚名. 证券投资的风险案例［EB/OL］.［2020-09-10］. https://max.book118.com/html/2020/0909/5131303300002342.shtm.

提示：

1. 当市场利率为6%时，债券价格为：P=6×（P/A，6%，5）+100×（P/F，6%，5）

当市场利率为7%时，债券价格为：P=6×（P/A，7%，5）+100×（P/F，7%，5）

2. 应采取的防范措施是：分散债券的期限，长短期配合。若利率上升，短期投资就可以迅速找到高收益投资机会；若利率下降，长期债券就能保持高收益。总之，一句老话：不要把所有的鸡蛋放在同一个篮子里。

小思考 5-3

市场利率风险对证券的影响是怎样的？

提示：市场利率风险对债券等固定收益证券的影响较大，对优先股股票和普通股股票的影响依次减小；对长期证券的影响较大，对短期证券的影响较小。减小利率风险影响的办法是，投资者在预见利率将要提高时，应减少对固定利率债券，特别是长期债券的持有。

（4）购买力风险。购买力风险又称通货膨胀风险，是指由于物价上涨或通货膨胀而引起投资者实际收益下降和本金的购买力损失的可能性。在通货膨胀的条件下，物价普遍上涨，社会经济运行秩序混乱，企业生产经营的外部条件恶化，证券市场也难免身受其害。所以，购买力风险是难以规避的。在通货膨胀的条件下，随着商品价格的上涨，证券市场的价格也会上涨，投资者的货币收入有所增加，但由于货币贬值，实际购买力水平下降，投资者的实际收益非但没有提高，反而有所下降，投资者要通过计算实际收益率来分析购买力风险。实际收益率的计算公式如下：

实际收益率=名义收益率-通货膨胀率

小思考 5-4

1. 购买力风险是一种系统风险，不能通过构造投资组合进行分散。你认为应如何防范购买力风险？

2. 一般说来，购买力风险对不同投资品种的影响是不相同的。请讨论：当通货膨胀率上升时，其对普通股、优先股、债券和不动产的影响。如果你要在通货膨胀率水平比较高的情况下进行投资，你会如何选择投资的品种？

3. 正确地预测通货膨胀率水平也是防范购买力风险的一个非常重要的方法。你认为影响一个国家通货膨胀率水平的因素有哪些？我们可以通过哪些方法来对一个国家通货膨胀率的变化趋势进行预测？

小实训 5-12

某投资者购买了一张年利率为 10% 的债券，名义收益率为 10%，分别计算当年通货膨胀率为 5%、10%、超过 10% 时投资者的实际收益率。

提示：当年通货膨胀率为 5% 时，投资者的实际收益率为 5%；当年通货膨胀率为 10% 时，投资者的实际收益率为 0；当年通货膨胀率超过 10% 时，投资者非但没有收益，反而有所亏损。

小思考 5-5

为什么说购买力风险对不同证券的影响是不同的？

提示：购买力风险对不同证券的影响是不同的，对固定收益证券，如优先股、债券的影响较明显。因为它们的名义收益率是固定的，当通货膨胀率提高时，实际收益率会明显下降，因此固定收益证券的购买力风险较大。同样是债券，长期债券比短期债券的购买力风险大，浮动利率债券和保值贴补债券的购买力风险较小。

对普通股来说，当发生温和的通货膨胀时，购买力风险相对较小。股票代表投资者拥有公司财产的权利，其名义收益率是可变的，当发生一般通货膨胀时，通常能增加公司的利润，存货、机器设备等其他固定资产均随物价上涨而增值，因此名义收益率也会随之上升，从而在某种程度上减轻通货膨胀带来的损失。当出现恶性通货膨胀时，各种商品价格轮番上涨，社会经济秩序紊乱，企业承受能力下降，盈利的股利难以增加，股价即使上涨也难赶上物价上涨，这时，普通股也难以抵御购买力下降的风险。

2）非系统性风险

非系统性风险又称非市场风险，也称可分散风险，它是指某些因素对单个证券造成损失的可能性，强调的是对某一证券的影响。非系统性风险的特征主要表现在以下几个方面：一是非系统性风险是由特殊因素所引起的，如管理能力、劳工问题、消费者偏好等。二是非系统性风险只影响某种证券的收益，它是某一企业或某一行业特有的那部分风险。生产非耐用消费品的行业，如公用事业、通信行业和食品行业等，都具有较高的非系统性风险。三是非系统性风险可通过投资多样化消除或规避。由于非系统性风险是由企业和产业的管理能力、技术水平等可控因素带来的，它只影响着少数的个人、企业和产业，因此投资者可以通过投资多样化分散风险，并对这种风险进行有效防范。四是非系统性风险与证券投资收益不相关。投资者承担较高的非系统性风险，但并不能得到收益的补偿。

非系统性风险包括公司经营风险、财务风险、违约风险和投资者自身风险。

（1）公司经营风险。它是指由于公司经营状况变化而导致盈利水平改变，从而产生投资预期收益下降的可能性。公司经营风险可分为内部经营风险和外部经营风险两个方面。

内部经营风险是指由于公司决策发生了失误或经营管理不善及资本结构变化而给公司的盈利带来波动的可能性，其主要表现在以下几个方面：①决策失误风险，即由于公司未对投资项目进行可行性论证，草率上马，而导致项目投资决策失误。②不注意技术更新，产品不能及时更新换代，缺乏竞争能力。③销售决策失误，没有花大力气打开新市场，过分依靠少数大客户、老客户，产品销售困难，销量下降，进而导致公司收益下降，股价下跌，影响了投资者的收益。④管理者因循守旧，不思进取，对可能出现的天灾人祸没有采取必要的防范措施；同时，由于公司管理不善，组织与运筹失当，考核与控制制度不健全，造成公司人浮于事，制造成本和管理费用偏高，产品质量下降，进而影响了公司的收益，导致股价下跌。

外部经营风险是指由于公司外部因素的变化而引起损失的可能性。例如，由于竞争对手的条件发生变化，如新工艺技术的应用，将使老工艺失去市场，从而导致公司在竞争中处于劣势，盈利下降；或者是由于政府产业政策的调整，如税收、关税保护、政府补贴等的变化，从而导致公司盈利产生波动。

小实训 5-13　　股票投资的经营风险

在资本市场，小鹏汽车股票被悲观情绪所笼罩。由于中概股整体低迷，蔚来汽车股价刷新了52周以来的最低纪录，而小鹏汽车股票也已连跌了三个月，哪怕小鹏汽车两月蝉联中国造车新势力销量冠军，也没有阻止投资者用脚投票。眼下，暂时没有看到小鹏汽车股价止跌的迹象。不过，被誉为女版巴菲特的“木头姐”（Catherine Wood，译名为凯瑟琳·伍德），却逆势买入小鹏汽车的股票，而反手减持特斯拉股票。

“木头姐”，那可是华尔街叱咤风云的大人物。其2014年成立了方舟基金（ARK Investment Management），2016年，“木头姐”开始关注特斯拉股票，加码之下成为方舟基金的第一大重仓股，哪怕是2018年特斯拉最危急的时刻也不离不弃。2020年，特斯拉股价一飞冲天，再叠加后疫情时代Square、ZOOM、Shopify、Zillow等需求迸发，方舟基金一跃成为华尔街被看好的基金之一。

“木头姐”管理的8只基金，2021年以来有6只下跌，跌幅多在10%以上，仅有2只上涨，且涨幅均未超过10%，而同期道·琼斯指数上涨了17.39%、纳斯达克指数上涨了20.77%、标准普尔500指数上涨了25.39%。某私募投资部经理告诉锌刻度：“‘木头姐’抄底小鹏汽车股票，只不过是其投资风格的延续，问题是市场并不是只有一种风格，当风格漂移时，之前盈利的策略就可能不香了，因此不能简单推断出小鹏汽车股价未来会复制特斯拉股价的走势，这两者之间没有因果关系。”

资料来源：陈邓新.“女版巴菲特”下注千万美元，小鹏汽车跌势仍难止？[EB/OL].[2021-12-20]. https://finance.sina.com.cn/tech/csj/2021-12-20/doc-ikyamrmz0152599.shtml.

提示：在购买股票前，要认真分析有关投资对象，即某企业或公司的财务报告，研究其现在的经营情况、在竞争中的地位和以往的盈利情况及发展趋势。应该将能保持收益持续增长、发展计划切实可行的企业当作股票投资对象，而和那些经营状况不良的企业或公司保持一定的距离，以此较好地防范经营风险。如果能深入分析有关企业或公司的经营资料，并不为表面现象所动，看出它的破绽和隐患，并做出冷静的判断，则可更好地规避投资风险。

（2）财务风险。它是指由于公司财务结构不合理、融资不当而导致投资者预期收益下降的风险。财务结构即公司总资本中负债与股本（权益）之比，它决定了公司财务风险的大小。因为负债（包括银行贷款、发行企业债券、商业信用）的利息负担是一定的，如果公司资金总量中债务的比重过大，或是公司的资金利润率低于利息率，就会使公司股东的可分配利润减少，股息下降，财务风险增加。

例如，当公司的资金利润率为10%，公司向银行贷款的利率或发行债券的票面利率为8%时，普通股股东的权益将高于资金利润率；当公司的资金利润率低于8%时，公司必须按8%的利率支付贷款或债券利息，此时普通股股东的权益将低于资金利润率。

可见，在公司财务结构中，如果债务资金比重较小，则偿债能力强，财务风险就小；如果债务资金比重大，则偿债能力弱，财务风险就大。

（3）违约风险。违约风险是指由于证券发行主体不能按约定的条件向投资者提供回报而给投资者带来损失的可能性。当公司现金周转不灵，财务出现危机时，证券发行人就不能支付债券利息、优先股股息，或者偿还本金，即使是延期支付，也会影响投资者的利益，使投资者失去再投资和获利的机会。违约风险主要受证券发行人的经营能力、盈利水平、事业稳定程度及规模大小等因素的影响。

小知识5-4

在信用管理中，为避免信用风险，应遵循以下原则：①对称原则。金融机构的资产与负债的偿还期应保持高度的对称关系，无论资产还是负债都要有适当的期限。资产的分配和期限的长短要根据资金来源的期限或流转速度来确定。②资产分散原则。当金融机构将资金投资于证券或放款时，应注意选择多种类型的证券和放款，尽量避免将资金集中于某种证券或某种放款。如在证券市场购买不同产业、不同期限的证券，对大型项目组织银团贷款等。③信用保证原则。在授信时，要求受信人以相应的有价证券或实物资产作为抵押或者由第三者承诺在受信人不能清偿债务时承担履约的责任。

小实训5-14　股票投资的信用风险

提到信用风险，人们自然会联想到债券投资，即债券发行人在债券到期时无法还本付息而使投资者遭受损失的风险。但是，投资者投资股票同样也要防范公司的信用风险，如果公司不能按时偿还债务，就有面临被债权人申请破产清算的风险，这自然会影响到公司的股票价格走势，使投资者遭受损失。

以在香港上市的东北电A为例，我们就可以看出信用风险对股票投资的重要影响。2001年6月1日，东北电A接到中国香港高等法院送达的中芝兴业财务公司牵头的银团方诉该公司逾期借款纠纷案的起诉状，要求公司归还借款本金4 000万美元、利息约163万美元，折合人民币约3.4亿元。10月29日，中国香港高等法院做出判决，批准了以中芝兴业牵头的银团为原告方要求执行简易程序判决的申请，要求东北电A公司归还借款本金4 000万美元、利息308万美元，并由公司承担诉讼费用。

为有效解决偿还4 000万美元银团方贷款的问题，公司拟向中芝兴业等银团方明确提出偿还40%本金的还债方案，但银团方拒绝了该债务重组的方案。2001年12月29日，公司又接到了香港高等法院送达的银团方提出清盘申请的起诉状，东北电A的股价应声大幅下跌。

讨论：

在股票投资时，投资者也面临着较大的信用风险，请问你在进行股票投资时会采取什么样的措施去避免或防范信用风险？

资料来源：作者根据相关资料整理所得。

提示：信用风险分为本金风险和重置成本风险两类。本金风险是先行交付而对方不予履行交收义务所形成的全部资产损失，重置成本风险是交易与结算的时间差形成的价格波动风险。在选择股票时，为避免供应链金融的信用基础出现问题，一定要慎重选择核心企业，尽量选择那些规模大、运转良好、有雄厚的资金和良好信誉的大型企业，从而保证整个供应链金融的健康持续发展。

债券、优先股、普通股都可能有信用风险，但程度不同。债券与优先股有缓付、少付甚至不付的信用风险，投资者在投资时要参考证券信用评级的结果。信用级别越高的证券，信用风险越小；信用级别越低的证券，违约的可能性越大。普通股股票股利不固定，但仍有信用风险。如果公司不能偿还债务，会立即影响股票的市场价格；当公司破产时，该公司的股票价格会接近于零，此时更无信用可言。

小思考 5-6

违约与破产有何不同？

提示：违约与破产不同，违约通常导致证券价格下降；而破产时，证券价格下降甚至为零。当发生违约时，债务人可通过努力，取得债权人对债务的延期与和解，使债务人得以继续经营；而破产是在特殊法律程序下，对公司进行正式清算，使债权人的债权完全解除的方法。

（4）投资者自身风险。它是指证券投资者因其错误的投资决策和行为而使其蒙受损失的风险。市场风险、经营风险、购买力风险对投资者来说是客观因素风险，是来自外部的风险；而投资者自身风险则是主观行为因素造成的风险。

投资者本身的错误决策或投资行为，如错误判断股票的质量和投资收益率、盲目地跟风进行买卖交易活动、错误判断股票交易的最佳时机、缺乏智慧的投资决策和投资技巧、缺乏自我制衡的投资心理和自我约束的行为等，都会使客观存在的风险变成事实，对自身造成重大的经济损失。

3）证券投资的收益与风险的关系

（1）收益与风险不可分割。投资者投资证券的直接目的在于获取收益，因而投资决策的目标是使收益最大化。但由于收益与投资之间存在时间上的滞后，而这种滞后会导致收益受许多未来不确定因素的影响，从而使得收益成为一个未知量。投资者在进行投资决策时，只能根据经验和所掌握的资料对未来形势进行判断和预测，形成对收益的估计（预期），未来收益的实现将受不确定因素的影响而偏离预期，这种偏离将导致投资者可能得不到预期收益甚至亏损，这便是投资者的风险。可见，证券投资者要想获得一定的收益就必须承担一定的风险。风险与收益同在，收益是风险的补偿，风险是收益的代价，二者在证券投资中总是形影相随、无法分离的。

（2）收益与风险成正比。收益与风险是相对称的。一般情况下，风险大则收益大，风险小则收益小，无风险则无收益。当风险不发生时，高风险肯定带来高收益；当风险发生后，高风险则意味着高损失。风险与收益呈正相关关系，其原因在于：一般投资者总是力求避免风险。由于大家都不愿意投资高风险的证券，因此高风险的证券就必须提供较高的收益报酬，这样才能诱使投资者购买。

大致来讲，普通股的风险最大，优先股次之，公司债券再次之，政府公债的风险最小。也就是说，对于投资收益和风险，普通股>优先股>公司债券>政府公债。各种证券收益与风险的关系如图5-1所示。

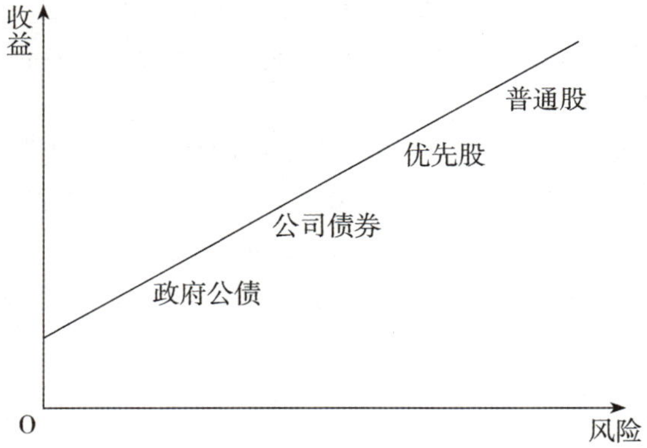

图5-1　各种证券收益与风险的关系

5.2.2　证券投资风险的衡量

掌握风险衡量的方法可以使投资者准确计算收益和本金遭受损失的可能性，选择符合自己风险承受能力的投资对象。证券投资风险的衡量方法常见的有以下几种：

1）差价率法

差价率法是指通过计算，分析不同股票历史上各时期价格波动的相差幅度，以此来判断各公司股票投资风险大小的方法。差价率的计算公式如下：

$$\text{差价率}=\frac{\text{某股票当期最高价}-\text{某股票当期最低价}}{(\text{当期最高价}+\text{当期最低价})/2}\times 100\%$$

计算期间可以是一周、一日、一季或一年等。差价率越高，说明该股票的价格波动幅度越大，投资风险越大；反之，则说明该股票价格比较平稳，波动不大，风险较小。

2）本益比（PER）法

本益比又称市盈率，是指某种股票每股市价与每股年盈利的比率。其计算公式如下：

本益比（PER）=每股市价÷每股年盈利

本益比法以企业收益作为衡量股票投资价值的尺度，投资者可以据此考察投资价值的变动情况和风险程度。一般来说，该指标值越大，表明风险越大，投资价值越低；反之，则风险越小，投资价值越大。

拓展阅读5-5　市盈率是什么意思？静态市盈率和动态市盈率的区别是什么？

市盈率分为静态市盈率与动态市盈率。市场广泛谈及的市盈率通常指的是静态市盈率，这给投资人的决策带来了许多盲点和误区，所以更应关注与研究动态市盈率，毕竟过去的并不能充分说明未来，而投资股票关注未来更重要！动态市盈率的计算公式是以静态市盈率为基数，乘以动态系数。该系数为1÷（1+i），其中i为企业每股收益的增长性比率，n为企业可持续发展的存续期。

一般来说：

市盈率<0：即该公司盈利为负（因盈利为负，计算市盈率没有意义，所以一般软件显示为“–”）；

市盈率在0～13倍：即价值被低估；

市盈率在14～20倍：即正常水平；

市盈率在21～28倍：即价值被高估；

市盈率超过28倍：反映股市出现投机性泡沫。

用市盈率指标来衡量股市平均价格是否合理具有以下不足之处：

（1）计算方法本身的缺陷。成分指数样本股的选择具有随意性。各国各市场计算的平均市盈率与其选取的样本股有关，样本调整一下，平均市盈率也跟着变动。即使是综合指数，也存在亏损股与微利股对市盈率的影响不连续的问题。举个例子，2001年12月31日上证A股的市盈率是37.59倍，如果中石化2000年度不是盈利161.54亿元，而是0.01元，上证A股的市盈率将上升为48.53倍。更有讽刺意味的是，如果中石化亏损，它将在计算市盈率时被剔除出去，上证A股的市盈率反而升为43.31倍，真所谓“越是亏损，市盈率越高”。

（2）市盈率指标很不稳定。随着经济的周期性波动，上市公司每股收益会大起大落，这样算出的平均市盈率也大起大落，以此来调控股市，必然会带来股市的震荡。1932年美国股市最低迷的时候，市盈率却高达100多倍，如果据此来挤出股市泡沫，那是非常荒唐和危险的，事实上当年是美国历史上百年难遇的最佳入市时机。

（3）每股收益只是股票投资价值的一个影响因素。投资者选择股票，不一定要看市盈率，很难根据市盈率进行套利，也很难根据市盈率说某某股票有投资价值或没有投资价值。令人费解的是，市盈率对个股价值的解释力如此之差，却被用作衡量股票市场是否有投资价值的最主要的依据。实际上，股票的价值或价格是由众多因素决定的，用市盈率一个指标来评判股票价格过高或过低是很不科学的。

资料来源：佚名. 市盈率是什么意思？静态市盈率和动态市盈率的区别是什么？[EB/OL]. [2020-09-12]. https://baijiahao.baidu.com/s?id=1677613643377498115&wfr=spider&for=pc.

3）标准差法

标准差法是把某种证券（主要是股票）的过去收益平均后，与预期收益相比较，计算出偏差幅度的方法。此偏差度也称风险度，用符号“σ”表示。该指标数值越大，说明证券偏离幅度越大，风险越大；反之，则风险越小。标准差法主要用来衡量个别证券投资风险的大小。标准差法的计算步骤如下：

第一，选择几个发行公司作为风险分析的对象，并根据历史资料测算出这些公司不同经济状态的发生概率及其相应的收益率。

第二，根据已测定的概率分布及相应的收益率，分别计算各公司的期望收益率。其计算公式如下：

$$\overline{K}=\sum_{i=1}^{n}p_i\cdot k_i$$

式中：$\overline{K}$——期望收益率；p_i——各种经济状态发生的概率；k_i——各种经济状态的收益率；n——经济状态的种类数。

第三，计算出各公司期望收益率的方差，其计算公式如下：

$$\sigma^2=\sum_{i=1}^{n}\left(k_i-\overline{K}\right)^2\cdot p_i$$

式中：σ^2——期望收益率的方差；$\overline{K}$——期望收益率；p_i——各种经济状态的发生概率；k_i——各种经济状态的收益率；n——经济状态的种类数。

第四，对各公司期望收益率的方差开平方，即可得到期望收益率的标准差。其计算公式如下：

$$\sigma=\sqrt{\sum_{i=1}^{n}\left(k_i-\overline{K}\right)^2\cdot p_i}$$

式中：σ——期望收益率的标准差；$\overline{K}$——期望收益率；p_i——各种经济状态的发生概率；k_i——各种经济状态的收益率；n——经济状态的种类数。

小实训 5-15

假设有甲、乙两家公司，其不同经济状态的收益率及相应经济状态的发生概率见表 5-1。试用标准差法衡量甲、乙两家公司的证券投资风险。

表 5-1　甲、乙两家公司不同经济状态的收益率及相应经济状态发生的概率

经济状态	各种经济状态的发生概率	甲公司的收益率 k_i（%）	乙公司的收益率 k_i（%）
繁荣	0.3	100	20
一般	0.4	15	15
衰退	0.3	-70	10

提示：根据表 5-1 提供的资料，计算步骤如下：

第一步：计算甲、乙两家公司的期望收益率。

$\overline{K}_{甲}$=0.3×100%+0.4×15%+0.3×（-70%）=15%

$\overline{K}_{乙}$=0.3×20%+0.4×15%+0.3×10%=15%

第二步：计算甲、乙两家公司期望收益率的方差。

$\sigma^2_{甲}$=（100%-15%）^{2}×0.3+（15%-15%）^{2}×0.4+（-70%-15%）^{2}×0.3=43.35%

$\sigma^2_{乙}$=（20%-15%）^{2}×0.3+（15%-15%）^{2}×0.4+（10%-15%）^{2}×0.3=0.15%

第三步：计算甲、乙两家公司期望收益率的标准差。

$\sigma_{甲}=\sqrt{43.35\%}\approx65.84\%$

$\sigma_{乙}=\sqrt{0.15\%}\approx3.87\%$

通过以上计算可以看出：甲公司的标准差比乙公司的标准差大，这说明甲公司股价波动较大，投资风险较大，乙公司的股价波动较小，投资较安全。

4）贝塔（β）系数法

贝塔（β）系数是用来衡量一种证券的收益随整个证券市场收益变化程度的指标。贝塔（β）系数法主要用于测量系统性风险。其计算公式如下：

$$\beta=\frac{\text{某种证券的预期报酬}-\text{该预期报酬中的非风险部分}}{\text{整个证券市场所有证券组合的预期报酬}-\text{该预期报酬中的非风险部分}}$$

如果$\beta=1$，则说明该种证券的风险与整个证券市场所有证券组合的风险一致；如果$\beta>1$，则说明该种证券的风险比整个证券市场所有证券组合的风险大；如果$\beta<1$，则说明该种证券的风险比整个证券市场所有证券组合的风险小；如果$\beta=1$，则说明该种证券是一种无风险的证券。

小知识 5-5　CAPM（资本资产定价模型）

当资本市场达到均衡时，风险的边际价格是不变的，任何改变市场组合的投资所带来的边际效果是相同的，即增加一个单位的风险所得到的补偿是相同的。按照β的定义，代入均衡的资本市场条件下，得到资本资产定价模型：

$E(R_i)=R_f+\beta_i\times(E(R_m)-R_f)$

其中：$E(R_i)$是资产i的预期回报率；R_f是无风险回报率；β_i是资产i的系统性风险校正系数；$E(R_m)$是市场m的预期市场回报率；$E(R_m)-R_f$是市场风险溢价（Market Risk Premium），即预期市场回报率与无风险回报率之差。

资本资产定价模型的说明如下：①单个证券的期望收益率由两个部分组成，无风险利率以及对所承担风险的补偿——风险溢价。②风险溢价的大小取决于β值的大小。β值越大，表明单个证券的风险越高，所得到的补偿也就越高。③β度量的是单个证券的系统风险，非系统性风险没有风险补偿。

资料来源：佚名．资本资产定价模型［EB/OL］．［2020-08-10］．https://wenku.baidu.com/view/064cd16dce7931b765ce0508763231126edb77e0.html.

5.2.3　证券投资风险的防范

投资者应十分重视证券市场的风险，对待风险要有一个正确的态度，必须树立较强的风险意识，积极防范和化解风险，力求实现以较小的风险获得更大的收益。

1）系统性风险的防范

从全社会的角度来说，要防范系统性风险，必须规范证券市场并保持政府部门政策的连续性。一方面，要规范证券市场，因为不规范的证券市场缺乏统一性、连续性和明确性的政策法规，加上发行市场与交易市场技术操作水平和装备水平不成熟，许多操作上的规定常常会发生变化，从而给投机者可乘之机，所以在发行方式、交易方式、效率、公平度等方面难免有损于投资者的利益；另一方面，要保持政府部门政策上的连续性，政策的连续性是政府取信于民的关键，没有连续稳定的政策，投资者对政府部门的政策就摸不清头绪，从而无法测算资金的安全程度。此外，政府在制定与发布政策信息时，要把握政策的力度，政策的公开程度及透明度要高，以避免短期内出现高度的剧烈震荡而给投资者造成损失。

拓展阅读 5-6　投资者积极防范系统性风险

2020年新冠肺炎疫情在全球暴发，对资本市场而言就是系统性风险。全球股市暴跌，在美股市场上甚至出现股票、债券、美元、天然气、石油、黄金等大宗商品同时被抛售，相当于所有装鸡蛋的篮子同时被摔碎了，对冲功能失效，因此导致了美股反复熔断的暴跌场面。

虽然系统性风险躲不过，但是投资者还是可以用适当的对策进行应对：

1.提高对系统风险的警惕。无论在市场的哪个阶段，投资者都应该提高对系统性风险的警惕，做好准备。尤其是在牛市的时候，投资者往往会被市场上看多的声音所蒙蔽而忽略了系统性风险的存在。

2.按照自己的风险承受范围，根据市场变化调整资金投入比例。比如，指数基金配合定投的组合就可以起到降低系统性风险的作用。

3.在遇到系统性风险时果断卖出，以防止损失进一步扩大。俗话说得好，留得青山在不怕没柴烧，当灾难性的系统性风险到来时，及时止损才是王道。

随着经济全球化和金融全球化的发展，各国经济极易受到国际环境变化的冲击，市场对系统性风险的连锁反应速度也加快，某一个市场的震荡会快速蔓延至其他市场，所以金融监管机构也一直在改变和完善监管方式以降低系统性风险对市场的影响，防止市场信心丧失而造成流动性恐慌。

资料来源：佚名．什么是系统性风险，有何防范措施？［EB/OL］．［2020-06-17］.https：//www.zhihu.com/question/304500662/answer/1128751281.

2）购买力风险的防范

对于购买力风险，并没有简单的防范措施，固定收益证券也会在购买力风险下遭受损失。可能采取的防范方法有以下几种：①购买外国证券。购买货币较为稳定的外国证券可获得相当的保障，但这种办法的运用也是有限的，因为价格上涨是世界性的。②储藏金、银、珠宝或囤积货物。这只是一种短期的权宜之计，因为金、银只能保值，储存又无利息可言；珠宝的交易量不大，购入时价格昂贵，脱手时又不易寻求买主；囤积货物的储存费用较高，且久藏易损坏。③购买房地产。这种方法除了能够保值外，还有使用利益，是一种较好的方法，但也会遇到管理、经营、税收等专业性较强的问题。④购买普通股股票。因为股票代表公司资产的产权，随一般物价的上涨而上涨，所以比债券投资保障性大，但要注意通货膨胀严重时普通股的风险会很大。

3）市场风险和利率风险的防范

防范和转嫁市场风险的方法有：①掌握股价变动趋势，选购预期收益稳定增长的股票；②搭配周期股，以相互抵减风险，相互弥补损失；③选择合适的买卖时机，当股价低于标准差下限时买进，当股价高于标准差上限时卖出；④注意投资期限，正确判断目前的经济在循环周期中所处的位置，确定合理的投资期限。

防范利率风险的方法有：①尽量了解企业的经营财务状况，对利率变化要尽快做出反应；②尽可能在利率下调前将资金投向证券市场，在利率上调前将资金从证券市场抽回，存入银行。

4）经营风险和财务风险的防范

投资者在购买证券时，首先要认真分析发行公司的财务报告，研究当前的生产经营状况和公司的同业竞争状况，预测公司未来的发展前景；其次要考虑公司以往各年的盈利情况和盈利增长的稳定性。购进股票后，当公司的经营业绩呈下降趋势时，应适时转让，以防不测。

财务风险是与公司融资方式相联系的风险。投资者可以通过对公司资产负债的分析，判断其风险的大小，明确自己的投资对策，把投资转向债务负担轻、偿还能力强、收益较高的证券发行公司，以回避财务风险损失。

5）投资者自身风险的防范

首先，投资者应随时掌握和了解大量的经济信息。投资者要购进某种证券，首先要对该种证券的质量、价值、收益及风险程度有一个全面了解。其次，投资者要科学地分析和预测市场的发展趋势。准确地预测市场的发展趋势对投资者来说是非常重要的，如果投资者不了解市场的发展趋势，就会成为证券市场上的“无头苍蝇”，就更谈不上对证券的准确分析、选择和投资了。最后，投资者应选择好证券买卖的时机。在分析预测市场的基础上，对某种证券何时投资的决断也是很关键的。

具体来说，防范投资者自身风险的方法主要有以下几种：

（1）二分法和定势法。在证券投资中，二分法和定势法是证券投资者分散和控制风险的一种较常用的方法。二分法是将证券投资对象分为两大组：一组是有确定收益的证券，如债券、优先股等，另一组是没有确定收益的证券，如普通股股票等。前一组叫“守势部分”，后一组叫“攻势部分”。其中，任一组的最高投资额一般不要超过投资总额的75%，最低投资额要占投资总额的25%。其目的在于分散风险，避免因任一组投资蒙受风险损失，而使投资者遭受巨大打击。定势法也是将投资总额分成“守势部分”和“攻势部分”两组，并根据投资者的经济实力、投资经验、投资技巧和心理承受能力，设置一定的基准水平。如果股价上涨，逐渐减少“攻势部分”，增加“守势部分”；如果股价下跌，则逐渐减少“守势部分”，增加“攻势部分”。

（2）量力而行。在进行证券投资时，投资者要了解自己，才能做到量力而行。首先，要了解自己的个性，即自己的个性是保守稳妥型还是开放冒险型。如果投资者是保守稳妥型，那么投资时应选择收益较稳定的债券；如果投资者是开放冒险型，那么投资时应选择投资风险较大的股票。其次，要根据自己的投资资金来确定投资数额，切忌借入资金进行投资。最后，应根据投资实力的大小选择不同类型的证券。如果资金数额小，则宜投资债券，因为股票风险大，一旦发生投资失利，没有补救资金，则不可能翻身；如果资金数额大，则宜拿出部分资金投资股票，即使失利，损失也不至于太惨重。

（3）不盲目跟风。许多投资者在证券市场上没有独立判断的能力，往往盲目地跟在别人后面。见他人纷纷买进某种证券时，也深恐落后，在不了解市场行情和上市公司经营业绩的情况下，买入自己并不了解的证券；看到别人抛售某种证券时，也不问他人抛售的理由，就糊里糊涂地抛售自己手中潜力很好的证券。有时证券市场上谣言四起，由于跟风心理的影响，一旦群体抛售，致使股价大幅度下跌，就会给投资者造成重大损失。因此，投资者要掌握科学的预测市场方法，提高自身素质，树立独立买卖证券的意识，相信自己的决断，绝不能随他人意志买卖证券。

课程思政 5-1　　独立思考，不轻信

作为大学生，我们自身应树立正确的投资观、理财观和风险防范意识，充分了解收益与风险的关系，并准确把握自身的风险承受能力，不盲目跟风，不轻信他人的观点，不涉足自己没把握的投资领域，做决定前多思考，避免进入他人设计的圈套。要培养自己独立思考的意识与能力，凡事多想一想，三思而后行，不冲动，情绪激动时不做出重要判断。同时，要有防范意识，不轻易听信他人的诱导，要坚持自己做出决定。

（4）不专门购买低价股。有很多投资者持有“嫌贵贪平”的心理，只想到要购买一些低价股，认为这类股票风险小，而不考虑购买那些公司业绩好、股票价格会大幅度上升的成长型股票，认为这种股票投资风险大。事实上，风险大的股票收益也高，而低价股往往由于公司业绩较差、分红少、股价变动幅度小，成了永远售不出去的赔本股，结果使投资者蒙受损失。

6）利用证券投资组合防范风险

对投资者而言，风险程度越高的证券，也许越具有诱惑力。因为高风险的证券伴随的是高利润、高报酬。在现实生活中，绝大多数投资者属于风险回避型或风险中立型，风险爱好型投资者只占少数。风险回避型和风险中立型投资者愿意接受风险较小、收益有保障的投资选择。而要想在充满风险的证券市场中追求安全性和收益性，最有效的办法就是采取合理的证券投资组合。证券投资组合是投资者将自己的资金分别投资于多种证券，也就是使投资证券的种类分散化。因为投资者如果过分集中投资于某一证券，就很可能会产生种种不利因素。例如，将资金全部投资于股票，由于股票的收益具有不确定性，投资者的收益由公司的经营状况决定，如果公司的经营状况差，投资者将无收益甚至遭受损失。如果将资金全部用于投资债券，虽然有了相对稳定的收益，但是有可能失去投资股票所能带来的更多收益的机会；如果将资金全部投资于政府公债，虽然这类证券信誉高于公司债券，但收益却低于公司债券，由此可能失去投资企业债券所能得到的收益。因此，采用证券投资组合的方法就如同“不把鸡蛋放在一个篮子里”，可以起到分散风险、稳定收益的作用。

那么，如何在证券投资决策中确定最佳的证券投资组合呢？一般认为，最佳的证券投资组合是使得组合的整体β系数等于1，即与整个市场的β系数一致。现假定有两种证券投资组合，见表5-2和表5-3。

表5-2 证券投资组合一

股票种类	成本（元）	β系数
A股票	15 000	0.60
B股票	25 000	2.00
C股票	80 000	1.50
合计	120 000	—

$$\text{证券投资组合一的}\beta\text{系数}=\frac{15\,000\times0.60+25\,000\times2.00+80\,000\times1.50}{15\,000+25\,000+80\,000}\approx1.49$$

表5-3 证券投资组合二

股票种类	成本（元）	β系数
A股票	50 000	0.60
B股票	10 000	2.00
C股票	60 000	1.16
合计	120 000	—

$$证券投资组合二的\beta系数=\frac{50\,000\times0.60+10\,000\times2.00+60\,000\times1.16}{50\,000+10\,000+60\,000}\approx1$$

证券投资组合一的β系数大于1，表明按照这种组合进行的投资所承受的风险大于市场的总风险，因而不是理想的投资组合，应加以调整；证券投资组合二的β系数等于1，表明按照这种组合进行的投资所承受的风险等于市场的总风险，是理想的投资组合。

拓展阅读5-7 证券投资心理分析

投资是一种有意识的经济行为，投资行为受人们心理意识的调节和控制，诸如投资决策动机、投资收益与预期、投资风险规避等问题，其实质就是人们的心理活动在投资中的具体表现。在证券投资市场中，资金的时间价值表现为对于投资时机的判断和选择，投资具有风险性，投资期越长，投资市场中的不确定因素就越多，因此证券个体投资者必须具备足够的投资知识、风险意识以及良好的心理素质。良好的心理素质是投资者成功应具备的最根本素质。证券投资者投资心理误区的集中表现——认识偏差，即证券投资者的判断与决策过程不由自主地受认知过程、情绪过程、意志过程等各种心理因素的影响，以致陷入认知陷阱，如跟庄、推崇股评、高换手率、市场非有效性等。投资者的认知与行为偏差大致有以下几种类型。

1.过度自信的认知偏差

人们往往过度相信自己的判断能力，高估自己成功的机会，把成功归功于自己的能力，而低估运气和机会在其中的作用，这种认知偏差称为“过度自信（over confidence）”，过度自信是投资者典型而普遍存在的认知偏差。过度自信在牛市的顶峰达到它的最高点，而在熊市的底端达到最低点，过度自信的投资者会过度依赖自己收集到的信息而轻视公司会计报表的信息，注重那些增强能力自信心的信息，而忽视伤害自信的信息，在证券市场中的过度自信是危险的。例如，很多证券投资者不愿意卖出已经发生亏损的股票。卖出等于承认自己决策失误，并伤害自己的自信心。他们每天总是给别人讲解股票的各种“知识”指导别人买卖操作，在大盘趋势向好的时候，每天总是眉飞色舞，讲解技术指标、应用技巧等，非常看好后势，讲解大盘会上升到多少点位；在大盘趋势向下跌，没有进入底部区域之前，他们总是很乐观，总是认为经过适当的调整，大盘还会上涨；在大盘进入了真正的底部区域时，由于受到市场的心理暗示，就不断地解释下跌的理由，极其看好后势，会告诉周围的人大盘会下跌到某个点位，如果他是一个虚荣心很强的人，他会讲他如何买了那只股票，现在如何盈利。实际上，这类人对股票的感觉和判断完全是市场心理策划的场效应对他作用的结果，这类人的股票投资往往是失败的。

2.信息反应的认知偏差

有些投资者对信息存在“过度反应（over-reaction）”和“反应不足（under-reaction）”两种现象。如果近期的收益朝相反的方向转变，投资者则会错误地相信公司是处于均值回归状态，并且会对近期的消息反应不足。如果投资者得到收益增长的信息，投资者则会认为公司正趋于一种增长状态，并且导致过度反应的推理趋势。这些投资者在市场上开始变得过于乐观而在市场下降时变得过于悲观。自我归因会低估股票价值的公开信息偏差，对个人的信息过度反应和对公共信息的反应不足，都会导致股票回报的短期持续性和长期反转，他们心理模型的特点是有时恐惧、有时兴奋、有时觉得自己很专业。他们的思维和行为主要是被市场的策划者所控制，在股票市场的头部区域进场，进行频繁买卖操作，或买入后持股不动。在市场完成从头部进入底部的下跌趋势中，总是期待反弹随时开始，或持股不动，或在市场没有真正进入底部时误认为是底部而把手中有限的资金提前用光，在市场进入真正的底部区域，他们做出卖出股票赔钱的离场操作，或想做买入操作但是手中已经没有了资金，这种心理模型的人是股票市场策划者最需要的。

3.损失厌恶的认知偏差

人们在面对收益和损失的决策时表现出不对称性。人们并非厌恶风险，而是厌恶损失。损失厌恶（loss aversion）是指人们面对同样数量的收益和损失时，感到损失令他们受到更大的情绪影响，损失比盈利显得更让人难以忍受，很多投资者偏爱维持原状。在股票投资中，长期收益可能会周期性地被短期损失所打断。短期的投资者把股票市场视同赌场，过分强调潜在的短期损失。在做出错误的决策时常感到后悔，而为了避免后悔，又常常做出非理性行为。比如，死守赔钱的股票，以拖延面对自己的错误，不愿把损失兑现。害怕兑现损失就持有亏损股过长的时间。实际上，股票市场随着策划者的建立和制造的市场利空或利好的心理暗示的场效应而涌动，有时很平静，有时汹涌澎湃。当大多数的被动投资者心态都变成了兴奋型的时候，市场就已经进入了头部区域；反过来，当他们的心态都变成了恐惧型的时候，市场已经到了底部区域。巨大和强烈的股市心理场效应迷漫着整个股票市场。策划者就是通过调整股市心理暗示的场效应强度来控制和操纵被动投资者的思维和行为，就像电磁场一样，场里面每一个电荷的运动只能由场来决定。

4.羊群行为的认知偏差

证券市场中的“羊群行为（herd behavior）”是一种非理性行为，它是指投资者在信息环境不确定的情况下，行为受到其他投资者的影响，模仿他人决策，或者过度依赖舆论，而不考虑自己信息的行为。由于羊群行为及各个投资主体的相关性行为，对于市场的稳定性、效率有很大影响，也与金融危机有密切关系，由于市场上存在“羊群行为”，许多机构投资者将在同一时间买卖相同股票，买卖压力将超过市场所能提供的流动性，从而导致报价的不连续性和大幅度波动，破坏市场的稳定运行。股票指数的波动或股票的涨跌以及市场消息构成股票市场的一种氛围。股市策划者通过调节这种心理暗示场来达到股市策划者想要的被动投资者心态，而且一定能办到，这种氛围笼罩着整个股票市场，走进市场也就走进了这种氛围里，股市策划者就是量化地掌控和调整这种氛围，使被动投资者的心理产生不同的反应。

资料来源：作者根据相关资料整理。

本章要点

本章主要介绍了债券、股票投资收益的来源，证券投资风险的类型、来源和防范措施，证券投资风险管理。其中，重难点是债券、股票投资收益的来源、证券投资收益率的计算方式及证券投资风险防范的衡量方法。

问题讨论

1.比较债券与股票投资收益来源。

2.结合实际，探讨如何防范证券投资风险。

推荐阅读

1.吴晓求. 证券投资学［M］. 北京：中国人民大学出版社，2020.
2.杜金富. 金融市场学［M］. 4版. 大连：东北财经大学出版社，2017.

思考与练习

1.单项选择题

（1）下列选项中不属于非系统性风险的是（　　）。

A.财务风险　　B.违约风险　　C.购买力风险　　D.公司经营风险

（2）股票投资收益包括（　　）。

A.股息红利　　B.资本利得　　C.资本增值收益　　D.利息收入

2.简答题

（1）影响证券投资收益的因素有哪些？

（2）系统性风险来源于哪些方面？

（3）非系统性风险来源于哪些方面？

3.计算题

（1）某投资者以20元/股的价格买入金华公司股票，持有1年，每股分得现金股息1.8元，则股利收益率为多少？

（2）在上例中，投资者在分得现金股利3个月后，将股票以25.2元的价格出售，则持有期收益率为多少？

（3）在上例中，投资者买入股票并分得红利后，金华公司以1∶2的比例拆股，拆股决定公布后，金华公司的股票价格涨至24元/股，拆股后的市价为12元/股。投资者若此时以市价出售，则拆股后持有期收益率为多少？

（4）债券面额为1 000元，期限3年，票面利率为10%，债券的发行价格为105元，则投资者的直接收益率为多少？

（5）在上例中，若投资者持有2年后以115元的价格出售，则持有期收益率为多少？

（6）某贴现债券的面值为1 000元，期限为90天，以10%的贴现率公开发行，则到期收益率为多少？

案例分析

分散证券投资风险的策略与方法

某公司是一个经济实力非常强大的大型家电生产企业。多年来，其生产的产品一直占领国内外销售市场。由于市场竞争的日益激烈，公司的生产经营面临一些实际困难，经济效益开始出现下滑迹象。为了使公司走出困境，把有限资金用好，2015年年初，公司领导召开会议，集中通过了“以销定产，利用手中2 000万元多余资金进行对外投资，以获得投资效益”的决定，并专门组织安排了10名调查人员进行市场调研。

经分析及整理调研资料，可供公司选择的投资对象如下：

（1）国家发行7年期国债，每年付息一次，且实行浮动利率。第1年利率为2.63%，以后每年按当年银行存款利率加利率差0.32%计算利息。

（2）汽车集团发行5年期重点企业债券，票面利率为12%，每半年付息一次。

（3）A股份，中期预测每股收益为0.45元，股票市场价格为22.50元/股。总股本为30 631万股，流通股7 979万股。公司主营业务为设计制造空调制冷产品，财务状况十分稳健，业绩良好，但成长性不佳。A股份的星级评定为“★”。

（4）B股份，中期预测每股收益为0.41元，股票市场价格为17.00元/股。总股本为29 617万股。公司主营业务为设计制造家用空调器、电风扇、清洁卫生器具。公司空调产销量居全国第一，有行业领先优势，尤其是出口增长迅速，比上年出口增长70.70%，经营业绩稳定增长。B股份的星级评定为“★”。

（5）C股份，中期预测每股收益为0.10元，股票市场价格为68元/股。总股本为11 500万股，流通股3 000万股。公司主营业务为设计制造激光器、激光加工设备及成套设备、激光医疗设备等。公司科技含量高，成长性好，公积金也高。C股份的星级评定为“★★”。

分析提示：

（1）根据案例资料，如果企业为了扩大经营规模，实现规模效应，面对上述可供选择的投资方案，应如何进行投资组合来分散或避免投资风险。

（2）根据案例资料，如果企业仅为获得投资收益，面对上述可供选择的投资方案，应如何进行投资组合来分散或避免投资风险。

实践训练

本章主要讲授了证券投资风险防范的衡量方法。为了让学生准确计算收益和本金遭受损失的可能性，选择符合自己风险承受能力的投资对象。本章实践训练主要包括以下内容：

实训项目：股票、债券投资收益。

实训目的：掌握股票、债券的收益。

实训步骤：

（1）查找某公司股票最近10年的最高价、最低价；

（2）2名学生一组，选取4组学生，分别采用书中介绍的4种方法评估收益与风险；

（3）小组总结，对实训效果进行评价。

第6章
股票、债券投资操作分析

【学习目标】

- 知识目标：通过学习本章内容，要理解股票、债券投资操作中基本分析与技术分析的含义、基本逻辑和作用；掌握基本分析与技术分析的基本原理；认识基本分析与技术分析的逻辑思路；了解基本分析与技术分析的代表性理论和主要方法。
- 技能目标：通过学习本章内容，在了解我国股票、债券投资操作的基础上，能够进行股票、债券投资的基本分析和技术分析。

知识结构图

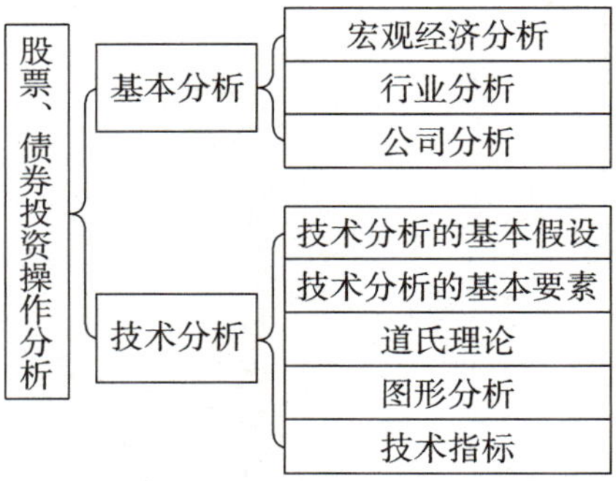

导入案例

美股重挫恐慌蔓延，周四A股是否会受重挫？

2020年3月11日大盘在隔夜美股大涨刺激下跳空高开，以3 002点开盘，早盘窄幅震荡后小幅上冲见3 010点，无奈量能萎缩，科技股全线走弱，加之券商板块下行，大盘受到5日线压制而回落，最终报收于2 969点，收一根高开低走、实体33点、下跌28点或0.94%的中阴线。

晚间美股开盘再度暴跌，目前道·琼斯指数暴跌超过1 650点，纳斯达克指数大跌超过450点，恐慌指数VIX飙升超过16%，冲上55点大关，市场极度恐慌，疯狂抛售股票等风险资产。

尽管美股暴跌，但经过昨日回踩之后的A股，周四不会再度大跌。理由有三：

第一，从政策面来看，美国降息后英国跟随，但由于2月份CPI飙升仍位于5.2%的高位，这势必限制了近期央行降息，但目前，定向降准即将莅临，一般我国都是周五收盘调整存款准备金率或者利率，周五收盘后降准已经悬念不大，而且3月份美联储议息后大概率会再度降息。

第二，从技术面来看，目前5周线快速上行位于2 968点，10周线轻微下行位于2 994点，20周线上行位于2 968点，30周线上行位于2 958点，为此在5、20、30周线上行支撑下，大盘向上冲击并站稳10周线将是大概率事件，从而逐步向3 110点附近靠拢。

第三，从盘面来看，经过昨日回落杀跌释放风险后，做空动能进一步释放，尤其降准预期利好权重的金融板块，只要以券商为代表的金融板块挺住，大盘就不会大跌，近期以金融板块为首的传统低估值蓝筹板块未见大资金持续抛售，沪指有较强的补涨要求。

基于上述三点，尽管美股再度大跌，但周四A股大跌概率排除，沪指大盘将在5周线上行支撑下，重复本周二的故事，继续向3 000点大关进发，为下周收复半分位3 050点、陈兵3 100点大关做准备。

资料来源：佚名．美股重挫恐慌蔓延，周四A股是否会受重挫？[EB/OL]．[2020-03-12]．https：//guba.eastmoney.com/news，cfhpl，911938477.html.

这一案例中包括了股票、债券投资操作分析的内容：一方面，对股票市场的基本面因素——国内外利空消息进行了阐述，并总结了分析师的看法；另一方面，指出了分析师对股票市场技术面情况的看法及可能的趋势变化。股票、债券投资操作分析是指人们运用各种专业性的工具和方法对影响股票、债券价值或价格的各种信息进行综合分析，以判断股票、债券价值或价格及其变动的行为，是股票、债券投资的重要环节。那么，基本分析与技术分析是什么样的分析方法？应该如何进行股票与债券的投资操作分析？这正是本章要介绍的内容。

6.1 基本分析

基本分析又称基本面分析，是指根据经济学、金融学、财务管理学及投资学等学科的基本原理，通过对影响证券投资价值及价格的基本要素（如宏观经济走势、经济政策取向、行业发展状况、产品市场状况、公司销售和财务状况等）的分析，评估证券投资价值，判断证券合理价位，并提出相应投资建议的一种分析方法。

基本分析的理论基础是经济学及其相关学科的基本原理。基本分析以宏观经济分析、行业分析和公司分析为主要内容。基本分析能够比较全面地把握证券价格的基本走势，应用起来相对简单。但是，基本分析的预测时间跨度相对较长，对短线交易的指导作用比较弱，预测的精确度相对较低。

6.1.1 宏观经济分析

1）宏观经济形势分析

每个国家的经济运行都有一定的周期性，既有经济增长、景气的年月，也有经济衰退、不景气的年月，而股票价格是经济循环的领先指标，当经济景气状况即将发生变化时，股票价格就会提前做出反应。具体而言：

（1）当经济处于不景气的末期时，社会需求减少，生产过剩比较严重，失业率递增。这时，投资者对经济前景难以把握，处于观望阶段，股票价格一般呈现稳定或缓慢上升的态势。

（2）当经济处于景气的初期时，社会需求开始扩大，企业经营活动趋于活跃，资本周转加快，利润增加，人们预期经济状况即将好转，这时股价全面回升。

（3）当经济处于景气的巅峰时，整个社会需求迅速扩大，公司经营活跃，利润增长，股票收益增加，投资者争相购买股票，推动股价猛涨，而有远见的投资者预测经济景气难以再创新高，抛出股票，股票价格由迅速上升转为开始下跌。

（4）当经济处于不景气时，生产停滞，失业率剧增，人们对经济前景悲观失望，投资者争相抛售股票，造成股票价格暴跌。

根据股价和经济景气状况变动的规律性，投资者可以预测经济未来的变动情况，相机做出投资决策。在经济不景气的末期买入股票，在经济景气的中后期卖出股票，这样就可以在股票价格大的循环周期的低价区域买入，高价区域卖出，从而获取可观的收入。

对经济景气状况和前景进行分析和预测，需要对各种反映经济变动的指标，特别是一些反映整个经济发展变化的指标进行分析。比如，用国内生产总值及其组成部分的变动来预测经济发展情况；而用经济行情指标，包括同步指标、先行指标以及后行指标来反映经济的运行情况。在分析和预测时还应该关注国家的经济政策对投资者预期的影响。

小思考 6-1

为什么说“股票市场是经济运行的晴雨表”？

提示：股票价格是经济循环的领先指标，股票价格可以提前预示经济状况即将发生的变化。

2）宏观经济政策

（1）财政政策。它是政府根据一定时期的国民经济运行情况所确定的，运用税收、预算、补贴等政策手段达到特定目标的财政工作的基本准则。财政政策和经济景气状况是密切相关的，财政政策的变动必然对股票价格产生影响。

财政政策一般分为扩张性财政政策和紧缩性财政政策两种。扩张性财政政策能够扩大社会需求，刺激经济增长，往往推动股价上涨；而紧缩性财政政策则会减少社会需求，抑制经济增长，往往导致股价下跌。

（2）货币政策。它是政府根据一定时期的国民经济运行情况所确定的，运用存款准备金率、再贴现率以及公开市场业务等政策手段达到特定目标的金融工作的基本准则。货币政策的变动会对经济活动产生重大影响，股票市场也不例外。

货币政策一般分为扩张性货币政策和紧缩性货币政策两种。扩张性货币政策会导致货币供应量增加，刺激经济增长，往往推动股票价格上涨；而紧缩性货币政策则会减少货币供应量，抑制经济增长，往往导致股票价格下跌。

相关链接 6-1

很多人都不知道货币政策和股市的关系，其实这就像油门和刹车的作用。

如果货币政策是非常宽松的（降息、大放水），那么就像不停地给车子踩油门，大牛市自然走得又快又长，但弊端就是会过热导致通胀、甚至翻车（系统性风险）；而货币政策如果非常紧，甚至转向（加息），那么就像不停地给车子踩刹车，大牛市自然会走得越来越慢，甚至未来可能会提早结束；货币政策如果是稳定的，也就是不放水，不收紧，那么就像不给车子踩油门或踩刹车，这个时候车子可能会按照自己的滑行速度前进，甚至遇到一些挫折还会降速，甚至停下来。

所以，货币政策一般都是根据每一个周期里特殊的情况来决定是否踩油门，或者踩刹车，甚至以稳定为主。

另外，货币政策还得看经济的脸色。给大家举几个例子：

2020年初新冠肺炎疫情在全球暴发，股市暴跌，于是大部分国家实行了宽松的货币政策，整个股市就像踩了油门一样一路大涨，速度非常快。但是到了下半年，有些国家疫情还是没有控制住，经济依然疲软，所以货币政策和刺激手段依然在加码，股市自然继续疯狂上涨，但是带来的问题就是通胀压力越来越大。那么未来必定会因为通胀压力来缩减刺激手段，甚至改变货币政策，大牛市也就悬了！

而对于A股来说呢？疫情控制得不错，经济也回归正常，货币政策自然没有一直踩刹车，股市也就震荡上行，并没有保持2020年中期那种一路上行的势头。但是未来的趋势是，经济增速可能见顶，但PPI和CPI的通胀指标可以控制，这就给货币政策打开了放水的空间和条件。

资料来源：佚名. 看懂货币政策和股市的关系！[EB/OL].［2021-07-17］. https: //baijiahao.baidu.com/s? id=1705482872291656620&wfr=spider&for=pc.

3）利率

利率和股价之间是一种反向变动的关系。股价随利率的上升而下降，随利率的下降而上升。这是因为：

（1）利率的变动直接影响公司的融资成本，对于自有资本率低的公司更是如此。当利率上升时，公司的融资成本上升，利润就会减少，从而股票的收益就会减少，股价也会随之降低；反之，当利率降低时，股票价格自然随之提高。

（2）利率的变动直接影响股票投资者的其他可替代性投资的机会成本。当利率上升时，投资者投资股票的机会成本上升，预期报酬率随之上升，而股票的未来收益并没有增加，股票的投资价值相对降低，其价格也随之降低；反之，当利率降低时，股票的投资价值相对提高，其价格随之提高。

（3）利率的变动影响股票投资者的借款成本。当利率提高时，投资者必须以比较高的利息才能借到所需的资金，因而股票的投资需求减少，造成股票价格下跌；反之，当利率降低时，股票投资需求增加，股价上升。

温馨提示6-1

利率变动主要受到利润率水平、资金供求状况、物价变动幅度、国际经济环境、政策性等因素的影响。

拓展阅读6-1　利率上升对股市意味着什么

债券收益率的快速上升发出了对股市的警告，尤其是增长型股票。

2021年年初以来，基准10年期美国国债价格已上涨约20个基点（1个基点相当于0.01%）。尽管收益率仍相对较低，但处于2020年3月以来的最高水平。

此举可能预示着股市将迎来一段更加震荡的时期，FANG和其他去年推动股市走高的成长型公司也可能面临更大压力。一些策略师预计，这些大型科技股和成长型股今年的涨幅将放缓，因疫苗接种将带来经济好转的前景，价值股和周期性股票将走高。

策略师认为，目前的收益率水平不会阻止股市的涨势，但利率将继续上升的预期可能令股市投资者的选择更加艰难。

“我认为阻力最小的道路仍然在。支撑该市场的技术面非常强劲，但如果你要寻找警告信号，固定收益市场已经出现了一些警告信号。”安联首席经济顾问穆罕默德·埃里安表示。

资料来源：佚名. 利率上升对股市意味着什么［EB/OL］.［2021-01-12］.https: //www.sohu.com/a/444031825_233223.

4）通货膨胀对证券价格的影响

通货膨胀意味着货币的购买力下降，货币贬值，它会对整个社会的政治、经济等方面产生消极影响。股票市场和国家的政治、经济密切相关，股票价格自然也会受此影响。不过，通货膨胀对股票价格的影响是比较复杂的，应该根据具体情况来分析。

（1）股价反映经济景气状况，而物价上涨会对经济景气状况产生影响，从而对股价产生影响。

（2）物价上涨会使投资者产生保值心理，因此当物价水平快速上扬时，投资者就可能会把资金投资于贵重金属或者房地产项目以保值，造成股票价格下跌。

（3）物价上涨时，如果产品价格的上涨速度快于原材料价格的上涨速度，则公司盈利增加，股票的价格随之上涨；反之，股票价格就会下跌。

5）汇率变化对证券价格的影响

（1）汇率上升，本币贬值，本国商品竞争力上升，出口型企业受益，股票价格上涨。

（2）汇率上升，本币贬值，资本流出，证券市场需求减少，证券价格下跌。

（3）本币表示的商品价格上涨，可能带动国内物价水平上涨，引发通货膨胀，从而影响证券价格。

（4）为保持汇率稳定，政府可能动用外汇储备，抛售外汇，减少本币的供应量，证券价格下跌。

（5）如果政府利用债市和汇市联动操作，即抛售外汇，回购国债，则债券价格上扬。

小思考 6-2

人民币升值会对我国股票市场产生哪些影响？

提示：一方面，吸引资本流入，利好股票市场；另一方面，不利于出口，有利空影响。总体而言，利好大于利空。

6.1.2 行业分析

1）行业的市场类型分析

行业的市场结构随行业中企业的数量、产品的性质、价格的制定和其他因素的变化而变化。行业的市场结构一般分为完全竞争行业、不完全竞争行业、寡头垄断行业、完全垄断行业四种类型。

（1）完全竞争行业。它又称纯粹竞争市场，是一种不受任何阻碍、干扰和控制的市场结构，即购买者和销售者的购买和销售决策对市场价格没有任何影响的市场结构。完全竞争行业主要有以下几个特点：第一，有众多的买者和卖者；第二，每一个厂商生产的产品是完全无差别的；第三，厂商进入或退出是完全自由的；第四，市场中每一个买者和卖者都掌握与自己的经济决策有关的商品和市场的全部信息。在现实经济生活中，完全竞争行业几乎是不存在的。

（2）不完全竞争行业。不完全竞争行业是这样一种市场结构：市场中有许多厂商，它们生产和销售的是同种产品，但这些产品又存在一定的差别。这类行业内部存在不同程度的、多种多样的竞争，从广告推销到新产品开发，从明朗的竞争到隐藏的竞争。不完全竞争行业主要有以下几个特点：第一，市场上厂商数量非常多；第二，各厂商生产有差别的同种产品，这些产品是非常接近的替代品；第三，厂商的生产规模比较小，因此进入和退出比较容易。

（3）寡头垄断行业。寡头意指为数不多的销售者。这类行业的企业规模相当大，一般情况下，企业间往往协调各自的利益而形成垄断组织，共同获取垄断利润，但会受组织内部和外部企业的竞争以及替代产品的影响。

（4）完全垄断行业。完全垄断又称垄断或独占，完全垄断行业是指整个行业中只有唯一的一家厂商的市场结构。完全垄断行业主要有以下几个特点：第一，只有一家厂商，控制整个行业的商品供给；第二，该厂商生产和销售的商品没有任何相近的替代品，需求的交叉弹性为零；第三，新的厂商不可能进入该行业参与竞争；第四，该厂商独自定价并实行差别价格。在现实经济生活中，完全垄断的行业也几乎是不存在的。

四种类型的行业市场结构的比较见表6-1。

表6-1　四种类型的行业市场结构的比较

市场类型	厂商数量	产品性质	典型部门	价格控制程度	新厂商	超额利润	
					进入	短期	长期
完全竞争行业	很多	无差别	农业	无	容易	有	无
不完全竞争行业	较多	有差别	轻工业	有一些	较易	有	无
寡头垄断行业	几家	有或无差别	重工业	有一些	不易	有	有
完全垄断行业	一家	独特	公用事业	很大	很难	有	有

小知识6-1　我国证券市场的行业划分

1.上证指数分类法

上海证券市场为编制新的沪市成分指数，将全部上市公司分为五类，即工业、商业、地产业、公用事业和综合类，并分别计算和公布各分类股的股价指数。

2.深证指数分类法

深圳证券市场也将在深市上市的全部公司分成6类，即工业、商业、金融业、产业、公用事业和综合类，同时计算和公布各分类股的股价指数。

资料来源：梅淳．管理型和投资型证券行业分类比较分析及对我国证券市场的启示［J］．财会学习，2019（34）.

2）行业的周期性分析

在经济运行中，经济周期的变化会对行业发展产生影响，但其影响程度不尽相同。根据行业发展和经济周期之间的关系，我们可以把行业分为以下几类：

（1）增长性行业。这类行业的发展状态与经济周期及其振幅没有明显的关联性，呈现不断增长的态势。行业增长的源泉主要在于技术进步、新产品的推动和更优质的服务，如近些年的计算机行业。增长性行业在经济景气时，可带来高于平均水平的增长；而在经济衰退时，仍能保持一定的增长。该类行业可给投资者带来较丰厚的收益。

（2）周期性行业。这类行业的运动状态与经济周期密切相关，如金属开采冶炼业、建材行业、房地产业等。当经济景气时，周期性行业的产品价格水涨船高，利润就增加；而经济衰退时，行业的需求大量衰减，利润也大幅缩水。

（3）防御性行业。这类行业受经济周期的影响较小，如食品业、药品业、公用事业等。防御性行业的产品往往是生活必需品，其需求相对稳定，经济周期对其影响比较小。该类行业可给投资者带来相对稳定的收益。

小思考 6-3

从行业周期性考虑，投资者应该选择什么样的行业介入？

提示：激进性、保守性投资者可分别选择增长性、防御性行业介入。

3）行业生命周期分析

行业生命周期是指一个行业从产生、成长、成熟到衰退的发展演变过程，一般分为初创期、成长期、成熟期和衰退期四个阶段，如图6-1所示。

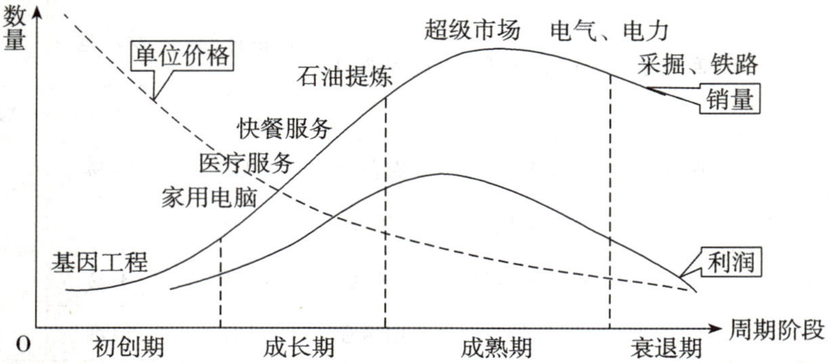

图6-1 行业生命周期示意图

（1）初创期。这一阶段的市场增长率较高，需求增长较快，技术变动较大，只有为数不多的企业投资于这个新兴的行业。这些公司主要致力于开发新用户、占领市场，但此时技术上有很大的不确定性，公司财务上可能不但没有盈利，反而普遍亏损，还可能因财务困难而破产。因此，这一阶段的企业更适合投机者而非投资者。

（2）成长期。这一阶段的市场增长率很高，需求高速增长，技术渐趋定型，行业特点、行业竞争状况及用户特点已比较明朗，公司进入壁垒提高，产品品种及竞争者数量增多。这一阶段公司利润增长很快，但所面临的竞争风险也非常大。

（3）成熟期。这一阶段的市场增长率不高，需求增长率不高，技术上已经成熟，行业特点、行业竞争状况及用户特点非常清晰和稳定，买方市场形成，行业盈利能力下降，新产品和产品的新用途开发更为困难，行业进入壁垒很高。行业的利润由于一定程度的垄断而处于较高水平，风险却因市场占有率比较稳定、新公司难以进入而较低。

（4）衰退期。这一阶段的市场增长率下降，需求下降，产品品种及竞争者数目减少。市场逐渐萎缩，利润不断下降。当正常利润无法维持或现有投资折旧完毕后，整个行业便逐渐解体了。

小思考6-4

稳健型的投资者应该选择处于什么阶段的行业介入？

提示：稳健型的投资者应选择成熟期的行业介入。因为处于这一阶段的行业风险较低，而收益相对较高。

4）影响行业兴衰的主要因素

行业的生命周期描述了行业发展的一般规律。而在现实中，行业兴衰会受到政府干预、社会倾向和技术革命等因素的影响，因此十分复杂。

（1）技术进步。它对行业的影响是巨大的，往往会催生一个新的行业，同时迫使一个旧的行业加速进入衰退期。例如，电灯的出现极大地削减了对煤气灯的需求；蒸汽动力行业被电力行业逐渐取代。传统行业可通过技术创新获得深度增长和广度增长的机会。

（2）产业政策。它是政府为了实现一定的经济和社会目标而对产业的形成和发展进行干预的各种政策的总和。产业政策包括产业结构政策、产业组织政策、产业布局政策以及产业技术政策等。产业政策可以弥补市场缺陷，有效配置资源；保护幼小民族产业的成长；熨平经济波动；发挥后发优势，增强适应能力。产业政策可以通过具体的投资政策、税收政策、折旧政策、成本控制政策等措施体现出来，对相关行业的发展有直接影响。

（3）产业组织创新。它是推动行业形成和产业升级的重要力量。产业组织创新可实现规模经济，促进专业化分工与协作，提高产业集中度，促进技术进步和有效竞争；还可以创造产业增长机会，促进产业增长的实现，构筑产业赶超效应，适应产业经济的增长。产业组织创新能够在一定程度上引起产业（或行业）生命周期运行轨迹或生命周期阶段持续时间的变化。

（4）社会倾向。它是未来优势行业发展的导向，在相当程度上影响了行业的发展与兴衰。随着人们生活水平和受教育程度的提高，消费心理、消费习惯、文明程度和社会责任感逐渐改变，导致人们对某些商品需求的变化并进一步影响整个行业的兴衰。社会观念、社会习惯、社会趋势变化对企业经营活动、生产成本和收益等产生了一定的影响，足以使一些不再适应社会需要的行业衰退，并激发新兴行业的发展。

（5）经济全球化。它可以通过国际化分工，在全球市场范围内提高资源配置的效率，使各国经济相互依赖的程度日益加深。经济全球化会导致产业的全球性转移，也使得国际分工出现重要变化，并对各国相关行业的发展产生重大影响。

6.1.3 公司分析

1）公司竞争地位分析

公司要在行业中保持盈利，必须具备持续的竞争优势。竞争优势是公司所有战略的核心。而公司要获得竞争优势，就必须选择合适的竞争战略。低成本或差异性是公司相对于竞争对手的最基本的竞争优势。如果考虑公司获取竞争优势的范围，则公司的竞争战略大体上可分为成本领先战略、差异化战略和集聚战略三种类型，其中集聚战略又可细分为成本集聚和差异集聚两种类型。

小知识6-2　　成本集聚和差异集聚

成本领先战略是指提供与其竞争者相同的服务或产品，但以一种较低的价格进行生产，以此来获得企业的竞争优势。差异化战略主要通过创造一种比竞争者的质量更好的产品或服务，提供竞争者不能提供的创新性产品或服务，选择一个更优地点——其顾客更容易接近的地点，促销和包装其产品以塑造质量更高级的形象等方式来获得竞争优势。集聚战略是指企业将经营重点集中于某一特定的顾客群体、某一产品系列或某一特定的地区市场上，力争在局部市场取得竞争优势的战略。公司采用任何一种战略都可以获得竞争优势，但是实现不同战略的途径和范围是有差异的。成本领先战略和差异化战略主要立足于整个行业的广阔范围来获得竞争优势，而集聚战略则主要立足于行业内某一细分市场来获得成本优势或差异化优势。

2）公司业务分析

（1）产品与市场占有。产品方面应考虑公司产品种类是否齐全，公司在同行业生产的品种中持有品种的情况，这些品种在市场的生命周期及各品种的市场占有情况等。产品的市场占有一般包括两方面的内容：一是产品的市场占有率，即该公司产品在同类产品市场中所占有的份额；二是产品的市场覆盖率，即该公司产品在各个地区的覆盖和分布情况。如果市场占有率和市场覆盖率都比较高，则表明公司的产品销售和分布在同行业中占有优势地位，产品的竞争能力强；如果市场占有率高而市场覆盖率低，则表明公司的产品在某个地区受欢迎，有竞争能力，但缺乏大面积推广的销售网络；如果市场占有率低而市场覆盖率高，则表明公司的销售网络强，但产品竞争能力较弱；如果市场占有率和市场覆盖率都低，则表明公司的产品缺乏竞争力，产品前途有问题。

（2）产品的生产能力。它主要考察公司的生产条件及其组织过程的基本情况，需要分析制造成本的决定因素及生产过程的瓶颈所在。比如原材料和关键部件的供应，如果由公司自己生产，则原材料和关键部件的供应稳定，利润由公司独自获得，但生产线长，初期投资增加，管理费用增加，产品抗风险性差；如果由专门的原材料公司供应和生产，则公司需让出一部分应得的利润。

（3）产品的销售能力。它主要考察公司的销售渠道、销售网络、销售人员、销售策略、销售成本和销售业绩。如果公司建立自己的销售网络，初期将投入巨资，不过在以后的经营中可减少中间环节费用，从而增加企业的利润，但同时管理费用又将大大增加；如果借助专业分销公司的网络销售产品，就必须让出一定的利润给销售公司，但管理费用大大降低。这两种销售策略各有利弊，需要综合比较分析。

（4）经营管理能力。经营管理能力的优劣直接关系到公司的盈利能力，是公司业务分析的重要内容。公司经营管理能力涉及的内容较为庞杂，一般而言，对经营管理能力的分析主要从四个方面入手：一是分析公司管理人员的素质和能力，这是决定公司能否获得成功的重要条件；二是分析公司业务人员的素质和能力，判断公司的发展是否具有持久性；三是分析公司的管理风格及经营理念，考察公司是否具备制定战略及实施战略的前提条件；四是分析公司法人治理结构，考察公司董事会的结构和股东的权利等方面的制度安排是否合理。

（5）研究与开发能力。公司的发展依赖于稳定的产品延伸及创新，而产品延伸及创新又依赖于公司的研究与开发能力。拥有具有自主知识产权的产品是一个上市公司发展和壮大的基础，是公司稳定利润来源的保证。公司是否具有持续的研究与开发能力是公司能否实现可持续发展的重要条件。

小思考 6-5

从公司业务的角度考虑，什么样的公司具有投资价值？

提示：一般而言，产品品种齐全且市场占有率高、具有较高的产品生产及销售能力、经营管理能力强、具有自主知识产权和较高技术开发能力的公司投资价值高。

3）公司财务分析

相关知识 6-1　公司三大财务报表分别是用来干什么的?

企业主要的财务报表有资产负债表、利润表和现金流量表。

1.资产负债表

资产负债表是反映公司某一特定日期（月末、年末）全部资产、负债和所有者权益情况的会计报表。利用资产负债表的资料，可以看出公司资产的分布状态、负债和所有者权益的构成情况，据以评价公司资金营运和财务结构是否正常、合理；分析公司的流动性或变现能力，以及长、短期债务数量和偿债能力，评价公司承担风险的能力；利用该表提供的资料还有助于计算公司的获利能力，评价公司的经营绩效。

2.利润表

利润表依据“收入－费用＝利润”来编制，主要反映一定时期内公司的营业收入减去营业支出之后的净收益。通过利润表，我们一般可以对上市公司的经营业绩、管理的成功程度做出评估，从而评价投资者的投资价值和报酬。

利润表包括两个方面：一是反映公司的收入及费用，说明公司在一定时期内的利润或亏损数额，据以分析公司的经济效益及盈利能力，评价公司的管理业绩；二是反映公司财务成果的来源，说明公司的各种利润来源在利润总额中所占的比例，以及这些来源之间的相互关系。

3.现金流量表

现金流量表是反映上市公司现金流入与流出信息的报表。这里的现金不仅指公司在财会部门保险柜里的现钞，还包括银行存款、短期证券投资、其他货币资金。现金流量表可以告诉我们公司经营活动、投资活动和筹资活动所产生的现金收支情况，以及现金流量净增加额，从而有助于我们分析公司的变现能力和支付能力，进而分析公司的生存能力、发展能力和适应市场变化的能力。

资料来源：佚名．三大财务报表分别是用来干什么的［EB/OL］．［2020-03-20］．https：//zhidao.baidu.com/question/191716743.html.

（1）财务分析的基本方法。财务分析的基本方法主要包括趋势分析法、结构百分比分析法及比率分析法等。

趋势分析法又称比较分析法、水平分析法，是将财务报表中两期或多期连续的相同指标或比率进行定基对比和环比对比分析的方法。趋势分析法可以反映财务指标或比率的增减变动方向、数额和幅度，揭示公司的财务状况、经营情况和现金流量的变化趋势。

结构百分比分析法又称纵向分析法，是将常规的会计报表换算成结构百分比报表，然后将不同年度的报表逐项比较，以查明某一特定项目在不同年度间的百分比差额的分析方法。结构百分比分析法通常将财务报表中的某一重要项目（如资产负债表中的资产总额或权益总额）的数据作为100%，然后将报表中的其余项目都以这一项目的百分比的形式进行纵向排列，从而揭示出各项目的数据在公司财务中的比重。结构百分比分析法反映了该项目内各组成部分的比例关系，代表了公司某一方面的特征、属性或能力。

比率分析法是通过对同一期财务报表上若干重要项目的相关数据进行比较，求出比率，以分析和评价公司的经营活动及公司目前和历史状况的分析方法，是最基本的财务分析工具。财务比率能够反映各会计要素之间的内在联系及相互关系。

小思考 6-6

为什么说现金流量表提供了一家公司经营是否健康的证据？

提示：因为现金流量表可以全面反映公司经营、投资与筹资方面的现金流的基本状况，能够暴露出公司发展中存在的问题。

（2）财务分析的要点。财务分析的对象是财务报表，财务分析应着重分析以下四个方面的内容：

第一，获利能力分析。公司利润的高低、利润额的增长速度是公司有无活力、管理效能高低的标志。反映公司获利能力的指标主要有销售毛利率、销售净利率、总资产收益率、股东权益收益率、主营业务利润率等。

第二，偿债能力分析。一是分析公司的短期偿债能力，看其有无能力偿还到期债务；二是分析公司长期偿债能力的强弱，这主要是通过分析不同权益项目之间的关系、权益与收益之间的关系以及权益与资产之间的关系进行检测。反映公司偿债能力的指标主要有流动比率、速动比率和资产负债率等。

第三，资本结构分析。资本结构反映了公司的债务与股权的比例关系，在很大程度上决定着公司的偿债能力、再融资能力以及未来的盈利能力，是衡量公司财务状况的一项重要指标。合理的资本结构可以降低公司的融资成本，有效发挥财务杠杆的调节作用，使公司获得更大的自有资金利润率。反映公司资本结构的指标主要有资产负债率、股东权益比率、长期负债比率、股东权益与固定资产比率等。

第四，经营效率分析。经营效率又称营运效率，主要用来衡量公司在资产管理方面的效率。经营效率分析能够反映公司各项资金周转速度的快慢，检测股票发行公司各项资金的利用效果和经营效率，衡量公司是否实现了资源的优化配置。反映公司经营效率的指标主要有存货周转率和存货周转天数、应收账款周转天数、流动资产周转率、固定资产周转率、总资产周转率、股东权益周转率以及主营业务收入增长率等。

小思考 6-7

为什么说财务杠杆加大了股东收益的风险？

提示：适当的财务杠杆，可以增加股东收益；反之，则会降低股东收益。

相关链接6-2　　苏宁电器股份有限公司基本面分析

1.公司在行业中的竞争地位分析：公司作为国内家电连锁经营行业龙头，是我国最大的家用电器专营连锁经营企业之一，在行业内的地位突出，具备一定的竞争优势，其销售终端网络强大。

2.公司管理能力分析：经过近20多年的发展，苏宁已经在企业管理、后台建设、人才储备、店面开发等各个领域积累了扎实的基础，苏宁电器已经实现行业全面领跑，不断创新模式，引领行业未来发展的趋势和方向。

3.公司发展战略分析：除了在国内做好一二线市场精耕细作外，还到县城和发达的乡镇去开店，满足三四线市场家电消费需求。在国外，注重"引进来"的同时"走出去"，吸收国外先进经验，加快海外连锁布局的步伐。

4.公司经营分析：第一，内生式增长仍将延续，伴随苏宁行业龙头地位的巩固和经营模式的转变，公司的毛利率有较大提升空间；第二，外延式扩张空间广阔，未来三四线市场的扩张将成为公司新的增长点；第三，家电零售行业的市场集中度有待提升，我国家电零售行业的市场集中度仅为22%（欧美、日本等国达到80%）；作为行业龙头公司，未来不排除公司继续收购其他家电零售企业的可能。

资料来源：佚名. 苏宁电器股份有限公司基本面分析［EB/OL］.［2020-05-06］.https：//wenku.baidu.com/view/460bf86d0129bd64783e0912a216147916117ef9.html.

6.2　技术分析

所谓技术分析，是指直接对证券市场的市场行为所做的分析，是通过对市场过去和现在的行为，应用数学和逻辑方法归纳总结其典型规律，并据此预测市场价格的未来变化趋势的分析方法。它是一种广泛应用在证券市场中的分析工具，也是一种基本技巧和专门学问。

6.2.1　技术分析的基本假设

技术分析理论建立在查尔斯·道的三个基本假设基础之上：

（1）市场行为涵盖一切信息。投资者的行为是由自己对证券市场的各种影响因素（内在的和外在的）做出的判断决定的，因此影响证券价格的每个因素都反映在市场行为中。在价格分析中，不必过多地关心影响证券价格的因素具体是什么，只要研究市场的交易行为就可以了。这是技术分析的基础。如果不承认这一点，技术分析的任何结论都是无效的。

（2）价格沿趋势移动。趋势是技术分析中的一个重要观念。证券价格的变动是按一定的规律进行的，证券价格有保持原来运动方向的惯性，即价格以趋势演进。根据物理学中的动力法则，趋势的运行有一定的持续性，直到产生反转为止。因而在技术分析中，只要能够确定目前的价格运动趋势和反转的基本征兆，就可把握合适的交易时机并获利。这一假设是技术分析最根本、最核心的因素。

（3）历史会重演。该假设是从人们的心理因素方面考虑的，投资者的行为必然受人类心理学中某些规律的制约。在某一场合，如果一个人得到某种结果，那么下次在同样或类似的场合出现时，他就会认为会有相同的结果，就会采用相同或相反的操作，因而根据过去的价格变动方式，发现有规律的价格图形，整理有效的操作原则，就可以找到有利的交易时机。

小思考6-8

你认为“历史会重演”的假设合理吗？

提示：有一定的合理性。投资者的获利动机不会随着时间改变，因而人们的交易行为会趋于一定的模式，从而导致历史重演。

6.2.2 技术分析的基本要素

技术分析其实是对价、量、时间以及空间四者关系的分析。价，即过去和现在的成交价，通过价格的变化可以反映市场行为的基本变化。量，即过去和现在的成交量，成交量从另一角度反映出过去和现在的市场行为。时间，即价和量变化的时间。时间在研判行情中也有着很重要的作用，趋势本身就包含着时间的因素，一个趋势总会延续一定的时间，有些理论如循环周期理论、江恩理论重点关心的就是时间因素，强调时间的重要性。空间，即空间的大小。从某种意义上来讲，空间是价格的一个方面，它用来反映价格所能达到的极限。

在技术分析的四个要素中，价和量是最基本的要素。这是因为价和量是市场行为的最基本的表现。价和量，即过去和现在的成交价和成交量，涵盖了过去和现在的市场行为。技术分析就是利用过去和现在的成交量、成交价资料，以图形、形态、指标等方法来分析、预测未来的市场走势。

相关知识6-2　　技术分析的优缺点

技术分析大多数为短线投资服务，有着自己独特的优势，下面我们就来一一盘点。

第一，缩短持股周期。与基本分析相比，技术分析进行交易的见效快，获得利益周期短。

第二，把握市场强势热点。由于技术分析大多数为短线投资服务，投资者在买入后希望短期能够获得收益出局，博取短期的价差，因此一些分析强势个股上涨的技术方法被大多数投资者所喜爱，通过技术上的分析，投资者能够经常捕捉到市场上的强势热点。

第三，热点题材的挖掘。市场瞬息万变，每天市场都在多种因素的影响下进行波动。为了解决市场波动对短线投资造成的影响，投资者往往会深挖短期技术分析来解决这些问题。比如，研究短期题材的热点方向和短期市场波动的方向等，能够充分把握市场每天的影响因素。

要用综合的思维方式来认识技术分析，在认识技术分析的优缺点的时候，要辩证地看待。矛盾的统一性和斗争性造成了技术分析方法的优缺点在某个阶段是可以相互转换的。在中长线投资中就能够发现技术分析在投资上的矛盾，下面我们来具体解释其缺点。

第一，错过一些大牛股。技术分析大多数在乎短期的波动，而且股价后期是否能够再次上涨，技术分析无法解决，以贵州茅台为例，该股处于长期上涨阶段，在每天回调和下跌过程中技术面都给出了卖出的观点，一旦卖出将会错过该股后期更大的上涨空间。

第二，造成追涨杀跌的情况。在技术分析上，我们选择的标的往往是市场的强势股和活跃股，如果强势股突破只是为了出货，或者个股活跃只是为出货做准备。一旦我们追涨买入，可能出现大幅度的亏损，特别是个股技术性破位，不得不卖出。

资料来源：作者根据相关资料整理所得。

6.2.3 道氏理论

道氏理论由查尔斯·道创立，经威廉·P.汉密尔顿继承与发展而形成，是技术分析的鼻祖，也是受到众多人士尊重的、最为著名的技术分析理论。道氏理论建立在查尔斯·道发明的股市平均价格，即工业股价指数和运输业股价指数的基础上，适合股票投资分析，但是其绝大部分理论即使在期货市场也游刃有余。

道氏理论按照价格运动的不同特征把价格运动区分为基本趋势（主要趋势或长期趋势）、次要趋势（或中期趋势）和小趋势（或短期趋势）三种（如图6-2所示）。

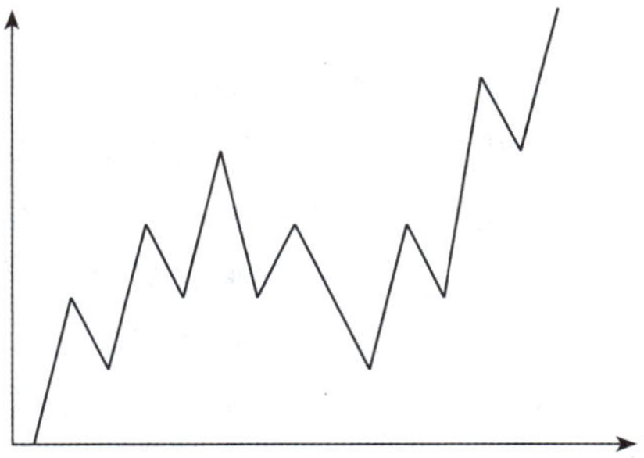

图6-2 多头市场的基本趋势、次要趋势和小趋势

1）基本趋势

基本趋势是大规模的、总体上的价格运动。基本趋势的持续时间在一年以上，决定市场价格的基本走向。基本趋势包括两种类型：一是长期上涨趋势，形成多头市场（牛市）。其特点是股价平均数的波动，一峰比一峰高，即股价平均数的新高峰应高于前一个高峰，新谷底也应高于前一个谷底，形成长期上涨走势。二是长期下跌趋势，形成空头市场（熊市）。其特点为股价平均数的波动，一谷比一谷低，即股价平均数新谷底应低于前一个谷底，新高峰也应低于前一个高峰，形成长期下跌走势。汉密尔顿认为，多头市场的平均长度约为25个月，而空头市场的平均长度大约为17个月。

2）次要趋势

次要趋势是基本趋势演进中产生的重要的“回撤”，即长期上涨趋势中的中级回调或长期下跌趋势中的中级反弹。次要趋势持续时间一般为3周~3个月。次要趋势对基本趋势进行修正，但不改变价格行进的基本方向，价格回撤的幅度一般为基本趋势的1/3~2/3。

3）小趋势

小趋势是非常简短的价格波动，促使中期趋势频繁波动。小趋势的持续时间一般少于三周，通常为几天。由于短期股价波动持续时间比较短且容易受人为操纵的影响，因此其趋势分析的意义不强。

根据道氏理论，在证券投资中，投资者可以在多头市场形成时买入证券，在空头市场形成时卖出证券。而多头市场中的中期回档是投资者加码买进的好时机，空头市场中的中期反弹则是投资者进一步抛空的好时机。

相关知识 6-3　　道氏理论的三个核心思想

道氏理论有三个核心思想，即三重运动原理、相互验证原则和投机原理。

1. 三重运动原理

在三重运动原理中，道氏将市场的走势分为三种运动，即基本运动、次级运动以及日常波动。市场的基本运动是可以被预测的，预测次级运动很容易被欺骗，而日常运动是随机的，是不可预测的，因此市场的主体趋势是可以被预测的，而每一个价格的波动时间和位置又是测不准的。必然中有偶然，偶然中又有必然，这是一种辩证的思维方法。

2. 相互验证原则

相互验证原则，是指通过相关性来验证结论的正确性，通过认识市场以及再认识市场，不断重复理论与实践的循环来验证市场与我们的预测之间的关系。用验证来说明预测的准确性，并非仅仅依靠一个指标或一个工具将市场的预测绝对化。

道氏理论所指的相互验证原则并非现象间简单的验证，它既是指不同相关制约要素间的相互验证关系，也是指不同要素、不同指标间的相互验证。对此，投资者应该进行准确的理解。二者的制约因素不同，但是又有较强的相关性，这是相互验证原则成立的必要条件。相互验证原则是十分重要的，它贯穿于市场分析的始终。

3. 投机原理

所谓投机，就是我们的预期是否能够在市场中得到体现，可以说市场中已经包含了我们对市场的预期，我们的预期是市场中不可分割的组成部分，因此投机也是市场的成分之一。可以这样说，市场之所以可以被预测正是由于我们在预测市场，所以预测就是我们在预测我们的预测，以个体来对群体行为进行预测。因此，我们和我们预测的市场是对立统一体。

资料来源：作者根据相关资料整理所得。

小思考 6-9

如何理解各类趋势之间的关系？

提示：根据道氏理论对价格波动的划分及其相互联系，价格的运动如同海水的运动，基本趋势犹如海潮，次要趋势犹如海浪，小趋势犹如微波。潮起潮落，海浪寄于海潮之中，微波寄于海浪之中。

6.2.4 图形分析

1）K线理论

K线，又称蜡烛线、日本线，据说起源于200多年前的日本米市交易中，后用于证券市场，成为技术分析中的重要方法。

证券价格的变动主要表现在四个价格上，即开盘价、最高价、最低价和收盘价。K线就根据这四个价格而绘成。K线是一条柱状的线条，由影线和实体组成。实体是开盘价和收盘价构成的矩形体，而影线则是最高价、最低价分别与实体的垂直连线。影线在实体上方叫上影线；反之，叫下影线。实体分为阳（红）线（如图6-3所示）和阴（黑）线（如图6-4所示）两种。当收盘价高于开盘价时，实体涂为白色或红色，称为阳线；反之，则实体涂为黑色，称为阴线。

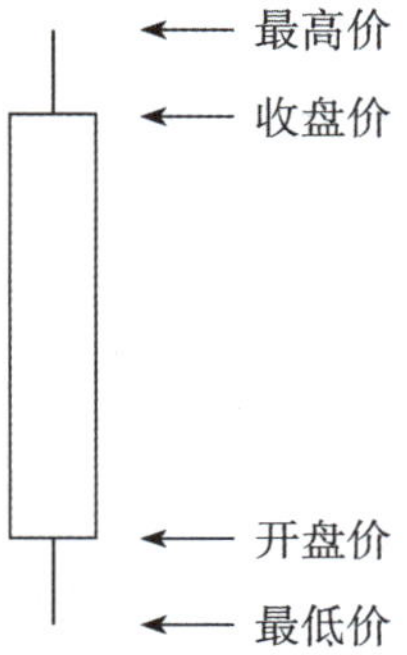

图6-3　阳线

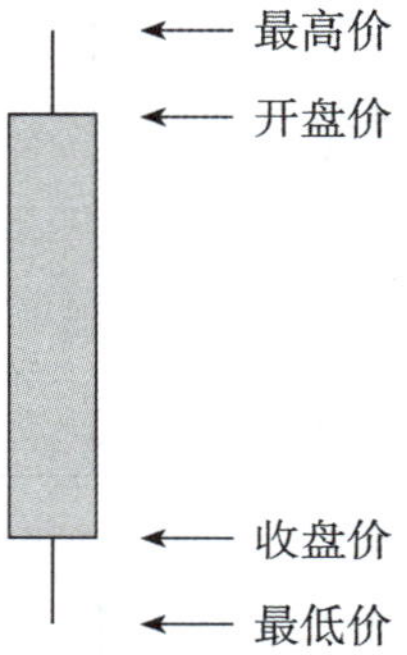

图6-4 阴线

在价格分析中，需要了解每一种K线的基本含义。一般而言，K线可以形象地反映买卖双方的力量对比关系：阳线反映买方占有优势，实体越大，说明买方的力量越强大；阴线反映卖方占有优势，实体越大，说明卖方的力量越强大。影线则反映出买卖双方短兵相接的情况：上影线说明实体上方卖压的情况，上影线越长，说明上档卖压越重；而下影线则反映实体下方买盘支撑的基本情况，下影线越长，说明下档的支撑越强。

一条K线记录的是某种证券某一时间段（如一天）的价格变动情况，把K线按时间顺序排列在一起，就组成了K线图。按时间单位的不同，K线图可分为分时图（如5分钟K线图、30分钟K线图等）、日线图、周线图、月线图等。在短线分析中常用5分、15分、30分和60分K线图；日常分析中常用日线、周线和月线。利用K线图能够更好地判断证券价格的变化趋势。

利用K线研判行情时，需要注意：K线仅仅是多空双方斗争的形象描述，其意义是相对的，不能绝对化；应尽可能使用较多的K线，以提高准确性，同时要结合次日价格具体走势来研判。

2）切线分析法

所谓切线，是指按一定方法和原则在根据证券价格数据所绘制的图表中画出一些直线。分析中可根据切线的情况来推测价格未来变动趋势。常用的切线有支撑线与阻力线、趋势线与轨道线、黄金分割线、百分比线等，下面主要介绍其中三种。

（1）支撑线与阻力线

支撑与阻力的分析是趋势分析的重要基础，也是形态分析中不可或缺的内容。

在价格的运动中，经常可以观察到这样的现象：在价格的下跌过程中，当价格下跌到某一个价位时，就会出现比较大的买入力量，这种力量可以暂时或者在相当长的时间内阻止价格继续下跌，这就是支撑；同样，在价格上涨的过程中，当价格上涨到某一个价位时，就会出现比较大的卖出力量，这种力量可以暂时或者在相当长的时间内阻止价格继续上涨，这就是阻力。

在技术分析中，把能够暂时或长期阻止价格继续下跌甚至使价格回升的价格线称为支撑线或抵抗线；而把能够暂时或长期压制价格继续上涨甚至使价格回落的价格线称为压力线或阻力线，如图6-5和图6-6所示。

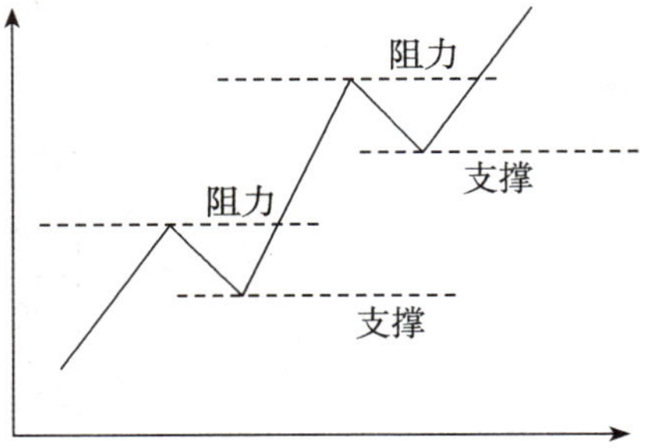

图6-5　上升趋势中的支撑线与阻力线

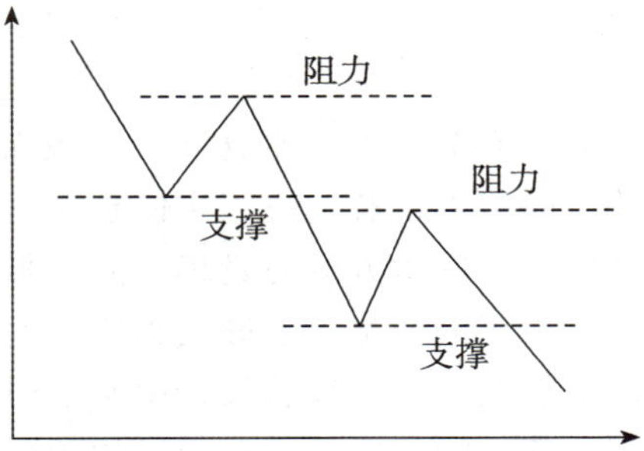

图6-6　下降趋势中的支撑线与阻力线

在价格运动中，支撑线与阻力线的作用表现在两个方面：一是暂时阻止股价向某一方向继续运动，此时趋势未发生根本变化；二是彻底阻止股价向原方向继续运动，此时趋势已逆转。

支撑与阻力的作用是相对的，无论一条支撑线或阻力线的重要性如何，它不可能一直有效。在上升趋势中，阻力线不断被突破，而在下降趋势中，支撑线不断被突破。当支撑线或阻力线被有效突破时，支撑线或阻力线的支撑与阻力的作用就会相互转化，即阻力线变为支撑线，支撑线变为阻力线。

值得注意的是，支撑线之所以具有支撑作用，很大程度上是由投资者的心理因素、持仓成本等决定的。

（2）趋势线

趋势线是技术分析中，通过两个高峰或低谷而连成的直线。通过上升趋势中的两个依次提高的低点的直线就是上升趋势线；反之，通过下降趋势中的两个依次降低的高点的直线就是下降趋势线，如图6-7和图6-8所示。

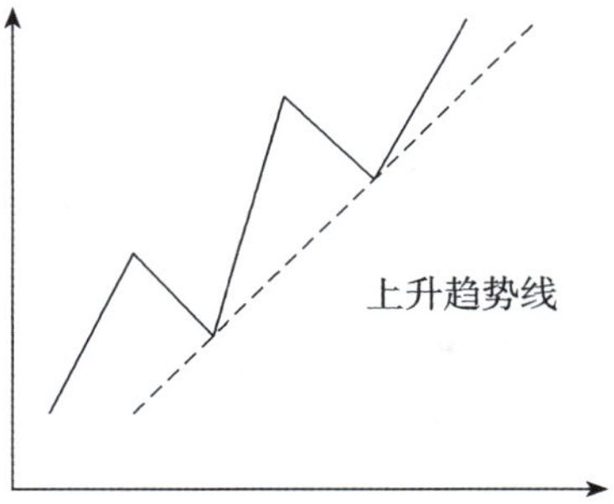

图 6-7　上升趋势线

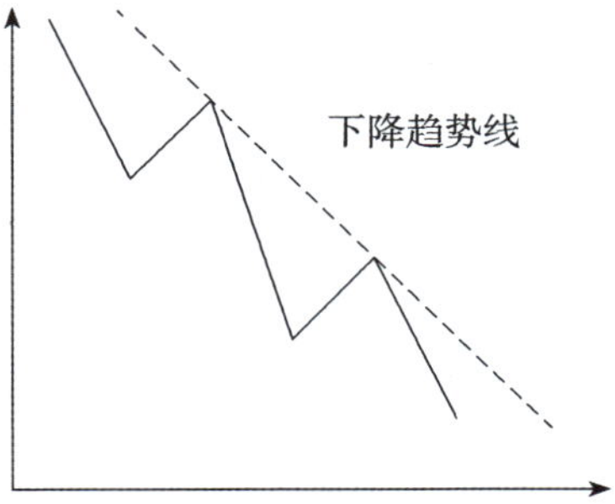

图 6-8　下降趋势线

小知识 6-3　趋势线的支撑作用和阻力作用

上升趋势线属于支撑线，发挥支撑作用；而下降趋势线属于阻力线，具有阻力作用。趋势线被击穿后，其作用将发生转化，即上升趋势线被突破后，发挥阻力作用；而下降趋势线被突破后，发挥支撑作用。趋势线被击穿后，如果并非有效突破，则仅仅是对原有趋势进行必要的修正；如果趋势线被有效突破，则趋势可能发生反转。

相关知识 6-4　趋势线的画法

1. 首先必须找到两个高低水平不同并有一定间距的高点（或低点），并由此试探性地画出下降（或上升）的直线。

2. 如果是画上升支撑线，则价格离第二个低点要有一定的距离，当接近或超过前一阻力位时，趋势线才可以被认可。画下降阻力线的情况则相反。第三个低点（或第三个高点）的出现则是对趋势线有效性的验证。

3. 价格变动的速率可能会加快或放慢，幅度可能会扩大或缩小。在一些情况下，趋势线应随之作相应的调整，以便使趋势线尽可能适应现期的价格变化。

4. 扇形图。当趋势线在同一原点时，作不同斜率的调整，并保留原有的趋势线，则会形成由多根支撑线（或阻力线）构成的扇形图。

5. 同向双线图。依次上升的阻力位也可以连成一条上升的直线，这条线被称为管道线，同样依次下跌的支撑位也可以连成一条管道线。管道线和基本趋势线一起可组成数种具有特殊意义的价格形态。

6. 三角形图，即逆向双线图。在股价线图上同时画出上升趋势线和下降趋势线，这两条趋势线就会构筑一类基本的价格形态：三角形图。

资料来源：作者根据相关资料整理所得。

小思考 6-10　　如何判断趋势线的有效性？

提示：在分析中，一般可以根据趋势线被触及的次数、趋势线的斜率以及决定趋势线的两个价格点间的时间跨度来判断趋势线有效性的大小。

3）形态分析法

价格的运动主要表现为动态的平衡过程，即平衡→打破平衡→新的平衡→再打破平衡→再寻找新的平衡。在技术分析中，形态就是具有某些特定含义的价格运动的图形或构造。因为价格的运动过程主要是保持平衡的整理过程和打破平衡的突破过程，所以归纳起来，形态主要分为整理形态和反转形态两大类型。

（1）整理形态

整理形态，又称盘整，是指价格大幅度上升或下跌过程中，多空双方暂时取得平衡，价格行进略作停顿的一种价格形态。形态完成后，价格会继续向着原来的方向演进。比较常见的持续整理形态有三角形、旗形、矩形等。

①三角形形态。三角形是最常见的整理形态之一。在价格上涨或下跌过程中，有时会出现反复或者停滞的现象，使得价格振幅越来越小，把K线的高点与高点相连，低点与低点相连，做两条趋势线并延伸至交点，两条趋势线就会呈现三角形状态，即一定时间内价格运行在一个三角形区域之中。较为典型的三角形有对称三角形、上升三角形、下降三角形、扩散三角形等。

对称三角形，如图 6-9 所示，又被称为“敏感三角形”，其形成过程具有以下特征：第一，价格变动区域从左至右由大变小、由宽变窄，且一个高点比一个高点低，一个低点比一个低点高，价格的波动范围越来越小；第二，价格形态内的成交量，随着股价的波动从左至右而逐渐减少；第三，当价格发展至形态的尾端时，其价格波动幅度及成交量显得异常萎缩及平静，但这种平静不久便会被打破，价格及成交量都将会发生变化。在三角形形成过程中，由于多空双方逐渐占领对方空间，且力量均衡，形态为盘整形态，无明显的价格方向，只有在价格形态完成后，投资者才能进场跟进。

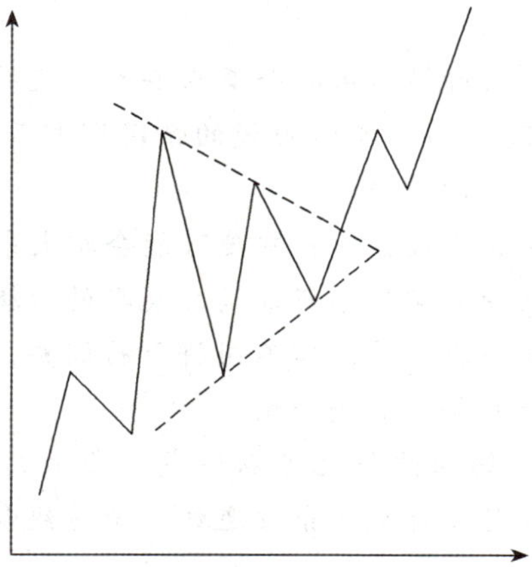

图 6-9　上升途中的对称三角形

上升三角形形态，如图6-10所示，顾名思义，产生于上升趋势中，且有较强的上升趋势。从形成过程来看，多方占优，空方较弱，多方的强大买盘逐步将股价的底部抬高，而空方能量不足，只是在一水平趋势线上做抵抗。在K线图中，将低点与低点相连，会出现由左至右上方倾斜的趋势线，而高点与高点相连的趋势线却基本呈水平状态。上升三角形形态形成过程中，成交量从左至右呈递减状态，但是当它向上突破水平趋势线时，必须要有大成交量的配合，否则可能是假突破，将会出现盘整的格局。

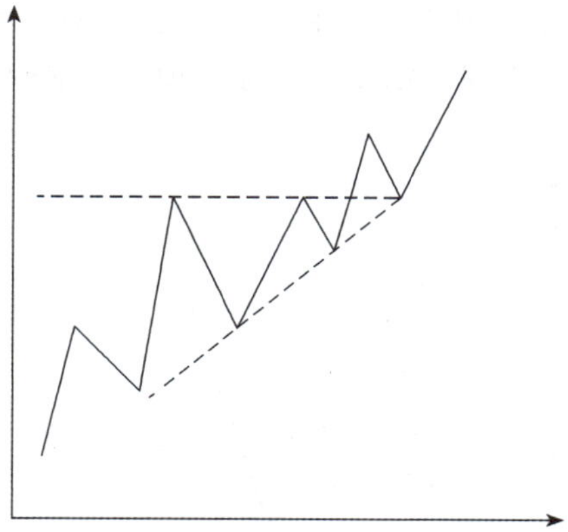

图6-10　上升三角形

下降三角形形态，如图6-11所示，该形态形成于下降趋势中，属于弱势盘整，卖方显得较积极，抛出意愿强烈，不断将股价压低，从图形上造成上面的那条趋势线从左向右下方倾斜，而买方只是将买单挂在一定的价格上，形成一条水平状的趋势线，从而在K线图中形成类似直角三角形的形态。在下降三角形形态形成过程中，成交量也呈现由左至右逐渐递减的状态，但与上升三角形不同，在价格向下突破水平趋势线时，并不需要大成交量的配合。

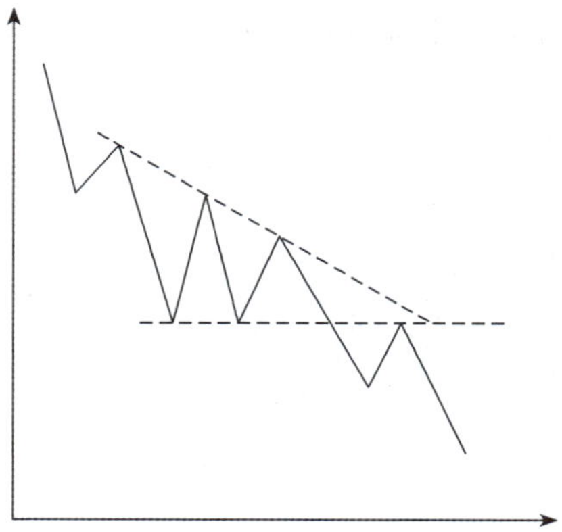

图6-11　下降三角形

在三角形形态中，形态确立时的突破点比较关键。一般来说，在三角形斜边的2/3处突破时，突破后的涨跌力度会较大；如果在三角形尾端才突破，则其突破后的涨跌力度会大打折扣。三角形形态确立后，从突破点算起，后市上涨或下跌的幅度通常至少为三角形底边的距离。

②旗形形态。旗形属于多空双方力量对比极度失衡情况下出现的一种盘整态势，一般

出现在快速的上涨或下跌趋势中。所谓旗形，顾名思义，在K线图中，其形态好像一面挂在旗杆上的旗子。旗形分为上升旗形和下降旗形。

上升旗形产生于极端多头市场中，如图6-12所示。在极端的多头市场中，价格大幅攀升，形成一段类似“旗杆”的价格形态，然后开始进行整理，形成一个短期内的下降通道，即整理中会形成两条从左向右下方倾斜的趋势线，组成类似于平行四边形的“旗面”。在形态形成过程中，成交量呈递减趋势，但由于属强势整理，因此成交量不会过度萎缩，经过一段时间的整理后，伴随着大的成交量向上有效突破上面的趋势线，形态确立。上升旗形形成后，股价会出现大幅度的上涨，理论上涨幅度从突破点算起，至少将达到旗杆的价差。

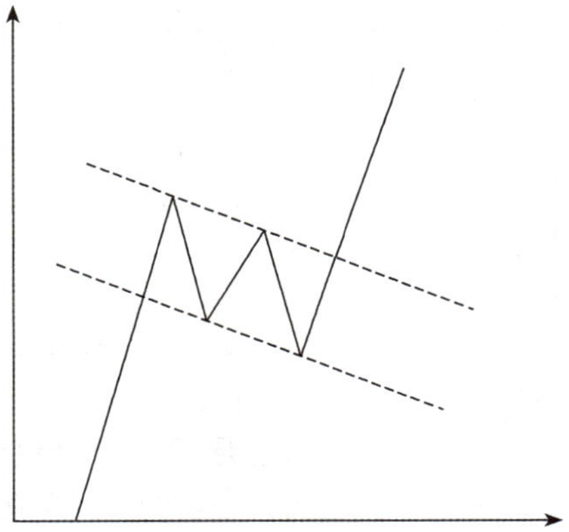

图6-12　上升旗形

下降旗形形成于极端空头市场中，如图6-13所示。在极端空头市场中，价格经过一轮大幅度下跌，形成旗杆，然后进行强势整理，价格运动轨迹形成从左向右上方倾斜的平行四边形，构成旗面，也可看作短期内的上行通道，但在大成交量的伴随下突破下面的趋势线，价格大幅跌落，形态确立。下降旗形形成后，理论下跌幅度从突破点算起，将达到旗杆的价差。

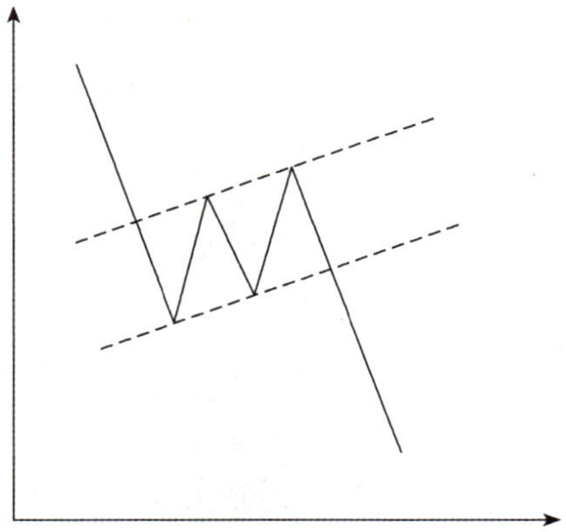

图6-13　下降旗形

③矩形形态。矩形形态又称箱形整理，是一种比较标准的横向盘整形态。

在价格演进的过程中，每一次上涨，总是在同一位置遭到空方的抛压而回档；而每一次回落，也大约在同一位置获得多方的支撑而反弹，连接每一次的反弹高点形成一条发挥阻力作用的水平趋势线，连接每一次回档的低点形成另一条具有支撑作用的水平趋势线，两条趋势线形成矩形或箱形，在一段时间内，价格在箱体中波动，如图6-14所示。在矩形整理过程中，成交量随着时间的推移而减少，呈递减状。整理结束时，如果向上突破，需要有大成交量的配合，若向下突破时，成交量没有放大也不影响突破的效果。矩形整理形态一般出现在股价上涨或下跌的途中。形态确立后，理论上的上涨或下跌的幅度从突破点算起，为箱顶与箱底的垂直距离。

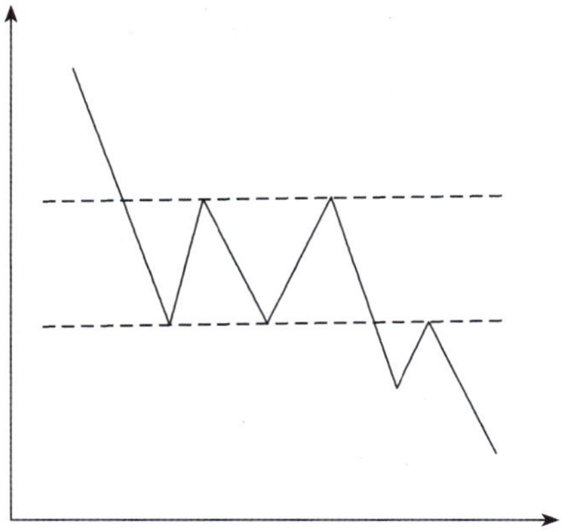

图6-14　下降趋势中的矩形整理形态

（2）反转形态

同整理形态不同，反转形态出现在价格上涨或下跌的末期，形态的出现往往意味着上涨或下跌行情即将告一段落，新一轮下跌或上涨行情即将开始。比较典型的反转形态有双重形态、头肩形态和圆弧形态等。

①双重形态。双重形态分为双重顶形态和双重底形态两种。双重形态属于常见的反转形态，发生于价格波段涨跌的末期。

双重顶形态如图6-15所示，其价格走势与成交量变化犹如英文字母“M”，又称“M头”，属于一种头部盘整形态。双重顶始于一个上升趋势中，市场在A点确立了新的高点，通常其交易量也有所增加；然后，价格回调至B点，成交量同步减少，受上升趋势线支撑止跌回升，趋势进展良好，但是在下一轮的上涨中成交量虽有所放大，但未超越A点的成交量，因而价格抵达了C点后，无力穿越前一个高点——A点；然后，价格又开始下跌。价格首先击穿了上升趋势线，然后又有效突破了通过B点的水平线——颈线，形态确立。

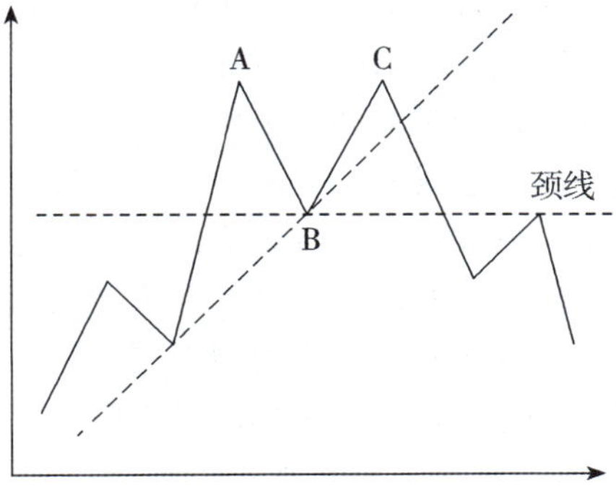

图6-15　双重顶形态

在双重顶形态形成过程中，左边高点位置的成交量为最大，而下跌后成交量萎缩，待价格回升创新高时，成交量会增加，但无法超越左边高点位置的成交量，呈典型的价量背离态势。颈线属于支撑线，在价格二次回跌至此并突破时，不需要大的成交量的配合。从理论上而言，双重顶形态确立后，从突破点算起，价格至少要跌到与形态高度相同的距离。

双重底形态如图6-16所示，它是双重顶形态的颠倒，其走势外观与成交量变化如英文字母“W”，因而也称“W底”，属于一种底部整理状态。双重底形态始于一个下跌趋势中，交易量有所萎缩，市场在A点确立了新的低点；然后，价格回升至B点，成交量有所放大，受下降趋势线阻挡而回跌，但是在这一轮的跌势中成交量迅速萎缩，可能出现低于A点的成交量，因而价格抵达了C点后，无法创出新低；而后价格又一次上涨，成交量明显放大，首先击穿了下降趋势线，然后又有效突破了通过B点的水平线——颈线，形态确立。

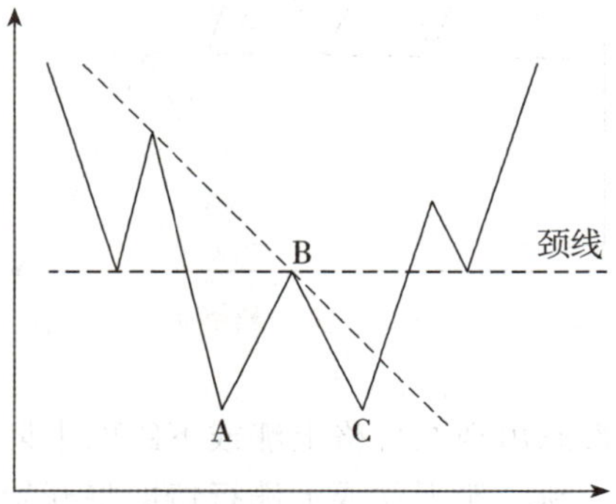

图6-16　双重底形态

在双重底形态形成过程中，成交量的变化与双重顶正好相反，自左向右成交量呈现不断放大的趋势。颈线属于阻力线，在价格二次上升至此并突破时，必须有较大的成交量的配合。从理论上而言，双重底形态确立后，从突破点算起，价格至少要涨到与形态高度相同的距离。

②头肩形态。头肩形态是出现较多而且相对比较可靠的、较为著名的一类反转突破形态。这种形态一般出现三个顶或底，中间的高点（或低点）叫作头部，两侧的相对较低（高）的高点（或低点）叫作肩，故称头肩形态，包括头肩顶和头肩底两种形态。

头肩顶形态如图6-17所示，始于一个上升趋势中，价格在创出新高后，遇到阻力回调，形成左肩；回调缩量，止跌回升，成交量异常放大，因而创出新高，形成头部；随后开始回调，有效突破了上升趋势线，在前一次谷底附近止跌反弹，反弹中成交量放大不明显，通常价格在上升趋势线附近遇到阻力转而下跌，形成右肩；价格下跌过程中有效突破了通过前两次回调所形成的谷底的连线——颈线后，形态确立。

在头肩顶形态形成过程中，成交量也呈现明显的头肩形态，即头部位置的成交量为最大，左肩和右肩的成交量相对较小，右肩的成交量和头部相比明显萎缩，因而难以创出新的高度。颈线属于支撑线，被有效突破后，头肩顶形态确立，价格开始下跌，从理论上而言，从突破点算起，价格至少要跌到颈线与头部的垂直距离。

头肩底形态如图6-18所示，它是头肩顶形态的颠倒。头肩底形态始于一个下跌趋势中，交易量有所萎缩，市场在创出一个新的低价后，开始反弹，左肩确立；价格反弹到下

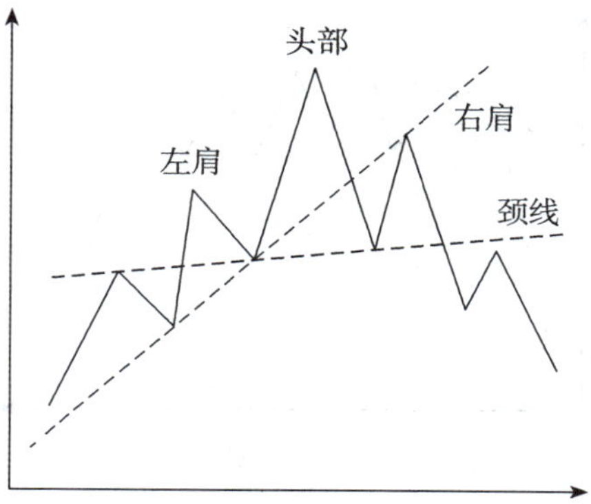

图 6-17　头肩顶形态

降趋势线附近遇阻继续回落，成交量继续减少，创出新低，开始反弹，头部确立；反弹过程中成交量有一定的放大，价格突破了下降趋势线，在前一次反弹的高点附近遇到阻力转而下跌，但是在左肩附近遇到支撑止跌回升，形成右肩；在价格回升过程中成交量明显放大，有效突破了颈线，形态确立。从理论上而言，形态确立后，从突破点算起，价格至少要涨到颈线与头部的垂直距离。

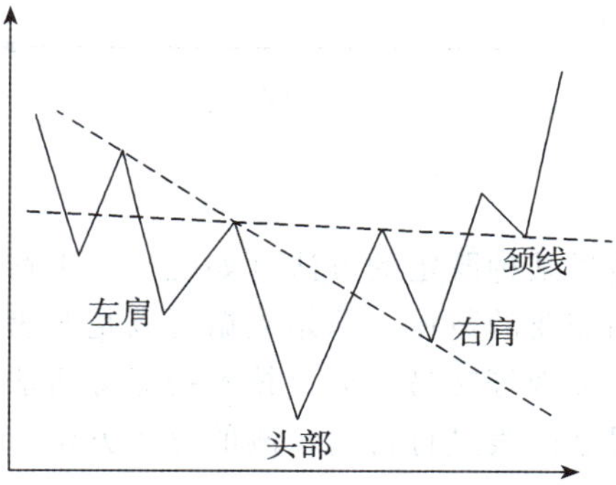

图 6-18　头肩底形态

③圆弧形态。圆弧形又称碟形、圆形，常出现于交易投资清淡的品种中，耗时几个月甚至更久，因此具有相当大的能量，这种顶（底）部通常就是中长期顶（底）部。圆弧形态也分为圆弧顶与圆弧底两种形态。

圆弧顶形态如图 6-19 所示，形成于一段长期的上涨之后。由于买气不足，无法继续上行，多头主力不能快速出逃大量获利筹码，因此将价格暂时维持在一个稳定的状态，一面护盘一面出货，价格经过这一段长时间的横向波动后，在K线图中，便形成了圆弧顶形态。在圆弧顶形态形成过程中，成交量也呈现圆弧状变化，即初期和末期较多而中间较少。圆弧顶形态形成后往往会展开急速的下跌行情。

圆弧底形态如图 6-20 所示，形成于价格长期下跌之后。由于空方的抛压逐渐消失，短时间内多头也难以汇集买气，价格无法上涨，只能停留在底部长期休整，以恢复元气，行情呈极弱势。此时，空头不愿意平仓，多头也不愿意介入，价格陷入胶着状态，成交量逐步萎缩；经过较长时间后，由于价格比较低，某些有心的市场主力开始耐心地买入，成交量又开始逐步放大。圆弧底形态形成后，往往会出现急速的上涨行情。

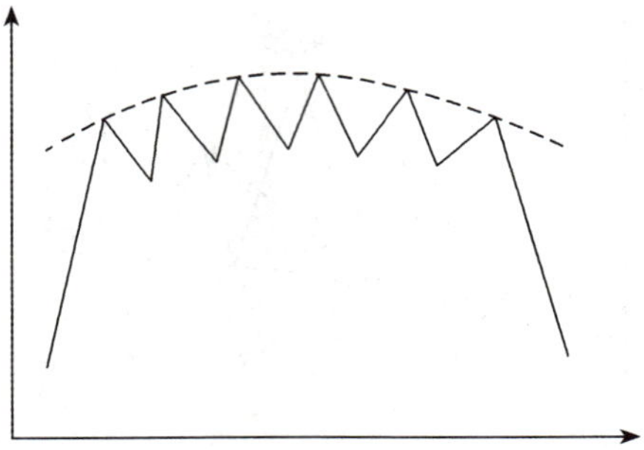

图 6-19 圆弧顶形态

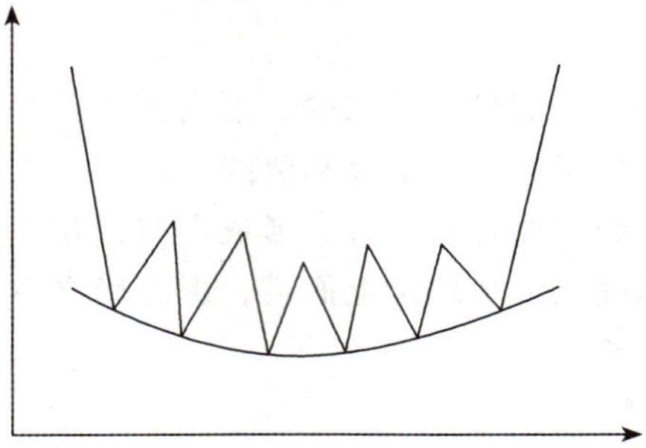

图 6-20 圆弧底形态

6.2.5 技术指标

所谓技术指标，就是通过某种既定的方法（如统计、平均等）对全部或部分原始数据进行变形和整理加工，得到需要的数据。原始数据可以是开盘价、最高价、最低价、收市价、成交量、持仓量、成交金额等交易数据。技术指标分析法就是根据这些指标数据或者将这些数据绘成图表后，根据图表进行行情预测的分析方法。技术指标分析在技术分析中占据重要地位。

1）移动平均线

移动平均线（moving average）属于趋势跟踪指标，是技术分析中最为流行的一种工具。移动平均线是通过对一定时间的收盘价进行算术平均得到平均数，然后绘制成的曲线。其计算公式如下：

$$MA(n)=\frac{c_1+c_2+c_3+\cdots+c_n}{n}$$

式中：MA——移动平均数；n——移动平均周期；c_n——第 n 日收盘价。

移动平均数是以某日数为基础周期，当新的数据加入后，则剔除基期中最前一个的数据。收盘价的取值区间有分钟、小时、日、周等。计算中样本个数便是移动平均线的参数，根据参数不同，移动平均线有短期、中期和长期之分，但具体标准因人、因市而异。

移动平均线最基本的思想是消除偶然因素的影响，此外还具有市场平均成本的含义，可以过滤或消除价格波动的噪声。分析中，利用移动平均线判断买卖点的基本原则是葛兰威尔法则。其主要内容包括：

（1）买入信号。当平均线从下降逐渐转为水平，价格从平均线的下方向上移动并突破平均线时；当价格连续上升远离平均线之上时突然下跌，但未跌破平均线便又上升时；价格跌破平均线后急速暴跌，远离平均线，造成超卖，价格有所回升时。

（2）卖出信号。当平均线走势由原先的上升逐渐走平且弯曲向下，而价格又从平均线的上方向下突破平均线时；当价格急速上升，在平均线上方移动且距平均线越来越远，涨幅很大时；当价格连续暴跌远离平均线之下时突然反弹靠近平均线，但还未突破平均线便又回落时。

相关知识6-5　　移动平均线的优劣势

移动平均线的优势为：

（1）移动平均线可以帮助投资者判断卖出和买入的信号。当价格有效跌破移动平均线时，为卖出信号；当价格有效突破移动平均线时，为买进信号。

（2）移动平均线可以简单快捷地呈现出价格波动的大体趋势。

移动平均线的劣势为：

（1）单单依靠移动平均线的买入信号和卖出信号，投资者不容易准确地做出卖出或者买入的操作，通常情况下，移动平均线需要和其他技术指标相结合使用。

（2）当市场行情正处于盘整的局势时，移动平均线所反映出的卖出、买入信号会频繁出现，而这时也是投资者最容易“上当受骗”的时候。

（3）移动平均线的变动较为缓慢，投资者很难简单、方便地把握价格的低谷或高峰，就长期移动平均线而言，这种劣势更为明显。

资料来源：作者根据相关资料整理所得。

2）随机指标

随机指标（简称KDJ指标）最早起源于期货市场，由乔治·莱恩首创，它通过当日或最近几日最高价、最低价及收盘价等价格波动的波幅，反映价格趋势的强弱，综合了强弱指标、移动平均线和动量指标的优点，适合中短期投资分析。

随机指标由K值、D值和J值组成，其计算过程较为复杂，首先需计算周期（n日、n周等）的RSV值，即未成熟随机指标值，然后再计算K值、D值、J值等。其计算公式为：

$$n\text{日}RSV=(C_n-L_n)\div(H_n-L_n)\times 100$$

式中：C_n为第n日收盘价；L_n为n日内的最低价；H_n为n日内的最高价。

当日K值=2/3×前一日K值+1/3×当日RSV

当日D值=2/3×前一日D值+1/3×当日K值

当日J值=3×当日K值−2×当日D值

式中的平滑因子1/3是目前约定俗成的数字，也可以选用其他数字。

随机指标主要运用KD指标的两条曲线构成的图形关系来分析研判价格走势，这种图形关系主要反映市场的超买超卖、走势背离以及相互交叉突破等现象，从而预示中、短期走势的到顶与见底过程。随机指标运用的基本原则如下：

（1）KD指标的取值。80%以上为超买区，20%以下为超卖区。KD超过80%就应该考虑卖出，低于20%就应该考虑买入。

（2）KD指标的交叉。K值上穿D值是金叉，为买入信号，金叉的位置越低越好，最好是在超卖区的位置；K值下穿D值是死叉，为卖出信号，死叉的位置越高越好，最好是在超买区的位置。

（3）*KD*指标的背离。当*KD*指标处在高位，并形成两个依次向下的峰时，而此时价格还在不断上涨，出现顶背离，卖出；当*KD*指标处在低位，并形成一底比一底高，而价格还继续下跌，出现底背离，买入。

（4）*J*指标取值超过100%和低于0，都属于价格的非正常区域，大于100%为超买，小于0为超卖。

小知识6-4　KD指标的钝化现象

*KD*指标是一种逆势操作指标，在区间交易中往往可以灵敏地反映趋势变化的基本态势，但是在单边的强势上升或下跌行情中，往往会在高价位或低价位区域出现钝化失灵的现象，失去市场判断能力。

3）相对强弱指标

相对强弱指标（relative strength index，RSI）是最为著名的摆动指标。它是韦尔斯·王尔德首创的。*RSI*指标通过考察期内买涨的力量与卖跌的力量在市场中的强度大小来衡量价格变动趋势。*RSI*指标的计算公式如下：

$$RSI(n) = A/(A + B) \times 100\%$$

式中：A——n天中股价向上波动的幅度大小；B——n天中股价向下波动的幅度大小；n——参数，一般为5日、9日、14日等。

价格涨跌幅度显示市场的强弱，*RSI*根据一段时间内价格的变动情况，推测价格未来的变动方向。其运用的基本原则是：

（1）两条不同参数的*RSI*曲线同时使用，参数小的*RSI*曲线称为短期*RSI*，反应较为灵敏，但存在较多噪声；参数大的*RSI*线称为长期*RSI*，较为可靠，但反应较慢。短期*RSI*大于长期*RSI*，且*RSI*值大于50%，则属于多头市场；短期*RSI*小于长期*RSI*，且*RSI*值小于50%，则属于空头市场。

（2）根据*RSI*值的大小进行判断。一般将*RSI*值分成四个区间：80%～100%，超买区，市场极强，平仓卖出；50%～80%，强势区，买入；20%～50%，弱势区，卖出；0～20%，超卖区，市场极弱，回补买入。应注意，各区间的划分并无明确界线，超买和超卖的状况必须根据*RSI*值的大小、适用对象、适用时期以及价格的波动激烈程度来判断。

（3）根据*RSI*指标的背离状况来研判。当出现顶背离时，卖出；当出现底背离时，买入。

*RSI*指标属于逆市操作指标，在区间交易中较为有效，而在越强烈的单边市场中越容易钝化失效。

本章要点

本章主要介绍了股票、债券投资操作中基本分析与技术分析的含义、基本逻辑、基本原理、代表性理论、主要方法及作用。其中，重点是基本分析和技术分析的含义与方法；难点是关于技术分析指标的理解。

问题讨论

1.讨论基本分析与技术分析的区别与联系。

2.讨论道氏理论的主要原理是什么，趋势可分为几种类型。

3.根据本章所学内容，讨论如何进行股票、债券的投资操作分析。

推荐阅读

1.中能兴业. 公司基本面分析实务 [M]. 北京：地震出版社，2012.

2.普林格. 技术分析 [M]. 笃恒，王茜，译. 北京：机械工业出版社，2016.

3.全昌明. 投资最困难的事：公司基本面分析与估值 [M]. 北京：中国经济出版社，2017.

4.爱德华兹，迈吉，巴塞蒂. 股市趋势技术分析 [M]. 万娟，郭烨，等译. 北京：机械工业出版社，2020.

思考与练习

1.单项选择题

（1）关于经济周期变动与股价波动的关系，以下表述错误的是（　　）。

A.经济总是处在周期性运动中，股价伴随经济相应地波动，但股价的波动超前于经济运动，股价波动不是永恒的

B.景气来临之时一马当先上涨的股票往往在衰退之时首先下跌

C.能源类、设备类股票在上涨初期将有优异表现，但其抗跌能力差

D.公用事业、消费弹性较小的日常消费部门的股票则在下跌末期发挥较强的抗跌能力

（2）迄今为止发展最快、渗透性最强、应用关键技术最广泛的行业是（　　）。

A.信息行业　　B.钢铁行业　　C.化工业　　D.汽车业

（3）以下关于双重顶形态的描述，错误的是（　　）。

A.属于反转下跌形态　　B.量价均呈现“M”形态

C.放量突破颈线后形态确立　　D.量度跌幅为颈线到最高头部的距离

2.多项选择题

（1）每一个行业都有其自身发展的规律，但是在行业分析中必须考虑影响行业发展的因素，这些因素包括（　　）。

A.政府　　B.消费者行为习惯　　C.技术进步　　D.相关行业变化

（2）反映公司偿债能力的指标主要有（　　）。

A.负债率　　B.流动比率　　C.速动比率　　D.毛利率

（3）移动平均线具有（　　）特点。

A.趋势性　　B.助长助跌性　　C.稳定性　　D.滞后性

3. 简答题

(1) 如何进行宏观经济分析?

(2) 政府调控经济会对证券市场产生哪些影响?

(3) 什么是技术分析? 它与基本分析有何不同?

(4) 如何利用移动平均线进行买卖操作?

案例分析

主要股指全线下跌　防御优先择机布局

2018年6月8日上午，沪深主要股指低开低走，悉数跌逾1%。其中，上证综合指数开盘直接跌破5日均线，随后相继失守3 100点和10日均线；创业板指数失守5日均线，向下考验1 700点整数关口。截至上午收盘，上证综合指数报3 070.48点，跌1.25%；深证成指报10 192.87点，跌1.17%；创业板指数报1 711.70点，跌1.08%；中小板指数报7 021.61点，跌1.19%。在成交额方面，沪市半日成交883.18亿元；深市半日成交1 110.07亿元，创业板半日成交359.98亿元，均较昨日同期略有下降。

盘面上，行业指数全线下跌，蓝筹股、概念股双双熄火。在行业板块方面，家电、医药等消费板块和电子、计算机等科技板块相对抗跌，房地产、商业贸易、国防军工、农林牧渔、非银行金融等跌幅居前；在概念板块中，前期热门题材纷纷回调。

工业富联在沪市主板上市。开盘后，N工业无悬念顶格秒停涨44.01%，报19.83元/股，公司市值达到3 906亿元，超过海康威视成为A股市值最高的科技企业。作为巨无霸企业向“工业互联网”战略转型的关键之举，此次工业富联的上市，将会为中国制造业和资本市场带来新的活力。受此提振，上午富士康概念股和工业互联网概念股双双上涨。

从基本面来看，工业互联网是贯穿全年的主题投资机会，国家和地方政策以及财政补贴陆续到位，对相关企业的业务和业绩起到了良好的支持作用。

从技术面来看，目前上证综合指数、创业板指数均回落至多条短期均线下方运行，成交量持续低迷，这反映了市场观望气氛浓郁，短期市场仍处于弱势格局。

在操作策略方面，基于短期底部震荡、中期向好的判断，机构普遍认为当前应该防御优先，布局消费板块及盈利确定性高的成长板块。国信证券表示，在信用风险问题拐点没有明确出现前，继续看好医药、食品、旅游、纺服等债务负担小、现金流良好的消费板块。

资料来源：葛春晖. 主要股指全线下跌 防御优先择机布局［EB/OL］.［2018-06-08］. http：//stock.eastmoney.com/news/1407，20180608885366620.html.

问题：在实际操作中，如何结合基本分析和技术分析进行证券投资?

分析提示：基本分析侧重于选择对象，技术分析侧重于选择时机。

实践训练

本章主要讲述了股票、债券投资操作的基本分析和技术分析。为了让学生有效掌握基本分析和技术分析的方法，本章实践训练主要包括以下内容：

1.实训项目：我国经济运行与股票市场的关系。

实训目的：掌握宏观经济分析的主要原理。

实训步骤：

（1）确定反映宏观经济运行和股票市场变化的主要指标；

（2）建立宏观经济和股票市场的分析模型；

（3）分析我国宏观经济和股票市场间的关系，并与成熟市场加以比较。

2.实训项目：股票市场行情观察与分析。

实训目的：掌握技术分析的基本方法与技巧。

实训步骤：

（1）选择某一指数或者证券的日（或周、月）K线图；

（2）观察、分析这一指数或证券的走势与趋势变化；

（3）选择一种技术分析理论，试用这种技术分析理论分析与判断趋势及其变化。

第7章
证券投资基金市场

【学习目标】

- 知识目标：通过本章的学习，要掌握证券投资基金的概念、特征和分类，熟悉证券投资基金的优势和局限；了解证券投资基金市场的内涵，掌握证券投资基金发行的条件、发行的方式和发行的程序；理解证券投资基金流通市场的组织方式，掌握证券投资基金的价格及投资收益确定。
- 技能目标：通过本章的学习，在了解证券投资基金市场的内涵、基金发行条件等基础上，能够对证券投资基金市场进行有效分析。

知识结构图

- 证券投资基金市场
  - 证券投资基金的概念及类型
    - 证券投资基金的概念、特征及与其他证券的区别
    - 证券投资基金的分类
    - 证券投资基金的作用
    - 证券投资基金的优势与局限性
  - 证券投资基金的发行市场
    - 证券投资基金设立的条件
    - 证券投资基金设立的程序
    - 证券投资基金的发行
  - 证券投资基金的流通市场
    - 开放式基金的交易
    - 封闭式基金的上市及交易
  - 证券投资基金的价格及利润
    - 开放式基金申购份额、赎回金额的确定
    - 封闭式基金的价格决定
    - 基金利润分配

导入案例

中国基金业发展概况

中国基金业自诞生至今，经历了探索发展、规范发展、高速发展、徘徊发展、多元化发展五个阶段。

1.探索发展阶段。1991年10月，“武汉证券投资基金”成立，是我国第一家面向国内投资者的投资基金。1993年，人民银行总行发出紧急通知，要求省级分行立即制止不规范发行投资基金和信托收益凭证的做法，基金发展暂时停滞。

2.规范发展阶段。1997年11月，国务院颁布《证券投资基金管理暂行办法》。1999年3月，中国证监会宣布逐渐对老基金进行清理规范。2000年10月，证监会发布《开放式证券投资基金试点办法》。

3.高速发展阶段。2001年9月，华安基金管理公司成立了我国第一只开放式证券投资基金——华安创新。2005年6月，工银瑞信基金成为中国第一家由国有银行直接发起设立并控股的合资基金管理公司。2007年6月，证监会颁布《合格境内机构投资者境外证券投资管理试行办法》。

4.徘徊——阶段。2008年次贷危机，证券市场下行，公募基金规模大幅下降。2012年6月，中国证券投资基金业协会成立。

5.多元化发展阶段。2013年6月，国内首只互联网基金“余额宝”上线，6月1日，新基金法实施。2014年，《私募投资基金监督管理暂行办法》颁布，私募基金采取登记备案制。2019年，公募资金投顾业务试点开展，嘉实、华夏、易方达、南方、中欧五家基金公司获得试点资格。

据中国基金业协会统计，截至2020年12月底，我国境内共有基金管理公司132家。其中，中外合资公司44家，内资公司88家；取得公募基金管理资格的证券公司或证券公

司资产管理子公司共12家、保险资产管理公司2家。以上机构管理的公募基金资产净值合计19.89万亿元。

资料来源：前瞻产业研究院. 2020年中国基金管理行业市场现状及发展趋势分析规范化、格局化、专业化趋势明显［EB/OL］.［2021-01-25］. https://bg.qianzhan.com/report/detail/300/210125-19f10cbc.html.

这一案例简述了我国证券投资基金行业的发展历程。证券投资基金市场是金融市场的重要组成部分，是投资者可选择的重要投资渠道，对国民经济及金融的发展有举足轻重的作用。那么，证券投资基金市场是一个什么样的金融市场？它有什么特征和功能？其基本运行方式是怎样的呢？这正是本章要向大家介绍的内容。

7.1 证券投资基金的概念及类型

7.1.1 证券投资基金的概念、特征及与其他证券的区别

1）证券投资基金的概念

证券投资基金（以下简称“基金”）是指通过发售基金份额，将众多投资者的资金集中起来，形成独立财产，由基金托管人托管，基金管理人管理，以投资组合的方式进行证券投资的一种利益共享、风险共担的集合投资方式。基金所募集的资金在法律上具有独立性，由选定的基金托管人保管，并委托基金管理人进行股票、债券等分散化组合投资。

证券投资基金在美国被称为共同基金，在英国和中国香港被称为单位信托基金，在欧洲一些国家被称为集合投资基金或集合投资计划，在日本和中国台湾地区则被称为证券投资信托基金。

证券投资基金起源于英国，盛行于美国，普及于日本、德国、法国以及中国香港和中国台湾等众多国家和地区，目前已发展成为金融市场上一种具有独特功能的投资工具。

我国的基金业从1997年发展至今，走过了辉煌的历程。从最早清理规范的29只封闭式基金、总规模不足200亿元，截至2020年3月31日，全国已发公募产品的基金管理公司达140家，管理基金数量共6 359只，管理规模总计16.73万亿元。与此同时，公募基金走进千家万户，成为广大居民投资理财的重要工具。

2）证券投资基金的特征

（1）集合投资。证券投资基金是一种积少成多的集合型投资方式，是专门为中小投资者设计的投资工具。基金对投资的最低限额要求不高，投资者可以根据自己的经济能力决定购买数量，有些基金甚至不限制投资额的大小。把小额闲散资金汇成规模巨大的投资资金，取得规模效益，享有大额投资者降低成本的相对优势，解决了资本小、投资不便的尴尬，为中小投资者提供了以财生财的机会。

（2）专家理财。证券投资基金是由具有专业知识的人才进行管理的。这些基金管理人具有较好的专业知识、经验和现代化的通信设备，善于利用先进的技术手段来分析各种信息资料，制定出最佳投资组合，并对市场中价格的变化做出比较正确的预测和决策，最大

程度地避免了投资失误，从而为投资者创造出较好的投资回报。

（3）利益共享。证券投资基金收益共享，基金投资者依其所持有基金份额的多少享受证券投资基金的收益。基金管理人、托管人也按照规定收取一定的管理费、托管费，但不得参与基金收益的分配。

（4）分散风险。在投资活动中，风险和收益是并存的。个人有限的资金难以做到组合投资来达到分散风险、提高收益的目的。证券投资基金通过多元化投资组合，使风险降到最低程度。

（5）独立托管。资产托管是基金运作的基本制度。基金管理人负责基金的投资运作，但不保管基金财产。基金财产由完全独立于管理人的托管人负责保管，以确保基金资产的安全。

（6）监管严格。为确保投资者的利益，各国证券监管机构均对基金业实行严格的监管，并强制基金进行较为充分的信息披露，以便投资者了解信息和进行投资决策。

3）证券投资基金与其他基金、股票、债券的区别

（1）证券投资基金与其他基金的区别。证券投资基金与通常所说的基金在内涵和外延上都有很大区别。一般基金是指通过国民收入分配与再分配所形成的具有专门用途的基金，如财政后备基金、社会保障基金、储备基金等，上述基金专款专用，不追求投资利润；证券投资基金则是通过投资赚取利润，其目的就是投资增值，获取较高收益。

（2）证券投资基金与股票、债券的区别。一是投资者地位不同。股票持有人是公司的股东，有权参与公司的重大决定；债券持有人是债券发行人的债权人，享有到期收回本息的权利；基金份额的持有人是基金的受益人，与基金管理人和托管人之间体现的是信托关系。二是风险程度不同。一般情况下，股票的风险大于基金。对中小投资者而言，由于受可支配资产总量的限制，只能直接投资于少数几只股票，当其所投资的股票受股市下跌或企业财务状况恶化的影响时，本金有可能化为乌有；而基金的基本原则是组合投资，分散风险，把资金按不同的比例分别投于不同期限、不同种类的有价证券，把风险降至最低程度；债券在一般情况下，本金有保证，收益相对固定，风险比基金要小。三是收益情况不同。基金和股票的收益是不确定的，而债券的收益是确定的。四是投资方式不同。与股票、债券的投资者不同，证券投资基金是一种间接的证券投资方式，基金的投资者不再直接参与有价证券的买卖活动，而由基金管理人具体负责投资方向的确定和投资对象的选择。五是价格取向不同。在宏观政治、经济环境一致的情况下，基金的价格主要取决于资产净值，而影响债券价格的主要因素是利率，股票的价格则受供求关系和公司基本面（如经营、财务状况等）的影响巨大。六是投资回收方式不同。债券有一定存续期限，期满后收回本金；股票一般无存续期限，除公司破产、清算等法定情形外，投资者不得从公司收回投资，如要变现，只能在证券交易市场上按市场价格交易；投资者投资基金则要视所持有的基金形态不同而有区别：封闭式基金有一定的期限，期满后，投资者可按持有出资份额分得相应的剩余资产，在封闭期内还可以在交易市场上变现；开放式基金一般没有期限，但投资者可随时向基金管理人要求赎回。

此外，证券投资基金反映的是信托关系，股票反映的是产权关系，债券反映的是债权债务关系。

小知识 7-1　　证券投资基金与存款的区别

一是性质不同。基金是一种受益凭证，基金财产独立于基金管理人；基金管理人只是受托管理投资者的资金，并不承担投资损失的风险。银行储蓄存款表现为银行的负债，是一种信用凭证；银行对存款者负有法定的保本付息责任。

二是收益与风险特性不同。基金收益具有一定的波动性，投资风险较大；银行存款利率相对固定，投资者损失本金的可能性较小，投资相对比较安全。

三是信息披露程度不同。基金管理人必须定期向投资者公布基金的投资运作情况；银行吸收存款之后，不需要向存款人披露资金的运作情况。

7.1.2　证券投资基金的分类

构成基金的要素有多种，根据不同的标准可以划分为以下几种主要类型：

1）契约型基金和公司型基金

根据组织形式的不同，证券投资基金可分为契约型基金和公司型基金。

（1）契约型基金。它是由基金投资者和基金管理人、基金托管人订立基金合同而组建的证券投资基金。基金管理公司依据法律、法规和基金合同负责基金的经营和管理操作；基金托管人负责保管基金资产，执行管理人的有关指令，办理基金名下的资金往来；投资者通过购买基金份额，享有基金投资收益。英国、日本和中国香港、中国台湾地区的基金多为契约型基金。

温馨提示 7-1

目前我国的基金全部是契约型基金。

（2）公司型基金。它是具有共同投资目标的投资者参照公司的组织架构组成以营利为目的、投资于特定对象（如各种有价证券、货币）的股份制投资公司。这种基金通过发行股份的方式筹集资金，是具有法人资格的经济实体。基金持有人既是基金投资者又是公司股东，按照公司章程的规定，享受权利、履行义务。公司型基金成立后，通常委托特定的基金管理公司运用基金资产进行投资，基金资产的保管则委托托管人。托管人的主要职责是保管基金资产并执行基金管理人的指令，二者权责分明。基金资产独立于基金管理人和托管人的资产之外，即使受托的金融保管机构破产，受托保管的基金资产也不在清算之列。美国的基金多为公司型基金。

小知识 7-2　　契约型基金与公司型基金的主要区别

1. 法律依据不同。契约型基金是依照基金合同组建的，体现了信托关系，基金按照基金合同来运作；公司型基金是依照公司的组织结构组建的，基金依据公司章程来经营。

2. 法人资格不同。契约型基金不具有法人资格，而公司型基金本身就是具有法人资格的股份有限公司。

3. 投资者的地位不同。契约型基金的投资者是信托关系下的受益人，公司型基金的投资者则是公司的股东。从投资者的角度来看，这两种投资方式没有太大的区别，至于采取哪一种方式较好，要根据具体情况进行分析。目前，一些国家和地区都采用两种形态并存的办法，力求把二者的优点都利用起来。

4.运营时间不同。契约型基金随着契约期满，基金运营终止；公司型基金除非根据《公司法》到了破产清算阶段，一般情况下基金公司都具有永久性。

2）开放式基金和封闭式基金

根据运作方式的不同，证券投资基金可分为开放式基金和封闭式基金。

（1）开放式基金。开放式基金又称追加型基金或不固定型基金，是指基金发起人在设立基金时，基金发行的受益凭证数额不固定，可以连续发行新的基金凭证，投资者也可以随时认购或赎回基金单位。开放式基金认购或赎回基金单位的价格按基金资产净值计算。为了满足投资者中途抽回资金的需求，开放式基金一般要从所筹资金中拨出一定比例，以现金形式持有这部分资产。

拓展阅读7-1　LOF基金

LOF（Listed Open-ended Fund）是指在交易所上市交易的开放式基金，其基金份额使用现金按照“金额申购、份额赎回”的方式进行申赎。投资者既可以通过基金管理人或其委托的销售机构以基金份额净值进行基金的申购、赎回，也可以通过交易所市场以交易系统撮合的成交价进行基金的买入、卖出。LOF是我国对证券投资基金的本土化创新。

LOF的特点：

一是交易便捷。投资者可以在同一账户下实现所有LOF的交易和申购赎回。

二是费用低廉。在二级市场买卖LOF份额的投资成本大幅低于场外基金的申赎成本。

三是规避选股风险。委托专业机构进行主动或被动投资，投资者无需时刻关注基金所持有的单只证券情况。

四是提供流动性。LOF在封闭期内也可通过二级市场交易满足一定流动性需求，并且场外份额可以通过跨系统转托管到场内参与交易。

资料来源：深圳证券交易所.“基金入门300问”系列之十七　认清孪生兄弟：走进ETF和LOF（下）[EB/OL].［2020-12-24］. http://investor.szse.cn/warning/activities/fundIntroduction/t20201224_583945.html.

（2）封闭式基金。封闭式基金也称固定基金，是指基金发起人在设立基金时限定了基金单位的发行总额，筹集到预定总额后，基金就封闭，在一定时期内不再增加新的投资。封闭式基金的投资者要求认购或卖出基金，必须通过证券经纪商在二级市场进行竞价交易，其交易类似于普通股票买卖，价格主要由市场供求状况决定。

相关知识7-1　开放式基金和封闭式基金的主要区别

1.基金规模的可变性不同。封闭式基金有明确的存续期限（我国现有的封闭式基金，存续期一般为10~15年），在此期限内已发行的基金份额不能被赎回。虽然特殊情况下此类基金可进行扩募，但扩募要具备严格的法定条件。因此，在正常情况下，基金规模是固定不变的。而开放式基金所发行的基金份额是可赎回的，而且投资者在基金的存续期间内也可随意申购基金份额，导致基金总额每日不断变化。换言之，它始终处于“开放”的状态。这是封闭式基金与开放式基金的根本区别。

2.基金份额的买卖方式不同。当封闭式基金发起设立时，投资者可以向基金管理人或销售机构认购；当封闭式基金上市交易时，投资者可在证券交易所按市价买卖。而当投资者投资开放式基金时，可以随时向基金管理人或代理销售机构申购或赎回。

3.基金份额的买卖价格形成方式不同。封闭式基金因在交易所上市，其买卖价格受市场供求关系影响较大。当市场供小于求时，基金份额买卖价格可能高于每份基金份额资产净值，这时投资者拥有的基金资产就会增加；当市场供大于求时，基金价格则可能低于基金份额资产净值。而开放式基金的买卖价格是以基金资产净值为基础计算的，可直接反映基金份额资产净值的高低。在基金的买卖费用方面，投资者在买卖封闭式基金时与买卖上市股票一样，也要在价格之外付出一定比例的证券交易税和手续费；而开放式基金的投资者需缴纳的相关费用（如首次认购费、赎回费）则包含于基金价格之中。

4.基金的投资策略不同。由于封闭式基金不能随时被赎回，其募集得到的资金可全部用于投资，因此基金管理公司便可据以制定长期的投资策略，取得长期经营绩效。而开放式基金则必须保留一部分现金，以便投资者随时赎回，不能尽数地用于长期投资。

温馨提示7-2

开放式基金是当前国际上投资基金的主流形式，截至2021年2月，我国市场公募基金保有量为8 202只，其中开放式基金7 038只，占比为85.8%；封闭式基金1 164只，占比为14.2%。

资料来源：根据相关资料整理所得。

3）成长型基金、收入型基金和平衡型基金

依据投资目标的不同分类，证券投资基金可分为成长型基金、收入型基金和平衡型基金。

（1）成长型基金。它是以追求资本的长期增值为目标的证券投资基金，包括积极成长型基金、新兴成长型基金、成长收入型基金和稳定成长型基金。

①积极成长型基金。其追求资本的最大增值，通常投资于高成长潜力的股票或其他证券。积极成长型基金投机性相当高，适合敢于冒险的投资者的需要。大多数这类基金在多头市场上比其他类型的基金表现要好，而在遇到“熊市”时则有可能承担本金损失。

②新兴成长型基金。其支持盈利前景好的新兴产业，通常投资于新行业中有成长潜力的小公司或有高成长潜力的高科技行业中的小公司，追求的也是资本的长期利润。新兴成长型基金带来的回报率可能比普通股票基金高，但承担的风险也较大。

③成长收入型基金。它是以追求资本利得和股利收入并重为其投资目标的基金，一般多投资于能长期稳定支付现金和股利的公司。成长收入型基金在市场衰退时不易受行情的影响，是长期投资者保持投资稳定收入的最好选择。这种基金取得现金收入要全部征税，投资这类基金的投资者主要是追求当期收入和长期资本的增长，因此较适合资金不多的中小投资者。

④稳定成长型基金。它是以追求长期资本利得为投资目标的基金，一般多投资于能长期稳定增值的绩优股，或正在扩大事业的有相当基础和发展前景的大公司。这种基金一般不从事投机活动，当证券市场出现异常时，这种基金可能采取股票或股票指数选择权交易等方式回避风险。

（2）收入型基金。它是以追求当期最大化收入为目标的基金，较适合保守投资者。收入型基金又可分为固定收入型基金和权益收入型基金。

①固定收入型基金。它一般投资在股利水平高的优先股、资信度高的债券或可转换公司债券、货币市场中的短期货币工具等方面。固定收入型基金的利率较高，但长期成长的潜力很小，当利率波动时资产价值较易受到影响。

②权益收入型基金。它一般投资于付息股票及从事这些股票的买入期权（看涨期权）交易，以此获取近期收入，其成长潜力较大，但容易受到股市价格的冲击。

（3）平衡型基金。它以净资产的稳定、可观的收入及适度的成长为目标，通常采取混合投资方式，一般将25%～50%的资金分散投资于优先股和债券，以获得当期利息收益，剩余资金投资于股票获得资本收益，以此方式保证资金的安全性和盈利性。平衡型基金投资策略较保守，风险较低，成长潜力不大，适合资金不多的投资者。

小知识 7-3　成长型基金、收入型基金和平衡型基金的区别

1.投资目的不同。成长型基金追求资金的长期增值；收入型基金是为了获取当前最大的稳定收入；平衡性基金具有双重目的，谋求收入与成长的平衡。

2.投资品种不同。成长型基金投资在风险较高的金融市场，如股票市场中升值潜力较大的小型公司、高科技前景好的小公司的股票等；收入型基金投资在资本增值有限的市场，如优先股、可转换债券及分红派息较好的股票等；平衡型基金则采取混合投资方式，一般不投资于特定品种。

3.资金利用与派息不同。成长型基金资金大部分投向市场，且为了追求成长，通常不直接派息给投资者，而将股息再投入市场以获取更高的回报；收入型基金的现金持有量较大，通常按时分配股息，使投资者有较好的当期收益；平衡型基金以较稳定地分散使用资金为经营原则，投资者常可获取较稳定的收益。

4）股票基金、债券基金、货币市场基金、混合基金和指数基金

根据投资对象的不同，证券投资基金可分为股票基金、债券基金、货币市场基金、混合基金和指数基金等。

（1）股票基金。它是以股票为投资对象的证券投资基金，是证券投资基金的主要品种。证监会发布的《公开募集证券投资基金运作管理办法》规定，80%以上的基金资产投资于股票的基金为股票基金。

按照不同的标准，股票基金可分为不同的类型。

根据投资目标的不同，股票基金一般可分为成长型基金和收益型基金。成长型基金以追求资本增值为基本目标，较少考虑当期收入，主要投资于具有良好增长潜力的股票。收益型基金以追求稳定的经常性收入为基本目标，主要投资于大盘蓝筹股等收益稳定的股票。一般而言，成长型基金的风险大、收益高；收益型基金的风险小、收益低。

按照基金投资分散化程度，股票基金可分为一般普通股基金和专门化基金。前者是指将基金资产分散投资于各类普通股票上；后者是指将基金资产投资于某些特殊行业的股票上，风险较大，但可能具有较好的潜在收益。

按照投资股票市值的大小，股票基金可分为小盘股基金、中盘股基金和大盘股基金。小盘股基金是专注投资于小盘股的基金，中盘股基金和大盘股基金则是分别投资于中盘股、大盘股的基金。

相关知识 7-2　股票基金的特点

1. 与其他基金相比，股票基金的投资对象具有多样性，投资目的也具有多样性。

2. 与投资者直接投资于股票市场相比，股票基金具有分散风险、费用较低等特点。对一般投资者而言，个人资本毕竟是有限的，难以通过分散投资而降低投资风险。但若投资于股票基金，投资者不仅可以分享各类股票的收益，而且也可以通过投资股票基金将风险分散于各类股票上，大大降低了投资风险。此外，投资者投资了股票基金，还可以享受基金大额投资在成本上的相对优势，降低投资成本，提高投资效益，获得规模效益的好处。

3. 从资产流动性来看，股票基金具有流动性强、变现性高的特点。股票基金的投资对象是流动性极好的股票，基金资产质量高、变现容易。

4. 对投资者来说，股票基金经营稳定、收益可观。一般来说，股票基金的风险比股票投资的风险低，因而收益较稳定。不仅如此，封闭式股票基金上市后，投资者还可以通过在交易所交易获得买卖差价。基金期满后，投资者享有分配剩余资产的权利。

5. 股票基金还具有在国际市场上融资的功能和特点。就股票市场而言，其资本的国际化程度较外汇市场和债券市场低。一般来说，各国的股票基本上在本国市场上交易，股票投资者也只能投资于本国上市的股票或在当地上市的少数外国公司的股票。在国外，股票基金则突破了这一限制，投资者可以通过购买股票基金，投资于其他国家或地区的股票市场，从而对证券市场的国际化具有积极的推动作用。

资料来源：佚名．股票型基金［EB/OL］．［2021-01-26］．https://zhidao.baidu.com/question/710841536957384245.html.

（2）债券基金。它是一种以债券为投资对象的证券投资基金，它通过集中众多投资者的资金，购买债券进行组合投资，寻求较为稳定的收益。按照《公开募集证券投资基金运作管理办法》的规定，80%以上的基金资产投资于债券的基金为债券基金。债券基金的波动性通常要小于股票基金，因此一般为风险承受能力较低的投资者所喜爱。

债券有不同的分类，债券基金也相应地有不同的种类。

按照债券基金所投资债券发行主体的不同，债券基金可分为以下四种：①政府公债基金，主要投资于国库券等由政府发行的债券；②市政债券基金，主要投资于地方政府发行的公债；③公司债券基金，主要投资于各公司发行的债券；④国际债券基金，主要投资于国际市场上发行的各种债券。

按照基金投资债券的到期日长短，债券基金可分为短期债券基金和长期债券基金。短期债券基金是指投资到期日较短的债券的基金，长期债券基金是指投资到期日较长的债券的基金。

相关链接 7-1　如何选择债券基金

业绩优秀的债券基金。用“4433”法则，也就是基金长期、中期、短期业绩排名，同时符合4个筛选标准。①1年期业绩排名在同类基金中排前1/4；②2年、3年、5年期业绩排名在同类基金中排前1/4；③近6个月业绩排名在同类基金中排前1/3；④近3个月业绩排名在同类基金中排前1/3。“4433”法则“兼顾长、中、短期业绩”，可以选出业绩持续优秀的债券基金。

风险低的债券基金。一般来说，大家都会以最大回撤作为一只基金的风险指标，也就是基金从最高点下跌到最低点的幅度，从基金的历史业绩能轻易分辨出来。而相对风险较低的偏债型基金，通常最大回撤都会控制在5%以内。

成熟的基金经理。基金经理，一般起码经历过一个”牛、熊市“轮回周期，才算是经过了历练和人性考验。所以，建议选择从业3年以上经验的基金经理。此外，基金经理具有优秀且稳定的过往业绩，也是基金经理能力最有效的证明，因此一般偏债型基金的基金经理过往业绩年化利率在6%以上为佳。

有实力的基金公司。每个基金公司都有自己擅长的领域，如擅长绝对收益、权益类投资，因此建议选择该基金公司擅长领域的明星基金。另外，如果基金成立时间过短可能运作还不稳定，业绩也无法评估，难以衡量基金公司的真正实力，因此一般建议选择成立时间较长，实力能被评估的基金公司。

费率合理的债券基金。如果基金收取的费率太高，持有成本也高，那么在选择债券基金时建议选择费率相对较低的，可节约长时间投资成本。

机构持仓比例不过高的债券基金。选债券基金要了解机构的持仓比例，如散户持有比例过低，甚至为零，则该债券基金一般是机构定制的基金，不利于散户投资。因此，建议选择机构持仓比例不会过高的债券基金。

资料来源：佚名. 债券基金怎么选？[EB/OL]. [2021-04-18]. https://new.qq.com/omn/20210418/20210418A016W800.html.

（3）货币市场基金。它是指仅投资于货币市场工具的基金。中国证监会2015年颁布了《货币市场基金监督管理办法》，其投资范围包括：①现金；②1年以内（含1年）的银行存款、债券回购、中央银行票据、同业存单；③剩余期限在397天以内（含397天）的债券、非金融企业债务融资工具、资产支持证券；④中国证监会、中国人民银行认可的其他具有良好流动性的货币市场工具。

货币市场基金适合资本短期投资生息以备不时之需，是机构和个人有效的现金管理工具，特别是在利率高、通货膨胀率高、证券流动性下降、可信度降低时，可使本金免遭损失。

（4）混合基金。它是同时投资于股票、债券、货币市场工具或其他金融产品的基金。按照中国证监会2014年颁布的《公开募集证券投资基金运作管理办法》的规定，投资于股票、债券、货币市场工具或其他基金份额，并且股票投资、债券投资、基金投资的比例不符合第（一）项、第（二）项、第（四）项规定的，为混合基金。

混合基金的风险低于股票基金，预期收益则要高于债券基金。混合基金为投资者提供了一种在不同资产类别之间进行分散投资的工具，比较适合风险程度适中或较为保守的投资者。

（5）指数基金。它是指按照某种指数构成的标准购买该指数包含的全部或者一部分证券的基金，其目的在于达到与该指数同样的收益水平，实现与市场同步成长。如ETF（交易型开放式指数基金）就是目前在世界证券市场上迅速崛起的金融新产品。指数基金的特点主要表现在以下几个方面：

第一，费用低廉。由于采用被动投资，基金管理费一般较低，美国市场的指数基金平均管理费率为0.18%~0.30%；同时由于指数基金采取持有策略，不经常换股，交易佣金费远远低于积极管理型。

第二，分散和防范风险。一方面，由于指数基金广泛地分散投资，任何单个股票的波动都不会对指数基金的整体表现构成影响，从而分散风险；另一方面，由于指数基金所盯住的指数一般都具有较长的历史可以追踪，因此在一定程度上，指数基金的风险是可以预测的。此外，采取被动跟踪指数成分股的投资策略，也能有效降低非系统风险和基金管理人的道德风险。

第三，延迟纳税。由于指数基金采取了一种购买并持有的策略，所持有股票的换手率低，只有当一个股票从指数中剔除的时候，或者投资者要求赎回投资的时候，指数基金才会出售持有的股票，实现部分资本利得，这样每年所交纳的资本利得税很少，再加上复利效应，延迟纳税会给投资者带来很多好处，尤其在积累多年以后，这种效应就会愈加突出。

第四，监控较少。由于运作指数基金不用进行主动的投资决策，因此基金管理人基本上不需要对基金的表现进行监控。指数基金管理人的主要任务是监控对应指数的变化，以保证指数基金的组合构成与之相适应，以实现“赚了指数就赚钱”的目的。

拓展阅读7-2　ETF基金

ETF是一种特殊的开放式基金，它既可以像交易股票或封闭式基金一样在二级市场实现自由买卖，也具备了开放式基金自由申购赎回的优点。ETF一般采用的是“实物申购、实物赎回”。ETF的基金管理人每日开市前会根据基金资产净值、投资组合以及标的指数成分股情况，公布“实物申购和赎回”清单。投资人可依据清单内容，将成分股交付ETF的基金管理人而取得“实物申购基数”或其整数倍的ETF。以上流程将创造出新的ETF，使得ETF在外流通量增加，称之为实物申购。

由于ETF在场外只能采用成分股申赎（“实物申购赎回”），对普通投资者来说门槛较高，基金公司为了让这部分投资者也能参与到ETF投资中来，会发行一个ETF联接基金，这个基金将其绝大部分基金财产投资于跟踪同一标的指数ETF。联接基金是ETF的“影子产品”。投资者可以通过银行、券商等机构便捷申购联接基金，从而增加了普通投资者参与ETF投资的渠道。

ETF具有分散投资、公开透明和成本低廉等特点。具体来看：

一是分散投资。ETF一般持有几十甚至上百只标的资产，有效分散单一资产的投资风险。

二是紧密跟踪标的指数。ETF由专业人员管理，保证ETF对指数的紧密跟踪。

三是交易灵活。既像股票一样在场内交易，又能在场外申购赎回。

四是成本低廉。相比其他开放式基金，ETF的管理费通常更低。相比直接在二级市场买卖股票，在二级市场卖出ETF时，投资者不用交印花税。

五是公开透明。ETF被动跟踪指数，每日公布投资组合。

资料来源：深圳证券交易所．“基金入门300问”系列之十六　认清孪生兄弟：走近ETF和LOF（上）［EB/OL］．［2020-12-17］．http：//investor. szse. cn/warning/activities/fundIntroduction/t20201222_583894.html.

此外，证券投资基金还可按区域的不同，划分为国外型基金和国内型基金等。

温馨提示7-3

沪深300指数基金是以沪深300指数为标的的、在二级市场进行交易和申购/赎回的交易型开放式指数基金，是中国市场的重量级ETF基金。

7.1.3 证券投资基金的作用

证券投资基金在100多年的时间里迅速发展、完善并被广泛运用于不同国情的国家，充分证明了它具有独特功能。它不仅对一国证券市场发育发展、规模的扩大和结构的合理化、产权关系的明晰、投资风险的分散和降低起着重要作用，而且对各国经济发展、开拓筹集资本的渠道、吸引外资等方面也起到巨大的作用。证券投资基金主要有以下几方面作用：

（1）稳定和繁荣证券市场。由于证券投资基金是将众多分散的资金集中起来进行运作，形成一个金额相对较大的投资机构，而且聘请专业人员作为投资顾问。这样，一方面避免了散户资金少、易被资金大户排挤的缺陷；另一方面，将众多投资者分散、盲目的投资行为规范于理性投资范围内。这对整个证券市场的规范化操作与管理、对市场的稳定繁荣和健康发展都具有十分重要的意义。

另外，证券投资基金的发展还有助于扩大证券市场的规模。由于证券投资基金拥有小额资金即可进入，这就可以吸引那些因资金不足无法进入股市的小额投资者；证券投资基金是专家经营，可吸引那些缺乏股市投资知识的投资者；证券投资基金有专门的基金公司的基金经理代替投资者进行股市投资，这对想分享股市收益又无暇分心的人来说也颇具吸引力。由于证券投资基金扩大了投资者队伍，吸引了大量资金投资于各种股票、证券，自然扩大了证券市场的规模。

发展证券投资基金还有利于本国证券市场的国际化。证券市场国际化是近年来国际金融市场的显著变化，各国要参与国际分工，分享国际竞争的成果，充分利用好国内外资金，在金融领域，就必须实现证券市场国际化。利用证券投资基金，可以加强国内外银行、证券公司等金融机构间的联系，相互学习，取长补短，并可使国内多余的资金流出国外寻求更高的收益，也可吸引外资用于国内经济建设，提高本国在国际金融领域的作用和地位。

（2）有助于证券市场结构的合理化。证券投资基金作为机构投资者，便于国家对证券市场进行管理，有利于国家通过证券市场进行资金优化配置。股市行情对国家政策十分敏感，国家在进行宏观调控时，可以充分利用这一特点引导大众投资方向。而且证券投资基金作为机构投资者，不像个人散户那样具有随意性和盲目性，其投资决策一般是通过基金经理对客观数据、信息分析判断后较客观地做出的，其投资一般以中长线为主，客观上能防止过度投机，使得股价波动不致过分剧烈，间接保障了投资者的利益。此外，证券监管部门也可以通过规定证券投资基金投资的现金比例和交易手续费来调节大机构投资者的市场流动性。由国家控制的某些证券投资基金还可以作为平抑股价涨跌的重要宏观调控工具。总之，证券投资基金有助于证券市场结构的合理化，对证券市场价格起到稳定平衡的作用。

（3）有助于明晰产权关系与加强管理。证券投资基金作为一种财产所有权与经营权分离的、政企分开的社会经济组织形式，是一个独立的经济实体，并且有独立的法人资格，不仅能做到产权明确而且不属于任何行政部门，可以避免种种不必要的行政控制，享有充分的经营管理自主决策权利，可以在业务经营活动中加强管理。同时，证券投资基金组织中，经营管理的职能及机构具有专门化、独立性特征，也有利于加强经营管理。并且，证券投资基金组织的资金是有偿使用的，投资者的利益分配状况取决于证券投资基金经营收益。为了保证投资者能够获得尽可能多的收益，证券投资基金组织也必然要努力加强和改进经营管理。

（4）有助于分散和降低投资风险。证券投资基金本身是一种实行多重组合投资经营的证券经济制度。其投资组织可以包括多种股票、多种债券，或以多种股票、债券及实业投资混合。多重组合投资，可以使各种投资在其风险收益方面的长处和短处相互弥补，因而也就可以分散和降低投资风险，提高投资收益。另外，证券投资基金本身是一种实行专业化投资管理并且由专家经营、专业人员操作的投资制度，在这种投资制度下，投资管理严格，并且着重于中长期投资而不是短期投资，因而其必然是比较理智的投资，这也有助于降低和分散投资风险。

相关知识 7-3　　基金投资面临的风险

基金投资主要存在市场风险、流动性风险、管理风险、特有风险及其他风险。

市场风险是指证券市场价格因受到经济因素、政治因素、投资心理和交易制度等各种因素的影响而产生波动，导致基金收益水平发生变化，主要包括政策风险、利率风险、信用风险、经营风险、经济周期风险等。

流动性风险属于综合性风险，主要受到证券市场走势、金融市场整体流动性、基金管理人流动性管理能力、基金类型、基金份额持有人结构及投资者行为等多方面因素的影响。

管理风险是指在基金管理运作过程中，基金管理人的知识、经验等会影响其对信息的处理以及对经济形势、证券价格走势等的判断，从而影响到基金的收益水平。此外，基金管理人的管理手段和技术等多重因素同样会影响基金的收益水平。

基金投资中的特有风险主要受投资范围、运作模式等因素影响。货币市场基金、债券基金、混合基金、股票基金、FOF等不同类型基金，特有风险不尽相同；而定期开放、上市交易（包括LOF和ETF）等不同运作模式的基金，特有风险也差别较大。因此，在投资过程中，投资者需特别留意各类基金的特有风险。

基金投资中的其他风险主要包括：（1）因技术因素而产生的风险；（2）因战争、自然灾害等不可抗力影响基金运作的风险；（3）因金融市场危机、基金托管人违约等超出基金管理人自身控制能力的因素出现，可能导致基金或者投资者利益受损的风险；（4）其他意外导致的风险等。

资料来源：深圳证券交易所．“基金入门300问”系列之二十　收益的另一面是风险：认识基金投资风险［EB/OL］．［2021-01-21］．http：//investor.szse.cn/warning/t20210122_584364.html.

（5）有助于筹措社会闲置资金和吸引外资。随着经济的发展和人均国民收入水平的提高，社会闲置资金和社会游资也必然不断增加。虽然传统的筹资手段风险低，但由于收益也低，在一定程度上制约了广大居民投资的积极性，而完全投资于股票，不少投资者又不具备条件。因此，客观上很有必要建立和发展一种收益高、风险较小、大众化的投资工具。证券投资基金正是具有这一特性，并能适应这种客观要求的工具。利用证券投资基金来吸引资金，可以不受金额大小的限制，没有审批项目的烦琐程序，无需管理项目的专业技术知识等，投资人能够享受高效益和高效率的投资服务，筹资人也能较容易地筹集到相应的资金。

证券投资基金还可用于筹集外资。一是证券投资基金可以吸收国外分散的、不具备管理能力以及各种不适合直接建厂投资的资金参与本国的经济建设，并享受其经济成长的收益，扩大利用外资的规模。二是证券投资基金是一种股权形式的投资而不是负债，所以无偿还外债的压力。同时，证券投资基金投资通常不控股，不直接参与本国企业的经营管理，不影响本国对经济的干预，可以使本国的经济不致被外国人掌控。

总之，证券投资基金无论是对发达国家还是对发展中国家在经济上都有重要功能。在发达国家，证券投资基金可以加快资本流动速度，保持资本的持续增值，有利于国民经济产业结构的升级和资本结构的改善，促进金融市场创新和深化，提供多样化的金融工具等；在发展中国家，证券投资基金可以迅速地筹集建设资金，使储蓄迅速转化为投资资本，还可以促进证券市场的扩大和发展，完善金融体制的改革。

小思考7-1

证券投资基金与股票、债券对金融市场的作用有何不同？

提示：证券投资基金有利于促进证券市场结构的合理化。

7.1.4 证券投资基金的优势与局限性

1）证券投资基金的优势

证券投资基金作为金融投资工具，与其他投资工具相比，具有很多自身独特的优势。

（1）证券投资基金具有组合投资、分散风险的好处。证券投资基金将中小投资者的小额资金汇集成一笔数额较大的资金后，再分散投资于不同地区、不同行业的多种股票、债券、期货等金融工具上，可以最大限度地降低风险。因为不同地区的经济发展速度各异，而不同行业的不同证券受经济景气影响的性质、程度不同，投资组合中的某种证券市值的下降可以由另一些证券市值的上升来弥补，其风险远远低于小额投资者由于资金量的局限而投资于有限的证券上的风险。

（2）证券投资基金是由专家运作、管理并专门投资于证券市场的基金。由于证券市场易受政治、经济以及发行主体的各个层次的众多因素的错综复杂的影响，一般投资者限于商业知识、精力、信息等的不足而难以取得理想的收益；而基金管理机构拥有众多的经济专家、财务专家以及投资分析专家，他们对国内外的政治、经济形势以及各行业、公司的运营和潜力都有着系统的研究，且具有丰富的投资经验和娴熟的投资技巧，因此较一般的投资者能取得良好的投资收益。投资者购买基金等于花很少的钱雇用了众多的投资专家在所有的证券交易日尽心尽力帮助自己理财。

（3）证券投资基金具有投资少、费用低的优点。在我国，每份基金单位面值为人民币1元。证券投资基金最低投资额一般较低，投资者可以根据自己的财力，多买或少买基金单位，从而解决了中小投资者“钱不多，入市难”的问题，而且基金的费用通常较低。

（4）证券投资基金流动性强。基金的买卖程序非常简便。对开放式基金而言，投资者既可以向基金管理公司直接购买或赎回基金，也可以通过证券公司、银行等代理销售机构购买或赎回，或委托投资顾问机构代为买入。国外的基金大多是开放式基金，每天都会进行公开报价，投资者可随时据以购买或赎回。我国封闭式基金都在证券交易所上市交易，买卖程序与股票相似。

（5）经营稳定，收益可观。一般而言，证券投资基金由于采取组合投资等策略，其风险低于股票，同时其报酬一般高于债券，也高于同期银行存款利息。

由此可见，无论是从安全性、盈利性还是流动性来考虑，证券投资基金都是一种不错的投资工具。

2）证券投资基金的局限性

证券投资基金也有缺点和局限性，主要表现在：

（1）证券投资基金是一种间接性的投资工具。投资于基金，就等于失去了直接参与证券投资和其他行业投资的机会，短期收益有可能会比直接投资所获得的回报低。

（2）证券投资基金可以分散投资，虽然能够降低风险，但毕竟不能将风险降至零，而且分散投资仅能克服非系统性风险，对系统性风险是无能为力的。

（3）证券投资基金在操作上缺少较大的灵活性。这是因为证券投资基金的目标和策略是既定的，基金管理人不能随意变动，难以根据市场走势来灵活地调整基金的投资目标和策略，这样就有可能使证券投资基金在市场变化较大的情况下，不能有效地避免亏损或者无法及时抓住较好的盈利机会。

（4）证券投资基金的发展会对一国的宏观金融政策带来一定的冲击。因为证券投资基金的发展，增加了金融市场的融资工具，这些工具既有收益性，又有较强的流动性，从而具有较大的货币性。它们使得传统的货币定义受到了冲击，对货币供给量的衡量标准产生了较大的影响。当货币定义发生变化后，货币政策必然要做相应的调整，货币定义越广，货币政策的制定和贯彻执行的难度也越大，货币政策的效果也就越难把握。

相关链接7-2　　基金投资的误区与方法

基金投资因具有专家理财、组合投资分散风险、操作简单等优势，越来越多地受到投资者的青睐。但是，市场行情变幻莫测，短期走向很难判断，市场风险也不容忽视。我们在基金投资的过程中经常遇到以下困惑：基金宣传得很好，可当我们买进之后却不赚钱；投资基金后忍受不了过程中的亏损，可在自己离场后，行情却开始好转；不清楚自己风险承受能力的情况下盲目跟风，投资了不适合自己的基金后亏损离场。首先我们来看看，基金投资中有哪些常见的错误操作需要投资者有所了解并警惕？

1.追涨杀跌，频繁更换基金

不少投资者在决定申购或者赎回基金时都是根据基金最近一段时间的表现来判断的，上个月哪只基金涨得最多就买哪只，某基金近期业绩好，收益率高，几乎天天上涨，于是追涨购买；手里有其他基金投资了1个月，如果其近期表现不尽如人意，赶快赎回转而申购涨得好的。这往往是新手买基金的致命错误，频繁更换基金往往容易使得投资者踏反行情，也无法分享长期投资带来的稳定收益。

2.持有基金数量越多越好

很多新手在购买基金时，总会陷入这样一个误区：不少投资者根据“不要把鸡蛋放在一个篮子里”的原理，认为手中持有的基金越多肯定越好赚钱，因为这样不仅可以分散投资，降低风险，还能够赚取更多的收益。但是对新手来说，同时持有太多只基金并不是一件好事，因为很多新手手里往往握着很多基金跟踪标的、成分股都很重合的基金。也就是说，如果新手购买了沪深300指数基金，那么在沪深300指数跌的时候，与沪深300指数相关的基金都会一起跌。

3.买冠军基金进行投资

基金排行榜已经成为投资者衡量基金业绩的一大指标，一些占据排行榜“状元”“榜眼”位置的基金一时间会成为市场焦点，投资者热捧的对象。眼下，许多排行榜都缩短了考察周期，每月每周，甚至是每天都有排名。许多投资者购买基金，都喜欢买历史业绩好的，因为大家都默认历史业绩好就代表基金经理有能力，以后也能持续盈利。但是，媒体重点宣传的明星基金的业绩也是不可持续的，优秀的业绩表现并不是常态性的。与看似平庸但稳健的基金相比，那些看似光鲜但每年的业绩如同过山车一样起起伏伏的基金，其实并没有那么诱人，一轮熊市足以吞噬掉此前创造的短期优势。因为在其业绩快速上升的时候，会付出高风险的代价，这些代价必定会在高风险市场环境下偿还。

那么为了避免出现这样的问题，投资者在选择和购买基金时应当如何操作呢？

1.长期复利投资

（1）长期投资可穿越牛熊市，更容易实现稳定盈利。只有在熊市的凛冬中生存下来，才能够迎来牛市的春天。长期投资可以帮助投资者降低亏损的概率，更容易实现稳定盈利。

（2）长期投资可以享受复利法则带来的惊人收益。复利就是“利滚利”，将当期产生的利息计入到本金中，作为下一期的本金继续计息。以淦盈5号有限合伙基金为例，自2008年60万元起步，至2017年9月该账户资金权益已突破4.5亿元。

2.战略上左侧布局，战术上右侧交易

（1）战略上左侧布局。在选择投资基金入场的时候，不要在基金创新高的时候买入，而是选择在优秀基金回撤一定值的时候左侧布局买入。

（2）战术上右侧交易。在市场价格出现上涨信号后买入，或者在出现下跌信号卖出的交易法则，是一种顺势交易法则，该方式是当前国际上主流的基金获利方式之一。

战略上左侧布局与战术上右侧交易相结合，能够于不利的时候止损，有利的时候持有，这种策略能够形成有效补充，有助于投资者控制回撤风险，平滑资金曲线，可以在避免错失市场机会的前提下，极大地提高资金使用效率和整体基金的收益风险比。

3.客观理性认识基金本质，基金不是“神”投资

把钱交给了基金经理，并不代表投资者完全不需要承担风险。要充分认识到购买基金是一种投资行为，而不是某种福利的分配。在目前的市场经济条件下，任何投资都是有风险的，存在盈利与亏损的两种可能性。基金凭着它合理的机制，可以避免很多经营风险，但它不可以完全消灭风险。基金的投资目标是以分散投资风险的投资组合方式投资于基金限定的投资领域，以求获取卓有成效的投资收益，寻求连续的中长期的资本增值。但是，除了市场价格的波动会直接影响基金的资产净值外，国内外经济形势和政局变幻，政策的变动及有关法律、法规的变更等都会影响到基金的投资收益和资本增值。

4.根据各类型基金的风险，合理配置基金资产。基金有不同的类型，不同类型的基金的风险和预期收益也差别很大。因为每个家庭的收入支出状况不同，对基金投资的风险承受能力也不同，选择与自身的风险承受能力相匹配的基金组合是基金投资者首先需要考虑的问题。

资料来源：洼盈投资．科学合理的基金投资方式综合分析［EB/OL］．［2019-04-29］．http：//fund.eastmoney.com/a/201904291110141032.html.

7.2 证券投资基金的发行市场

证券投资基金在设立和发行中涉及五类当事人：一是受益人，即基金券的持有人，也就是投资者，是基金资产的最终拥有者，享受基金资产带来的一切权益，同时也承担投资费用和风险；二是基金管理人，他们是凭借专业的知识和丰富的投资经验具体运营基金，谋求基金资产保值增值的机构；三是基金托管人，是基金资产名义持有人和保管人；四是基金承销人，是作为基金管理人的代理人，与投资者进行基金证券的买卖活动，其一般是由投资银行、证券公司或信托公司担任；五是投资顾问，其是为基金管理公司的基金运作提供专业咨询服务的组织，也称投资顾问公司。

在证券投资基金的实际运行中，前三类人是缺一不可的。如果基金管理人本身经验丰富、实力雄厚，对基金运作了如指掌，则可不需要承销公司和投资顾问。

7.2.1 证券投资基金设立的条件

证券投资基金设立需要有发起人。证券投资基金的发起人可以是一个也可以是多个。为了保证基金投资者的利益和证券投资基金的信誉，各国法律都对其加以限制。有符合要求的营业场所，安全防范设施和与业务有关的其他设施。每个基金发起人有健全的组织机构和管理制度，财务状况良好，经营行为规范。证券投资基金发起人必须有合乎《中国人民共和国法》的各种组织机构，有完善的内部风险控制、监察与稽核、财务管理及人事管理等管理制度。

契约型基金的发起人在基金成立后，就成为该基金的管理人，若组建专门基金管理公司，发起人也是基金管理公司的主要股东；公司型基金的发起人就是基金管理公司的主体。

相关链接 7-3　　证券投资基金发起设立的基本管理模式

《公开募集证券投资基金运作管理办法》（简称《运作办法》）是为了规范公开募集证券投资基金运作活动，保护投资者的合法权益，促进证券投资基金市场健康发展，根据《中华人民共和国证券投资基金法》（简称《基金法》）及其他有关法律、行政法规制定，由中国证券监督管理委员会于2014年7月7日发布，自2014年8月8日起施行。

《运作办法》按照《基金法》的要求，将公募基金产品的审查由核准制改为注册制。结合《运作办法》的规定，中国证监会在后续监管中将主要从以下方面落实：

基金注册制：一是调整监管理念，将产品审查转向以保护投资者为导向，以信息披露为中心。注册审查以契约合规、风险充分揭示为基础，保障投资者知情权，突出有效信息的披露，强调市场主体归位尽责。注重落实投资者适当性原则，确保合适的产品卖给合适的投资者。二是调整监管方式，减少对微观活动的干预，释放市场主体创新活力。支持市场主体围绕客户需求自主设计发行公募基金，支持管理人与投资者利益绑定的费率结构，不限制产品发行数量，不人为调控审查节奏，不干预产品发行时间。三是优化许可程序，建立标准明确、运作规范、制约有效的公募基金注册审查制度。建立产品电子审查系统，提高审查效率。对成熟产品实行20个工作日完成审查的简易程序。及时向市场公示审查标准、审查程序、审查结果，提高监管透明度。四是加强事中事后监管，形成放而不乱、活而有序的新机制。有效利用交易所一线监控以及独立第三方托管机制，辅以风险为导向的现场检查，及时发现制止基金违规行为，建立注册许可与日常监管执法的联动机制，提高违规失信成本。

资料来源：作者根据相关资料整理所得。

7.2.2 证券投资基金设立的程序

（1）确定设立基金的类型。组建证券投资基金，首先要明确基金的类型，是公司型还是契约型，是开放型还是封闭型。

（2）签订各项委托协议。确定了证券投资基金的类型，发起人应确定基金的管理人、保管人、注册会计师、律师、投资顾问等，并与之签订各项委托协议。

（3）制定基金有关文件。基金的文件是很重要的内容，对契约型基金而言，其文件主要是基金信托契约；对公司型基金而言，其文件主要是指基金章程和委托管理协议。

（4）报送上级主管部门审批。基金发起人应向主管机构提交有关文件，申请报批。如在我国，应当向中国证监会提交下列文件：①申请报告。②基金合同草案。③基金托管协议草案。④招募说明书草案。⑤基金管理和基金托管人的资格证明文件。⑥经会计师事务所审计的基金管理人和基金托管人最近3年或自成立以来的财务会计报告。⑦律师事务所出具的法律意见书。⑧中国证监会规定提交的其他文件。

（5）基金的募集和成立。公开募集基金，应当经国务院证券监督管理机构注册。未经注册，不得公开或者变相公开募集基金。国务院证券监督管理机构应当自受理公开募集基金的募集注册申请之日起六个月内依照法律、行政法规及国务院证券监督管理机构的规定进行审查，作出注册或者不予注册的决定，并通知申请人；不予注册的，应当说明理由。

依据我国证监会颁布的《公开募集证券投资基金运作管理办法》的规定，中国证监会根据审慎监管原则，可以组织专家评审会对基金募集申请进行评审。

基金募集申请经注册后，方可发售基金份额。基金募集期限自基金份额发售之日起不得超过3个月。

基金募集期限届满，基金募集份额总额不少于2亿份，基金募集金额不少于2亿元人民币，基金份额持有人的人数不少于200人，且封闭式基金募集的基金份额总额达到核准规模的80%以上的，才具备成立条件。

基金管理人应当自募集期满之日起10日内聘请法定验资机构验资，自收到验资报告之日起10日内，向中国证监会提交验资报告，办理基金备案手续，并予以公告。中国证监会自收到基金管理人验资报告和基金备案材料之日起3个工作日内予以书面确认；自中国证监会书面确认之日起，基金备案手续办理完毕，基金合同生效，基金正式成立。

7.2.3 证券投资基金的发行

基金的发行是指基金公司或基金管理公司经主管机关批准，将基金向社会公众推销的活动。证券投资基金的发行方式主要有：

（1）定向发行和公开发行。依据基金发行范围不同，证券投资基金的发行方式可分为定向发行和公开发行。定向发行是指基金只向特定投资者发售，通常发行规模较小，投资范围较窄。公开发行是指基金向社会公众公开发售，通常基金发行额大，通过公开发行有利于在较短期内完成销售计划。现在证券投资基金募集规模庞大，一般多采用公开发行方式。

（2）自行发行和代理发行。依据有无发行中介，证券投资基金的发行方式可分为自行发行和代理发行。自行发行是指基金由发行人直接销售给投资者，这是最简单的发行方式。代理发行是基金先由承销机构买入后，再销售给最终投资者。

温馨提示7-4

我国开放式证券投资基金的发行主要通过代销途径。

7.3 证券投资基金的流通市场

7.3.1 开放式基金的交易

开放式基金的交易涉及认购、申购和赎回。除ETF和LOF外，开放式基金一般不在证券交易所挂牌上市交易，而是通过基金管理人的直销渠道，或基金管理人委托的商业银行、证券公司、证券投资咨询机构或其他取得基金代销资格的机构进行申购或赎回。

投资者在开放式基金首次募集期间购买基金通常被称为认购。投资者认购开放式基金，首先需要在基金注册登记人（基金管理人或其委托的代销机构）处开立基金账户，并需在基金管理人或其委托的代销机构处开设资金账户，然后办理认购手续。投资者在开放式基金首次募集结束并成立后，购买开放式基金的行为通常被称为基金的申购，向基金管理人申请卖出其所持基金份额的行为通常被称为基金的赎回。

相关知识7-4　　开放式基金申购赎回流程

基金申购：（1）开立基金账户，投资者购买开放式基金需要开立个人基金账户，通过基金公司或者代销机构（银行/证券公司等）都可以方便开立。（2）认真阅读需要申购基金的法律文件，包括招募说明书、基金合同、基金定期公告等。（3）选择基金并通过销售机构申报购买份额，交付申购款项，经相关登记机构确认后完成基金申购。

基金赎回：赎回操作与申购相反，基金份额持有人就基金账户中所持有的基金份额提出部分或全部赎回的申请，经相关登记机构确认后收回现金款项等，这一过程称为赎回。需要注意的是，不同基金的赎回金额到账时间不等，需要查阅基金销售文件或者咨询基金管理人。

一般开放式基金T日申购，T+1日基金公司进行确认，T+2日可以查询份额变化情况。QDII基金申赎，T+2日由基金公司进行确认，T+3日可以查询份额变化情况。

货币基金到账时间最快，一般1~2个交易日到账，网上购买的货币基金一般1个工作日就可以到账。债券、股票、混合型基金一般3~4个交易日到账。QDII基金到账时间相对更长，一般7~10个交易日到账。

资料来源：深圳证券交易所. 申赎必知：场外基金交易指南［EB/OL］.［2020-12-03］. http://investor.szse.cn/warning/activities/fundIntroduction/t20201203_583653.html.

股票型、债券型开放式基金的申购与赎回采用“未知价”原则，即申购、赎回价格只能按照该日交易时间结束后，基金管理人公布的基金份额净值为基准进行计算，投资者事先并不知道当日的申购、赎回价格。货币市场基金的申购、赎回价格以1元人民币为基准进行计算。开放式基金遵循“金额申购、份额赎回”的原则，即申购以金额申请，赎回以份额申请，这是适应“未知价”原则的交易方式。在此原则下，投资者确切的申购数量和赎回金额当时是不知道的，一般到交易次日才能获知。

7.3.2 封闭式基金的上市及交易

投资者购买封闭式基金，可在该基金首次募集的时候购买，也可以在该基金上市交易后购买。基金管理人首次募集封闭式基金，可通过网上发售和网下发售两种方式。网上发售方式，是指将所发行的基金份额通过与证券交易所的交易系统联网的全国各地的证券营业部，向广大的社会公众发售的发行方式。网下发售方式，是指将所要发行的基金份额通过基金管理人指定的营业网点和承销商的指定账户，向机构或个人投资者发售的发行方式。

封闭式基金首次募集完成并具备成立条件的，经基金管理人申请，经中国证监会核准，可以在证券交易所上市交易。中国证监会可以授权证券交易所依照法定条件和程序核准封闭式基金上市交易。由于封闭式基金的封闭性，即买入的封闭式基金是不能卖回给发起人的。投资者若想将手中的基金变现，只能在证券交易所交易；若想买入，也要通过证券交易所从其他投资者手中买入。投资者在证券交易所买卖封闭式基金的，须开设沪、深证券账户或沪、深基金账户及资金账户。

封闭式基金的交易规则与股票类似，遵循“价格优先、时间优先”的原则，并有10%的涨跌幅限制。封闭式基金的交收同A股一样，实行“T+1”制度。

7.4 证券投资基金的价格及利润

7.4.1 开放式基金申购份额、赎回金额的确定

1）收费模式与申购费率

基金管理人办理开放式基金份额的申购，可以收取申购费，但申购费率不得超过申购金额的5%。认购费和申购费可以在基金份额发售或者申购时收取，也可以在赎回时从赎回金额中扣除。

基金管理人办理开放式基金份额的赎回，应当收取赎回费，但中国证监会另有规定的除外。赎回费率不得超过赎回金额的5%。赎回费在扣除手续费后，余额不得低于赎回费

总额的25%，并应当归入基金资产。基金管理人可以根据投资者的认购金额、申购金额的数量适用不同的认购、申购费率标准。基金管理人可以对选择在赎回时缴纳认购费或者申购费的基金份额持有人，根据其持有基金份额的期限适用不同的认购、申购费率标准。基金管理人可以根据基金份额持有人持有基金份额的期限适用不同的赎回费率标准。基金管理人可以从开放式基金财产中计提销售服务费，用于基金的持续销售和给基金份额持有人提供服务。具体管理办法由中国证监会另行规定。

与认购基金类似，申购基金同样可分为前端收费模式与后端收费模式。前端收费模式下，申购费率以净申购金额为计算基础，申购费用与申购份额的计算公式为：

净申购金额=申购金额/（1+申购费率）

申购费用=净申购金额×申购费率

申购份额=净申购金额/申购当日基金单位净值

基金份额以四舍五入的方法保留小数点后两位以上，由此产生误差的损失由基金资产承担，产生的收益归基金资产所有。

2）赎回金额的确定

赎回金额的计算公式如下：

赎回金额=赎回总额-赎回费用

赎回总额=赎回数量×赎回日基金份额净值

赎回费用=赎回总额×赎回费率

赎回费率一般按持有时间的长短分级设置。持有时间越长，适用的赎回费率越低。实行后端收费模式的基金，还应扣除后端认购/申购费，才是投资者最终得到的赎回金额。即：

赎回金额=赎回总额-赎回费用-后端收费金额

3）货币市场基金的手续费

货币市场基金费用较低，通常申购、赎回费率为0。一般地，货币型基金从基金财产中计提比例不高于0.25%的销售服务费，用于基金的持续销售和给基金份额持有人提供服务。

拓展阅读7-3　开放式基金的巨额赎回

巨额赎回是指当开放式基金的当日净赎回量（赎回申请总数扣除申购申请总数后的余额）超过基金规模的10%时，基金管理人可以在接受赎回比例不低于基金总规模10%的情况下，对其余的赎回申请延期办理。基金投资者在办理赎回申请时，需在连续赎回和取消赎回两种方式中选择该赎回申请的巨额赎回处理方式。

在出现巨额赎回时，基金管理人一般有两种处理方法：

1.全部赎回。当基金管理公司认为有能力兑付投资人的全部赎回申请时，即按正常赎回程序执行，对投资人的利益没有影响。

2.部分延期赎回。基金管理公司认为兑付投资人的赎回申请有困难，或可能引起基金资产净值的较大波动等情况下，可以在当日接受赎回比例不低于上一日基金总份额的10%的前提下，对其余赎回申请延期办理。由于延期办理的赎回将按下一开放日或更后开放日的基金单位净值计价，因此在提出赎回申请时，投资者应在申请表中选择如发生巨额赎回是否顺延赎回。

此外，当开放式基金连续发生巨额赎回时，基金管理公司可按基金契约及招募说明书载明的规定，暂停接受赎回申请；已经接受的赎回申请可以延缓支付赎回款项，但不能超过正常支付时间20个工作日，并必须在指定媒体公告。

资料来源：佚名. 巨额赎回［EB/OL］.［2021-01-26］. https://baike.baidu.com/item/%E5%B7%A8%E9%A2%9D%E8%B5%8E%E5%9B%9E/2564036?fr=aladdin.

7.4.2 封闭式基金的价格决定

封闭式基金的发行是一次性的，即基金的资金额筹集完后就封闭起来，不再发行。当基金资产价值提高时，基金价格增长就快；反之，当基金资产价值下降时，基金价格也下降更快。这种杠杆效应往往使某些封闭式基金公司的基金市场价值的增减幅度超过总体市场的升降幅度。封闭式基金由于不承担购回其份额的义务，其只有在公开市场上出售才能回收资金，甚至由于杠杆效应的影响，使得封闭式基金的价格不如开放式基金的普通股价格稳定，它们的价格就如同一个商业性公司的股票价格，其资产价值与市场价值之间存在一个显著的离差。封闭式基金的价格除了受其基金资产净值的影响外，还受市场供求关系的影响。

拓展阅读7-4　　封闭式基金折价之谜

封闭式基金的折价，指的是封闭式基金在二级市场交易的价格低于其实际净值，相当于基金的市价在单位净值的基础上打了个折扣。封闭式基金折价是金融市场上的一个普遍现象。封闭式基金交易价格存在从发行时的平价，到正常交易中的折价，再到转向开放式基金时价格回归这样一个普遍规律。

一、封闭式基金折价形成的原因

1.代理成本，即新投资者要求就基金经理的低业务能力、低道德水准和高管理费用得到额外的价格折让补偿。

2.潜在税负，即基金净值中包含大笔尚未派发的盈利，需要就这部分盈利缴纳所得税的新投资者要求额外的价格折让补偿。

3.流动性欠缺，即基金的投资组合主要由流动性欠佳的资产组成，因此在计算基金净值时可能没有充分考虑到这些资产的应计低流动性折扣。

4.投资者情绪，即当投资者预期自己所投资的封闭式基金比基金的投资组合风险更大时，他们所愿意付出的价格就会比基金净值要低一些。

就我国而言，封闭式基金存续期不超过15年，且投资目标主要为二级市场证券，目前基金投资的资本利得税是免征的。因此，A股市场封闭式基金的折价主要由后二者决定的，即流动性和投资者情绪。

二、影响封闭式基金折价率变化的主要因素

1.到期日期。封闭式基金运行到期后，需要申购赎回。不同于平时封闭期，此时场内和场外的份额就会完全打通。若此时场内依然存在折价，投资者就可以从场内购入，转到场外卖出，从而形成套利的机会。在套利预期的作用下，越接近到期日，二级市场的交易价格就会越接近基金单位净值。这也是价格围绕价值上下波动的原理在起作用。

2.投资者情绪。交易价格由买卖双方的力量对比决定，投资者情绪对交易价格也会产生重要影响。封闭式基金的主要投资标的是股债两市。这就好比股市熊市来了，股票会跌成白菜价一样，此时封闭式基金也会无人问津；相反，牛市时则筹码稀缺，一票难求。牛市时买盘会不断推升交易价格，折价率会不断缩小，甚至会产生溢价。

资料来源：佚名．封闭式基金的折价［EB/OL］．［2020-04-21］．http：//caifuhao.eastmoney.com/news/20200421102314275263170.

7.4.3 基金利润分配

1）基金利润来源

基金利润是指基金在一定会计期间的经营成果。利润包括收入减去费用后的净额、直接计入当期利润的利得和损失等。基金收入是基金资产在运作过程中所产生的各种收入。基金收入来源主要包括利息收入、投资收益以及其他收入。基金资产估值引起的资产价值变动作为公允价值变动损益计入当期损益。

（1）利息收入。它是指基金经营活动中因债券投资、资产支持证券投资、银行存款、结算备付金、存出保证金、按买入返售协议融出资金等而实现的利息收入，具体包括存款利息收入、债券利息收入、资产支持证券利息收入、买入返售金融资产收入和其他利息收入等。

（2）投资收益。它是指基金经营活动中因买卖股票、债券、资产支持证券、基金等实现的差价收益，因股票、基金投资等获得的股利收益，以及衍生工具投资产生的相关损益，如卖出或放弃权证、权证行权等实现的损益，具体包括股票投资收益、基金投资收益、债券投资收益、资产支持证券投资收益、衍生工具收益、股利收益等。

（3）其他收入。它是指除上述收入以外的其他各项收入，包括赎回费扣除基本手续费后的余额、手续费返还、ETF替代损益以及基金管理人等机构为弥补基金财产损失而支付的赔偿款项等。这些收入项目一般根据发生的实际金额确认。

（4）公允价值变动损益。它是指基金持有的采用公允价值模式计量的交易性金融资产、交易性金融负债等公允价值变动形成的应计入当期损益的利得或损失，并于估值日对基金资产按公允价值估值时予以确认。

（5）基金的费用。它是指基金在日常投资活动中发生的、会导致所有者权益减少的、与向基金持有人分配利润无关的经济利益的总流出，具体包括管理人报酬、托管费、销售服务费、交易费用、利息支出和其他费用等。

相关链接 7-4　　证券投资基金的税收

基金税收是指基金运作过程中有关当事人向国家所缴纳各种税金的总称。

由于基金公司仅仅是投资者资产的集合，以企业法人名义存在，如果既向基金公司征收企业所得税，又对基金公司的投资者征税，势必造成重复征税，因此大多数国家都对基金公司实行免税政策，只对投资者征税，投资者在取得基金分配收益后应缴纳所得税；基金管理公司作为企业，其经营收入应该依法纳税。由于信托财产归投资者所有，基金经营者是委托代理机构，运用信托财产所创造的收益，扣除费用后，应该按投资者投资的比例进行分配。各国对基金投资者的征税方法并不统一，有的由基金管理公司代交，有的由投资者自行缴纳。征税税种和税率不完全一样，一般情况下基金投资者要缴纳以下两种税金：

1. 所得税。投资者所分配到的股息、利息、红利收入，一般要缴纳个人所得税。

2. 交易印花税。投资于股票基金与债券基金在转让时或投资者在转让基金证券时，一般须缴纳交易印花税。目前，在我国买卖基金证券时政府免收投资者的交易印花税。这些都是在通常情况下需要缴纳的税种。有的国家和地区为了鼓励投资基金发展，对基金免征税金。特别是离岸基金，一般都在有“租税天堂”之称的地区登记。

资料来源：佚名. 基金税收［EB/OL］.［2021-04-01］. https://baike.baidu.com/item/%E5%9F%BA%E9%87%91%E7%A8%8E%E6%94%B6/50903061? fr=aladdin.

2）基金利润分配

（1）封闭式基金的利润分配。根据《公开募集证券投资基金运作管理办法》的有关规定，封闭式基金的利润分配，每年不得少于一次，封闭式基金年度利润分配比例不得低于基金年度已实现利润的90%。

封闭式基金当年利润应先弥补上一年度亏损，然后才可进行当年分配。封闭式基金一般采用现金方式分红。

（2）开放式基金的利润分配。我国开放式基金按规定需在基金合同中约定每年基金利润分配的最多次数和基金利润分配的最低比例。开放式基金当年利润应先弥补上一年度亏损，然后才可进行当年分配。

开放式基金的分红方式有两种：①现金分红方式。根据基金利润情况，基金管理人以投资者持有基金单位数量的多少，将利润分配给投资者。这是基金分配最普遍的形式。②分红再投资转换为基金份额。分红再投资转换为基金份额是指将应分配的净利润折算为等值的新的基金份额进行基金分配。

根据有关规定，基金分配应当采用现金方式。开放式基金的基金份额持有人可以事先选择将所获分配的现金利润，按照基金合同有关基金份额申购的约定转为基金份额。基金份额持有人事先未做出选择的，基金管理人应当支付现金。

（3）货币市场基金的利润分配。《货币市场基金监督管理办法》第十条规定：“对于每日按照面值进行报价的货币市场基金，可以在基金合同中将收益分配的方式约定为红利再投资，并应当每日进行收益分配。”2005年3月25日中国证监会下发的《关于货币市场基金投资等相关问题的通知》（证监基金字〔2005〕41号）规定：“当日申购的基金份额自下一个工作日起享有基金的分配权益，当日赎回的基金份额自下一个工作日起不享有基金的分配权益。”

具体而言，货币市场基金每周五进行分配时，将同时分配周六和周日的利润；每周一至周四进行分配时，则仅对当日利润进行分配。投资者于周五申购或转换转入的基金份额不享有周五、周六和周日的利润，投资者于周五赎回或转换转出的基金份额享有周五、周六和周日的利润。

例如，假设投资者在2021年3月19日（周五）申购了份额，那么基金将从3月22日（周一）开始计算其权益。如果在3月19日（周五）赎回了份额，那么除了享有3月19日（周五）的利润之外，还同时享有3月20日（周六）和3月21日（周日）的利润，但不再享有3月22日（周一）的利润了。

节假日的利润计算基本与在周五申购或赎回的情况相同。投资者在法定节假日前最后一个开放日的利润与整个节假日期间的利润合并后于法定节假日最后一日进行分配；法定节假日结束后第一个开放日起的分配规则同日常情况下的分配规则一样。投资者于法定节假日前最后一个开放日申购或转换转入的基金份额不享有该日和整个节假日期间的利润，投资者于法定节假日前最后一个开放日赎回或转换转出的基金份额享有该日和整个节假日期间的利润。

以“清明”假期为例，2021年4月6日是节后的第一个工作日，假设投资者在2021年4月2日（周五，节前最后一个工作日）申购了基金份额，那么基金利润将会从4月6日起开始计算；如果投资者在2021年4月2日赎回了基金份额，那么投资者将享有至4月6日内该基金的利润。

小实训7-1

选择一家基金公司，了解其基金产品种类、价格、收益率，进行基金投资决策分析。

课程思政7-1　了解基金，提升素养，做理性基金投资者

通过本章的学习，我们大学生在选择基金时要保持冷静，没有一个产品可以满足所有投资者的需求。不要为了追求高收益而去买基金，应不断学习，提升专业知识水平和投资判断能力，独立思考，建立长期投资的理念，在了解产品或者服务情况，听取经营机构适当性意见的基础上，根据自身能力审慎决策。此外，在今后的基金从业中要坚守守法合规、诚实守信、专业胜任、客户至上、忠实勤勉、保守秘密的基金职业道德规范。

本章要点

本章主要介绍了证券投资基金的概念、特征、分类、优势和局限；证券投资基金市场的内涵；证券投资基金发行的条件、方式及程序；证券投资基金流通市场的组织方式；证券投资基金的价格及投资收益确定。其中，重点是证券投资基金的概念与分类；难点是对投资基金价格及投资收益确定的掌握。

问题讨论

1.讨论公司型基金和契约型基金的差别有哪些。

2.讨论选择证券投资基金进行投资的好处和风险。

3.根据本章所学内容，查找不同基金品种的价格及投资收益，讨论我国证券投资基金价格及投资收益的确定受到哪些因素的影响。

推荐阅读

1.罗斌. 基金投资入门与实战技巧［M］. 北京：北京时代华文书局，2015.

2.约翰. 共同基金常识［M］. 巴曙松，吴博，等译. 北京：北京联合出版有限公司，2017.

3.丹尼尔. 对冲基金管理指南［M］. 林华，译. 北京：中信出版社，2017.

思考与练习

1. 单项选择题

（1）证券投资基金一般反映的是（　　）。

A. 债权债务关系　　B. 信托关系　　C. 借贷关系　　D. 所有权关系

（2）成长型基金的投资目标是（　　）。

A. 资金分散于股票和债券　　B. 取得现金收益

C. 资本长期增值　　D. 资金分散投资于股票

（3）下列选项中，风险最小的投资工具是（　　）。

A. 股票　　B. 债券　　C. 基金　　D. 不确定

2. 多项选择题

（1）下列属于证券投资基金特征的是（　　）。

A. 集合投资　　B. 分散风险　　C. 专业理财　　D. 收益安全

（2）货币市场基金不得投资于（　　）。

A. 股票　　B. 可转换债券

C. 剩余期限超过397天的债券　　D. 信用评级在AAA以下的企业债券

（3）证券投资基金按照投资对象不同分为（　　）。

A. 股票基金　　B. 债券基金　　C. 货币市场基金　　D. 混合基金

3. 简答题

（1）什么是证券投资基金？它与其他投资方式相比有什么特点？

（2）简述证券投资基金的类型。

（3）比较债券、基金与股票的异同。

（4）开放式基金的价格是如何计算的？

（5）开放式基金与封闭式基金在交易方面有何不同？

（6）基金投资收益包括哪些？

（7）简述证券投资基金设立的条件。

案例分析

基金定投的优势及投资原则

基金定投是定期定额投资基金的简称，是指每隔固定时间，对某固定基金投资固定金额。采取基金定投的方式，投资人无需时常选择进场时机，只需预先设立每次投资的金额、投资时间和标的，然后根据计划按时投资，其间也可随时申请暂停或赎回。基金定投获利的原则在于，利用平均成本法均摊成本，通过长期坚持定额投资，利用时间复利的效果来达到获利目的。基金定投具有参与门槛低、操作便捷、分散风险、投资灵活等特点，既可避免个人投资者投资股票市场时选股及择时的困难，也可避免因缺乏专业知识或资金有限的问题。

基金定投这种投资方法，时间、金额、基金都是预先设置好的。其优势在于：

第一，基金定投利用时间的纪律换取投资的空间，避免投资时的恐惧或贪婪情绪影响投资决策，更有效地累积财富。

第二，普通投资者很难适时掌握正确的投资时点，常常可能是在市场高点买入，在市场低点卖出。平均成本投资方式可避免短期波段的风险及追涨杀跌的困扰。

第三，基金定投通过资金的分期投入，拉长投资基金的期限，可有效地分摊成本，在一定程度上达到降低风险的目的，适合作为中长期的理财方式。

不是所有基金都适合定投。例如，货币市场基金、债券基金，本身波动很小，直接一次性买入就可以了，没有必要长期定投。适合定投的基金一般来说具有以下特点：

①波动大。一般来说，波动大的基金适合定投，如指数基金和股票基金。波动越大的基金，越能通过定投起到平滑成本的作用；待市场向好时，波动大的基金获得的收益也相对较高。

②估值低。仅选择波动大的基金也不行，基金定投在选择目标基金时，还得注重估值。目前主流的挑选方法是根据定投基金所跟踪指数的PE估值，估值越低的指数基金，越适合布局定投。

基金定投又可分为以下具体方法：

第一，普通定投法。普通定投法就是定时定额进行基金投资，即每次（可以按月，也可以按周等）投入固定的资金去购买基金。对普通投资者来说，普通定投法最省时省力，积少成多，分散投资风险。

第二，市值定投法。市值定投法的目标是让基金每个月的市值按照固定额度增长。假如决定按月定投基金A，第一个月投资了1 000元，按照市值定投法，每个月要保证基金的市值都增长一倍，那么第二个月基金的市值要达到1 000+1 000=2 000（元），第三个月基金的市值要达到3 000元，依次类推。但是如果在第一个月买入之后，基金的市值涨到1 600元，那么在第二个月购买的时候只需要买2 000−1 600=400（元）就行。如果基金的市值跌到了800元，那么第二个月就需要购买1 200元。也就是说，每期要投入基金的金额和当前基金的市值密切相关。如果基金下跌了，那么就需要多投资一部分资金；如果基金上涨了，就可以减少投资。市值定投法的优势在于践行了低买高卖的投资原则。

第三，指数均线法。指数均线法就是通过对比指数收盘价与指数均线的关系来判断市场的高低点，从而在“低点多投，高点少投”。举个例子，拿3 300点作为基准指标，当指数指标比基准高时，就在基础扣款上少投；当指数指标比基准低时，就在基础扣款上多投。指数均线不需要自己算，普通的行情软件都有提取指数均线的功能。一般选什么均线呢？中短期均线变动较灵敏，更能够较及时地反映指数调头向上或调头向下的走势变化，但不能够像长期均线一样从一个相对较长期限的角度将指数划分出相对高位区域与相对低位区域。因此，可以综合180日、250日、500日等均线作为参考。

资料来源：深圳证券交易所．“基金入门300问”系列之十一　懒人投资新姿势：基金定投［EB/OL］．［2020-11-12］．http：//investor.szse.cn/warning/t20201113_583070.html.

问题：怎样根据自己的需求构建基金定投组合？

分析提示：定投基金之前，我们必须要考虑清楚，定投资金什么时候需要用，资金的用处是什么；还有一点就是，不同的资金使用需求的弹性也是不一样的。

实践训练

本章主要讲授了证券投资基金的概念、特征及分类、证券投资市场的内涵。为了让学生深入理解证券投资基金的内涵，掌握基金设立的条件，本章实践训练主要包括以下内容：

1.实训项目：开放式基金申购与赎回。

实训目的：掌握开放式基金申购与赎回的方法。

实训步骤：

（1）熟悉开放式基金申购与赎回的基本知识；

（2）2名学生一组，分别代表基金代销人与投资者；

（3）情景模拟，开展基金申购与赎回业务；

（4）小组总结，对实训效果进行评价。

2.实训项目：基金设立。

实训目的：掌握基金设立的条件及基本程序。

实训步骤：

（1）熟悉基金设立的条件及基本程序；

（2）5名学生一组，扮演基金公司高级管理人员，准备设立基金；

（3）查阅设立条件，准备基金设立相关资料；

（4）根据法定程序模拟申报设立基金；

（5）小组总结，对实训效果进行评价。

第8章 外汇市场

【学习目标】

- 知识目标：通过学习本章内容，要理解外汇市场的基本含义、功能及外汇市场管制的概念；掌握外汇市场的结构和具体交易方式；认识外汇市场管制的目的和基本内容；了解外汇市场的运行机制。
- 技能目标：通过学习本章内容，认识外汇市场，运用外汇市场交易工具开展外汇交易。

知识结构图

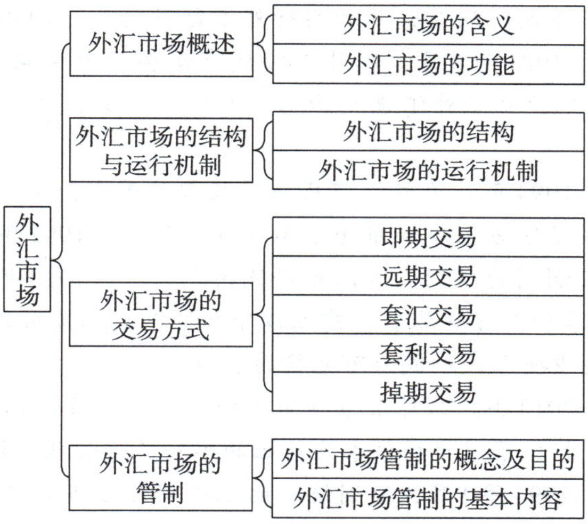

导入案例

中国外汇市场的发展历史

在中华人民共和国成立70多年的历程中，外汇市场的发展大致经历了艰难探索期、形成发展期和创新拓展期三个历史时期。根据发展的特点不同，每个历史时期又可分为若干阶段。

第一个历史时期为1949—1978年的29年，是艰难探索的过程。在计划经济体制下，中央政府对外汇收支实行高度集中的指令性计划管理，不存在外汇市场。伴随经济体制围绕管理权的收放经历了三次较大调整，外汇资源的配置也对应发生了变动。这一时期大致可分为三个阶段：

第一阶段（1949—1953年）为人民币法定地位确立中的外汇集中管理阶段。中华人民共和国成立后，为了使人民币成为唯一法定货币，中央和各级政府采取了一系列措施整顿币制。1950年中国人民银行开始公布全国统一的人民币汇率。1951年，当时的中央贸易部依据重要性程度，将出口货物分为甲、乙、丙三类，记账外汇由此产生。

第二阶段（1953—1958年）为探索外汇平衡机制阶段。1957年，为了鼓励各地方积极完成出口计划并争取超额出口，中央决定实行外汇分成，将所得外汇给地方一定比例的提成。与此同时，形成了国民经济四大平衡的指导思想。

第三阶段（1958—1978年）为曲折前行的艰难探索阶段。1971年以后布雷顿森林体系崩溃引致西方国家开始采取浮动汇率制，但中国外汇机制的形成依然不断推进。除对个别外币公开贬值或升值外，人民币汇率基本稳定。1968年，中国开始尝试使用人民币在对外贸易中计价结算，以避免汇率风险。1972年6月23日，随着英镑浮动，中国改按“一篮子货币”计算调整人民币汇价，在维持人民币名义有效汇率基本稳定的基础上对人民币汇率做相应调整。

第二个历史时期为1978—2013年的35年，是中国外汇市场形成发展的过程。这一时期的外汇市场建设大致可分为三个阶段：

第一阶段（1978—1989年）为中国外汇市场的尝试性发展阶段。1979年以前，中国的外汇业务由中国银行统一经营。1979年以后，中国开始逐步建立健全外汇管理机构和多家金融机构经营外汇体制，同时，开始实行外汇留成制度。1980年10月，中国银行开始办理外汇调剂业务。1981年8月，以外汇额度有偿调剂为特点的交易市场开始形成。1985年11月，深圳率先设立了外汇调剂中心；1988年9月，上海开办了外汇调剂公开市场。

第二阶段（1989—1994年）为外汇市场基本框架的形成阶段。随着外汇调剂业务的扩展，中国实际上形成了官方汇率和市场汇率并存的局面。1991年11月，放开了居民个人持有的外汇参与外汇调剂的限制，以满足居民用汇需求。1993年11月，党的十四届三中全会明确要求："改革外汇管理体制，建立以市场为基础的有管理的浮动汇率制度和统一规范的外汇市场，逐步使人民币成为可兑换的货币。"

第三阶段（1994—2013年）为外汇市场的市场化发展阶段。1994年1月1日，中国实行人民币汇率的并轨，推出了以市场供求为基础的单一的有管理的浮动汇率制，同时，实行了银行结售汇制度。1994年4月，全国统一的银行间外汇市场在上海正式成立。从此，中国外汇市场进入了新的发展阶段。2005年7月21日的汇率改革，是中国外汇市场向市场化方向发展的一个关键性节点。银行间外汇市场已打破了原先单一的银行参与者结构，市场主体不断扩大，形成了多样化的市场主体层次。

第三个历史时期为2013年至今，是中国外汇市场创新发展时期。迄今为止，这一时期大致可分为两个阶段：经济新常态下的外汇市场稳步发展和新时代下的外汇市场化改革。

从第一阶段看，2013年11月，党的十八届三中全会进一步明确了外汇管理的目标和职能，为进一步深化外汇市场发展指明了方向。2015年7月中国人民银行向境外央行、国际金融组织和主权财富基金开放了银行间债券市场，2015年9月又向这些国际机构开放了银行间外汇市场。2016年10月1日，人民币"入篮"SDR正式生效。

从第二阶段看，2017年5月，《中国外汇市场准则》正式发布，意味着中国外汇市场规则的国际化又迈出了重要一步。2019年2月22日，习近平总书记强调指出："防范化解金融风险特别是防止发生系统性金融风险，是金融工作的根本性任务。"对外汇市场而言，主要任务是把防范化解外汇领域的各种风险隐患放到更加重要的位置，坚持综合平衡、科学监管，切实维护国际收支平衡和外汇市场稳定。

资料来源：林楠. 中国外汇市场70年：发展历程与主要经验［EB/OL］.［2019-11-25］. http://www.nifd.cn/Paper/Details/1635.

这一案例分析了中国外汇市场的发展历程，改革开放以来，中国的外汇市场发展迅速，逐步与世界先进的外汇市场接轨。那么，外汇市场是什么样的市场呢？它有什么功能、结构和运行机制呢？外汇市场中的主要交易方式有哪些？这正是本章要介绍的内容。

8.1 外汇市场概述

8.1.1 外汇市场的含义

外汇市场是以外汇银行为中心，由外汇需求者、外汇供给者或买卖中间机构组成的外汇买卖的场所或交易网络。随着世界经济的快速发展，外汇市场不一定要设有具体的交易场所，外汇供求双方可以在特定的区域内，借助现代化的电子通信设备及计算机网络从事外汇交易活动。

小思考 8-1

外汇与外币的区别是什么？

提示：外汇不等于外币，外汇除包括外币，还包括外币有价证券、外币支付凭证；外币也不等于外汇，外币并非都是外汇，通常情况下，只有可以自由兑换的外币才是外汇，因为外汇的实质是国际支付手段，如果某种货币不能自由兑换，它就不能成为国际支付手段。

8.1.2 外汇市场的功能

1）实现购买力的国际转移

不同的货币在不同的国家形成购买力，外汇市场使资金能以最有效的方式，实现国际货币兑换和汇付，促使购买力的国际转移。国际商品与劳务的交易以及资本交易所产生的债权债务关系，由于各国货币的不同，必须将本国货币兑换成外汇来清算，这种兑换就是在外汇市场进行的。同时，发达的通信工具已将世界范围内的外汇市场连成一个整体，使得货币兑换和资金汇付能够在极短的时间内完成，购买力的国际转移变得更为快捷和便利。

相关知识 8-1　世界上主要货币名称

世界上主要货币名称见表 8-1。

表 8-1　世界上主要货币名称

货币名称			货币符号		辅币进位制
亚洲	中文	英文	原有旧符号	标准符号	
中国香港	港元	HongKong Dollars	HK $	HKD	1HKD=100cents（分）
中国澳门	澳门元	Macao Pataca	PAT.；P.	MOP	1MOP=100avos（分）
中国	人民币元	Renminbi Yuan	RMB ¥	CNY	1CNY=10jao（角）
越南	越南盾	Vietnamese Dong	D.	VND	1VND=10hào（毫）=100xu（枢）
日本	日元	Japanese Yen	¥；J. ¥	JPY	1JPY=100 sen（钱）
新加坡	新加坡元	Singapore Dollar	S. $	SGD	1SGD=100 cents（分）
泰国	泰铢	Thai Baht（Thai Tical）	BT.；Tc.	THP	1THP=100 satang（萨当）

续表

货币名称			货币符号		辅币进位制
欧洲	中文	英文	原有旧符号	标准符号	
欧洲货币联盟	欧元	Euro	EUR	EUR	1EUR=100 euro cents（生丁）
俄罗斯	卢布	Russian Ruble（or Rouble）	Rbs.Rbl.	SUR	1SUR=100 kopee（戈比）
英国	英镑	Pound，Sterling	￡；￡ Stg.	GBP	1GBP=100 new pence（新便士）
货币名称			货币符号		辅币进位制
美洲	中文	英文	原有旧符号	标准符号	
加拿大	加元	Canadian Dollar	Can. $	CAD	1CAD=100 cents（分）
美国	美元	U.S.Dollar	U.S. $	USD	1USD=100 cent（分）
墨西哥	墨西哥比索	Mexican Peso	Mex. $	MXP	1MXP=100 centavos（分）
巴西	新克鲁赛罗	Brazilian New Cruzeiro G	Gr. $	BRC	1BRC=100 centavos（分）
货币名称			货币符号		辅币进位制
大洋洲	中文	英文	原有旧符号	标准符号	
澳大利亚	澳大利亚元	Australian Dollar	$ A.	AUD	1AUD=100 cents（分）
新西兰	新西兰元	New Zealand Dollar	$ NZ.	NZD	1NZD=100 cents（分）
货币名称			货币符号		辅币进位制
非洲	中文	英文	原有旧符号	标准符号	
埃及	埃及镑	Egyptian Pound	￡E.；LF.	EGP	1EGP=100piastres（皮阿斯特）=1，000milliemes（米利姆）
南非	兰特	South African Rand	R.	ZAR	1ZAR=100cents（分）
索马里	索马里先令	Somali Shilling	Sh.So.	SOS	1SOS=100cents（分）

资料来源：佚名．世界各国货币名称（中英文）[EB/OL]．[2020-10-04]．https：//wenku.baidu.com/view/4b9fd77d876a561252d380eb6294dd88d1d23d1d.html.

2）提供资金融通

外汇市场向国际交易者提供了资金融通的便利。外汇的存贷款业务集中了各国的社会闲置资金，从而能够调剂余缺，加速资本周转。在国际贸易中，商品出口从货物发运到货物出售需要一段时间。出口商总是希望商品出售之后能立即得到货款；而进口商则希望能用出售商品所得资金偿付进口货款。为了解决这一矛盾，一方面出口商可直接向进口商提供短期信贷，这种方法要占用出口商大量的资金；另一方面出口商可以通过外汇市场向进口商提供延期付款信用，即当进口商进口商品后，在提货时没有足够的现金支付货款，出口商可以向进口商开出汇票，允许延期付款，而出口商则可以以票据贴现的方式，将汇票在外汇市场上售出，得到现金。

3）提供外汇保值和投机的机制

在以外币计价成交的国际经济交易中，交易双方都面临着外汇风险。由于市场参与者对外汇风险的判断和偏好不同，有的参与者宁可花费一定的成本来转移风险，而有的参与者则愿意承担风险以实现预期利润，由此产生了外汇保值和外汇投机两种不同的行为。外汇保值是指交易者卖出或买进金额相当于已有的一笔外汇资产或负债的外汇，使原有的这笔外汇资产或负债避免汇率变动的影响，从而达到保值的目的。外汇投机则是交易者根据其对市场汇率变动趋势的预测和判断，通过某项外汇交易将关闭的外汇头寸转变为敞开的多头寸或空头寸，或者是继续敞开由实际经济交易产生的外汇头寸，以期在日后的汇率变动中获得外汇收益。

在金本位制和固定汇率制下，外汇汇率基本上是平稳的，因而不会形成外汇保值和投机的需要及可能。而浮动汇率制下，外汇市场的功能有了进一步的发展。外汇市场的存在既为套期保值者提供了规避外汇风险的场所，又为投机者提供了承担风险、获取利润的机会。外汇市场已成为一个巨大的投机市场和保值市场，并且这一功能正日益加强。

拓展阅读8-1　　外汇市场形成的原因

在贵金属作为国家与国家支付结算的时代，不涉及两国货币之间的交换，也不存在外汇市场。20世纪70年代随着强势货币的出现及黄金结算方式的逐渐退出，国家与国家之间的货币交换逐渐增多，特别是全球一体化和经济全球化的发展，外汇市场迅速扩大并成为全球最大的交易市场。

简单地看，外汇市场形成的主要原因有以下三个方面。

1.国际贸易与投资。因为国际贸易与投资涉及的买卖双方并不在同一国家，使用的货币不同，结算时需要把外币换购为本国货币，从而实现商业增值。

2.套期保值。国际贸易已成为一种常见的商业行为，货币交易形成的汇率时刻都在变化，较长时间内存在贬值或升值风险。当一家国际贸易公司因汇率风险而带来经营风险时，就会在外汇市场上进行套期保值操作，即对冲风险操作。

3.投机需求。外汇市场是全球流动性最强的市场、波动较大、交易品种丰富，天然具有理想投机市场的属性。随着投机资金的加入，进一步加大了市场波动，吸引了更多的资金进入市场。据不完全统计，外汇市场每天的交易量可达到6万亿美元，是当之无愧的“市场之王”。

资料来源：佚名. 外汇市场的形成原因及外汇市场的特点［EB/OL］.［2020-06-30］. https://kuaibao.qq.com/s/20200630A0EDGU00.

8.2　外汇市场的结构与运行机制

8.2.1　外汇市场的结构

（1）按参与者的不同，外汇市场可以分为外汇批发市场和外汇零售市场。外汇批发市场是指银行同业之间的外汇交易市场，包括同一市场上各银行之间的外汇交易，不同市场上各银行之间的外汇交易，中央银行同商业银行之间的外汇交易，各国中央银行之间的外汇交易。外汇零售市场是指银行与个人及公司客户之间进行外汇买卖的行为及场所。外汇批发市场的交易规模一般比较大，其交易份额占整个外汇市场交易份额的较大比例。外汇零售市场的每笔交易数额一般较小，但由于交易笔数较多，所以交易总量也很大。

（2）按外汇市场的经营范围，外汇市场可以分为国内外汇市场和国际外汇市场。国内外汇市场一般存在于发展中国家，市场上主要是外币与本币的交易，参与者主要是本国居民，要受国内金融制度的严格限制。国际外汇市场是由各大国际金融中心的外汇市场联结而成，各国居民都可以自由参加，其交易是多种货币的自由买卖，不受所在国的金融制度限制。与国内外汇市场相比，国际外汇市场中的外汇交易往往发生在不同国家的居民之间；其交易在等价交换的基础上进行，银行等中介机构只收取少量手续费，在交易过程中只转变货币币种，货币的实际价值不会发生增减；当代国际外汇市场不仅仅是传统的货币兑换市场，同时还是保值、增值、减少筹资成本和投机的舞台。

（3）按外汇市场的外部形态，外汇市场可以分为有形外汇市场和无形外汇市场。有形外汇市场也叫欧洲大陆式外汇市场，有具体的外汇交易场所。它可以是单设的外汇交易所，也可以是在证券交易所的大厅一角附设的外汇交易所。各个银行的代表在规定的时间内，集合在此地从事外汇交易。其交易项目仅限于决定对客户当日交易的汇率“定价”或调整各自即期外汇市场交易的余额。欧洲大陆上的外汇交易，除瑞士以外，法、德、荷、意等国都采用这种形式，如法兰克福市场、巴黎市场等。无形的外汇市场也叫英美式外汇市场，这种外汇买卖没有具体交易场所和固定的时间，所有交易都通过联结银行与外汇经纪人的电话、电报、电传以及其他通信工具所组成的网络来进行，如伦敦外汇市场、纽约外汇市场、加拿大外汇市场和东京外汇市场等。

无形外汇市场较有形外汇市场更具有优越性，它不仅不受场所、营业日及营业时间的限制，而且交易成本低，交易及交割速度也比较快，因此，传统的有形外汇市场正在缩小、衰退，无形外汇市场将逐渐替代有形外汇市场。

相关链接8-1　　全球八大外汇交易中心

英国伦敦。1979年，英国外汇管制取消，伦敦开始成为国际金融交易的中心，从外汇、债券到衍生品和基金管理。这也让英国成为世界上最大的净出口金融服务国家。伦敦在亚洲和美国之间的时区内提供最大的资金池，另外伦敦时间一直被作为国际商业标准时间。伦敦在全球外汇交易总量中占比高达43.1%，比纽约高出近3倍。而欧洲的竞争对手瑞士和巴黎分别只占3.3%和2%左右。

美国纽约。纽约外汇市场不仅是美国外汇业务的中心，也是世界上最重要的国际外汇市场之一，从日均外汇交易量来看，紧随伦敦之后，为世界第二，也是全球美元交易的清算中心。此外，美国外汇交易人数却是全球最多的。由于美国没有外汇管制，对运营外汇业务没有限制，政府也不指定专门的外汇银行，所以几乎所有的美国银行和金融机构都可以经营外汇业务，这促使美国外汇交易量占全球较大比重。不过，随着金融危机后严苛的金融监管政策实施，美国外汇交易量并未攀升，反而呈下滑之势。2013年占比19%，2019年占比下降至16.5%。

新加坡。得益于独特的地理位置，新加坡外汇市场发展迅速，并在2013年超过日本，成为全球第三大外汇交易中心，2019年蝉联亚洲第一，且外汇交易量仅次于英国和美国。

中国香港。作为亚洲金融中心之一，香港在该区域具有举足轻重的地位，全球越来越多的金融机构驻扎于此，以香港为重要“据点”，开拓亚洲市场。作为世界上最自由、最开放的自由港口城市，香港不断升级完善自身的金融环境和配套服务体系。同时，监管法规越来越完善，在打击金融违规犯罪的执法力度上愈来愈强。这些都是香港在全球金融中心中维持活力的重要保障。

日本东京。在东京外汇市场上，银行同业间的外汇交易可以通过外汇经纪人进行，也可以直接进行。日本国内的企业、个人进行外汇交易必须通过外汇指定银行进行。由于日本的进出口贸易多以美元结算，且日元为重要的避险货币，所以东京外汇市场90%以上是美元对日元的交易。

瑞士苏黎世。瑞士外汇市场交易主要集中在银行间，参与的外汇银行有瑞士银行、瑞士信贷银行、瑞士联合银行等。瑞士外汇市场交易主要是瑞士法郎对美元的交易，其他货币通过美元进行交叉买卖，因此瑞士法郎对美元的汇率是苏黎世外汇市场的主要汇率，瑞士法郎对其他货币的汇率采用以美元进行套算。

法国巴黎。巴黎外汇市场的主要业务是由当地银行之间直接进行外汇买卖，或通过经纪人进行，还可以通过电子交易平台与国外银行进行外汇买卖，显示集中在美元、欧元、英镑等主要货币。另外，外汇交易形式主要是外汇远期及即期等。

中国上海。2019年BIS全球外汇调查报告显示，中国日均外汇交易量高达1 360亿美元，成功跻身全球八大外汇交易中心。上海作为中国最为重要的金融中心，也是中国外汇交易的中心所在地，绝大多数外汇交易活动在上海完成。

资料来源：佚名. 重磅报告：全球日均外汇交易量6.6万亿美元，上海首次跻身八大交易中心［EB/OL］.［2019-09-17］. http：//caifuhao.eastmoney.com/news/20190917203412663821010.

（4）按交割期限，外汇市场可以分为即期外汇市场、远期外汇市场、掉期外汇市场。即期外汇市场是即期外汇交易的场所，即期外汇市场外汇交易日期与交割日期并不统一，一般在交易后的两个营业日内进行交割。由于时间差短，汇率波动性不大，因此即期外汇市场上进行外汇交易的汇率风险较小。远期外汇市场是远期外汇交易的场所，其交割日期是在交易后的未来某一特定时期或某一特定日期。掉期外汇交易市场是指同时买进与卖出相等金额的同种外汇，但交割日不同的外汇操作市场。例如，在7月1日以日元购买100万美元的即期外汇，同时再以100万美元买回3个月日元的远期外汇。银行在进行这笔交易后，便有了3个月期的掉期头寸。

（5）按外汇所受管制程度，外汇市场可以分为自由外汇市场和官方外汇市场。自由外汇市场是指不受所在国政府控制，汇率由外汇市场供求自由决定的外汇市场。自由外汇市场对其交易者、交易对象、交易额度、交易价格等都不做任何限制，这些都最大限度地由市场供求决定。例如，美国、英国、法国、瑞士的外汇市场皆属于自由外汇市场。

官方外汇市场是指受所在国政府控制，按照中央银行或外汇管理机构规定的官方汇率进行交易的外汇市场。这种外汇市场对参与主体、汇价和交易过程都有具体的规定。在发展中国家，官方外汇市场较为普遍。

小思考8-2

现代外汇市场有什么突出特点？

提示：外汇市场具有空间统一性和时间连续性两个基本特点。

8.2.2 外汇市场的运行机制

1）客户与银行之间的交易

假定10月8日（星期四），一家美国公司要求其开户行——一家美国银行为其购买100万英镑，该笔英镑拟用电汇付给一家英国公司。那么，这一笔英镑业务操作过程可以从三个层次进行。

首先，客户与银行之间买卖，并通过银行划汇完成收付。美国银行向美国公司报出汇价，如果该公司接受，则由美国银行外汇部根据美国公司的开户账号作具体支付。假定当时汇价是GBP1=USD2，等两个营业日后（10月10日、11日是星期六和星期日，银行不营业），即10月12日星期一，美国银行将借记美国公司账户200万美元；当天，美国银行则贷记英国公司账户100万英镑。至此，对于支付人和收款人而言，交易已经完成，英国公司收到100万英镑，美国公司支付了200万美元。

其次，两国银行进行清算，假如英国银行与美国银行之间相互持有对方银行的存款，这种存款被称为同业往来。现假定英国银行在美国银行开有存款账户，那么美国银行借记美国公司账户200万美元的同时，将贷记英国银行的存款账户200万美元。这样英国银行就等于增加了对美国银行200万美元的债权（实际是减少了200万美元的负债），同时又增加了对英国公司100万英镑的债权，如果英国公司不愿意持有这笔美元，它可以向其他银行出售美元，换成其他货币，调整外汇头寸。如果美国银行在英国银行持有存款，则其过程与上述类似。

最后，如果美国银行和英国银行并无同业往来，而英国银行在纽约的另一家银行持有存款，这样就需要通过美国的银行间清算支付系统（CHIPS）进行清算。先由英国银行与其纽约的代理行记账结算，该代理行再通过CHIPS与该美国公司开户的美国银行清算。

2）银行同业间的交易

它一般由银行内部的资金部门或外汇交易室通过路透社交易机、德励财经交易机、电传机、电话机等完成。以路透社交易为例，交易员可以通过交易机的键盘输入某银行四个英文字母的代号呼叫该银行，例如，MHTK为汉华银行香港分行，PCSI为中国建设银行上海分行，BCDD为中国银行等，待叫通后，屏幕上即开始显示对方的通话内容。

通过路透社交易机做成的交易，其交易对话在打印纸上的记录即可作为交易的原始凭证或交易“合约”，不一定需要进一步的电传确认，当交易员将此文字记录交给交易后台时，就由后者根据交易双方的约定代理行账号实现买卖外汇资金的交割。

3）通过外汇经纪商（行）的交易

银行根据自己的需要或客户订单的要求，通过路透社交易机或电传机、电话机直接呼叫，请经纪商（行）报价，经纪商（行）报价后，银行当即拍板，决定买入或卖出货币，交易便告成功。然后，经纪商（行）进行通知，该笔交易是与哪一家银行做成的，并要求双方互相交割货币。

通常，外汇经纪行是根据上一个市场的收市价和银行客户的订单向市场开价，通过无偿为银行交易室安装的微型扩音器频繁地向银行报价，一旦合适，银行即表示买入或卖出。经纪行报价都是实价，是以银行和客户的订单为依据。银行或客户通过电话、电传等以订单的形式交给经纪行，经纪行根据众多订单的要求，把买卖双方的订单结合起来，然后以电传形式通知买卖双方，以证实书确认，并开出该笔交易的佣金收取通知单。

相关链接 8-2　　中行、交行成为首批银行间人民币外汇市场主经纪商

2020 年 7 月 13 日中国银行、交通银行成为首批银行间人民币外汇市场主经纪商，通过中国外汇交易中心外汇交易系统主经纪业务功能，为境外投资者银行间债券市场直接投资模式（CIBM Direct）项下外汇风险管理需求提供交易服务。

根据《国家外汇管理局关于完善银行间债券市场境外机构投资者外汇风险管理有关问题的通知》有关安排，外汇交易中心于 2020 年 5 月 27 日正式在银行间人民币外汇市场推出主经纪业务，并发布《银行间外汇市场主经纪业务指引（试行）》。符合规定的境外银行类和非银行类投资者，均可申请成为交易中心会员通过主经纪业务进入银行间外汇市场交易，按照套期保值原则管理投资银行间债券市场产生的外汇风险敞口。

据了解，中国银行、交通银行积极筹备，完成主经纪协议签署及备案、业务权限配置、接口改造等业务和技术准备工作，于 2020 年 7 月 13 日正式上线人民币外汇主经纪业务，均已达成首笔交易。

外汇交易中心表示，人民币外汇市场主经纪业务成功落地，将为外汇市场对外开放和人民币国际化提供有力支持。一是丰富风险对冲渠道，助力市场深化发展。主经纪业务为境外投资者提供更多元的外汇风险对冲渠道，有助于进一步提升人民币资产的吸引力。二是有效解决授信制约，改善交易效率。境外投资者通过主经纪业务可将交易对手拓展至所有与主经纪商建立授信的银行间外汇市场会员，有效解决授信制约等问题，满足外汇市场主体多层次交易需求，显著提升交易效率。

资料来源：常佩琦. 外汇交易中心：中行、交行成为首批银行间人民币外汇市场主经纪商 [EB/OL]. [2020-07-13]. http: //news.cnstock.com/news，bwkx-202007-4561686.htm.

8.3　外汇市场的交易方式

外汇市场上的交易方式有多种，市场参与者可以根据自身的需要灵活选择其中的一种或多种。下面主要介绍传统的外汇交易方式，传统的外汇交易方式主要包括即期交易、远期交易、套汇交易、套利交易和掉期交易。

8.3.1　即期交易

1）即期交易的含义

即期交易又称现汇交易，指外汇交易双方买卖成交后，立即或在两个营业日内办理交割的外汇交易。

按照国际惯例，居民和旅客的外币现钞和旅行支票及其他小额交易大多在当日成交后，当日交割；而银行间的外汇买卖通常在交易成交后两个营业日内完成交割，如遇节假日则顺延至下一个营业日。这样做是为了保证卖方银行有足够的时间发电报通知有关银行将这笔外汇交付到买方指定的银行账户上。即期交易的交割日还有两种特殊情况要注意：一是在香港外汇市场上，美元对港元的即期交易是在成交当日交割，美元对加拿大元和墨西哥比索的交易是在成交日的次日交割，港元对澳门元、日元和新加坡元的即期交易也是在成交日的次日交割；二是在中东地区外汇市场上，伊斯兰国家的银行星期五是休息日，而星期六和星期天是营业日。

2）即期交易的方式

即期交易可以分为电汇、信汇和票汇三种方式。

（1）电汇。电汇即汇款人向当地外汇银行交付本国货币，由该行用电报或电传通知国外分行或代理行立即支付外币。在电汇方式下，银行在国内收进本国货币与在国外付出外汇的时间相隔不过1~2天，而且银行不能利用顾客的汇款，还需承担较高的国际电报和电传费，因此，电汇汇率是最高的即期外汇汇率。目前，这一汇率已成为外汇市场的基本汇率，其他汇率都以此作为计算标准。

（2）信汇。信汇是指汇款人向当地银行交付本国货币，由银行开具付款委托书，用航空邮寄交外国代理行，办理支付外汇业务。在信汇方式下，银行有机会利用信汇委托书传递的时间，利用顾客资金谋利。

（3）票汇。票汇是指汇出行应汇款人的申请，开出以汇入行为付款人的汇票，交由汇款人自带或寄送给收款人，凭票取款的一种汇款方式。

3）即期交易的作用

即期交易是外汇市场上最普遍的一种交易形式，其基本功能是完成货币的调换。具体地说，即期交易具有以下作用：

（1）满足临时性的付款需要，实现购买力的国际转移。例如，某公司持有美元，但两日后需要用英镑支付货款，那么，该公司可以通过即期交易卖出美元，买入英镑用于支付。

（2）满足人们调整外汇头寸、保持外汇头寸平衡而避免汇率波动风险的需要。

（3）为投机活动提供便利。投资者可以通过即期交易或即期交易和其他交易的组合来谋取投机利润。

相关知识 8-2　　即期外汇交易买卖方式

在即期外汇交易中，一般主要有顺汇和逆汇两种买卖方式。

顺汇是一种汇款方式，是指汇款人委托银行以某种信用工具（如汇票），通过其国外分行或代理行将款项付给收款人的一种支付方式。其过程是银行在国内收进本币，在国外付出外汇。因其汇兑方向与资金流向一致，称为顺汇。在顺汇方式下，客户用该国货币向外汇银行购买汇票，等于该银行卖出外汇。

逆汇即托收方式，指由收款人（债权人）出票，通过银行委托其国外分支行或代理行向付款人收取汇票上所列款项的一种支付方式。由于这种方式的资金流向与信用工具的传递方向相反，就称之为“逆汇”。对外汇银行来说，在逆汇方式下，客户向银行卖出汇票，等于银行付出本币，买进外汇。外汇银行接受收款人的托收委托后，就应通知其国外分支行或代理行，按照当日汇率向付款人收取一定金额的外币并归入其开在国外银行的外汇账户上。其结果，该银行国内本币存款账户余额减少了，而在其外币存款账户上却增加了相应的外币金额。

资料来源：佚名. 即期外汇［EB/OL］.［2021-01-27］. https://baike.baidu.com/item/%E5%8D%B3%E6%9C%9F%E5%A4%96%E6%B1%87/4730171? fr=aladdin.

8.3.2 远期交易

1）远期交易的含义

远期交易是指在外汇买卖成交时，双方先签订合同，规定交易的币种、数额、汇率以及交割的时间、地点等，并于将来某个约定的时间按合同规定进行交割的一种外汇买卖方式。远期交易的期限按月计算，一般为1～6个月，也可以长达1年。

2）远期交易的类型

远期交易主要有固定交割日的远期交易和选择交割日的远期交易这两种类型。

固定交割日的远期交易，指交易双方事先约定在未来某个确定的日期办理货币收付的远期交易。这是较为常用的一种远期外汇交易方式，但它缺乏灵活性。而在现实中交易双方往往事先不知道外汇收入和支出的准确时间，他们希望与银行约定在未来的一段期限中的某一天办理货币收付，这就需要采用择期交易的方式。

选择交割日的远期交易，即择期交易，是指主动请求交易的一方可在成交日的第三天起到约定期限内的任何一个营业日，要求交易的另一方按照双方事先约定的远期汇率办理货币收付的远期交易。

3）远期汇率的确定

远期汇率的标价方法有两种：一种是直接标出远期外汇的实际汇率，瑞士、日本等国采用这种标价方法；另一种是标出远期汇率与即期汇率的差价，如升水表示远期外汇比即期外汇贵，贴水表示远期外汇比即期外汇便宜，平价表示二者相等。

由于汇率的标价方法不同，计算远期汇率的方法也不同。直接标价法下，远期汇率=即期汇率+升水，或远期汇率=即期汇率-贴水。间接标价法下，远期汇率=即期汇率-升水，或远期汇率=即期汇率+贴水。

一般而言，远期汇率的升水或贴水水平主要取决于两国之间的相对利率。这是因为，银行要将经营远期外汇业务所引起的利息损失，转嫁给远期外汇的购买者。远期汇率、即期汇率和利息率三者之间的关系是：当其他条件不变时，远期汇率和即期汇率的差异取决于两种货币的利率差异，并大致与利率的差异保持平衡。两种货币之间利率水平较低的货币，其远期汇率为升水，利率水平较高的货币为贴水。其计算公式为：

升水（或贴水）值=即期汇率×两地利率差×月数÷12

相关知识8-3　　不同标价法下升贴水的含义

不同标价法下升贴水的含义见表8-2。

表8-2　　不同标价法下升贴水的含义

升贴水	直接标价法	间接标价法
升水	外币升值，本币贬值	外币贬值，本币升值
贴水	外币贬值，本币升值	外币升值，本币贬值

资料来源：陈雨露. 国际金融［M］. 北京：中国人民大学出版社，2019.

4）远期交易的目的

人们进行远期交易的目的是多方面的，大致可归纳为以下三个方面：

第一，进出口商和外币资金借贷者为了避免汇率风险而进行远期交易。进出口商为避免汇率风险，可事先向银行买入或卖出远期外汇，到支付或收到货款时，按原先约定的汇率办理交割。

第二，外汇银行为平衡其远期外汇头寸而进行远期交易。各国金融管理法规和世界银行监管条例均对外汇银行的敞口头寸有严格规定，但在现实中外汇银行为了满足客户要求进行远期交易时难免会出现超买超卖，因此外汇银行为了合法经营必须平衡其外汇头寸，即将不同期限不同货币头寸的余缺进行抛售或补进，由此求得远期外汇头寸的平衡。

第三，外汇投机者为牟取利润而进行远期交易。国际外汇市场上汇率水平的频繁波动给外汇投机者创造了有利条件。外汇投机是根据对汇率变动的预期，有意保持某种外汇的空头或多头，希望从汇率变动中赚取利润的行为。外汇投机既可以在现汇市场上进行，又可以在期汇市场上进行。与现汇投机相比，期汇投机较容易，成交额大，损益也较高。

拓展阅读8-2　　无本金交割远期外汇交易

NDF，是指无本金交割远期外汇（Non-Delivery Forward），它是一种远期外汇交易的模式，是一种衍生金融工具，用于对那些实行外汇管制国家和地区的货币进行离岸交易。在交易时，交易双方确定交易的名义金额、远期汇价、到期日。在到期日前两天，确定该货币的即期汇价，在到期日，交易双方根据确定的即期汇价和交易开始时的远期汇价的差额计算出损益，由亏损方以可兑换货币如美元交付给受益方。

NDF市场起源于20世纪90年代，它为中国、印度、越南等新兴市场国家的货币提供了套期保值功能，几乎所有的NDF合约都以美元结算。人民币、越南盾、韩元、印度卢比、菲律宾比索等亚洲新兴市场国家货币都存在NDF市场，与这些国家存在贸易往来或设有分支机构的公司可以通过NDF交易进行套期保值，以此规避汇率风险。NDF市场的另一功能是可用于分析这些国家汇率的未来走势。

资料来源：佚名. NDF（无本金交割远期）[EB/OL]. [2021-01-27]. https://baike.baidu.com/item/NDF/16025? fr=aladdin.

8.3.3　套汇交易

1）套汇交易的含义

套汇交易是指利用同一时点不同外汇市场上的汇率差异，通过贱买贵卖外汇以赚取利润的行为。套汇交易按照交易方式可以区分为直接套汇与间接套汇。

2）直接套汇

它又称为双边套汇或两角套汇，是指利用同一时点两个外汇市场所报出的两种货币之间的汇率差异，贱买贵卖外汇来牟取利润的行为，直接套汇又分为积极的直接套汇与消极的直接套汇。

积极的直接套汇是完全以赚取收益为目的进行的直接套汇交易。例如，伦敦外汇市场汇率为1GBP=USD1.6685/1.6695，纽约外汇市场汇率为1GBP=USD1.6655/1.6665，若投资者在伦敦以英镑购买美元外汇，付出1英镑可获得1.6685美元，然后此投资者在纽约市场上购买英镑，购买1英镑需支付1.6665美元，这样，该投资者每一英镑可获得0.002美元的收益。考虑到这种交易的风险很小，这一收益还是相当可观的。

消极的直接套汇是指在实现资本的国际转移中，恰好两地间的汇率存在差异，顺便利用此差异以赚取利润的套汇活动。例如，某一日汇价如上例，纽约的一家银行需电汇100万英镑到伦敦，这时该银行可以通过两种方法来达到此目的：一是在纽约市场上购入伦敦付款的100万英镑；二是让伦敦的代理行在伦敦市场上出售纽约付款的能够换回100万英镑的美元。在上述条件下，这两种方法的结果存在差异。按第一种方法，为获取100万英镑需支付1 666 500美元，因为纽约市场上英镑的卖出价为1英镑兑换1.6665美元；而用第二种方法，为获取100万英镑需付款1 669 500美元，因为在伦敦市场美元买入价为1英镑兑换1.6695美元。因此，该银行应选择第一种方法。此银行的主要目的是转移资金，在转移过程中利用汇价差异进行牟利，因此属于消极的直接套汇。

3）间接套汇

它又称为三角套汇、三地套汇或交叉套汇，是指利用同一时间三个不同地点的外汇市场出现的汇率差异在三个市场上进行贱买贵卖以牟取利润的行为，间接套汇也可分为积极的间接套汇与消极的间接套汇。

下面通过一个例子来说明积极的间接套汇。例如，纽约外汇市场汇率为1GBP=USD1.6180/96，伦敦外汇市场汇率为1GBP=JPY195.59/79，东京外汇市场汇率为1USD=JPY119.63/65。现有投资者先在纽约外汇市场上卖出1 000 000美元以取得英镑，之后在伦敦外汇市场卖出英镑以购入日元，最后在东京外汇市场抛出日元购回美元。最终该套汇者可以收回的美元数额为：1 000 000/1.6196×195.59/119.65=1 009 300美元。扣除1 000 000美元本金，该套汇实际可获得9 300美元的收益（其中含套汇费用）。

消极的间接套汇同样是指利用同一时点三地市场的汇率差异以最有利的汇率，实现资金国际转移的目的。

小知识8-1　　如何判断是否存在间接套汇机会？

间接套汇机会存在与否不如直接套汇机会存在与否容易判断。一个简单的方法是先将三个市场所报汇率的中间汇率求出，其次将各个市场的标价统一为直接标价法或间接标价法并将置于前面的货币单位设为1，最后将更换过的中间汇率连乘。如果连乘积为1，则不存在套汇机会；如果连乘积不为1，则存在套汇机会。上述办法在不考虑套汇费用时才可行。如果考虑套汇费用，则即使根据上述规则判断存在套汇机会，也不一定在任何情况下均有收益。

8.3.4　套利交易

套利交易是指在两种货币资产利率出现差异的情况下，将低利率货币资产替换为高利率货币资产以赚取利息差额的行为。套利交易根据其操作方式可以分为不抛补套利与抛补套利。

（1）不抛补套利。它是指单纯地将低利率货币资产替换成高利率货币资产以谋取利息差异的行为，不抛补套利是一种相对简单的套利交易。例如，现有一投资者发现美元资产年利率为10%，英镑资产年利率为20%，当时美元与英镑之间的汇率为1英镑兑换1美元。

此投资者用1 000美元进行不抛补套利，期限为一年，一年以后该投资者还要将英镑换回美元。如果美元与英镑之间的汇价不变，此套利者可获得100美元（1 200-1 100）的利差收益；如果英镑升值为1英镑兑换1.5美元，该套利者可获得700美元（1 000×（1+20%）×1.5-1 000×（1+10%））的收益，其中包括利差收入100美元与汇差收入600美元；如果英镑贬值8.3%（1/12×100%），那么该投资者可获得利差收益100美元（1 000×（1+20%）-1 000×（1+10%）），但同时由于汇率变动损失100美元（1 000×（1+20%）×1/12），总体上不盈不亏，做不做套利对于此投资者来说一样；如果英镑贬值不足8.3%，投资者会有小于100美元的净收益，否则，此投资者会有亏损。当然，在上述计算中忽略了套利的交易成本。

（2）抛补套利。它是指即期外汇市场上购入利率较高货币资产以获取利息差收益的同时，在远期外汇市场抛出与所购货币币种相同、期限相同且数额相当于所购资产本息的远期外汇以避免汇率风险的行为。例如，某一日纽约外汇市场上报出的即期汇率为GBP1=USD2.0040/2.0050，一年远期汇率贴水200/190。伦敦的利率水平为年利率13%，纽约的利率水平为年利率11%，在这种情况下，美国投资者具有将美元兑换成英镑去伦敦套利的愿望。如果该投资者既想利用这次机会套利，又不愿意承担汇率风险，它可以先在即期外汇市场购入英镑然后投资于英镑资产，同时在远期外汇市场上抛出最终可收回的全部英镑，也就是做一笔抛补套利。具体地说，它可以先付出20 050美元购入10 000英镑现汇，然后投资于英镑资产，期限一年，同时该投资者在远期外汇市场抛出1年期的英镑期汇为11 300英镑（10 000×（1+13%）），由于10 000×（1+13%）×（2.0040-0.02）-20 050×（1+11%）=163.7美元。通过这样做，此投资者可获得无风险收益163.7美元。

8.3.5 掉期交易

1）掉期交易的含义

掉期交易是指在即期外汇市场上买进（或卖出）一种货币，同时在远期外汇市场上卖出（或买入）数额基本相同的同种货币；或者在远期外汇市场上买进（或卖出）一种期限较短的远期货币，同时卖出（或买入）数额基本相同但期限较长的同种远期货币。

小思考8-3

掉期交易与套期保值有什么区别和联系？

提示：掉期交易与套期保值实质相同，操作有所区别。

2）掉期交易的形式

（1）即期对即期的掉期交易。它是指在买进或卖出一笔即期交易的同时，卖出或买进相同货币的另一笔即期交易。两种即期交易的区别在于它们的交割日不一致，往往只差一天。这种交易主要用于银行同业间的短期资金拆借，以避免汇率变动的风险。

（2）即期对远期的掉期交易。它是指在买进或卖出一笔现汇的同时，卖出或买进相同金额该种货币的期汇。这种交易是最常见的一种外汇交易形式。即期对远期的掉期交易具体包括纯粹的掉期交易和分散的掉期交易两种形式。纯粹的掉期交易是指交易只涉及两方，即所有外汇买卖都发生于银行与另一家银行或客户之间。分散的掉期交易是指交易涉及3个参与者，即银行与一方进行即期交易的同时与另外一方进行远期交易。

（3）远期对远期的掉期交易。它是指买进并卖出两笔同样货币不同交割期的远期外汇。该交易有两种方式：一是买进较短交割期的远期外汇，卖出较长交割期的远期外汇；二是买进较长交割期的远期外汇，卖出较短交割期的远期外汇。这种交易方式能使银行及时利用较为有利的汇率时机，并能在汇率的变动中获利，因此越来越受到重视。

拓展阅读 8-3　创新型外汇交易方式

外汇期货交易是指外汇买卖双方于将来时间（未来某日），以在有组织的交易所内公开叫价（类似于拍卖）确定的价格，买入或卖出某一标准数量的特定货币的交易活动。其中，标准数量：指特定货币（如英镑）的每份期货交易合同的数量是相同的，如英镑期货交易合同每份金额为25 000英镑；特定货币：指在合同条款中规定的交易货币的具体类型，如3个月的日元，6个月的美元等。

外汇期权常被视作一种有效的避险工具，因为它可以消除贬值风险以保留潜在的获利可能。外汇期权是指交易的一方（期权的持有者）拥有和约的权利，并可以决定是否执行（交割）合约。如果愿意的话，合约的买方（持有者）可以任由期权到期而不进行交割。卖方毫无权利决定合同是否交割。

资料来源：佚名．外汇交易方式［EB/OL］．［2020-12-15］．https：//baike.baidu.com/item/%E5%A4%96%E6%B1%87%E4%BA%A4%E6%98%93%E6%96%B9%E5%BC%8F.

8.4　外汇市场的管制

8.4.1　外汇市场管制的概念及目的

1）外汇市场管制的概念

外汇市场管制简称外汇管制，是指一国政府为使其国际收支与汇率能在符合本国利益的水平上保持平衡稳定，授权国家货币金融管理当局或其他国家机关，运用法律、行政、经济等各种手段，对其境内与管辖范围内本国、外国的各类组织和个人的外汇收支、买卖、借贷、转移以及国际结算、外汇汇率和外汇交易等实行的管制。

温馨提示 8-1

我国外汇管制机构为国家外汇管理局。

2）外汇市场管制的目的

从外汇管制的定义可以看出，各国实行外汇管制的主要目的是促进国际收支平衡和维持本币汇率的稳定，以利于本国经济金融的稳定发展。但不同的国家实行外汇管制的具体目的不尽相同，具体表现在以下几个方面：

（1）促进国际收支平衡或改善国际收支状况。长期的国际收支逆差会给一国经济带来明显的消极影响，维持国际收支平衡是政府的基本目标之一。政府可以用多种方法来调节国际收支，但是对于发展中国家来说，其他调节措施可能意味着需付出较大代价。例如，政府实行紧缩性财政政策或货币政策可能改善国际收支，但它会影响经济发展速度，并使失业状况恶化。

（2）稳定本币汇率，减少涉外经济活动中的外汇风险。汇率频繁地大幅度波动所造成的外汇风险会严重阻碍一国对外贸易和国际借贷活动的进行。拥有大量外汇储备的国家或有很强的借款能力的国家可以通过动用或借入储备来稳定汇率。对于缺乏外汇储备的发展中国家来说，外汇管制是稳定本币对外币汇率的重要手段。

（3）防止大规模的投机性资本流入或资本外逃，维护本国金融市场的稳定。经济实力较弱的国家存在着非常多的可供投机资本利用的缺陷。例如，在经济高速发展时商品价格、股票价格、房地产价格往往上升得高于其内在价值。在没有外汇管制的情况下，这会吸引投机性资本流入，后者会显著加剧价格信号的扭曲。一旦泡沫破灭，投机性资本外逃，又会引发一系列连锁反应，造成经济局势迅速恶化。外汇管制是这些国家维护本国金融市场稳定运行的有效手段。

（4）增加本国的国际储备。任何国家都需要持有一定数量的国际储备资产。国际储备不足的国家可以通过多种途径来增加国际储备，但是其中多数措施需要长期施行才能取得明显成效。外汇管制有助于政府实现增加国际储备的目的。

（5）有效利用外汇资金，推动重点产业优先发展。外汇管制使政府拥有更大的对外汇的支配权。政府可以利用它限制某些商品进口，来保护本国的幼稚产业；或者向某些产业提供外汇，以扶植重点产业优先发展。

（6）增强本国产品的国际竞争能力。在本国企业不足以保证产品的国际竞争能力的条件下，政府可以借助于外汇管制为企业开拓国外市场。例如，规定官方汇率是外汇管制的重要手段之一，当政府直接调低本币汇率时，或限制短期资本流入时，都有助于本国增加出口。

（7）增强金融安全。影响金融安全的因素很多，主要包括国内不良贷款、金融体制改革和监管等内部因素，也涉及外债规模和使用效益、国际游资冲击等涉外因素。发展中国家经济发展水平较低，经济结构有种种缺陷，特别需要把外汇管制作为增强本国金融安全的手段。

相关链接8-3　外汇市场面临的风险

外汇风险是指一个公司、企业组织、经济实体、国家或个人在一定时期内在对外经济、贸易、金融、外汇储备的管理与营运等活动中，以外币表示的资产与负债因未预料的外汇汇率的变动而引起的价值的增加或减少的可能性。

1.交易对手风险。在外汇市场交易当中，我们都是作为一个个体，参与到市场当中，银行和机构，也是作为一个个体，参与到市场当中，可能会面对交易对手不履约的风险，这就是交易对手风险。

2.交易结算风险。交易结算风险指为了将来进行外汇交易而将本国货币与外币进行兑换，由于将来进行交易时所适用的汇率没有确定，因而存在的风险。这是一般企业以外币计价进行贸易交易及非贸易交易时产生的风险，所以称为“交易结算风险”。

3.外汇折算风险。外汇折算风险指企业在进行会计处理和外币债权、债务决算等时，如何以本国货币进行评价的问题。例如，在办理决算时，评价债权、债务，因所适用的汇率不同，就会产生账面上损益的差异，因此也称为“评价风险”。

4.流动性风险。流动性风险指因市场成交量不足或缺乏愿意交易的对手，导致未能在理想的时点完成买卖的风险。

5. 信用风险。信用风险是指交易对方不履行到期债务的风险。信用风险又称违约风险，是指借款人、证券发行人或交易对方因种种原因，不愿或无力履行合同条件而构成违约，致使银行、投资者或交易对方遭受损失的可能性。

6. 经济风险。经济风险指企业或个人的未来预期收益因汇率变化而可能受到损失的风险。

7. 国家风险。国家风险即政治风险，它是指企业或个人的外汇交易因国家强制力而终止所造成损失的可能性。

资料来源：佚名. 外汇市场有哪些风险？怎么避免？[EB/OL].［2019-04-08］. http：//www.360doc.com/content/19/0408/11/12042389_827166234.shtml.

8.4.2 外汇市场管制的基本内容

各国的外汇市场管制往往由于各自的经济特点和对外经济关系的不同，所管制的范围和松紧程度也各不相同。即使是同一国家也会因时间不同、条件不同而出现管制或松或严、范围或宽或窄的差异。一般而言，各国实施的外汇管制包括以下内容：

小实训8-1

浏览国家外汇管理局网站，分析相关外汇市场管制政策法规。

1）对贸易项目的管制

贸易收支是一国国际收支的基本组成部分，是反映一国自我创汇能力的重要指标。因而，实施外汇管制的国家往往对贸易项目实行严格管制。

（1）对出口收汇的管制。实行比较严格的外汇管制的国家，对于出口收汇一般都规定出口商必须将其所得外汇结售给国家指定的银行，也就是说出口商必须向外汇管理机构申报出口价款、结算所使用的货币、支付方式和期限等，在收到出口货款后又必须向外汇管理机构申报，并按官方汇率和管理规定将全部或部分外汇结售给外汇指定银行。此外许多国家为了鼓励出口，实行出口退税、出口信贷等措施，对一些国内急需的、供应不足的或对国计民生有重大影响的商品、技术及战略物资则要限制出口，通常实行出口许可证制度。

（2）对进口付汇的管制。其一般都规定进口所需外汇需向外汇管制机构申请，经批准后，由外汇指定银行按照官方价格售给。多数国家将进口批汇手续与进口许可证制度结合使用，除此之外，有些国家还采取了进口存款预交制等管制措施。进口许可证制度是指进口商只有取得有关当局签发的进口许可证才能购买进口所需的外汇。进口许可证的签发通常要考虑进口数量、进口商品的结构、进口商品的生产国别、进口支付条件等。进口存款预交制是指进口商在进口某种商品时，应向指定银行预存一定数额的进口货款，银行不付利息，数额根据进口商品类别或所属国别按一定比例确定。

2）对非贸易项目的管制

在国际收支中，贸易项目外汇收支和资本项目外汇收支以外的各项外汇收支均为非贸易项目外汇收支。非贸易项目外汇收支比较零散，管制较为困难，一般而言，对其外汇管制主要有许可证制、预付存款制、规定限额制和规定购汇间隔时间等管制措施。

3）对资本项目的管制

资本项目是国际收支的一个重要内容，所以无论是发达国家还是发展中国家都非常重视资本的输出输入，并根据不同的需要对资本输出输入实行不同程度的管理。

从第二次世界大战后的历史发展来看，长期国际收支保持顺差的国家为了避免本币汇率过分上升而影响其出口力，防止国际游资冲击，减轻国内通货膨胀的压力，经常采取限制资本输入的措施。具体措施有：本国银行吸收非居民存款必须交纳较高的存款准备金；本国银行对非居民活期存款不支付利息甚至倒扣利息；限制非居民购买本国有价证券；限制本国企业借用外国资本等。反之，国际收支长期保持逆差的国家，为了防止资本外流、稳定汇率，则采取限制资本输出、鼓励资本输入的措施：冻结非居民在本国的账户，未经允许非居民账户的资产不能动用或汇出；限制本国银行和企业向国外提供贷款；限制本国企业进行海外投资和本国居民购买外国有价证券；鼓励外国投资者对本国直接投资等。

4）对黄金、现钞输出输入的管制

实行严格外汇管制的国家对黄金交易也进行管制，一般不准私自输出输入黄金，由中央银行独家办理黄金的买卖和输出输入。对现钞进行管制的一般做法是对携带本国货币出境规定限额和用途，有时甚至禁止携带本国货币出境以防止本国货币输出用于商品进口和资本的外逃以及冲击本国货币。

5）对汇率的管制

对汇率的管制有直接管制和间接管制两种。直接管制是指一国政府指定某一部门制定、调整和公布汇率，这一官方汇率对整个外汇交易起着决定性的作用，即各项外汇收支都须以此汇率为基础。在经济欠发达、市场机制发育不健全、缺乏有效市场调控机制的国家，常常采用复汇率制度等直接带有行政色彩的方式来对汇率进行管制。复汇率的形式有多种，按照复汇率使用对象可分为经常账户汇率和资本账户汇率，前者称为贸易汇率，后者称为金融汇率，为稳定进出口和货物价格，政府对贸易和非贸易汇率分别实施干预，使其稳定在目标汇率水平上。复汇率可按其适用对象不同或按行业或进出口商品不同进行划分，比如传统出口商品用一种汇率，高新技术产品出口采用另一种汇率等。复汇率按其表现形式不同又有公开的和隐蔽的两种。例如，对出口企业创汇实行不同的外汇留成比例，并允许企业按高于指定的结汇价售出，这就形成了事实上的多种汇率。复汇率一般起着“奖出限入”的作用，是经济欠发达的国家或出口创汇能力低的国家调节国际收支逆差的重要手段。但实行复汇率制度，会使管制成本较高、外汇管制比较复杂，还会造成价格扭曲，从而不利于公平竞争。

间接管制是指政府有关部门利用外汇市场买卖外汇以影响外汇供求关系、控制汇率变动的方法。采用间接管制方式，需要建立外汇平准基金，运用外汇平准基金买卖外汇，干预供求关系，或者直接利用外汇储备干预外汇市场。

相关链接 8-4　中国外汇管理体制改革历程

我国外汇管理体制建立于计划经济时期。改革开放前，我国实行严格的外汇集中计划管理，国家对外贸和外汇实行统一经营，外汇收支实行指令性计划管理。1978年，改革开放拉开了外汇管理体制改革的序幕，外汇管理体制改革大致经历四个发展阶段。

第一阶段（1978—1993年），外汇管理体制改革起步。这一阶段以增强企业外汇自主权、实行汇率双轨制为特征。1979年，我国开始实行外汇留成制度，在外汇由国家集中管理、统一平衡的基础上，按照一定比例给予出口企业购买外汇的额度，允许企业通过外汇调剂市场转让多余的外汇，由此逐步形成了官方汇率和外汇调剂市场汇率并存的双重汇率制度。

第二阶段（1994—2000年），社会主义市场经济条件下的外汇管理体制框架初步确定。1994年初，国家取消外汇留成制度，实行银行结售汇制度，实行以市场供求为基础的、单一的、有管理的浮动汇率制度，建立统一规范的外汇市场。此后，进一步改进外汇管理体制，1996年取消了所有经常性国际支付和转移的限制，实现人民币经常项目可兑换。

第三阶段（2001—2012年），以市场调节为主的外汇管理体制进一步完善。2001年提出国际收支平衡的管理目标和"均衡管理"的监管理念。2002年，建立合格境外机构投资者制度（QFII）。以2005年7月人民币汇率形成机制改革为起点，实施了取消经常项目外汇账户限额管理、对个人实行5万美元便利化结售汇额度管理、启动合格境内机构投资者制度（QDII）和人民币合格境外机构投资者制度（RQFII）等一系列改革举措。2008年，修订《中华人民共和国外汇管理条例》，外汇管理法治化建设迈入新阶段。2012年，取消货物贸易外汇收支逐笔核销制度，贸易便利化程度大幅提升。

第四阶段（2013年至今），统筹平衡贸易投资自由化便利化和防范跨境资本流动风险，外汇领域改革开放取得历史性成就。2013年，改革服务贸易外汇管理制度，全面取消服务贸易事前审批。扩大金融市场双向开放，先后推出"沪港通"（2014年）、内地与香港基金互认（2015年）、"深港通"（2016年）、"债券通"（2017年）等跨境证券投资新机制。2015年，将资本金意愿结汇政策推广至全国，大幅简化外商直接投资外汇管理，实现外商直接投资基本可兑换。2016—2017年，完善全口径跨境融资宏观审慎管理，推动银行间债券市场双向开放，建立健全开放有竞争力的境内外汇市场。2018年，进一步增加QDII额度，取消了QFII资金汇出比例限制和QFII、RQFII锁定期要求，扩大合格境内有限合伙人（QDLP）和合格境内投资企业（QDIE）试点。2015年底至2017年初，我国外汇市场经历了两次高强度冲击，外汇管理部门建立健全跨境资本流动宏观审慎管理，不断改善外汇市场微观监管，有效维护了国家经济金融安全。党的十九大要求推动形成全面开放新格局，同时将防范化解重大风险列为全面建成小康社会决胜阶段三大攻坚战之首。面对全面开放新格局下跨境资本流动双向波动和外汇管理新常态，外汇管理部门加快构建跨境资本流动"宏观审慎+微观监管"两位一体管理框架。

未来，外汇管理部门将在党中央、国务院坚强领导下，在人民银行指导下，围绕服务实体经济、防控金融风险、深化金融改革三大任务，更好地统筹贸易投资便利化和防范跨境资本流动风险关系，推动金融市场双向开放，服务国家对外开放新格局，不断完善跨境资本流动"宏观审慎+微观监管"两位一体管理框架，有效维护外汇市场稳定和国家经济金融安全。

资料来源：国家外汇管理局. 历史沿革［EB/OL］.［2021-06-30］. http：//www.safe.gov.cn/safe/lsyg/index.html.

课程思政 8-1　摆正心态，遵守法规，做合格外汇交易者

通过本章学习，我们要意识到外汇市场变幻莫测，外汇交易是一种高度复杂的投资形式。我们在外汇交易中，必须克服五种心理误区：盲目大胆心理、贪婪恐惧心理、急切焦躁心理、缺乏忍耐心理和不愿放弃一切的心理。同时，要做到充分熟悉和遵守国家有关法律、法规和监管政策、最高道德标准的规定，秉承诚实、公平、诚信的态度对待交易对手，不从事非法套汇、虚构贸易逃汇、非法买卖外汇等违法违规行为。

本章要点

本章主要介绍了外汇市场的基本含义、功能、结构、具体交易方式和运行机制，以及外汇市场管制的概念、目的和基本内容。其中，重点是外汇市场的基本含义与具体交易方式；难点是关于外汇交易工具的理解。

问题讨论

1.讨论我国外汇市场的功能。

2.讨论即期外汇与远期外汇的区别。

3.根据本章所学内容，讨论我国外汇市场监管的措施以及今后的发展方向。

推荐阅读

1.魏强斌. 外汇交易圣经［M］. 北京：经济管理出版社，2020.

2.刘金波. 外汇交易原理与实务［M］. 北京：人民邮电出版社，2016.

3.张亮. 外汇交易入门与进阶［M］. 北京：电子工业出版社，2017.

思考与练习

1.单项选择题

（1）外汇市场以（　　）为中心。

A.外汇银行　　B.外汇需求者

C.外汇供给者　　D.买卖中间机构

（2）下列关于升水和贴水的正确说法是（　　）。

A.升水表示即期外汇比远期外汇贵　　B.贴水表示远期外汇比即期外汇贵

C.贴水表示即期外汇比远期外汇便宜　　D.升水表示远期外汇比即期外汇贵

2.多项选择题

（1）外汇市场的功能有（　　）。

A.实现购买力的国际转移　　B.提供资金融通

C.提供外汇保值和投机的机制　　D.提供外汇投资的机制

（2）外汇市场的主要交易方式有（　　）。

A.即期交易　　B.远期交易　　C.套汇交易　　D.套利交易

3.简答题

（1）如何理解外汇市场的功能？

（2）外汇市场的结构按照不同的划分方法如何划分？

（3）掉期交易的形式有哪些？

（4）外汇市场对贸易项目的管制有哪些主要措施？

案例分析

串谋操纵11种货币汇率　欧盟向五家大型银行开出天价罚单

2019年5月16日，欧盟反垄断机构对英国巴克莱银行、苏格兰皇家银行、花旗集团、摩根大通银行和三菱日联金融集团处以合计10.7亿欧元的罚款，称上述五家银行串通操纵11种货币汇率，相互交换商业敏感信息和交易计划，除上述5家银行外，瑞士联合银行也被牵涉其中，但因其是首个告知欧盟外汇合谋行为的银行，而被免于数额为2 850万欧元的处罚。受此巨额处罚影响，英国巴克莱银行、苏格兰皇家银行、花旗集团、摩根大通银行的股价盘中小幅走低。欧盟委员会委员表示，企业和个人在国外从事各类交易是依靠银行进行资金往来，所以外汇交易市场是世界上最大的市场之一，每天的交易量高达数十亿欧元。本次对5家银行外汇操纵的垄断行为进行处罚，是向市场传递一个清晰的信号，即欧盟不允许金融市场任何部门的串通行为。这5家银行的行为破坏了金融业的完整性，也对欧盟经济和消费者权益造成了损害。据CNBC报道，个别银行中一些负责外汇交易的交易员，日常会通过多种线上专业聊天室交换敏感信息和交易计划。这些银行的交易员在线上聊天室中建了两个群组，分别是“The Three Way Banana Split”和“The Essex Express”，前者于2007年12月18日开始，2013年1月31日结束，后者于2009年12月14日开始，2012年7月31日结束。他们在群组里相互交换敏感信息和交易计划，主要涉及以下几个方面：未完成的客户订单（包括金额、涉及的货币种类，以及客户是谁）、适用于特定交易的买卖差价、他们未平仓的外汇风险头寸（需要卖出或买入哪些货币），以及当前或计划交易活动的其他细节，进而据此在预先知情的情况下作出外汇买入或卖出决定。实际上，此次货币操纵处罚并非个案。根据CNBC报道，过去十年，全球金融业因操纵利率汇率等关键基准而被处罚合计数十亿欧元。

资料来源：佚名．震惊！线上群聊交换敏感信息，串通操纵11种货币汇率，欧盟对五大银行开出10.7亿欧元罚单，瑞银告密有功免于被罚［EB/OL］．［2019-05-17］．https：//baijiahao.baidu.com/s？id=1633707865824556975&wfr=spider&for=pc.

问题：分析全球汇率操纵案频发的原因及给我们的启示？

分析提示：外汇市场大多是场外交易，且通常是国际交易，监管不足。

实践训练

本章主要讲授了外汇市场的含义、功能和运行机制等，为了让学生深入理解外汇交易工具的运用，本章实践训练主要包括以下内容：

实训项目：在同一时间，纽约、东京、中国香港三个外汇市场有如下报价：

纽约外汇市场：HKDP7.81/ USD

东京外汇市场：JPY118.00/ USD

中国香港外汇市场：JPY15.86/ HKD

实训目的：掌握套汇交易的计算。

实训步骤：

（1）确定市场是否存在套汇机会；

（2）如果存在套汇机会，套汇收益为多少？

第9章 保险市场

【学习目标】

- 知识目标：通过学习本章内容，了解保险市场的概念、构成要素、特征、模式、机制和组织形式，明确保险市场供给和需求的含义、弹性及各自影响因素，以及保险市场的供求平衡。
- 技能目标：通过学习本章内容，在了解保险市场的相关概念和理论后，能够认识我国保险市场的发展及有待改善的地方。

知识结构图

- 保险市场
  - 保险市场概述
    - 保险及保险市场
    - 中国保险市场的发展
  - 保险市场的构成要素
    - 保险市场的主体
    - 保险市场的客体
    - 保险市场的中介组织
  - 保险市场的特征及功能
    - 保险市场的特征
    - 保险市场的功能
  - 保险市场的模式及世界保险市场
    - 保险市场的模式
    - 国外保险市场
    - 中国香港保险市场
  - 保险市场的运行机制
  - 保险市场的供求分析
    - 保险市场的供给
    - 保险市场的需求
    - 保险市场供求平衡

导入案例

金融开放有利中国保险业发展，预计未来我国将成全球最大保险市场

2020年保险业上半年实现原保费收入2.72万亿元，同比增长6.46%；6月末，保险行业总资产共计21.98万亿元，同比增长12.70%；行业净资产2.57亿元，同比增长11.81%。可以看出，在全球经济受到新冠肺炎疫情的严重影响下，能取得这样的成绩来之不易。我国保险市场的潜力巨大，保险业的韧性和抗风险的能力得以体现。特别是在非接触经济环境下，保险业及时调整展业方式，改变了传统的营销方式，由线下转为线上，扭转了业务下滑的颓势，实现连续两个季度的保费正增长。

自新冠肺炎疫情暴发以来，很多行业面临生产经营上的困难和前所未有的挑战，保险业也深受此次疫情影响。但疫情不会改变保险业整体持续增长的趋势，反而倒逼保险业转换发展动能，为经济社会发展提供更全面的风险保障，有助于我国经济稳中向好、长期向好的基本态势。疫情过后，随着我国居民和企业风险意识逐步提升、广大人民群众对保险功能作用的认识还将进一步加深，将会进一步拉动保险保障需求持续增长。

近年来，中国保险业进一步扩大高水平双向开放，加快推进形成更大范围、更宽领域更深层次的全面开放新格局。2018年4月以来，银保监会先后对外发布了3轮共计34条银行业保险业对外开放措施，其中涉及保险业对外开放的措施有14条，包括放宽和取消外资持股比例限制，放宽外资机构在总资产、经营年限、股东资质等方面的限制，扩大业务范围等。当前，外资持续对中国保险业加大投资力度，显示了外资对中国保险业长期向好

发展的信心。2019年，外资保险公司保费收入3 057.26亿元，在中国保险市场份额达7.17%，同比上升0.98个百分点。外资保险公司总资产13 592.21亿元，占比达6.61%，同比上升0.83个百分点。可以预期，随着中国保险业开放进程加快，外资将在中国保险市场发挥更大作用。

当前我国经济正呈现出强劲的回升态势，保险市场仍然有较大发展空间。2019年，中国保险业稳健经营、不断发展，巩固了其全球第二大保险市场的地位。保费收入4.26万亿元（约6 070亿美元），但是目前中国的市场规模仍不到美国（16 525亿美元）的40%。差距意味着发展潜力和空间，也是发展的动力来源。未来中国保费增长的驱动因素将有信息科技创新、经济数字化、城市化进程、“一带一路”倡议、长三角一体化、粤港澳大湾区建设、海南自由港建设、雄安新区、5G为代表的新基建、国家新兴战略新兴产业等。金融高水平的开放有利中国保险业发展，预计未来我国保险市场将成为全球最大的保险市场。未来两年，中国可能成为全球寿险和非寿险保费的增长最大贡献者。

资料来源：周延礼．金融开放有利中国保险业发展，预计未来我国将成全球最大保险市场［EB/OL］．［2020-09-01］．https：//www.sohu.com/a/415871647_100160903.

这一案例表明，中国保险业在国民经济中发挥着巨大作用，并且具有十分广阔的发展潜力与空间。同银行、证券业相比，中国保险业正在国民经济中发挥越来越突出的作用。在成熟的证券市场上，保险公司通常是最大的机构投资者之一。在中国，人们对保险业重要性的认识正在随着经济的发展不断提高，相信随着经济发达程度和人民生活水平的提高以及保险业的深入发展，人们对保险业重要性的认同将上升到一个相当高的层次。

9.1 保险市场概述

9.1.1 保险及保险市场

保险是集合具有同类风险的众多单位和个人，以合理计算风险分担金的形式，向少数因该风险事故发生而受到经济损失的成员提供经济保障的一种行为。保险按其目的可分为社会保险和商业保险。社会保险是指由国家通过立法对公民强制征收保费，形成保险基金，以对投保人提供保障的一种社会保障制度。它具有强制性，并不以营利为目的。通常，我们所说的保险是狭义的保险，即商业保险。《保险法》明确指出：本法所称保险，是指投保人根据合同约定，向保险人支付保险费，保险人对于合同约定的可能发生的事故因其发生所造成的财产损失承担赔偿保险金责任，或者当被保险人死亡、伤残、疾病或者达到合同约定的年龄、期限时承担给付保险金责任的商业保险行为。

相关知识9-1　保险与其他概念的联系与区别

1.保险与储蓄的联系和区别

联系：都是以现在资金的剩余为将来作准备。

区别：（1）储蓄是一种自助行为，保险是一种自助与他助相结合的行为。（2）储蓄的本利给付是确定的，保险的保险金给付是不确定的，取决于合同中约定的保险事故和损失是否发生。（3）保险复杂，保险经营以精算技术为基础；储蓄简单，无须特殊的精算技术。（4）保险事故在保险期内发生即可得到应有的保险金补偿；储蓄余额与储蓄时间有关。（5）保险基金来自各个经济单位缴纳的保费，不能随意处分；储蓄可由单个经济单位处分。（6）储蓄具有个别对等支付关系，保险则没有。

2.保险与赌博的联系和区别

联系：都涉及金钱财物的得失，取决于不确定的偶然事件的发生。

区别：（1）保险是分散已有的风险；赌博是产生新的风险。（2）保险是正和游戏；赌博是零和游戏。（3）保险是以诚信为原则的一种社会经济互助行为；赌博是一种损人不利己的讹诈行为。

3.保险与救济的联系和区别

联系：都是补偿灾害事故损失的经济制度。

区别：（1）保险是一种合同行为；救济不是合同行为，而是一种施舍行为。（2）保险是双方等价交易行为；而救济是单方面行为。（3）保险是以投保人缴费为前提的，是对价交易；救济是单方面行为，没有对价做基础。

4.保险与投资的联系和区别

联系：两者都属于金融制度，具有很强的相关性。

区别：（1）收益性不同。保险主要寻求保障，投资仅是其附带的功能；投资则主要是寻求较高的或稳定的投资回报。（2）流动性不同。保险一旦购买就很难更改，退保有较大的损失，故流动性比较差；投资资金的流动性比较强且可控。（3）安全性不同。保险的安全性更高；投资则有很大的不确定性。

资料来源：高梵. 保险与储蓄、救济投资各自的联系和区别［EB/OL］.［2020-03-05］. https://zhuanlan.zhihu.com/p/354836052.

保险市场即保险商品交换关系的总和或保险商品供给与需求关系的总和。它既可以指固定的交易场所，如保险交易所，也可以是所有实现保险商品让渡的交换关系的总和。保险市场的交易对象是保险人为消费者提供的保险保障，即各类保险商品。

经济越发达，社会越进步，保险越重要。现如今，在构建和谐社会的过程中，保险起着不可替代的作用。在灾害事故发生时，保险可以通过补偿使得已经存在的社会财富因灾害事故所致的实际损失在价值上得到补偿，在使用价值上得以恢复，从而有利于社会再生产过程得以连续进行，有利于安定人民生活；在宏观经济运行中，保险推动了商品的流通和消费，推动了科学技术向现实生产力转化，增加了外汇收入，增强了国际支付能力；同时，保险还可以以资金补偿被保险人或第三者的人身伤害损失；除此之外，保险在资金融通及社会管理方面也起到了重要的作用。

小思考 9-1

你买保险了吗？如果买了，具体是什么保险产品？说说你买保险的理由。

提示：保险产品品种丰富，为被保险人的不同风险提供保障。

9.1.2 中国保险市场的发展

1949年9月25日至10月6日，由中国人民银行组织的第一次全国保险工作会议在北京举行。同年10月20日，中国人民保险公司在北京成立，宣告了中华人民共和国统一的国营保险机构的诞生，中国保险史从此揭开了崭新的一页。

民族保险业最开始产生于半殖民地半封建的旧中国，资金实力薄弱，管理水平也低，不论是私人资本还是官僚资本经营的保险公司，其本身所能负担的保险责任十分有限，大部分业务都要受到外国资本的控制与支配。外国保险公司凭借其国家对华订立的不平等条约，攫取在华特权；凭借其雄厚的经济实力，控制了旧中国的保险市场。在丰厚利润的驱动下，外国保险公司纷纷来华设立分支或代理机构。中华人民共和国成立以后，不仅取消了在华外商保险公司的种种特权，而且对其业务经营采取严格管理的政策，彻底改变了帝国主义垄断中国保险市场的局面。但是，在华的外资保险公司还是数量众多。

中华人民共和国成立后，中国的民族保险业进入了稳步发展的轨道，国内保费收入不断攀升，国营保险公司实力、地位不断提升，由外商保险公司操纵垄断中国保险市场的局面一去不复返了。

1950—1957年，中国保险业一直保持着稳步增长的态势，但是，1958—1978年，中国的社会主义建设经历了“三年困难时期”，中国经济发展备受掣肘。保险业作为整个经济的一个组成部分，也深受影响。国内保险业务遭遇了长达20年左右的停办，中断了国内保险基金的积累，还造成保险企业人才中断，青黄不接。中共十一届三中全会后，中国进入改革开放和社会主义现代化建设的新时期。在这一重大的历史转折关头，1979年5月，国务院批准了《中国人民银行全国分行行长会议纪要》，做出了“逐步恢复国内保险业务”的重大决策。同年11月，全国保险工作会议在北京召开，使我国停办了20多年的国内保险业务开始恢复，进入一个崭新的发展时期。

国内保险业务恢复以来，我国保险事业有了很大的发展。我国从1992年起扩大保险市场开放度，增设多家保险公司，“平安保险”和“太平洋保险”成为全国性的保险公司，打破了由“人民保险”独家垄断的局面。同时批准外资保险公司进入中国市场，逐渐打破了自中华人民共和国成立以来所形成的由中国人民保险公司独家经营的传统格局。经过这些年的发展，中国保险业走上了高速发展的快车道，无论是保险市场规模还是保险市场主体的资产规模、管理水平以及盈利能力都得到了长足的发展，中国的保险市场已初步形成以国有商业保险公司为主、中外保险公司并存、多家保险公司竞争的格局。

尽管我国保险业历经坎坷，发展很晚，但对我国国民经济的发展、社会主义市场经济改革的深化起着积极的作用，成为经济社会的重要稳定器。

拓展阅读9-1　　互联网保险新规

随着互联网技术在保险行业的不断深入运用，互联网保险业务作为保险销售与服务的一种新形态，深刻影响了保险业态和保险监管。互联网保险业务在快速发展的同时也暴露出了一些问题和风险隐患，给行业和监管带来了挑战。为规范互联网保险业务，有效防范风险，保护消费者合法权益，提升保险业服务实体经济和社会民生的水平，银保监会发布实施《互联网保险业务监管办法》。

《互联网保险业务监管办法》共5章83条，具体包括总则、基本业务规则、特别业务规则、监督管理和附则。重点规范内容包括：厘清互联网保险业务本质，明确制度适用和衔接政策；规定互联网保险业务经营要求，强化持牌经营原则，定义持牌机构自营网络平台，规定持牌机构经营条件，明确非持牌机构禁止行为；规范保险营销宣传行为，规定管理要求和业务行为标准；全流程规范互联网保险售后服务，改善消费体验；按经营主体分类监管，在规定“基本业务规则”的基础上，针对互联网保险公司、保险公司、保险中介机构、互联网企业代理保险业务，分别规定了“特别业务规则”；创新完善监管政策和制度措施，做好政策实施过渡安排。

资料来源：中国银行保险监督管理委员会．中国银保监会发布《互联网保险业务监管办法》[EB/OL]．[2020-12-14]．http：//www. cbirc. gov. cn/cn/view/pages/ItemDetail. html？ docId=949136&itemId=916&generaltype=0.

9.2 保险市场的构成要素

保险市场是由各种基本要素组成的有机结构体，正是这些要素之间的相互联系和相互作用，决定了保险市场的形成，推动着保险市场的现实运动。保险市场的构成要素包括保险市场的主体、保险市场的客体以及保险市场的中介组织。

9.2.1 保险市场的主体

保险市场的主体是指为保险交易提供各类保险商品的卖方或供给方和实现交易活动的各类保险商品的买方或需求方。

1）保险商品供给方

保险商品的供给方是指在保险市场上，提供各类保险商品，承担、分散和转移他人风险的各类保险人及再保险人。保险人与投保人订立合同，收取保险费，在保险事故发生时，对被保险人承担赔偿损失责任。他们以各类保险组织形式出现在保险市场上。

（1）国有保险组织。它是由国家或政府投资设立的保险经营组织。其可以由政府机构直接经营，也可以通过国家法令规定某个团体来经营。该种组织形式被称为间接国有保险组织。

由于各国的社会经济制度不同，在有些保险市场上，国有保险组织完全垄断了一国的所有保险业务，这是一种完全垄断型国有保险组织。这样的国有保险组织往往是“政企合一”组织，既是保险管理机关，又是经营保险业务的实体。而在有些国家，为了保证国家某种社会政策的实施，则将某些强制性或特定保险业务专门由国有保险组织经营，这是一种政策型国有保险组织。另外，在许多国家，国有保险组织同其他组织形式一样，可以自由经营各类保险业务，并可与之展开平等竞争，同时还要追求公司最大限度的利润。这是一种商业竞争型的国有保险组织。

（2）私营保险组织。它是由私人投资设立的保险经营组织。它多以股份有限公司的形式出现。保险股份有限公司是现代保险企业制度下最典型的一种组织形式，公司的所有权与经营权相分离，有利于提高经营管理效率，增加保险利润，进而扩展保险业务，使风险更加分散，经营更加安全，对被保险人的保障更强。

拓展阅读9-2　中国平安保险（集团）股份有限公司

中国平安保险（集团）股份有限公司（以下简称“中国平安”）于1988年诞生于深圳蛇口，是中国第一家股份制保险企业，至今已经发展成为集金融保险、银行、投资等金融业务于一体的整合、紧密、多元的综合金融服务集团。

2019年《财富》世界500强排行榜，中国平安排第29名；2019年《福布斯》全球2 000强，中国平安排第7位，较2018年排名跃升3位。蝉联全球多元保险企业第一，在中国众多入围企业中排名第5，在全球金融企业中排名第6；2019年“BrandZ最具价值全球品牌100强”公布，中国平安排名第40；在Brand Finance“2019全球品牌价值500强”榜单中，中国平安的品牌价值位列全球第14位。在“2019全球最具价值100大保险品牌”排行榜中，中国平安荣列榜首；2019年9月1日，2019中国服务业企业500强榜单在济南发布，中国平安排名第3位。2019年12月，中国平安入选2019中国品牌强国盛典榜样100品牌。2019年12月18日，《人民日报》发布中国品牌发展指数100榜单，中国平安排名第20位。2020年3月，中国平安入选2020年全球品牌价值500强第9位。2020年9月28日，中国平安入选2020中国企业500强榜单，排名第6。

资料来源：佚名. 中国平安保险（集团）股份有限公司［EB/OL］.［2021-04-05］. https：// baike.baidu.com/item/中国平安保险（集团）股份有限公司/302893？fr=aladdin .

（3）合营保险组织。它包括两种形式：一种是政府与私人共同投资设立的保险经营组织，属于公私合营保险组织形式，公私合营保险组织通常也是以股份有限公司的形式出现，并具有保险股份有限公司的一切特征；另一种是本国政府或组织与外商共同投资设立的合营保险组织，我国称之为中外合资保险经营组织形式。

（4）合作保险组织。它是由社会上具有共同风险的个人或经济单位，为了获得保险保障，共同集资设立的保险组织形式。合作保险组织分为消费者合作保险组织与生产者合作保险组织。前者是由保险消费者组织起来并为其组织成员提供保险的组织，它既可以采取公司形式如相互保险公司，也可以采取非公司形式如相互保险社与保险合作社。后者则多半是由医疗机构或人员向大众提供医疗与健康服务而组织起来的，如美国的蓝十字会和蓝盾医疗保险组织。

（5）行业自保组织。它是指某一行业或企业为本企业或本系统提供保险保障的组织形式，参加自保组织的成员之间相互提供保险。

2）保险商品需求方

保险商品的需求方是指在一定时间、一定地点等条件下，为寻求风险保障而对保险商品具有购买意愿和购买力的消费者的集合。保险商品的需求方涉及几方面关系人，包括投保人、被保险人及受益人。

投保人，也称要保人，是指与保险人订立保险合同，并按照保险合同负有支付保险费义务的人。投保人可以是自然人也可以是法人。投保人需要具有相应的民事权利能力和行为能力；要对保险标的具有保险利益，即对保险标的具有法律上承认的利益，否则就不能与保险人订立保险合同；投保人还应当承担支付保险费的义务。

被保险人，是指根据保险合同，其财产利益或人身受保险合同保障，在保险合同发生后，享有保险金请求权的人。投保人可以为被保险人。

受益人，是指人身保险合同中由被保险人或者投保人指定的享有保险金请求权的人，投保人、被保险人可以为受益人。如果投保人或被保险人没有指定受益人，则他的法定继承人即为受益人。

9.2.2 保险市场的客体

保险市场的客体是指保险市场上供求双方具体交易的对象，这个交易对象就是保险商品。保险商品是一种特殊形态的商品，是保险公司为个人、企业和任何风险情况预先与投保人订立的用金钱和其他方式承担风险的合约。

任何保险商品都不是万能的，总有一些不能赔付的责任内容，即并不是任何原因造成的损失，保险公司都要负责赔偿，保险公司依法享有“除外责任”的保护。所谓除外责任是指由于不可抗力造成的损失、被保险人的过错造成的损失以及保险条款事先申明的范围以外的损失，即使在保险有效期之内，保险公司也不予赔偿的若干条款。除外责任可以以列举的方式在保单中列举除外事项，也可以以不列举的方式明确除外责任，即凡未列入承保范围的灾害事故均为除外责任。

9.2.3 保险市场的中介组织

保险中介组织的形成和完善，能有效促进保险市场资源的优化配置及结构的合理调整，使保险公司致力于保险险种的开发，加强经营管理。保险中介组织的存在，有利于沟通保险信息、降低保险交易成本，有利于协调保险供需方的关系，推进保险业的规范化发展，也有利于实现专业化分工协作，提高保险经营的规模效益，确保保险市场的可持续发展。

相关链接9-1 搭乘“信息化”快车的保险中介面临发展新机遇

保险中介作为搭建在保险公司和广大保险消费者之间的桥梁和纽带，其重要性不言而喻。随着保险市场规模的扩大，保险中介日益成为保险业增长的风口，吸引了包括互联网巨头在内的大量资本的涌入。

与此同时，近年来伴随中国数字经济的快速崛起，各行各业的网络化、数字化、智能化建设都在加速发展。保险中介也乘上了“信息化”快车，与之相配套的《保险中介机构信息化工作监管办法》（以下简称《办法》）于近日出台。规范中介机构与合作保险公司间的信息交互行为，有利于提高保险中介经营管理水平，逐步构建新型保险中介市场体系，迎接保险业向高质量发展转型过程中的新机遇。

2021年1月12日，经过一个多月酝酿的《办法》正式出台，从夯实行业发展基础角度出发，规范保险中介机构、保险公司、监管部门之间的信息交互行为，使保险公司与保险中介机构业务信息交互规范、透明、可追溯，促进保险中介机构提高经营管理水平，提升保险中介市场运行效率。

在加强信息化建设方面，考虑到中小保险中介机构的实际情况，《办法》提出，保险中介机构可采取自主开发、合作开发、定制开发、外包开发和购买云服务等形式建设信息系统，以降低建设成本。运用物联网、大数据等科技手段，提高企业财产保险等险种的风险保障能力，对数据进一步挖掘，全面掌握不同资产标的出险原因，地域、频率、损失金额等情况，为客户决策提供参考。

业内人士认为，保险中介信息化是一个系统工程，是保险中介改革发展的重要组成部分，受经济社会发展、信息技术、市场基础建设等多重因素的影响，保险中介机构应与监管部门共同参与，形成合力，将保险中介信息化建设推向深入。

2020年初，银保监会发布《关于推动银行业和保险业高质量发展的指导意见》，首次提出推动构建新型保险中介市场体系，这为保险中介发展指明了方向。业内普遍认为，保险中介在产销分离趋势及信息科技加持下正在迎来新的发展机遇。

信息科技的快速发展，的确给保险中介带来了巨大的成长空间。互联网技术和信息化手段的运用，可以缩短供需链条，改善客户体验，降低运行成本，提升服务效率。与传统保险中介相比，互联网渠道利用大数据技术优势，实现了更为精准的营销，在市场竞争中占据优势地位。

资料来源：金戴梦希．搭乘“信息化”快车的保险中介面临发展新机遇［EB/OL］．［2021-01-20］．https：//www.financialnews.com.cn/bx/bxsd/202101/t20210120_210157.html.

保险市场中介方既包括活动于保险人与投保人之间，充当保险供需双方的媒介，把保险人和投保人联系起来并建立保险合同关系的人，如保险代理人和保险经纪人，也包括独立于保险人与投保人之外，以第三者身份处理保险合同当事人委托办理的有关保险业务的公证、鉴定、理算、精算等事项的人，如保险公证人（行）或保险公估人（行）、保险律师、保险理算师、保险精算师、保险验船师等。保险中介主要由保险代理人、保险经纪人、保险公估人三种形式组成。

1）保险代理人

保险代理人，即保险人的代理人，指依保险代理合同或授权书向保险人收取报酬，并在规定范围内，以保险人名义代理经营保险业务的人。保险代理人负责代理推销保险产品，协助保险公司进行损失的勘察和理赔；向消费者宣传保险知识，解释保险条款，分析个人财务需要；为消费者设计保险方案，制订保险计划，协助客户挑选保险公司的优势产品；协助客户办理相关投保手续；根据客户需要，为其提供优质的售后服务；定期回访老客户，维护潜在客户；被保险人出险后，协助其向保险公司进行索赔等。

小知识9-1

为什么说保险代理是一种特殊的代理制度？

1.保险代理人与保险人在法律上视为一人。

2.保险代理人所知道的事情，都假定为保险人所知的。

3.保险代理必须采用书面形式。保险代理人既可以是单位也可以是个人，但须经国家主管机关核准具有代理人资格。

保险代理人分为专业保险代理人、兼业保险代理人和个人保险代理人三种。专业保险代理人是指专门从事保险代理业务的保险代理公司。兼业保险代理人是指受保险人委托，在从事自身业务的同时，指定专用设备和专人为保险人代办保险业务的单位，主要有行业兼业代理、企业兼业代理和金融机构兼业代理、群众团体兼业代理等形式。个人保险代理人是指根据保险人的委托，在保险人授权的范围内代办保险业务并向保险人收取代理手续费的个人。个人保险代理人又分为保险代理从业人员和保险营销员。

小思考 9-2

在生活中，你接触过保险代理人吗？为什么说保险代理人的素质直接影响到保险公司的形象？

提示：保险代理人是保险人的代理人，是以保险人名义代理经营保险业务的人。

保险代理制的实施，保险代理人的出现，为完善保险市场、沟通保险供求、促进保险业发展发挥了重要作用。首先，保险代理人直接为各保险公司收取了大量的保险费，并取得了可观的经济效益；其次，各种保险代理人的展业活动渗透到各行各业，覆盖了城市乡村的各个角落，为社会各层次的保险需求，提供了最方便、最快捷、最直接的保险服务，发挥了巨大的社会效益；再次，直接、有效地宣传和普及了保险知识，对提高和增强整个社会的保险意识起到了不可替代的作用，进一步促进了我国保险事业的发展；最后，保险代理作为一个新兴的行业，它的发展能提供大批就业岗位，从而在安置就业方面，将发挥一定的积极作用。

相关链接 9-2　　独立个人保险代理人模式

个人保险代理人模式于1992年引入内地保险市场，之后队伍发展迅速，逐渐成为保险营销最重要的渠道。银保监会披露数据显示，截至目前，全国保险公司共有个人保险代理人900万人左右。2020年前三季度，全国个人保险代理人渠道实现保费收入1.8万亿元，占保费总收入的48.1%。

在该模式下，个人保险代理人在普及保险知识、推动保险业快速增长、促进社会就业等方面作出巨大贡献。但同时，个人保险代理人队伍长期存在大进大出、素质参差不齐、保险专业服务能力不足、社会形象较差等问题。

近年来，部分保险公司开展了独立个人保险代理人试点工作，总体平稳有序，取得了积极效果，引起市场和社会关注，更多市场主体愿意尝试推行，部分全国人大代表和政协委员也提出了相关建议。基于此，银保监会立足试点成功经验，全面研究建立比较完善的独立个人保险代理人管理制度，明确政策要求和导向，进一步规范相关业务，防范风险，保护保险消费者权益。

根据银保监会2020年发布的《关于发展独立个人保险代理人有关事项的通知》，独立个人保险代理人是指与保险公司直接签订委托代理合同，自主独立开展保险销售的从业人员。独立个人保险代理人直接按照代理销售的保险费计提佣金，不得发展保险营销团队。

保险公司是否必须发展独立代理人？该负责人表示，遵循“监管引领、市场选择、加强管理、防范风险”的原则，充分尊重各财产险、人身险公司的自主选择，不强制保险公司发展独立个人保险代理人队伍，对有意愿且承担管理及法律责任的保险公司予以鼓励和支持。考虑到保险专业代理机构、保险经纪机构从业人员从事工作内容、发展模式与保险公司销售人员基本一致，本着公平监管、避免监管套利的思路，规定保险专业代理机构、保险经纪机构及其从业人员可参照《关于发展独立个人保险代理人有关事项的通知》执行。

保险机构在发展独立个人保险代理人过程中还需要注意三个关键点。该负责人表示，在市场定位上，一方面将独立个人保险代理人归属于个人保险代理人范畴；另一方面强调和突出其独立自主开展业务，直接按照代理销售的保险费计提佣金，以有别于传统的团队型个人保险代理人。

在从业形态上，鼓励独立个人保险代理人展业形式多样，既可以是传统的“行商”形态，也可以按照公司要求使用公司标识、字号，在社区、商圈、乡镇等地设有固定经营场所。

在管理机制上，从独立个人保险代理人和保险公司两个角度提出要求，一方面强化保险公司的管控责任，要求加强对人员的行为管理，建立以业务品质和服务质量为根本的佣金费用体系和考核制度；另一方面也强调对独立个人保险代理人业务行为的规范，要求严格遵守保险销售、非保险金融产品销售的系列要求。

在法律责任方面，独立个人保险代理人的行为要由保险公司承担责任。该负责人表示，独立个人保险代理人开展保险代理活动有违法违规行为的，其所属保险公司依法承担法律责任。在管控责任方面，保险公司应当建立健全严格的选拔机制，严把人员准入关；加强业务授权、业务行为、执业登记管理，严把日常管理关；加强风险排查，对有销售误导、非法集资等违法违规行为的人员，及时解除代理合同，严把退出管理关。

资料来源：仇兆燕. 银保监会详解独立个人保险代理人模式［EB/OL］.［2020-12-30］. http：//xw.sinoins.com/2020-12/30/content_376870.htm.

2）保险经纪人

保险经纪人是基于投保人的利益，为投保人和保险人订立合同，提供中介服务，收取劳务报酬的人。保险经纪人通过向投保人提供保险方案、办理投保手续、代投保人索赔并提供防灾、防损或风险评估、风险管理等咨询服务，使投保人充分认识到经营中自身存在的风险，并参考保险经纪人提供的全面的专业化的保险建议，使投保人所存在的风险得到有效的控制和转移，以最合理的保险支出获得最大的风险保障，降低和稳固了经营中的风险管理成本，保证了企业的健康发展。

保险经纪人是专家型的经纪人。在发达的保险市场上，要想成为一名保险经纪人，必须通过严格的审查。我国规定，从事保险经纪业务的人员必须参加保险经纪人员资格考试。凡具有大专以上学历的个人，均可报名参加保险经纪人员资格考试。保险经纪人员资格考试合格者，由中国银行保险监督管理委员会核发“保险经纪从业人员基本资格证书”。已取得资格证书的个人，必须接受保险经纪公司的聘用，并由保险经纪公司代其向中国保险监督管理委员会申领并获得“保险经纪人员执业证书”后，方可从事保险经纪业务。

相关知识 9-2　保险代理人和保险经纪人的共性与区别

保险代理人和保险经纪人共同的特点是：都销售保险，并从销售额中提取佣金。并且佣金是他们的主要收入来源。

他们的区别主要体现在以下几方面：

1. 产品销售范围不同。保险代理人只代理一家保险公司的产品，不能同时代理多家公司产品。保险经纪人可以同时销售多家保险公司的产品。

2. 与保险公司捆绑强度不同。保险代理人不是保险公司的正式员工，但保险公司的保费收入主要靠保险代理人。保险代理人代表保险公司为客户提供代办理赔、保全、代收保费等服务。他们也承载着保险公司与客户之间关系维护的作用。保险经纪人与保险公司之间只是一种单纯的销售合作关系。所以保险经纪人与保险公司之间没有很强的品牌忠诚度。保险经纪人的权限没有代理人高。保险经纪人不能代表保险公司开展代办理赔等服务，这些事情需要投保人或被保险人自己完成。保险经纪人最多可以辅助，但不能越俎代庖。

3.代表的利益不同。对于保险代理人来说，自己代表的是保险公司。保险代理人除了考虑自身利益外，还要考虑维护保险公司的利益。保险经纪人不代表任何一家保险公司，而是帮助投保人选择更适合的保险产品。所以除了自己的利益外，更多会考虑客户的利益。

4.从业资格要求不同。保险代理人从业门槛较低，有的保险公司要求高中以上学历，也有的保险公司不要求学历。各行各业的人都可以成为代理人，整体素质参差不齐。大多数保险公司对保险代理人的标准都是宽进宽出，整体行业淘汰率非常高。保险经纪人会要求学历不低于专科，这是《保险法》规定的。有一定的文化水平和从业经验，整体素质会相对高一些。人员流动性没有代理人那么大。

资料来源：佚名．保险代理人和保险经纪人有什么区别？[EB/OL]．[2020-09-08]．https://baijiahao.baidu.com/s? id=1677256091220207594&wfr=spider&for=pc.

3）保险公估人

保险公估人是指依照法律规定设立，受保险公司、投保人或被保险人委托办理保险标的的查勘、鉴定、估损以及赔款的理算，并向委托人收取酬金的公司。保险公估人的主要职能是按照委托人的委托要求，对保险标的进行检验、鉴定和理算，并出具保险公估报告，其地位超然，不代表任何一方的利益，使保险赔付趋于公平、合理，有利于调停保险当事人之间关于保险理赔方面的矛盾。根据保险公估人从事活动范围的不同，保险公估人可以分为三类。

（1）海上保险公估人。其主要是处理海上、航空运输保险等方面的业务。海上保险和航空运输保险均为国际型保险，在国际上，船舶保险中的船身价值或其修理规模和费用的确定与船舶的种类、吨位、用途直接相关，船上设备、机器、引擎、发电机等也有专业要求，保险公司必须请船舶公估公司处理；航空货物运输保险中的货运检验涉及发货人、收货人、承运人和保险公司多方利益和责任，各方当事人难以达成一致意见，保险公司通常委托居于独立地位的保险公估人处理，海上保险公估人应运而生。

（2）汽车保险公估人。其主要是处理与汽车保险有关的业务。汽车保险在各国保险市场上具有举足轻重的作用，保险公估人也由此分外重视汽车保险公估。汽车保险公估人参与汽车保险理赔公估，不仅可以减少保险公司和被保险人之间在修理费用、重置价值方面的直接冲突，避免保险公司理赔人员与被保险人、汽车修理行合谋骗取保险赔款，而且可以有效制止汽车保险理赔中的不正当行为，使各保险公司在公平的市场环境中平等竞争。

（3）火灾及特种保险公估人。其主要处理火灾及特种保险等方面的业务。随着经济的发展和科学技术的进步，财产保险的承保范围日益扩大，保险理赔的技术含量不断提高，保险公司自行处理理赔的难度加大，大量拥有专业技术的保险公估人的出现，满足了火灾及特种保险的需要。

9.3 保险市场的特征及功能

9.3.1 保险市场的特征

保险市场的特征是由保险市场的交易对象的特殊性所决定的。保险市场的交易对象是一种特殊形态的商品——保险经济保障，因此，保险市场表现出其独有的特征：

1）保险市场是直接的风险市场

一般的商品市场交易的对象，其本身并不与风险联系，而保险企业的经营对象就是风险，保险市场所交易的对象是保险经济保障，即对投保人转嫁于保险人的各类风险提供保险经济保障，所以本身直接与风险相关联。保险商品的交易过程，本质上就是保险人聚集与分散风险的过程。

保险风险是指尚未发生的、能使保险对象遭受损害的危险或事故，如自然灾害、意外事故或事件等。被视为保险风险的事件具有可能性和偶然性。保险风险主要来自：

（1）承保风险。这是指由于保险公司的粗放经营而带来的风险。例如，在财产险承保上，只注重保费收入，而忽视承保质量，对标的物缺乏充分的分析、预测、评估、论证而导致风险；在寿险营销上，对被保险人缺乏必要的调查、了解，简化必要的手续，致使被保险人状况失真，一旦与保险人签订保险合同，就易形成风险。

（2）管理风险。这是指由于保险公司管理不善，内控机制不严密，或缺乏必要的制约监督机制而导致的风险。例如，在理赔过程中，没有严格执行理赔管理规定、履行有关手续，或由于审查把关不严，而盲目赔付、随意赔付，导致保险赔付率过大，造成保险公司资产流失，甚至入不敷出，加大了保险公司的经营成本和经营风险。

（3）投资风险。市场经济的发展和保险的金融属性决定了保险企业具有运用保险资金、开展投资、向资产业务转化的职能。保险资金运用也已成为保险企业转化经营机制的主要内容，如何安全、合理、充分、有效地运用保险资金是保险企业的关键问题。在我国保险经营初期，保险资金的运用主要是向企业单位发放贷款。但由于缺乏有效的信贷管理机制，形成了相当大的风险，许多贷款已无法收回。目前，虽然保险公司在运用资金方面有了新招，如参与证券投资等，但这种投资风险可想而知。

（4）道德风险。这是指由于受利益的驱动，人们的主观心理行为、道德观念发生扭曲，而形成道德风险。表现在保险公司方面，近几年不断发生的骗保骗赔案件、自己编造保险事故案件、投保后有意疏于防范酿成各类事故等屡见不鲜；保险代理过程中的恶意代理、恶意串通；内部员工的违法违纪、内外勾结等也时有发生。这种由于人为的因素引发的道德风险，往往给保险公司经营造成较大的损失。

相关链接9-3　神秘夫妇投保1亿元，“古怪”投保行为或存在巨大道德风险

2019年2月15日，国内有保险公司收到了一封来自保险某行业联盟的“风险提示”，内容是该联盟近日接到举报，某王姓投保人在多家保险公司投保大额意外险，保额已将近1亿元，且该客户还在继续投保。随后红星新闻记者从业内多个渠道了解到，该王姓投保人购买意外险是从2015年开始的，近几年每年都有购买，但从2018年12月开始，该投保人购买意外险的投保数量和保额陡然增加。仅2019年1月，以王姓投保人名字购买的意外险就超过了14份，其中交通意外险、综合意外险、旅行意外险、航空意外险、驾乘意外险是主要购入的险种类别，另有极少数定期寿险。

由于可以在多家保险公司购买、同时赔付，且购买方式多样便捷，近年来高额短期意外保险成为保险道德风险的高发区域。据了解，为了防范此类风险，保险公司核保人建立了多个核保联盟群。除此之外，目前保险行业成立了自发的行业反欺诈联盟。主要就是

规避和应对个别怀有特别目的的突击高额投保人，他们往往对保险规则一知半解，进而以身犯险，导致无法挽回的悲剧。

虽然意外险的投保较为简便，但保险公司的风险管控体系绝不止一道防线。某寿险四川分公司核保负责人表示，保险公司在承保时除了前期会在投保时进行背景了解，更重要的是后期出险后的详细调查，保险公司会仔细审核各个环节，以排查其到底会不会骗保。“很多骗保，在前期是查不出来的，毕竟什么都没发生，但是出险的时候，如果是骗保，会有一些漏洞，保险公司有专门做调查的部门，一旦发现是骗保，就赔不了了。”

不仅得不到赔偿，恶意骗保的行为还会触犯《刑法》，最终导致入刑。保险业内人士表示，根据《刑法》第一百九十八条规定，有下列情形之一，进行保险诈骗活动，数额较大的，处五年以下有期徒刑或者拘役，并处一万元以上十万元以下罚金；数额巨大或者有其他严重情节的，处五年以上十年以下有期徒刑，并处二万元以上二十万元以下罚金；数额特别巨大或者有其他特别严重情节的，处十年以上有期徒刑，并处二万元以上二十万元以下罚金或者没收财产：（一）投保人故意虚构保险标的，骗取保险金的；（二）投保人、被保险人或者受益人对发生的保险事故编造虚假的原因或者夸大损失的程度，骗取保险金的；（三）投保人、被保险人或者受益人编造未曾发生的保险事故，骗取保险金的；（四）投保人、被保险人故意造成财产损失的保险事故，骗取保险金的；（五）投保人、受益人故意造成被保险人死亡、伤残或者疾病，骗取保险金的。有前款第四项、第五项所列行为，同时构成其他犯罪的，依照数罪并罚的规定处罚。

资料来源：田园. 神秘夫妻在国内26家保险公司频繁投保，保额超1亿元［EB/OL］.［2019-02-25］. https：//baijiahao.baidu.com/s？id=1626418974875079678&wfr=spider&for=pc.

2）保险市场是非即时清结市场

所谓即时清结的市场，是指市场交易一旦结束，供需双方立刻就能够确切知道交易结果的市场，简单说就是钱货两讫交易。无论是商品市场还是一般的金融市场，都是能够即时清结的市场。而保险交易活动因风险的不确定性使得交易双方都不可能确切知道交易结果，因此不能立刻结清；相反，还必须通过订立保险合同来确立双方当事人的保险关系，并且依据保险合同履行各自的权利与义务。因而，保险单的签发，看似保险交易的完成，实则是保险保障的刚刚开始，最终的交易结果则要看双方约定的保险事件是否发生。所以，保险市场是非即时清结市场。

3）保险市场是特殊的“期货”交易市场

保险市场所成交的任何一笔交易，都是保险人对未来风险事件发生所致经济损失进行补偿的承诺。而保险人是否履约即是否对某一特定的对象进行经济补偿，却取决于保险合同约定时间内是否发生约定的风险事件，以及这种风险事件造成的损失是否达到保险合同约定的补偿条件。这实际上交易的是一种“灾难期货”。因此，保险市场是一种特殊的“期货市场”。

9.3.2 保险市场的功能

现代保险市场以其作为风险管理的重要领域为平台，对社会的政治经济稳定和健康发展，对企业的持续经营和扩大再生产，对保障个人及其家庭的财产安全、生活安定、人身健康，都发挥着重要的作用。

1）保障生产和流通的正常进行，为经济发展提供动力和支持力

联合国贸易与发展会议的研究认为，运行良好的保险和再保险市场是一国经济健康发展的重要标志。保险可以为资本投资、生产和流通保驾护航。首先，通过保险组织的有效运作，既可以提高资金积累速度，又可以提高资金资源的有效分配，为经济发展提供推动力。整个保险活动属于社会再生产的分配环节，它可以通过收取保险费建立起庞大的保险基金，从而在一定程度上把社会上各个经济单位持有的闲散货币资金集中起来；然后通过银行存款、购买债券和股票以及发放贷款等方式，将这些资金间接转入投资领域，支援整个社会经济建设，同时分散和防范风险，保障商业贸易顺畅运行。

2）优化资源配置，维护金融市场的安全与稳定

保险市场是金融市场的重要组成部分。对保险公司聚积的资金进行管理和运用，有着重要的意义。一方面，可以实现储蓄向投资的转化，在一定程度上防止投机过度，分散金融风险，优化金融资源的配置，维护金融市场的安全稳定。通过鼓励消费者购买作为储蓄替代品的寿险产品，改变整个社会资金在消费和储蓄之间的比例关系，在某种程度上可以减轻国家货币信贷压力，支持货币政策的有效操作。目前，我国有高额的储蓄存款，成为货币监管部门始终不敢轻视的待出笼“猛虎”。在鼓励消费者选择银行存款以外的储蓄形式方面，寿险产品具有一定的吸引力。另一方面，保险资金数量较大，且具有较强的稳定性，对金融市场来说是一种稳定的支撑力量。对庞大的保险资金进行高效管理和科学运用，可以提高整个金融市场的运行效率，为国民经济的发展提供动力支持。

3）减轻财政压力，补充和完善社会保障制度

商业保险是社会保障体系的重要组成部分，在完善社会保障体系方面发挥着重要作用，商业保险的发展有助于社会保障事业的改革与发展。保险业通过为社会提供保障水平更高、种类更加丰富的保障服务，满足社会多样化的保障需求，补充和完善社会保障制度，成为社会保障体系的重要组成部分。发挥保险的社会管理功能，既减轻财政压力，又提高社会保障水平，保障了社会经济的稳定发展。现代保险，尤其是寿险，可以通过多种途径实现社会保障功能。寿险业的发展还可以在解决社会老龄化问题对社会和政府的压力方面分担一定的责任。

4）加强社会风险管理的有效性，减少社会损失

防灾防损，控制和避免风险，是全社会的共同任务，也是保险经营者的重要工作内容。一方面，保险经营者从自身利益出发有促进社会风险管理有效性的动力，减少灾害事故损失本身就能相应减少保险金的赔付。另一方面，保险经营者有积极参与社会风险管理的优势。保险经营者会通过多种有效途径促进社会风险管理的有效性，减少社会损失，服务于经济建设，立足于百姓安康。保险市场对社会经济建设的功能和作用是无可替代的。

9.4 保险市场的模式及世界保险市场

9.4.1 保险市场的模式

一般情况下，我们可以将国际保险市场分为完全竞争市场、垄断竞争市场、寡头垄断市场和完全垄断市场四种类型。

1）完全竞争型保险市场

完全竞争型保险市场是指一个保险市场上有数量众多的保险公司，任何公司都可以自由进出市场。投保人与保险人参加保险市场的交易活动是自由的，价值规律和供求规律充分发挥作用，任何一个保险人都不能够单独左右市场价格，而由保险市场自发地调节保险商品价格。

在这种市场模式中，保险资本可以自由流动，价值规律和供求规律充分发挥作用。国家保险管理机构对保险企业管理相对宽松，保险行业公会在市场管理中发挥重要作用。一般认为，完全竞争是一种理想的保险市场模式，它能最充分、最适度、最有效地利用保险资源。

温馨提示9-1

保险业发展较早的西方发达国家多为完全竞争型保险市场。

2）完全垄断型保险市场

完全垄断型保险市场是指保险市场完全由一家保险公司所操纵，这家公司的性质既可以是国营的，也可以是私营的。在完全垄断的保险市场上，价值规律、供求规律和竞争规律受到极大的限制，市场上没有竞争，没有可替代产品，没有可供选择的保险人。从理论上说，在完全垄断的保险市场上缺乏竞争的机制，垄断保险商可以根据自身利润最大化来确定供给量及垄断价格，获得超额利润。

完全垄断模式还有两种变通形式：一种是专业型完全垄断模式；另一种是地区型完全垄断模式。

3）垄断竞争型保险市场

在垄断竞争型保险市场中，每一保险商所提供的产品都存在差别，因而都具有一定的垄断性。但是，由于保险商很多，新的企业进入比较容易，有差别的产品比较接近，因而存在着竞争，没有一个企业能控制整个市场。因此，在垄断竞争模式下的保险市场，大小保险公司并存。

4）寡头垄断型保险市场

寡头垄断型保险市场是指在一个保险市场上，只存在少数相互竞争的保险公司，每家保险公司在市场上都占有很大的份额，都有举足轻重的影响力。某家保险公司的价格和产量变动，不仅影响到它自己的市场份额和所得利润，而且会直接影响到其他保险商。

在这种模式的市场中，国家对保险市场的发展规模控制得相当严格，新公司较难进入，保险市场具有较高的垄断程度，保险市场上的竞争是国内保险垄断企业之间的竞争，从而形成相对封闭的、稳定的国内保险市场。

9.4.2 国外保险市场

1）英国保险市场

英国保险市场是世界上历史最悠久的保险市场。英国是现代工业的发源地，是现代资本主义的先驱，也是第一个发生并完成产业革命的国家。英国实行的市场经济模式是典型的传统市场经济模式，即以私人资本为基础，以企业为决策主体，以市场机制为资源配置主要手段的经济体制。

与英国的经济体制相适应，其保险市场也是世界上最源远流长、最“放任自流”的市场。英国保险市场是以伦敦为核心的，所以人们往往又将英国保险市场称为伦敦保险市场。经过几百年的发展，英国保险市场不仅为国内提供各种各样的保险服务，而且也一直是世界保险市场的重要组成部分。长期以来，英国保险市场所制定的有关保险方面的决策直接影响着世界保险市场，在世界保险市场上起着十分重要的作用。劳合社保险市场与保险公司市场及保险经纪人市场构成了英国“三位一体”的庞大的保险市场。

（1）劳合社保险市场。劳合社的正式名称为“伦敦劳埃德保险社”。因为伦敦劳埃德保险社是由许多承担保险业务的个人组成的，在一定程度上具有合作社的性质，所以人们根据该保险社的经营方式及业务内容习惯简称其为劳合社。目前，劳合社的业务承保人一般不与投保人或被保险人直接成交，而是通过与经纪人讨价还价而承揽其业务。劳合社保险市场目前已成为英国保险市场的一个重要组成部分。

相关知识 9-3　　劳合社

劳合社成立于1688年，是以伦敦一个咖啡馆老板的名字——爱德华·劳埃德命名的，是现存的最早的保险人组织之一。劳合社实际上是一个保险人管理协会，它本身不签发保单。劳合社是基于英国《1871年劳合社法案》以及后续议会法案，以为其会员提供保险交易平台为宗旨，在英国伦敦成立的一个保险社团。

劳合社会员通过组合形成承保主体劳合社辛迪加，共同承担和分散风险。劳合社本身不承担风险，风险都是由其平台上的会员所承保，同时根据监管机构的授权，劳合社对其会员和相关运营主体行使部分市场管理、运行和监管职能。

（2）英国保险公司市场。它是区别于劳合社市场，由英国经营各种保险业务的保险公司、再保险公司和其他一些从事保险业务的机构共同组成的。这些保险公司既有经营一项保险业务的长期保险公司，也有经营多种保险业务的综合性保险公司。

英国保险公司市场上的主要保险人包括互助保险公司、股份保险公司、相互赔偿协会、相互友谊社及自保公司这五大类。

（3）保险经纪人市场。英国保险业实行的保险经纪制度主要是指保险公司依靠保险经纪人来获得保险业务和推销其保单的一种制度。这是为了投保人的利益，代表投保人拟定保险合同，并且向承保人收取佣金的中介人。所以，英国的保险经纪人既是投保人的代理人，又是承保人的业务招揽者。

在英国，保险经纪人是要求最严格的中介人，一个中介人或中介公司要想成为保险经纪人，必须按英国1977年《保险经纪人法》向保险经纪人注册理事会登记注册并参加考试，合格后才能以保险经纪人的名义从事保险业务活动。

2）美国保险市场

美国保险市场是当今世界上最大的保险市场。美国市场经济模式的主要特征是：具有强大的垄断资本，包括遍布全世界的实力雄厚的跨国公司，高度发达的现代化生产力；多功能的国家机器对市场实行经济干预；市场调节与国家干预相结合，是“垄断主导型”的现代市场经济体制。与西欧国家不同，美国政府在加强对经济实行干预，以实现“促进就业，生产和购买能力”之目的的过程中，把财政政策和货币政策的配合使用作为国家全面调节经济的重要手段，政府始终只作为市场规则的制定者与竞赛的“裁判者”，这是美国经济得以健康发展的关键。

相关知识9-4　　全国保险监督官协会

作为经济大国之一，美国保险市场无论从公司数量、业务种类还是业务量来说，在世界上都是名列第一的。在美国保险市场上，既有像AIG、CHUBB、CIGNA、GENERAL RE、TRAVELERS PROPERTY CASAUALTY等一大批国际性的大公司，也有众多的专业的地区性保险公司，它们既相互竞争又相互补充，形成了美国保险市场的多层次结构。

为了对全国保险业予以监管，美国成立了全国保险监督官协会。协会设立一个保险规定信息系统，为各州就监视保险公司的业务稳定情况规定一个指导性比率。例如，保费净溢额的比例是3∶1；当年增减保费变动不得超过去年保费的33%；收取分保手续费对溢额的增加数不得高于当年净溢额的1/4，否则说明公司过分依赖分保业务，一旦分保合同被取消，公司的经营稳定性就会马上受到影响。

3）日本保险市场

日本保险市场是世界上发展最快的保险市场。日本所实行的是一种以自由市场制度为基础，充分发挥政府作用的“政府主导型”市场经济体制。这种体制也主张充分自由地竞争，但同时又总是处在政府和大公司的“专制结构”指导之下。一方面，市场竞争是充分的，市场机制是完善的；另一方面，政府的力量又是十分强大的，政府通过计划、产业政策、发展战略等各种手段，强有力地引导着市场机制的运作方向。这种模式又称“亚洲模式”或“东方模式”。

日本的保险市场属于内向型市场，其业务基本上都是国内业务，如非寿险业每年保费收入达500亿美元，其中80%～90%属于国内市场业务。这种类型与日本的“政府主导型”经济体制是分不开的，日本政府注重民族保险业的发展，保险市场的对外开放较为缓慢。日本保险市场的经营政策一直立足于国内市场，即使开展一些国外业务，也只是国内市场的延伸。

日本市场是世界上竞争最激烈的市场之一，但由于政府管制与行业管理的广泛性和充分性，使竞争只能在严格限制的范围内进行。日本保险市场上，只有40多家保险公司，这与美国的几千家和英国的几百家保险公司相比，有着明显的差异。

9.4.3　中国香港保险市场

中国香港（以下简称“香港”）的保险市场是华人世界的保险市场。香港的经济体制是典型的外向型自由市场经济，政府对保险业实行“积极不干预”政策，这一独特的优越条件，使得香港保险体系的发展趋于完善和成熟。

香港有一套完善并达到国际水平的保险业监管制度。香港保险业监管制度的法律基础是《保险公司条例》，该条例于1983年6月颁布，最新修订于2014年。保险业监理处是香港特别行政区政府监管保险业的专门机构，成立于1990年6月，其主要职责是：执行、检查、修订《保险公司条例》，根据条例对保险公司实行审慎监管。对保险公司的监管主要分为两个方面：市场准入的监管和投资方面的监管。香港保险业积极推广行业自律监管制度，这种制度为保险业的蓬勃发展提供了公平竞争的基础，各类自律监管机构在这种制度中发挥了积极的作用。香港的保险自律监管机构有：香港保险业联会、保险代理登记委员会和保险索偿投诉局。

9.5 保险市场的运行机制

市场机制是指价值规律、供求规律和竞争规律三者之间相互制约、相互作用的关系。保险市场机制是指将市场机制引用于保险经济活动所形成的价值规律、供求规律及竞争规律之间相互制约、相互作用的关系。

（1）价值规律在保险市场上的作用。价值规律，是指在流通领域中要求等价交换，即要求价格与价值相一致。价值规律对于保险费率的自发调节只限于凝结在保险费率中的附加费率部分的社会必要劳动时间，对于保险商品的价值形成方面具有一定的局限性，只能通过要求保险企业改进经营技术、提高服务效率来降低附加费率成本。

（2）供求规律在保险市场上的作用。供求规律表现为供给与需求之间的关系，即供给总是追随着需求，从长期来看，供给量等于需求量。

保险市场上保险费率的形成，一方面取决于风险发生的频率，另一方面取决于保险商品的供求情况。保险市场的保险费率不是完全由市场的供求情况决定的，相反，要由专门的精算技术予以确立。

（3）竞争规律在保险市场上的作用。竞争包括供给者之间的竞争、需求者之间的竞争以及供求之间的竞争。在竞争过程中，优胜劣汰。竞争的结果使供给和需求、社会生产和社会需求总是在互相脱离又互相一致的两种状态之间运动。

在保险市场上，由于交易的对象与风险直接相关联，使得保险费率的形成并不完全取决于供求力量的对比。相反，风险发生的频率即保额损失率等才是决定保险费率的主要因素，供求仅仅是保险费率形成的一个次要因素。因此，一般商品市场价格竞争机制，在保险市场上必然受到某种程度的限制。

9.6 保险市场的供求分析

保险市场的供给和需求是保险市场的两种基本要素，它们之间的关系是市场最基本的经济关系。

9.6.1 保险市场的供给

保险市场的供给是指在一定的保险费率水平上，保险市场上各家保险企业愿意并且能够提供的保险商品的数量。保险市场供给可以用保险市场上的承保能力来表示，它是各个保险企业的承保能力之总和。

保险供给的质既包括保险企业所提供的各种不同的保险商品品种，也包括每一具体的保险商品品种质量的高低；保险供给的量既包括保险企业为某一保险商品品种提供的经济保障额度，也包括保险企业为全社会所提供的所有保险商品的经济保障总额。

1）影响保险市场供给的因素

保险供给是以保险需求为前提的。因此，保险需求是制约保险供给的基本因素。在存在保险需求的前提下，保险市场供给则受到以下因素的制约：

（1）社会可用于经营保险业的资本量。保险公司在成立时必须拥有一定的经营资本，不同的国家有不同的标准，其中包括了保险公司的基本建设费用、购买各种设备的费用和人员开支费用，而且含有赔付的准备金。在一定时期内，社会的总资本是相对稳定的，可用于经营保险的资本数量也是有限的，从而在一定程度上制约保险业的供给。

（2）保险人才的数量和素质。一般来讲，保险人才的数量和素质随着保险业务的发展而发展，他们提供的是具有特殊专业性的劳动。保险人才的素质对保险供给有很大的影响。当新的风险出现时，需要专业型人才对这种风险的性质、特点、出险概率、出险损失率以及对它的防范知识和技术有较为全面的理解，设计相应的保险产品。

（3）保险业的经营技术和管理水平。保险业的经营是一种技术性、专业性很强的业务活动，其经营技术和管理水平直接决定了保险公司的成败。

（4）保险产品价格。保险通过价格来影响保险市场，保险商品价格通常与保险商品供给成正比，保险商品价格高，保险供给会增加；保险商品价格低，保险供给会减少。

（5）保险利润率。它是制约保险供给最重要的因素，也是影响企业进出保险业的重要原因，随着竞争的加剧，利润趋于平均化。

2）保险供给弹性

保险供给弹性通常指的是保险供给的费率弹性，即指保险费率变动所引起的保险供给量变动，它反映了保险供给量对保险费率变动的反应程度，一般用供给弹性系数来表示，其公式为：

$$E_s=(\frac{\Delta S}{S})/(\frac{\Delta P}{P})$$

式中：S——保险供给；ΔS——保险供给的变动；P——保险费率；ΔP——保险费率的变动。

保险供给与保险费率呈正相关关系。$E_s=0$，即供给无弹性，表明无论保险费率如何变动，保险供给都保持不变；$E_s=\infty$，即供给无限弹性，表明即使保险费率不再上升，保险供给也无限增长；$E_s=1$，即供给单位弹性，表明保险费率变动的比率与其供给变动比率相同；$E_s>1$，即供给富于弹性，表明保险供给变动的比率大于保险费率变动的比率；$E_s<1$，即供给缺乏弹性，表明保险供给的变动比率小于保险费率变动的比率。

9.6.2 保险市场的需求

保险市场的需求就是指在一定的费率水平上，保险消费者从保险市场上愿意并有能力购买的保险商品数量。它是消费者对保险保障的需求量，可以用投保人投保的保险金额总量来计量。

小知识 9-2　　保险需求的表现形式

与一般商品需求的表现不同，保险需求的表现形式有两方面：一方面体现在物质方面的需求，即在约定的风险事故发生并导致损失时，它能够对经济损失予以充分的补偿；另一方面则体现在精神方面的需求，即在投保以后，转嫁了风险，心理上感到安全，从而消除了精神上的紧张与不安。

保险需求是一个总括性、集合性的概念，是在各种不同的费率水平上，消费者购买保险商品的数量，即在特定时间内，在不同的费率水平上，消费者保险需求的集合形成了保险市场需求。

1）影响保险需求的因素

（1）风险因素。风险是保险存在的前提和基础，无风险亦无保险。风险存在是保险存在的前提，风险程度越高，范围越广，对保险的需求就会越大。可以说，保险需求总量与风险存在的程度成正比。

（2）保险费率。保险需求主要取决于可以支付的保险费的数量，确切地说是保险费率的高低。保险费率与保险需求呈反向关系。

（3）经济发展因素。保险的作用是对由风险所造成的对人和物的损失进行经济补偿，而这些用于补偿的货币和物资必然来源于满足人们当前消费的剩余。从这个意义上来看，保险的有效需求取决于社会产品的剩余程度及社会生产力的发展水平。因此，经济的发展是保险发展的决定性因素，保险需求总量与国内生产总值的增长成正比，国内生产总值增长越多，需求总量就越大。

（4）经济制度因素。商品经济是现代保险产生的重要的因素。历史表明，保险经济随着商品经济的产生而产生，随着经济发展，保险需求规模也不断扩大。

（5）科学技术进步的因素。科学技术是强大的生产力，科学技术的进步和在经济生活中的应用不断开拓出新的生产领域，从而产生新的保险需求。例如，飞机的发明和使用产生了对航空保险的需求，核技术的发明产生了对核保险的需求。

（6）风险管理因素。一般来说，风险管理的好坏程度与保险需求呈反向的关系，风险管理水平高，人们可以综合采取回避、防损与减损、自留以及购买保险的方式来应对风险，因此对保险的需求就会相对减少；反之，则会增加。

（7）利率因素。因为大多数寿险产品都带有储蓄的特性，人们在购买时，无疑要与其他的储蓄和投资工具进行机会成本的比较。可见，利率对寿险产品需求的影响是明显的。

2）保险需求弹性

保险需求弹性是指保险需求对其各影响因素变动的反应程度，通常用需求弹性系数来表示，即：

$$E_d = (\frac{\Delta D}{D})/(\frac{\Delta f}{f})$$

式中：D——保险需求；ΔD——保险需求的变动；f——影响保险需求的因素；Δf——影响保险需求的因素的变动。

（1）保险需求的费率弹性。它是指由于保险费率的变动而引起的保险需求量的变动，它反映了保险需求对费率变动的反应程度。其公式为：

$E_p = (\frac{\Delta D}{D})/(\frac{\Delta P}{P})$

式中：D——保险需求；ΔD——保险需求的变动；P——保险费率；ΔP——保险费率的变动。

保险需求与费率之间呈负相关关系。当$|E_d|=0$时，称完全无弹性，即保险需求量不因费率的上升或下降而有任何变化，如强制保险；当$|E_d|<1$时，称缺乏弹性，即当该险种的费率下降时，保险需求的增加幅度小于费率下降的幅度，如大部分责任险；当$|E_d|>1$时，称富于弹性，即当该险种的费率下降时，保险需求量的增加幅度大于费率下降的幅度，如大部分的汽车保险；当$|E_d|=1$时，称单位弹性，即保险需求的变化与费率变化呈等比例；当$|E_d|=\infty$时，称无限大弹性，即保险费率的微小变化就会引起保险需求量无限大的反应。

（2）保险需求的收入弹性。它是指保险消费者货币收入变动所引起的保险需求量的变动，它反映了保险需求量对保险消费者货币收入变动的反应程度。其公式为：

$E_i = (\frac{\Delta D}{D})/(\frac{\Delta I}{I})$

式中：D——保险需求；ΔD——保险需求的变动；I——货币收入；ΔI——货币收入的变动。

一般来讲，保险需求的收入弹性大于一般商品。首先，保险商品特别是人身保险带有很大的储蓄性，消费者货币收入的增加，必然带动储蓄性保险需求量的增加。其次，人们的消费结构会随着货币收入的增加而变化，一些高额财产、文化娱乐、旅游等精神消费支出比例会由此而增大，而保险需求也会随之增加。最后，对于大多数中低收入的消费者而言，保险尚属于奢侈品，当他们的货币收入增加时，必然会创造对保险商品的需求。

收入无弹性，$E_i=0$；收入富于弹性，$E_i>1$；收入缺乏弹性，$E_i<1$；收入单位弹性，$E_i=1$；收入负弹性，$E_i<0$。

（3）保险需求的交叉弹性。它是指相关的其他商品的价格变动引起的保险需求量的变动，它取决于其他商品对保险商品的替代程度和互补程度，反映了保险需求量对替代商品或互补商品价格变动的反应程度。其公式为：

$E_x = (\frac{\Delta D}{D})/(\frac{\Delta P_g}{P_g})$

式中：D——保险需求；ΔD——保险需求的变动；P_g——替代商品或互补商品价格；ΔP_g——替代商品或互补商品价格的变动。

一般而言，保险需求与替代商品的价格呈正方向变动，即交叉弹性为正，且交叉弹性愈大，替代性也愈大。保险需求与互补商品价格呈反方向变动，即交叉弹性为负。

（4）影响保险需求弹性的因素。一般而言，消费者对保险商品的需求愈强，其需求弹性愈小；保险商品的可替代程度越高，其需求弹性愈强；保险商品用途越广泛，其需求弹性越大；保险商品消费期限越长，其需求弹性越大；保险商品在家庭消费结构中占的支出比例越大，其需求弹性越大。

9.6.3 保险市场供求平衡

保险市场供求平衡，是指在一定费率水平下，保险供给恰好等于保险需求的状态，即保险供给与需求达到均衡点；即当费率P不变时，$S=D$。

保险市场供求平衡，受市场竞争程度的制约。市场竞争程度决定了保险市场费率水平的高低，因此，市场竞争程度不同，保险供求平衡的水平各异。而在不同的费率水平下，保险供给与需求的均衡状态也是不同的。保险市场有自动实现供求平衡的内在机制。

保险市场供求平衡包括供求的总量平衡与结构平衡两个方面，而且平衡还是相对的。所谓保险供求的总量平衡是指保险供给规模与需求规模的平衡。所谓保险供求的结构平衡是指保险供给的结构与保险需求的结构相匹配，包括保险供给的险种与消费者需求险种的适应性，费率与消费者缴费能力的适应性以及保险产业与国民经济产业结构的适应性等。

小实训 9-1

选择一家保险公司，通过认识其业务范围和运营模式，了解当前保险市场的特征和供给需求。

本章要点

本章主要介绍了保险市场的概念、构成要素、特征、保险市场的模式、保险市场机制和保险市场的组织形式，保险市场供给与需求的含义、弹性及各自的影响因素。其中，重点是保险市场机制和保险市场的组织形式；难点是关于保险市场的供求平衡的分析。

课程思政 9-1

树立正确理想信念，履行诚信义务，做诚实投保人

通过本章学习，我们大学生应主动将时下热点问题与理论知识相结合，分析保险行业的具体表现，加强对于所学知识、国家政策的认同，形成正确的理想和信念。今后，在保险合同的订立和履行过程中，也必须以最大的诚意履行自己的义务，充分、准确地告知与保险有关的所有重要事项，不欺骗，不隐瞒，恪守合同约定，诚实投保。在以后的从业中也应诚实守信，不提供虚假资料误导客户，不向客户夸大或承诺投资收益，培养敬业精神，提升职业素养。

问题讨论

1. 讨论我国保险市场的运行机制。
2. 根据本章所学的内容，查找我国以及不同国家保险市场的发展状况，讨论我国保险业今后的发展方向。

推荐阅读

1. 陈恳. 迷失的盛宴：中国保险史［M］. 杭州：浙江大学出版社，2014.
2. 王和. 大数据时代保险变革研究［M］. 北京：中国金融出版社，2014.
3. 帕特里夏. 大数据时代的保险分析［M］. 李凯，译. 北京：中国人民大学出版社，2016.

思考与练习

1.单项选择题

（1）保险市场的客体是（　　）。

A.被保险人　　B.保险标的　　C.保险人　　D.保险商品

（2）保险市场的均衡状态是指（　　）。

A.保险供给大于保险需求　　B.保险供给等于保险需求

C.保险供给小于保险需求　　D.保险市场发展速度较快

（3）由若干商人共同组成，相互约定交换保险的组织称为（　　）。

A.交互保险社　　B.相互保险公司　　C.相互保险社　　D.保险合作社

（4）（　　）是保险商品的价格。

A.保费　　B.保险价值　　C.现金价值　　D.保险费率

（5）保险需求对其影响因素变动的反应程度通常用弹性表示。由于相关的其他商品的价格变动所引起的保险商品需求量的变动属于（　　）。

A.保险需求的价格弹性　　B.保险需求的交叉弹性

C.保险需求的收入弹性　　D.保险需求的商品弹性

（6）国际上保险公司的组织形式有多种，其中由所有参加保险的人为自己办理保险而合作设立的法人组织是（　　）。

A.股份保险公司　　B.相互保险公司

C.自保保险公司　　D.劳合社

（7）当今国际保险市场中存在着多种市场模式，其中，大小保险公司并存，少数保险公司在市场中取得垄断地位的市场类型是（　　）。

A.完全竞争市场模式　　B.垄断竞争市场模式

C.寡头垄断市场模式　　D.完全垄断市场模式

2.多项选择题

（1）保险市场（　　）。

A.是保险商品交换关系的总和

B.仅仅是指某一保险公司

C.一般由保险主体、保险商品和保险价格三个要素构成

D.具有其他商品市场通常具有的含义和特点

E.同样遵循等价交换原则

（2）下列属于保险中介人的是（　　）。

A.保险经理人　　B.保险理赔人　　C.保险代理人

D.保险公估人　　E.保险经纪人

（3）下列关于保险费率的表述准确的有（　　）。

A.保险费率是保险商品的价格

B.保险费率与保险人提供保险产品的成本成正比

C.保险费率是影响保险需求的重要因素

D.保险费率反映保险标的损失的概率

E.保险费率由纯费率和附加费率两部分构成

（4）由于保险市场交易对象的特殊性，保险市场的特征主要表现为保险市场是（　　）。

A.直接的风险市场　　B.相对独立的市场　　C.特殊的期货市场

D.非即时清结的市场　　E.即时清结的市场

3.简答题

（1）影响保险市场需求的因素有哪些？

（2）影响保险市场供给的因素有哪些？

（3）保险组织的一般形式有哪些？

（4）保险合作社与相互保险公司之间有何主要区别？

（5）保险市场是如何分类的？

（6）通过保险需求的费率弹性，说明保险费率、保险需求与保费收入之间的关系。

案例分析

业界：艺术品保险空间广阔　市场需求有待挖掘

2020年10月29日，在泰康在线与嘉德艺术中心联合主办的“艺术品收藏与保险”论坛上，参会嘉宾表示，伴随着艺术品市场的繁荣，艺术品保险逐步发展起来，当前国内市场仍处于培育期，风险保障与市场需求不匹配等问题有待解决。

艺术品保险，是从传统财产保险和货运保险的基础上演变和发展而来的，主要承保火灾以及其他自然灾害和意外事故造成的艺术品直接损失。当前，艺术品市场发展壮大，其风险保障需求日益突出，积极开发与艺术品市场相配套的保险产品，市场前景广阔。“艺术品特别是文物类的艺术品，有着稀缺性、不可再生等特点，其在收藏、交易、展示等环节存在风险。”北京嘉德艺术中心总经理寇勤表示，艺术品本身是一种物质载体，保险保障是尽最大努力延缓物质载体的消亡过程。以艺术品为标的物，在投保过程中涉及艺术品价格认定、保险保费协商、过程监管等一系列问题。

寇勤认为，探讨艺术品保险需要思考，哪些群体需要艺术品保险的服务，与国际市场相比，我国艺术品市场有怎样的特点。以自身为例，寇勤说，艺术中心接受委托方送来的艺术品后，面临着经营风险的管控问题，需要保险保障；相较国外成熟市场，国内的文物与艺术品保险起步较晚。行业缺乏定制化的产品，如艺术品运输、包装、布展、安保公司等，现有的操作流程无法匹配有特殊需求的定制防护。

“保险是艺术品风险管理的有效手段和工具。”泰康在线CEO刘大为介绍说，艺术品保险具有三方面作用：一是为艺术机构及私人藏家的藏品保驾护航，承担风险；二是协同各方专业资源，为藏品从业人员提供防损技能培训、日常保管指导、专业库房推荐等服务；三是保险机构作为贯穿艺术品各行业的联络人，联合各领域专业机构，梳理制定行业标准。

据统计，在造成艺术品损失的主要原因中，火灾爆炸损失占28%、水损占24%、意外事故占21%、盗窃损失占17%，自然灾害造成的损失相对较低。一旦承保艺术品出现破损，如何进行赔付？泰康在线艺术品保险负责人杨宏博介绍说，修复是排在首位的，通过保险机构对接专业机构，最大限度挽救艺术品价值，修复费用由保险机构承担；当艺术品完全失去修复价值时，双方会根据合同约定进行赔付。

资料来源：佚名. 业界：艺术品保险空间广阔 市场需求有待挖掘［EB/OL］.［2020-10-31］. http：//money.people.com.cn/insurance/n1/2020/1031/c59941-31913981.html.

问题：为什么文化保险发展有较大进步，但还很不成熟？

分析提示：导致文化产业保险发展不成熟的原因有供给侧的原因，也有需求侧的原因。在供给侧方面，主要是制度供给和创新不足，费率较高、机构推广力度不够；在需求侧方面，主要是投保意识不足，或者投保能力不足。

实践训练

1.实训项目：写出我国及国际上著名保险公司的名称，并比较我国保险业与国际保险业的差距。

实训目的：掌握保险市场的主要组成要素。

实训步骤：

（1）写出我国著名的保险公司的名称和国际上著名保险公司的名称及其主营业务；

（2）比较我国著名保险公司和国际著名保险公司的发展状况。

2.实训项目：保险需求调查。

实训目的：分析保险市场供需。

实训步骤：

（1）制作保险市场调查问卷；

（2）选择不同地点，发放问卷，收回问卷；

（3）统计、分析、总结问卷。

第10章

金融衍生品市场

【学习目标】

- 知识目标：通过学习本章内容，理解金融衍生品，尤其是金融期货、金融期权以及金融互换的基本含义；掌握金融衍生品的基本种类与不同衍生品的基本特征；认识金融衍生品市场的交易制度与机理；了解金融衍生品市场交易的基本原理、方法与技巧。
- 技能目标：通过学习本章内容，在了解金融衍生品的相关概念和知识后，能够认识我国金融衍生品市场今后的发展方向。

知识结构图

- 金融衍生品市场
  - 金融衍生品概述
    - 金融衍生品的概念
    - 金融衍生品的类型
    - 金融衍生品的特征
  - 金融期货市场
    - 金融期货的定义及种类
    - 金融期货市场的交易制度
    - 利率期货市场
    - 股票指数期货交易市场
  - 金融期权市场
    - 金融期权的含义
    - 金融期权的种类
    - 金融期权交易制度
    - 金融期权的交易策略
  - 金融互换市场
    - 金融互换的概念、特点和功能
    - 金融互换的主要类型
    - 金融互换市场的参与机构及基本结构

导入案例

股指期货进一步常态化 引导中长期资金入市

经中国证监会同意，中国金融期货交易所进一步调整股指期货交易安排：一是自2019年4月22日结算时起，将中证500股指期货交易保证金标准调整为12%；二是自2019年4月22日起，将股指期货日内过度交易行为的监管标准调整为单个合约500手，套期保值交易开仓数量不受此限；三是自2019年4月22日起，将股指期货平今仓交易手续费标准调整为成交金额的万分之三点四五。

中国金融期货交易所相关负责人表示，此次调整是进一步优化股指期货交易运行、恢复常态化交易管理、促进市场功能发挥的积极举措，有利于进一步满足投资者风险管理需求，引导更多中长期资金进入资本市场，促进产品创新，更好满足各类投资者的需要。上述措施实施后，中国金融期货交易所将按照市场化、法治化原则加强市场风险监测与交易行为监管，积极完善监管制度，确保股指期货市场安全平稳运行。

中信期货研究部的张革也表示，从维护资本市场稳定的角度看，投资者需要有行之有效的套期保值和管理风险工具。本次股指期货交易安排的调整进一步降低了交易保证金和手续费，并再次调整了日内开仓量限制，这将进一步满足市场中各类主体的风险管理需求，促进股指期货市场功能进一步发挥，有利于市场的长期稳定健康发展。

在亿信伟业基金公司首席顾问江明德看来，此次交易安排调整对于改善股指期货市场流动性，降低交易成本，提升市场运行质量和效率具有积极意义，有助于促进股指期货市场功能更好发挥。江明德还表示，虽然股指期货交易安排再次进行了调整，但仍对日内开仓手数等方面保留了一定的限制，表明监管层仍保持对日内过度交易的严格监管。

资料来源：佚名．股指期货进一步常态化 引导中长期资金入市［EB/OL］．［2019-04-19］．http://money.people.com.cn/n1/2019/0419/c42877-31040142.html.

这一案例阐述了中国股指期货市场的情况。股指期货作为金融衍生品的一种，对保障投资者利益和促进金融市场稳定具有重要的现实意义。那么，金融衍生品是一种什么样的金融产品，应该如何进行交易？这正是本章主要介绍的内容。

10.1 金融衍生品概述

10.1.1 金融衍生品的概念

金融衍生品，也称金融衍生工具，是指建立在金融基础产品（或基础变量）之上，其价格随基础产品价格（或数值）变动的合约。这种合约可以是标准化的，也可以是非标准化的。标准化合约是指其标的物（基础资产）的交易价格、交易时间、资产特征、交易方式等都是事先标准化的，此类合约大多在交易所上市交易；而非标准化合约是指交易双方自行约定的合约，具有很强的灵活性。

金融衍生品是与金融基础产品相对应的一个概念。所谓的金融基础产品，主要是指现货金融产品（如债券、股票、银行定期存款单等），也包括金融衍生工具。作为金融衍生工具基础的变量则包括利率、汇率、各类价格指数甚至天气（温度）指数等。

相关知识 10-1　　金融衍生品产生与发展的原因

金融衍生品产生与发展的原因为：

1）金融衍生品产生的最基本原因是避险。

2）20世纪80年代以来的金融自由化进一步推动了金融衍生品的发展。

金融自由化的主要内容包括：

（1）取消对存款利率的最高限额，逐步实现利率自由化。例如，美国《1980年银行法》废除了Q条例，规定从1980年3月起分6年逐步取消对定期存款和储蓄存款的最高利率限制；

（2）打破金融机构经营范围的地域和业务种类限制，允许各金融机构业务交叉、互相自由渗透，鼓励银行综合化发展；

（3）放松外汇管制；

（4）开放各类金融市场，放宽对资本流动的限制。

3）金融机构的利润驱动。金融中介机构积极参与金融衍生品的发展主要有两方面原因：一是在金融机构进行资产负债管理的背景下，金融衍生品业务属于表外业务，既不影响资产负债表状况，又能带来手续费等收入。二是金融机构可以利用自身在金融衍生品方面的优势，直接进行自营交易，扩大利润来源。

4）新技术革命为金融衍生品的产生与发展提供了物质基础和手段。

资料来源：中国证券业协会．金融市场基础知识［M］．北京：中国财政经济出版社，2017.

10.1.2 金融衍生品的类型

国际上，金融衍生品的种类较为繁多，尤其是随着金融创新的不断推进，新的衍生品品种层出不穷，属于金融衍生品范畴的东西也越来越多。

1）根据产品形态，可以分为远期合约、期货合约、期交易权和互换合约四大类金融衍生品

远期合约是远期交易的法律协议，是买卖双方根据自身特殊需求，由买卖双方自行签订的合约。交易双方在合约中规定在未来某一确定时间，以约定价格购买或出售一定数量的某种资产。

期货合约，是交易双方约定在未来某一确定时间、以约定价格购买或出售一定数量的某种资产的标准化协议。远期合约和期货合约都是交易双方约定在未来某一特定时间、以某一特定价格买卖某一特定数量和质量资产的交易形式，但两者具有明显的区别：第一，期货合约是期货交易所制定的，而远期合约是买卖双方自行签订的；第二，期货合约是标准化合约，对合约到期日及买卖资产的种类、数量、质量做出了统一规定，而远期合约是根据买卖双方的特殊需求确定的；第三，期货合约有独特的结算制度，绝大多数合约在到期前平仓了结，而远期合约大多数在合约到期时通过对手之间交割结算。

期权交易，是买卖权利的交易。期权合约规定了在某一特定时间，以某一特定价格买卖某一特定种类、数量、质量原生资产的权利。期权合约有在交易所上市的标准化合同，也有在场外交易的非标准化合同。

互换合约，是交易双方签订的在未来某一时期、相互交换某种资产的合约。更为准确地讲，互换合约是当事人之间签订的在未来某一期间内相互交换他们认为具有相等经济价值的现金流的合约。

2）根据基础产品，大致可以分为股权式、利率类以及货币类金融衍生品

股权式金融衍生品，是指以股票和由股票组合形成的股价指数作为基础工具的金融衍生品，主要包括股票期货、股票期权、指数期货、指数期权等。

利率类金融衍生品，是指标的资产价格依赖于利率水平的金融衍生品。利率类金融衍生品的基础产品包括以短期存款利率为代表的短期利率和以长期债券利率为代表的长期利率，诸如远期利率协议、短期债券期货合约、长期债券期货合约、债券期权、利率掉期合约等。

货币类金融衍生品，是指以各种货币作为基础工具的金融衍生工具，主要包括远期外汇合约、货币期货、货币期权、货币互换以及上述合约的混合交易合约。

3）根据交易方法，可分为场内交易和场外交易的金融衍生品

场内交易，又称交易所交易，是指所有的供求方都集中在交易所进行竞价交易的交易方式。这种交易方式具有交易所向交易参与者收取保证金、同时负责进行清算和承担履约担保责任的特点。期货合约和部分标准化期权合约都属于场内交易的金融衍生品。

场外交易，又称柜台交易，是指交易双方直接成为交易对手的交易方式。这种交易方式有许多形态，可以根据每个使用者的不同需求设计出不同内容的产品。掉期交易和远期交易就是具有代表性的场外交易的金融衍生品。

10.1.3 金融衍生品的特征

金融衍生品的特征包括：

（1）跨期性。金融衍生品是交易双方通过对利率、汇率、股价等基础变量变动趋势的预测，约定在未来时间按照一定条件进行交易或选择是否交易的合约。无论是哪一种金融衍生品，都会影响交易者在未来一段时间内或未来某时点上的现金流，体现为一种跨期交易。跨期性特点决定了交易双方必须对利率、汇率、股价等价格因素的未来变动趋势做出准确判断，而判断的准确与否直接决定了交易者的交易盈亏。

（2）杠杆性。金融衍生品交易一般只支付一定比例的保证金就可进行全额交易，不需实际上的本金转移，合约的了结一般也采用现金差价结算的方式进行，只有在满期日以实物交割方式履约的合约才需要买方交足货款。因此，金融衍生品交易具有杠杆效应，在收益可能成倍放大的同时，交易者所承担的风险与损失也会成倍放大，保证金越低，杠杆效应越大，风险也就越大。

（3）联动性。金融衍生品的价格与基础产品或基础变量紧密联系、规则变动。通常，金融衍生品与基础变量相联系的支付特征由衍生品合约规定，其联动关系既可以是简单的线性关系，也可以表达为非线性函数或者分段函数。

（4）不确定性或高风险性。一方面，金融衍生品的杠杆效应在一定程度上决定了它的高投机性和高风险性；另一方面，金融衍生品的交易后果取决于交易者对基础工具（变量）未来价格（数值）的预测和判断的准确程度。基础工具价格的变幻莫测决定了金融衍生品交易盈亏的不稳定性，这是金融衍生品高风险性的重要诱因。金融衍生品交易还伴随着市场风险、流动性风险、操作风险以及法律风险等。

拓展阅读 10-1　金融业扩大开放　衍生品市场迎新机遇

2019 年 7 月 20 日，国务院金融稳定发展委员会办公室发布关于进一步扩大金融业对外开放的有关举措。专家指出，在金融国际化的背景下，金融衍生品市场或迎来进一步的发展机遇。根据证监会此前公告，2018 年，原油、铁矿石、PTA 期货陆续作为特定品种向国际投资者开放，市场运行总体平稳，境外客户有序参与，功能发挥初步显现。原油期货上市一年多以来，境外投资者交易和持仓占比分别达到 10% 和 16%。铁矿石、PTA 期货开放后，价格的国际影响力不断提升。随着期货市场逐步开放，交易结算、风险控制等制度安排经历了实践检验，为后续扩大开放范围奠定了良好基础。

厦门大学王亚南经济研究院和经济学院教授韩乾分析，目前我国金融市场上的衍生品种类，距离充分满足投资者风险管理的需求尚有很长的路要走。市场呼吁更多的金融衍生品品种比如股指期权、指数 ETF 期权和外汇期货等推出。此外，在境外投资者的交易习惯与我国金融衍生品市场的一些监管制度有不一致之处的背景下，如何在对外开放的过程中既照顾到国际投资者的合理交易要求，又能结合我国市场实际情况严控风险，是需要把握的重点之一。

资料来源：佚名. 金融业扩大开放　衍生品市场迎新机遇［EB/OL］.［2019-08-09］. http: //money.people.com.cn/n1/2019/0809/c42877-31285392.html.

小思考 10-1

为什么金融衍生品是高风险的金融产品？

提示：金融衍生品风险不仅包括基础性金融产品带来的风险，而且还包括杠杆风险以及其他风险。

10.2 金融期货市场

金融期货市场是金融市场创新和发展的产物，是比传统商品期货市场更具影响力的衍生市场，具有价格发现、套期保值等市场功能。为了规避汇率风险、利率风险以及股票市场风险，金融期货市场应运而生，并为保证资本市场的良性运转发挥了不可替代的作用。

10.2.1 金融期货的定义及种类

1）金融期货的定义

金融期货是指以金融工具作为标的物的期货合约。金融期货合约是由期货交易所统一制定的、规定在将来某一特定时间和地点交割一定数量和质量金融产品或指标的标准化合约。金融期货交易是指交易者在特定的交易所通过公开竞价方式成交，承诺在未来特定日期或期间内，以事先约定的价格买入或卖出特定数量的某种金融产品的交易方式。

金融期货交易与金融现货交易相比，有以下不同：第一，交易对象不同。金融现货交易的对象是某一具体形态的金融产品，是代表着一定所有权或债权关系的股票、债券或其他金融产品，而金融期货交易的交易对象是期货合约，是交易所推出的标准化书面协议。第二，交易目的不同。金融现货交易的目的是获得价值或收益权，为生产和经营筹集必要的资金或为暂时闲置的资金寻找获利的机会，而金融期货交易主要是为了套期保值或投机获利。第三，结算方式不同。金融现货交易通常以证券与货币等商品的转手而结束交易活动，而金融期货交易绝大多数通过做相反交易而进行对冲结算。

小思考 10-2

金融期货合约与金融远期合约有何区别？

提示：金融期货合约在交易所交易，交易的对象为标准化合约，合约本身无价值；金融远期合约在场外交易，由买卖双方自行签订，合约本身会产生一个正或负的价值。

2）金融期货的种类

在国际金融市场上交易的与金融相关联的期货合约品种很多，但归纳起来，金融期货大体可分为货币期货、利率期货和股票价格指数期货三种类型。

（1）货币期货。货币期货是以汇率为标的物的期货合约。货币期货是交易双方约定在未来某一时间，依据现在约定的比例，以一种货币交换另一种货币的标准化合约，是适应规避汇率风险而产生的。1972年5月，美国芝加哥商业交易所的国际货币市场推出第一张货币期货合约并获得成功。其后，英国、澳大利亚等国相继建立货币期货的交易市场，货币期货交易成为一种世界性的交易品种。目前，国际上货币期货合约交易所涉及的货币主要有英镑、美元、日元、瑞士法郎、加拿大元、澳大利亚元以及欧元等。主要的货币期货交易所包括芝加哥商业交易所国际货币市场分部、中美商品交易所、费城期货交易所等。

（2）利率期货。利率期货是以利率为标的物的期货合约。利率期货是交易双方约定在未来某一时间，依据现在约定的条件，买卖一定数量的某种长、短期信用工具的标准化合约。世界上最先推出的利率期货是1975年由美国芝加哥商业交易所推出的美国国民抵押贷款协会的抵押凭证期货。目前，国际上有代表性的利率期货主要包括美国短期国库券期货、美国中期国库券期货、美国长期债券期货、市政债券期货、抵押担保有价证券期货等。

（3）股票价格指数期货。股票价格指数期货，简称股价指数期货、股指期货或期指，是以某一股票价格指数为标的物的期货合约。指数期货的交易双方约定在未来的某个特定日期，可以按照事先确定的股价指数的大小，进行标的指数的买卖。

相关知识 10-2　　金融期货市场的形成

金融期货市场在很大程度上借鉴了商品期货市场的成功经验，在20世纪70年代初，由于外汇市场固定汇率制的崩溃，金融风险空前增大，在这种特殊的金融环境下，金融期货及金融期货市场形成并发展起来。

在浮动汇率制下，各国货币之间的汇率直接体现了各国经济发展的不平衡状况，反映在国际金融市场上，则表现为各种货币之间汇率的频繁、剧烈波动，外汇风险因此急速增大。各类金融商品的持有者面临着日益严重的外汇风险的威胁，规避风险的要求日趋强烈，市场迫切需要一种便利有效的防范外汇风险的工具。在这一背景下，外汇期货应运而生。

1972年5月，美国的芝加哥商业交易所设立国际货币市场分部，推出了外汇期货交易。继国际货币市场成功推出外汇期货交易之后，美国和其他国家的交易所竞相仿效，纷纷推出各自的外汇期货合约，大大丰富了外汇期货的交易品种，并引发了其他金融期货品种的创新。1975年10月，美国芝加哥期货交易所推出了第一张利率期货合约——政府国民抵押贷款协会（GNMA）的抵押凭证期货合约，同年，开始交易美国政府国库券期货合约。1982年2月，美国堪萨斯期货交易所（KCBT）开办价值线综合指数期货交易，标志着金融期货三大类别的结构初步形成。

10.2.2　金融期货市场的交易制度

1）保证金制度

保证金制度是期货交易的特点之一，是指在期货交易中，任何交易者必须按照其所买卖期货合约价值的一定比例（通常为5%~10%）缴纳资金，用于结算和保证履约。

保证金分为结算准备金和交易保证金。结算准备金是指会员为了交易结算，在交易所专用结算账户中预先准备的资金，是未被合约占用的保证金。交易保证金是指会员在交易所专用结算账户中确保合约履行的资金，是已被合约占用的保证金。

2）每日结算制度

每日结算制度又称“逐日盯市”，是指每日交易结束后，交易所按当日结算价结算所有合约的盈亏、交易保证金及手续费、税金等费用，对应收应付的款项同时划转，相应增加或减少会员的结算准备金。

期货交易所会员和投资者的保证金不足时，应当及时追加保证金或者自行平仓。规定时间内未追加保证金或来自行平仓的，期货交易所将强行平仓。强行平仓的有关费用和发生的损失由该会员或投资者承担。

3）涨跌停板制度

涨跌停板制度又称每日价格最大波动限制，即指期货合约在一个交易日中的交易价格波动不得高于或者低于规定的涨跌幅度，超过该涨跌幅度后停止交易。涨跌停板一般是以合约上一交易日的结算价为基准确定的。

小知识 10-1　涨跌停板制度

涨跌停板制度是期货市场上为了防止交易价格的暴涨暴跌，抑制过度投机现象，对合约当天价格的涨跌幅度予以适当限制的一种交易制度。涨跌停板制度与保证金制度相结合，对于保障期货市场的运转，稳定期货市场的秩序以及发挥期货市场的功能具有十分重要的作用。

4）持仓限额制度与大户报告制度

持仓限额制度是指交易所规定会员或客户可以持有的，按单边计算的某一合约投机头寸的最大数额。实行持仓限额制度的目的在于防范操纵市场价格的行为和防止期货市场风险过于集中于少数投资者。

大户报告制度是与持仓限额制度紧密相关的又一个防范大户操纵市场价格、控制市场风险的制度。大户报告制度，可以使监管机构及时了解可能造成市场价格操纵的所有大户的头寸，可以向监管者提供关于市场构成的有用信息，对于有效防范市场风险和有效监管都具有积极作用。

5）交割制度

交割是指合约到期时，按照期货交易所的规则和程序，交易双方通过该合约所载标的物所有权的转移，或者按照规定结算价格进行现金差价结算，了结到期未平仓合约的过程。以标的物所有权转移进行的交割为实物交割；按结算价进行现金差价结算的交割为现金交割。实物交割就其性质来说是一种现货交易行为，是期货交易的延续，处于期货市场与现货市场的交接点，是期货市场和现货市场的桥梁和纽带。一般而言，金融期货以现金交割为主。

6）强行平仓制度

它是指当会员或客户的交易保证金不足并未在规定时间内补足，或者当会员或客户的持仓数量超出规定的限额时，交易所或期货经纪公司强制平掉会员或客户相应的持仓的一种强制措施，是交易所控制风险的手段之一。

小思考 10-3

金融期货交易中采用哪些制度控制风险？

提示：通过保证金制度、每日结算制度、涨跌停板制度、持仓限额制度与大户报告制度、交割制度以及强行平仓制度等来控制期货交易的风险。

10.2.3　利率期货市场

利率期货是继外汇期货之后产生的一种金融期货，其标的物是一定数量的某种与利率相关的产品。利率期货交易就是在金融期货市场上对利率及与利率有关的金融商品（带息凭证）的期货合约进行买卖并在某一特定日期交割的活动。利率期货交易的对象有长期国债、政府住房抵押贷款证券、欧洲期货交易所、泛欧交易所等。主要的利率期货交易所包括芝加哥、期货交易所、中美商品交易所、费城期货交易所等。

利率期货有以下特点：第一，利率期货价格与实际利率反方向变动，即利率越高，债券期货价格越低；利率越低，债券期货价格越高。第二，利率期货的交割方法特殊。利率期货主要采取现金交割方式，有时也有现券交割。现金交割是以银行现有利率为转换系数来确定期货合约的交割价格。

1）代表性的利率期货

（1）欧洲美元期货。欧洲美元期货于1981年12月在芝加哥商业交易所推出。经过不断发展，欧洲美元期货已经成为全球金融期货市场中最具有流动性、最受欢迎的合约之一。最活跃的欧洲美元期货是在芝加哥商业交易所上市交易的3个月欧洲美元期货。欧洲美元期货的交易对象主要是存放于伦敦各大银行的欧洲美元定期存款。欧洲美元期货采用指数报价和现金结算方式，该指数以100.00与年收益率的差价计算，最后的交割结算价则由现货市场决定，即等于100减去合约最后交易日的3个月期伦敦银行同业拆借利率。

（2）美国政府长期国债期货。美国政府长期国债期货于1977年8月在芝加哥期货交易所上市，上市交易以来，成长惊人，1990年的交易量超过芝加哥期货交易所一半的交易量，几乎是美国第三大期货交易所——纽约商业交易所交易量的2倍。美国政府长期国债期货的标的物是期限为20年、息票利率为8%的美国长期公债券。交易单位为面值10万美元的美国政府长期国债，以一个基点（即1 000美元）或一个基点的1/32报价。长期国债期货合约到期时，卖方可用于交割的并不仅限于标准化的债券，只要是剩余期限不少于15年的美国长期公债券，都可用于交割。

2）利率期货市场的发展

利率期货产生于1975年10月，作为债券市场投资者用于规避利率风险最常用的一种金融衍生工具，自问世以来一直蓬勃发展，品种也不断创新，并已成为当今世界成交量最大的金融衍生品之一。进入20世纪80年代以后，利率期货交易的成交量呈几何级数上升。据统计，1982年，美国利率期货合约（主要指各种国债期货合约）的总成交量就已经达到了3 000万份，到1988年，在芝加哥期货交易所交易的美国长期国债期货合约的成交量已跃居美国金融期货交易的首位，达到5 260万份，到1994年，更是高达9 996万份。如今，国债期货交易量在美国各种期货中居于首位，占美国期货合约交易总量的30%左右。

利率期货不仅在交易规模上越来越大，而且其交易品种也不断丰富。1975年以来，在美国期货市场交易的利率期货主要品种包括了美国长期和中期国债期货、美国短期的国库券期货、英国政府金边债券期货、日本政府债券期货以及加拿大长期和中期国债期货等。1982年9月30日，伦敦国际金融期货交易所正式开办利率期货交易，开办了3个月期的欧洲美元利率期货合约、3个月英镑利率期货合约和20年英国政府金边债券期货合约。1985年10月19日，日本东京证券交易所开办政府公债期货交易。1986年，新加坡引入了美元和日元的国债期货。中国香港期货交易所也于1990年2月7日正式推出港元的利率期货交易。如今，世界各地的许多交易所都已开办利率期货交易。

随着利率期货市场的迅速发展，1987年4月，芝加哥期货交易所开设了有史以来的第一个晚场交易，其晚场交易恰好可以与中国香港、悉尼、东京、新加坡的早市交易相衔接，扩大了它与其他国际期货市场的联系，使利率期货市场成为一个全球24小时连续交易的市场。

10.2.4 股票指数期货交易市场

股票指数期货就是以股票价格指数为标的物的期货合约。股票指数期货是金融期货中最晚产生的一个品种，也是20世纪80年代以来金融创新中出现的最重要、最成功的金融工具之一。股票指数期货是适应管理股票市场风险，尤其是系统性风险的需要而产生的。股票指数期货之所以能规避股票交易中的风险，主要是因为股价指数的变动代表了整个股市价格变动的方向和水平，而大多数股票价格的变动与股价指数是同方向的。因此，只要在股票现货市场和股票期货市场做相反的操作，并通过β系数进行调整，就可以消除股票市场价格波动风险。

1）股票价格指数期货的特点

（1）以股票指数为基础。股票指数期货是以股价指数为标的物的期货合约。股票指数是表明股票行市变动的一种供参考的指示数字，是众多股票价格平均水平的转化形式，是代表股票资产的相对指标。股票指数期货合约所代表的指数必须是具有代表性的权威性指数，以保证指数期货市场具有较强的流动性和广泛的参与性。例如，芝加哥商业交易所的S&P500指数就是以标准普尔公司公布的500种股票指数为基础的。

（2）以股票指数的“点”来表示价格。股票指数期货以指数点报价，其合约价值通过指数点乘以一个确定的金额数值来确定。例如，10月交割的沪深300指数期货报价为2 600点，则该期货合约的价值就是780 000元（2 600×300）。股票指数期货的指数每涨跌一点，该指数期货交易者就会有300元的盈亏。

（3）现金交割。股票指数期货一般采用现金交割的方式。股票指数是一种特殊的股票资产，其变化非常频繁，而且是众多股票价格的平均值的相对指标，如果采用实物交割方式，不仅要进行大量计算，交接也过于麻烦，加之交易者交易股票指数期货的主要目的在于套期保值或投机，现金交割方式简单快捷，又节省费用。

小思考10-4

某投资者按照2 800点的报价买入一份沪深300指数期货。当该合约报价为2 850点时，该投资盈亏如何？

提示：当期指报价2 850点时，该投资处于获利状态，获利为15 000元。

2）股票指数期货市场的发展

1982年，美国堪萨斯期货交易所正式开办世界上第一个股票指数期货——价值线综合指数期货交易，首开股票指数期货交易的先河，不久芝加哥商业交易所、纽约商业交易所也都开始了股票指数期货交易，分别推出了S&P500种股票价格综合指数期货和纽约证券交易所综合指数期货，股票指数期货市场不断发展。1977—1984年，农产品等一般商品期货交易增长了1.7倍，而金融期货交易增长了数十倍；农产品等一般商品期货的交易量占比从77%下降到38%，而金融期货交易量从3%上升到49%。其中，股票指数期货的发展尤为迅猛，1984年交易合约高达1 844万份，占全部交易的12%。

美国股票指数期货的创新与发展，引起了各国金融界的极大关注，世界范围内的股票指数期货市场迅速发展。1983年，悉尼期货交易所以澳大利亚证券交易所普通股票指数为基础，推出股票指数期货交易；1984年5月，伦敦国际金融期货交易所开办了金融时报100种股票指数期货交易；1986年5月，香港期货交易所开办恒生指数期货交易；1986年9月，新加坡国际货币交易所开办日经225种股票指数期货交易；1988年9月，东京证券交易所和大阪证券交易所分别开办了东证股票指数期货交易和日经225种股票指数期货交易等。据美国期货业协会统计，截至2010年年底，在全球40多个国家和地区的交易所中，共开设有100多种股指期货交易。我国于2010年4月16日在中国金融期货交易所上市沪深300股指期货合约，其标志着我国股指期货市场的建立，结束了我国资本市场只有现货没有期货的时代。截至2015年4月15日，沪深300股指期货上市已满五周年。五年来，市场累计开户23.3万户，占全国期货市场总开户数80万户的30%；累计成交7.10亿手，成交金额574.65万亿元，2014年成交手数在全球股指期货中排名第四位、成交额排名第二位。推出沪深300股指期货，对于改善我国股市运行机制、完善产品工具体系和促进资本市场改革发展发挥着日益重要的作用，也为我国金融衍生品市场下一步发展积累了实践经验。

相关知识10-3　　股指期货和股票的区别

区别一：有无到期日。股指期货合约有到期日，不能无限期持有。股票买入后正常情况下可以一直持有。因此交易股指期货必须注意合约到期日。

区别二：是否需要支付全额资金。在进行股指期货交易时，投资者不需支付合约价值的全额资金，只需支付一定比例的资金作为保证金；而目前我国股票交易则需要支付股票价值的全部金额。由于股指期货是保证金交易，亏损额甚至可能超过投资本金，这一点和股票交易也不同。

区别三：是否可做空也可做多。股指期货交易方向上可以做多和做空，无论下买单还是下卖单都可以成交，这和股票的单纯先买入后卖出有很大的差别。例如，投资者预期价格将要上涨，应该开仓买入期货指数合约，但如果下单时错把买单下成了卖单，或者把开仓弄成了平仓，都会带来操作上的风险。

区别四：是否可以强行平仓。股指期货交易采用当日无负债结算制度，交易所当日要对交易保证金进行结算，如果账户保证金不足，必须在规定的时间内补足，否则可能会被强行平仓；而股票交易并不需要投资者追加资金，并且买入股票后在卖出以前，账面盈亏都是不结算的。

区别五：交易时间的不同。沪深300指数期货早上9时15分开盘，9时10分到9时15分为集合竞价时间。下午收盘为15时15分，比股票市场晚15分钟。最后交易日下午收盘时，到期月份合约收盘与股票收盘时间一致，为15时。

资料来源：作者根据相关资料整理所得。

10.3 金融期权市场

早在18世纪，金融期权市场就得到了一定的发展。1973年，芝加哥期权交易所推出了标准化的期权合约，金融期权市场迅速发展。20世纪80年代以后，各种类型的期权合约不断推出，金融期权市场进入了高速发展的阶段。

10.3.1 金融期权的含义

期权交易，又称选择权交易，是就持有人在规定的期限内具有按交易双方商定的价格购买或出售一定数量某种金融资产的权利的交易。金融期权合约就是指赋予合约的购买者在约定的期限内或特定日期，选择行使或不行使按约定价格购买或出售一定数量的某种金融资产或指标的权利的合约。

在期权交易中，期权的卖方授予期权买方购买或出售的权利，相应换回一定量的货币；买方以支付一定量的期权费为代价拥有在一定时期内以一定的价格购买或出售一定数量某种资产的权利。期权的买方在支付了期权费后，就获得了期权合约所赋予的权利，即在期权合约规定的时间内，以事先确定的价格向期权的卖方买进或卖出某种金融工具的权利，但并没有必须履行该期权合约的义务；而期权的卖方在收取期权费后就承担着在规定时间内履行该期权合约的义务，即当买方选择行使权利时，卖方必须无条件地履行合约规定的义务。

小思考10-5

金融期权与金融期货有何不同？

提示：金融期权与金融期货在合约标的物、投资者权利与义务、履约保证、现金流转、盈亏以及套期保值效果方面不同。

10.3.2 金融期权的种类

1）按照合约的基本属性，金融期权可分为看涨期权和看跌期权

看涨期权，又称买方期权、买权，是指购买者拥有在期权合约有效期内或特定日期按执行价格买入一定数量标的物的权利的期权。看跌期权，又称卖方期权、卖权，是指购买者拥有在期权合约有效期内或特定日期按执行价格卖出一定数量标的物的权利的期权。

2）按照履约方式，金融期权可分为美式期权和欧式期权

美式期权是买方在到期日或之前任一交易日都可选择执行的期权，而欧式期权则是买方只有在到期日才能选择执行的期权。显然，美式期权的买方“权利”相对较大，美式期权的卖方风险相应也较大。因此，在同样条件下，美式期权的价格也相对较高。

3）按照标的物，金融期权大体可分为股票期权、股票指数期权、利率期权、货币期权和期货期权

股票期权是指以交易所指定的普通股票为标的物，买方拥有在合约规定的到期日或到期日以前按协议价买入或卖出一定数量相关股票权利的期权。股票指数期权是指以股票指数为标的物，买方拥有在合约有效期内或到期时以协议指数与市场实际指数进行盈亏结算的权利的期权。利率期权是指以政府债券、欧洲美元债券、大面额可转让存单等利率工具为标的物，买方拥有在合约有效期内或到期时以一定的利率（价格）买入或卖出一定面额的利率工具的权利的期权。货币期权，又称外汇期权，是指以某一种货币为标的物，买方拥有在合约有效期内或到期时以规定汇率买进或者卖出一定数量外汇资产的权利的期权。期货期权以某种期货合约为标的物，是对期货合约选择权的交易，合约执行时要求交易的不是期货合同所代表的商品，而是期货合同本身。

相关链接 10-1　　股指期权——期权市场的下一片蓝海

股指期权是以股票指数为标的物的期权形式。具体来说，股指期权是在股指期货的基础上产生的，期权购买者支付一笔期权费给期权的出售方后，以取得在未来某个时刻，以某种价格水平，买入或卖出某种基于股票指数的标的物的权利。而期权卖方收取期权费后，在规定时间内，只要期权买方要求行使其权利，期权卖方必须无条件地履行期权合约规定的义务。

与股指期货的交易策略不同，由于股指期权包括买入、卖出、认购、认沽期权等四个基础交易方向，策略具有较大灵活性，不同方向和组合的风险、收益比也有较大的差异，投资者可以根据自身的风险偏好，构建不同期权组合，完善投资组合，满足和实现自己的投资目标。

股指期权与股指期货更突出的差别还在于前者可用于波动率层面的交易。2018年各类“黑天鹅”事件都给金融市场带来了不同程度的波动，这些都为期权的波动率交易提供了大显身手的舞台，投资者可以根据对波动率的预期，构建波动率策略。

股指期权作为股票市场重要的风险管理工具，不仅可以促进场内期权市场的发展，完善我国的风险管理体系，还可以更好地满足机构投资者多样化的风险管理需求和策略需求。尽快推出股指期权，在推进我国资本市场的持续稳定发展、提高服务金融机构的能力方面，具有积极的意义。

资料来源：王荆杰，吴阿龙．股指期权——期权市场的下一片蓝海［EB/OL］．［2019-02-19］．http：//money.people.com.cn/n1/2019/0219/c42877-30804442.html.

10.3.3　金融期权交易制度

期权交易可以在交易所进行，也可在场外市场或直接在买卖双方之间进行。交易所交易的是统一化和标准化的期权合约，不但交易效率高，而且交易成本低；场外市场的期权交易则具有较高的灵活性。

1）标准化合约

在交易所上市的金融期权合约都是标准化合约。交易所对期权合约的交易单位、最小变动价位、每日价格波动限制、执行价格、合约月份、交易时间、最后交易日以及履约日等均作统一规定。

（1）交易单位。金融期权的交易单位是指每份期权合约中对标的物的数量的规定。交易单位由交易所规定，在不同交易所上市的相同标的物的期权合约，其交易单位也不一定相同。通常，一份股票期权的标准量是100股。

（2）执行价格。执行价格又称履约价格，是指期权合约被执行时交易双方实际买卖标的物的价格。当交易所上市某种金融合约时，将根据合约标的物的最近收盘价，以某一特定形式确定一个中心协定价格，然后再根据既定的幅度设定该中心协定价格上下各若干级距的协定价格。交易所通常只规定协定价格的级距，如果标的物价格超过现行执行价格范围，就会提供新的合适的执行价格，从而使得任何时候都有实值（即合约持有者执行期权能带来利润时）和虚值（即合约持有者执行期权无利可图时）的期权交易。

（3）最后交易日和履约日。最后交易日是指某种即将到期的金融期权合约在交易所交易的最后截止日。如果期权购买者在最后交易日不再做对冲交易，则他要么放弃期权，要么在规定时间内执行期权。履约日是期权合约所规定的、期权购买者可以实际执行该期权的日期。由于有欧式期权和美式期权之分，不同合约的履约日不尽相同。

（4）标的资产。这是指合约中规定的购买或出售的资产。

2）部位限制

部位限制是指交易所对每一账户所持有的期权部位的最高限额。交易所之所以做出这样的规定，是为了防止某一投资者承担太大的风险或对市场有过大的操纵能力。不同交易所有不同的部位限制。有的以合约的数量为限制标准，有的以合约的总值为限制标准。

3）保证金

在期权交易中，只有期权的出售者才有履约的义务，才需要缴纳保证金，以确保期权交易的履约。保证金的计算随期权的种类和交易所得不同而变化，通常要求期权的卖方将其收到的期权费作为保证金，当价格向不利方向变动时，需要另外支付保证金。

4）金融期权执行

在场内交易中，如果期权的交易者不希望持有未到期的期权合约，在最后交易日或之前，可通过相反方向的交易对冲了结。但在期权的到期日，所有实值期权均应执行，除非交易成本很高，抵消了期权的收益。当投资者执行期权时，首先，投资者需要通知其经纪人；其次，由经纪人通知负责结清其交易的期权清算公司会员，该会员再向期权清算公司发出执行指令；最后，由期权清算公司随机地选择某个持有相同期权空头的会员，该会员按事先订立的程序，选择某个特定的出售该期权的投资者。如果是看涨期权，则出售该期权的投资者须按执行价格出售股票；如果是看跌期权，则出售该期权的投资者须按执行价格购买股票。

小思考 10-6

交易所交易的金融期权有何优点？

提示：交易所交易的金融期权采用标准化方式交易，具有交易效率高、交易成本低以及交易风险低等优点。

相关知识 10-4　　期权价格的影响因素

（1）标的资产的现价。期权的价格随着标的资产价格的变化而变化。对看涨期权来说，标的资产价格上升（其他条件不变，特别是执行价格不变），期权价格上升；对看跌期权来说正好相反。

（2）执行价格。其他条件不变，执行价格越低，看涨期权的价格越高。对于看跌期权来说，执行价格越高，期权价格越低。

（3）期权到期日的时间。期权是“正在浪费的财产”，到期后期权没有任何价值。其他条件不变，距到期日的时间越长，期权价格越高。因为随着距到期日时间的缩短，价格向有利方向变动的可能性下降。

（4）期权期内标的资产价格预期波动率。其他因素不变，预期价格波动率越大，投资者愿意支付的资金越多，期权卖方的要求也越多。因为波动率越大，在到期日前，标的资产的价格朝对期权买方有利方向运动的可能性越大。

（5）期权期内的短期无风险利率。购买标的资产捆住了一个人的资金。这样，短期无风险利率越高，相对于直接购买标的资产来说，期权的吸引力越大。所以，短期无风险利率越高，看涨期权的价格越高。

（6）期权期内预期对标的资产支付的现金。对标的资产支付的现金会降低看涨期权的价格，因为现金支付使得持有标的资产比持有期权更有吸引力。对看跌期权来说，对标的资产支付的现金会抬高期权的价格。

10.3.4 金融期权的交易策略

金融期权是一种较为复杂的金融产品，这决定了其交易策略的复杂性。在交易中，投资者既可以持有买入期权，也可以持有卖出期权；既可以同时买入标的资产、执行价格与到期日均相同的看涨期权和看跌期权，也可以同时卖出标的资产、执行价格与到期日均相同的看涨期权和看跌期权；既可以把期权与股票进行组合交易，也可以把期权与期货进行组合交易，还可以把不同类型的期权进行组合交易。一般而言，金融期权最基本的交易策略可分为四种：买入看涨期权、卖出看涨期权、买入看跌期权和卖出看跌期权。

1）买入看涨期权

如果投资者预计标的资产价格上涨，可买进该资产的看涨期权。对于持有看涨期权的投资者来说，付出了期权费，但取得了以执行价格买入标的资产的权利，每单位看涨期权到期时的价值为：

$$Max(P_t - S,0)$$

其中：P_t——标的资产到期时的市场价格；S——期权的执行价格。

可见，对于看涨期权持有者来说，只有在 $P_t>S$，即标的资产市场价格大于执行价格时，这一期权才会被执行，合约到期时投资者所能获得的价值就是 $P_t - S$，即标的物到期时的市场价格和执行价格的差。此时，合约买方的单位净收益为期权到期价值减去购买合约所支付的金额；如果 $P_t \le S$，即标的资产市场价格小于执行价格时，合约就不会被执行，到期时该合约的价值等于零，此时，合约买方的净损失为期初购买期权合约所支付的金额（如图 10-1 所示）。一般而言，当标的资产市场价格上涨时，看涨期权的价格也会随之上涨，此时，持有看涨期权的投资者既可选择执行期权而获利，也可通过卖出持有的期权合约而获利，通常后者更加有利。

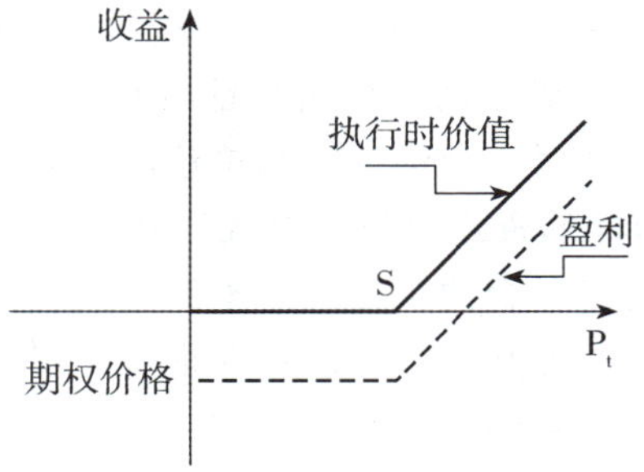

图 10-1　到期时看涨期权买方的收益与利润

小思考 10-7

投资银行的经营理念涵盖哪些方面？买入看涨期权的投资者，其盈亏有何特点？

提示：对于持有看涨期权多头头寸的投资者来说，最大的损失为期权费，而收益可能无限大。

2）卖出看涨期权

如果投资者预计标的资产价格将下跌，可卖出该资产的看涨期权。对于卖出看涨期权的投资者来说，收到了期权费，但在看涨期权的买方执行期权时有按执行价格卖出标的物履约的义务。投资者卖出的每单位看涨期权到期时的价值为：

$$-Max(P_t - S,0)$$

可见，对于看涨期权卖方来说，如果 $P_t > S$，即标的资产市场价格大于执行价格时，买方才会执行期权，合约卖方到期时的价值就是 $-(P_t - S)$。此时，合约卖方的单位损失为到期价值扣除期初收到的期权费；如果 $P_t \leq S$，即标的资产市场价格小于执行价格，合约就不会被执行，到期时该合约的价值等于零，此时，合约卖方的净收益为期权费（如图 10-2 所示）。一般而言，当标的资产市场价格上涨时，看涨期权的价格也会随之而上涨，此时，卖出看涨期权的投资者也可买入相同的期权合约对冲，以避免更大的亏损。

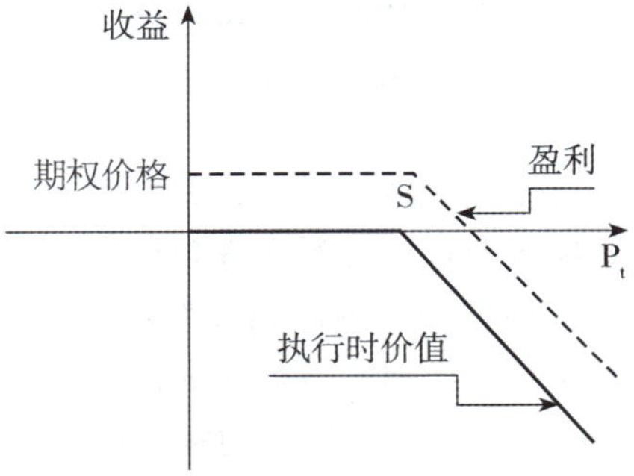

图 10-2　到期时看涨期权卖方的收益与利润

3）买入看跌期权

如果投资者预计标的资产价格将下跌，可买进该资产的看跌期权。对于持有看跌期权的投资者来说，付出了期权费，但取得了以执行价格卖出标的资产的权利，每单位看跌期权到期时的价值为：

$$Max(S - P_t,0)$$

可见，对于看跌期权持有者来说，只有在$P_t < S$，即标的资产市场价格小于执行价格时，这一期权才会被执行，合约到期时投资者所能获得的价值就是$S - P_t$，即执行价格减去标的物到期时的市场价格。此时，合约买方的单位净收益为期权到期价值减去购买合约所付的金额；如果$P_t \geq S$，即标的资产市场价格大于执行价格时，合约就不会被执行，到期时该合约的价值等于零，此时，合约买方的净损失为期初购买期权合约所付的金额（如图10-3所示）。当看跌期权处于实值状态时，持有看跌期权的投资者既可选择执行期权而获利，也可通过卖出持有的期权合约而获利。

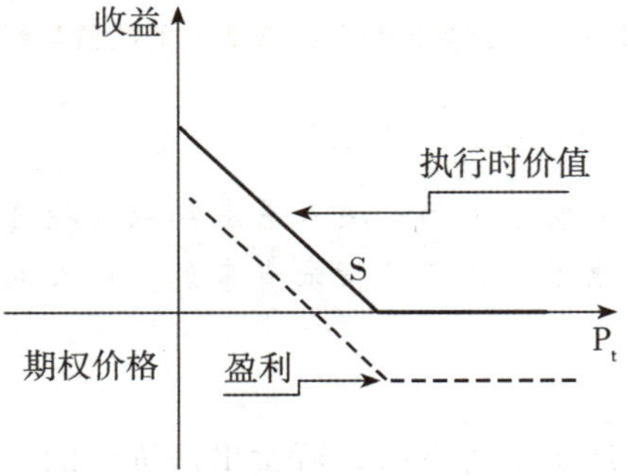

图10-3　到期时看跌期权买方的收益与利润

小思考10-8

金融期权有无杠杆作用？其杠杆作用有何特点？

提示：金融期权具有杠杆作用。其杠杆作用的特点如下：①期权越虚值，杠杆越大；期权越实值，杠杆越小。②期权杠杆是动态变化的。③在相同条件下，随着剩余时间的减少，期权杠杆在逐渐变大。④随着剩余时间的减少，期权的杠杆变动逐渐加快。

4）卖出看跌期权

如果投资者预计标的资产价格将上涨，可卖出该资产的看跌期权。对于卖出看跌期权的投资者来说，收到了期权费，但在看跌期权的买方执行期权时有按执行价格买入标的物履约的义务。投资者卖出的每单位看跌期权到期时的价值为：

$-Max(S - P_t, 0)$

可见，对于看跌期权卖方来说，如果$P_t < S$，即标的资产市场价格大于执行价格时，期权处于实值状态，买方才会执行期权，合约卖方到期时的价值就是$-(S - P_t)$。此时，合约卖方的单位损失为到期价值扣除期初收到的期权费；如果$P_t \geq S$，即标的资产市场价格大于执行价格，合约就不会被执行，到期时该合约的价值等于零，此时，合约卖方的净收益为期权费（如图10-4所示）。一般而言，当标的资产市场价格下跌时，看跌期权的价格会随之上涨，此时，卖出看跌期权的投资者也可买入相同的期权合约对冲，以避免更大的亏损。

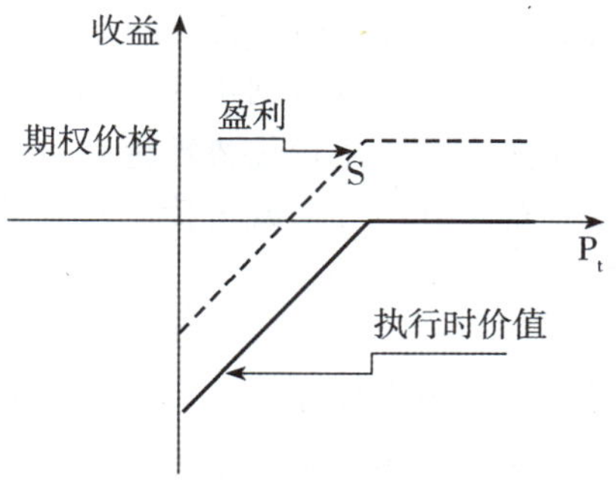

图 10-4　到期时看跌期权卖方的收益与利润

拓展阅读 10-2　期权三兄弟来了　交易注意事项有哪些？

2019年1月28日是我国从期货时代走向期权时代的一个重要里程碑。继豆粕、白糖期权后，天然橡胶期权、棉花期权、玉米期权“三兄弟”分别在上海期货交易所、郑州商品交易所、大连商品交易所鸣锣上市。虽然期权“三兄弟”上市时间都在同一天，但在具体合约内容上，三者仍有很大不同。

从挂牌合约月份看，首批上市的天然橡胶期权月份为2019年5月、6月、7月、8月、9月、10月、11月和2020年1月，共8个期权合约系列。首批挂牌的棉花期权月份和玉米期权月份为2019年5月、7月、9月和2020年1月，均为奇数月。

从交易时间看，天然橡胶、棉花期权均开展夜盘交易，夜盘交易时间与天然橡胶、棉花期货相同。然而，玉米期权与玉米期货一样，并不进行夜盘交易。

从最后交易日看，天然橡胶期权为标的期货合约交割月前一个月的倒数第5个交易日，棉花期权为标的期货合约交割月份前一个月的第3个交易日，玉米期权为标的期货合约交割月份前一个月的第5个交易日。

从行权方式看，以上期权“三兄弟”都为美式期权。买方可在到期日前任一交易日的交易时间提交行权申请；买方可在到期日15：30之前提交行权申请、放弃申请。

资料来源：李岚君．期权三兄弟来了 交易注意事项有哪些？[EB/OL]．[2019-01-28]．http：//money.people.com.cn/n1/2019/0128/c42877-30592638.html.

10.4　金融互换市场

1981年，所罗门兄弟投资公司为世界银行和美国国际商业机器公司安排了一笔货币间的交易，揭开了金融互换的序幕，之后金融互换迅速发展，金融互换市场逐步发展成为最佳的筹资市场。作为20世纪80年代以来最重要的金融创新，金融互换不但为金融市场增添了新的保值工具，而且为金融市场的运作开辟了新的天地。

10.4.1　金融互换的概念、特点和功能

1）金融互换的概念

金融互换是约定两个或两个以上的当事人按照商定条件，在约定的时间内，交换一系列现金流的合约。

在这个市场上，金融互换交易的一方当事人提出一定的互换条件，另一方立即以相应的条件承接下来。利用金融互换交易，就可依据不同时期的利率、外汇或资本市场的限制动向筹措到理想的资金。金融互换交易是比较优势理论在金融领域中的最生动的运用。根据比较优势理论，只要交易双方对对方的资产或负债均有要求，双方在两种资产或负债上存在比较优势就可以进行互换交易。

2）金融互换的特点

（1）利率互换作为金融衍生工具为表外业务，可以逃避利率管制、税收限制等管制壁垒，有利于资本的流动。金融互换交易属于金融衍生产品的交易，不构成有关交易方的资产与负债，属于表外业务。金融互换在时间和融资方面独立于各种借款或投资之外，即具体的借款或投资行为与互换中的利率基础和汇率基础无关。这就决定了利用金融互换可以规避外汇管制、利率管制以及税收限制，可以不增加负债而获得巨额利润扩充资本，提高资本充足率。

（2）金额大，期限长。绝大部分金融互换交易的期限在2～10年，最长的甚至可达到30年。同时，金融互换一般属于大宗交易，交易金额较大。

（3）交易成本较低，流动性强。金融互换是典型的场外市场交易工具，不能在交易所上市交易，但可以根据客户的具体要求进行产品设计，无保证金要求，交易不受时间、空间以及报价规则的限制。具体交易事项都由交易双方自主商定，交易手续简单，费用低。因此，成本较低，交易相当灵活。

（4）参与者信用较好。金融互换交易的双方一般信用较好，因为如果信用太差往往找不到合适的互换对手。金融互换的参与者一般都属于大商业银行与投资银行以及信誉卓著的跨国公司，拥有信誉好、信息广等优势。

3）金融互换的功能

（1）控制市场风险。金融互换类似于远期合约与期货合约的组合，比远期合约和期货合约更有效率和流动性。利用金融互换，可以更好地管理资产负债组合中的利率风险和汇率风险。

（2）降低融资成本。利用比较利益原理，金融互换可以降低筹资成本。通过金融互换可在全球各市场之间进行套利：一方面可以降低筹资者的融资成本或提高投资者的资产收益；另一方面也促进了全球金融市场的一体化。

（3）创造证券。作为场外市场，金融互换市场具有更大的灵活性，可以“量体裁衣”，合成一些尚不存在，但又为市场所需要的金融产品，充分满足投资者的需求。同时，金融互换作为表外业务，交易者可以通过金融互换来规避外汇管制、利率管制及税收限制。

小思考10-9

金融互换与金融远期有何区别？

提示：金融互换可以视为一篮子的金融远期合约。但金融互换市场相对于金融远期市场具有更长的期限、更高的流动性，交易更有效率。

10.4.2 金融互换的主要类型

金融互换虽然历史较短，但品种日新月异。除了传统的利率互换和货币互换外，一大批新的金融互换品种不断涌现。

1）利率互换

利率互换是指交易双方以一定的名义本金为基础，将该本金产生的以一种利率计算的利息收入（支出）流与对方的以另一种利率计算的利息收入（支出）流相交换。利率互换中常见的利率类型有伦敦同业银行拆出利率、伦敦同业银行拆入利率、再回购利率、零息利率以及远期利率等。利率互换有多种形式，最常见的有：

（1）息票互换。息票互换是指同种货币的固定利率和浮动利率之间的互换，即交易的一方向另一方支付一系列固定利率的利息款项换取对方支付的一系列浮动利率的利息款项。从交易的对方而言，则是支付一系列浮动利率的利息款项换取一系列固定利率的利息款项。息票互换是利率互换中最基本的交易方式。持有同种货币的交易双方，以商定的筹资本金为计算利息的基础，一方以其筹措的固定利率资金换取另一方的浮动利率资金。在交易中双方实际上只计算互换的利息差异并作结算，而不会发生本金的实际转移。

（2）基础互换。基础互换是指浮动利率之间的互换，即有不同期限的基础浮动利率的金融凭证之间的利息互换。在以浮动利率筹借中长期借款的方法中，最主要的是以伦敦银行同业拆借利率为基准的借款，此外还有以美国货币市场上的定期存单利率、商业票据利率以及国库券利率为基准利率的借贷。例如，美国商业票据利率与伦敦银行同业拆放利率之间的利率互换。

（3）交叉货币互换。交叉货币互换是指交易双方将两种货币的资产或者债务按不同形式的利率进行交换。交叉货币互换兼具货币互换和利率互换的双重特征。一方面，它涉及两种货币的本金，因此，需要按约定的汇率进行本金的互换；另一方面，需要进行两种货币间固定利率和浮动利率的交换，交易过程较为复杂，诸如美元固定利率的利息与英镑浮动利率的利息之间的互换。

2）货币互换

货币互换是将一种货币的本金和固定利息与另一货币的等价本金和固定利息进行交换。其主要原因是双方在各自国家中的金融市场上具有比较优势。货币互换的利率形式，可以是固定换浮动，也可以是浮动换浮动，还可以是固定换固定。货币互换中所规定的汇率，可以用即期汇率，也可以用远期汇率，还可以由双方协定取其他任意水平。

小知识 10-2　　常见的货币互换类型

（1）定息与定息货币互换。其又称“双方总货币互换”，是指互换交易双方在整个交易期间，均按固定利率相互交换支付利息，它是货币互换业务中最重要的一种形式。

（2）定息与浮息货币互换。其是指在货币互换过程中，互换的一方承担按固定利率支付利息的义务，与此同时，互换的另一方则承担按浮动利率支付利息的义务。

（3）浮息与浮息货币互换。其又称“双浮息货币互换”，是指互换交易双方在整个交易期间，均按浮动利率相互交换支付利息，它是在国际经济一体化程度提高和汇率利率风险不断加大的背景下，为消除汇率风险和利率风险而衍生出的一种货币互换。

小思考10-10

为什么说货币互换是一种债务保值工具？

提示：因为在存在比较优势的情况下，通过货币互换，可以把以一种外汇计价的债务或资产转换为以另一种外汇计价的债务或资产，实现控制中长期汇率风险和降低成本的目的。

10.4.3 金融互换市场的参与机构及基本结构

1）金融互换市场的参与机构

（1）金融互换市场的参与机构包括最终用户和中介机构。最终用户是指各国政府，尤其是发展中国家的政府及其代理机构、世界范围内的银行和跨国公司、储蓄机构和保险公司、国际性代理机构与证券公司等。它们参与互换的基本目的是：获得高收益的资产或低成本融资、实施资产与负债的有效管理、回避正常经济交易中的利率或汇率风险以及进行套利、套汇等。中介机构主要包括投资银行和商业银行、证券交易中心等。它们参与互换的重要目的是从承办的业务中获取手续费收入和从交易机会中得到盈利。

（2）金融互换市场的做市商。随着金融互换市场的不断发展，一些互换中介机构尤其是投资银行开始充当做市商。做市商是互换市场的价格制定者，为互换交易提供双向报价。在金融互换交易中，做市商的存在提高了互换市场的流动性，为交易者从事反向互换或取消互换创造了条件，促进了互换在企业资产与负债组合管理中的运用。做市商还可以将远期、期权、互换以及商品与股权工具不断地组合和分解，创造出更适合资产与负债管理需要的工具。

2）金融互换市场的基本结构

所有的互换具有相同的基本结构。互换双方协议对一定数量的标的资产进行一次或多次交换。一次金融互换交易可能包括一次标的资产的交换，也可能包括多次或没有标的资产的交易。一般情况下，在互换开始时有一次标的资产的交换，在互换结束时有一次标的资产的再交换。互换中两次交换的标的资产可以是相同的，也可以是不同的。在两次标的资产交换之间，交易双方由于使用了对方的标的资产而付款给对方。甲方使用了乙方的资产，而定期支付给对方固定的价格，乙方使用了甲方的资产，而定期支付给对方浮动价格，浮动价格由市场决定。这就是互换的基本结构，如图10-5、图10-6和图10-7所示。在交易中，可以通过改变期限或增加特别服务来改变互换以满足不同客户的特殊需要。显然，最终用户之间直接安排互换是比较困难的，需要中介机构作为互换交易双方的交易对手，中介机构通过交易中的固定价格价差获利。

图10-5 互换中标的资产的初始交换

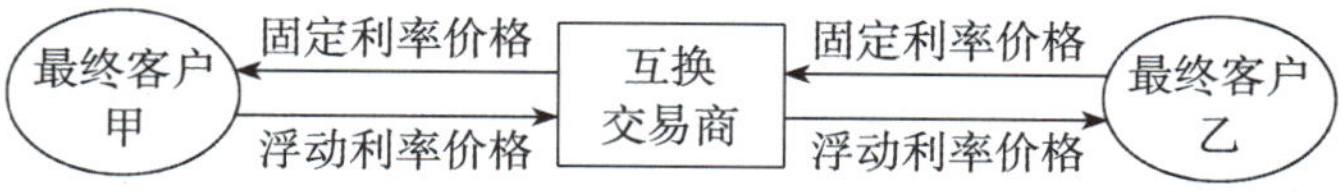

图 10-6　互换中周期性支付或购买性支出

图 10-7　互换中标的资产的再次交换

比如，货币互换一般要经历三个过程：首先，本金互换，即双方按协定的汇率交换两种不同的本金，以便计算应支付的利息；其次，期中利息互换，即交易双方按照交易前的协定利率，以未偿还本金为基础，支付交易利息；最后，期末本金互换，即合约到期日，交易双方换回交易开始时所确定的本金。

假如甲公司需要筹措一笔美元用于发展海外市场投资，预期美元短期利率将呈下降趋势，因此，公司决定以浮动利率借入3年期的美元资金，利率为LIBOR+0.32%。此时，3年期欧元固定利率的互换利率为4.8%。由于该公司在本国欧元市场上有较好的信用，能够以4.3%的优惠利率筹集到欧元资金，比同期欧元互换利率低0.5%。按当时的货币市场行情分析，美元6个月期LIBOR可以与欧元固定利率4.8%互换交易。与此同时，乙公司想筹集一笔欧元资金，但面临与甲公司恰好相反的情况，它可以在美元市场上以美元6个月期LIBOR-0.3%的优惠利率筹集到美元资金，但是在欧元市场上无法以这种优惠利率获得欧元资金。于是，在某投资银行的安排下，甲公司按美元6个月期LIBOR-0.3%的优惠利率替乙公司支付利息，乙公司则按照4.3%的欧元固定利率为甲公司支付利息。甲公司比直接在美元市场融资节约了0.3%；而乙公司比直接在欧元市场筹措资金节省了0.5%，双方都得到了互换的好处。

小实训 10-1

选择当前金融市场上的一种金融衍生品，了解其在市场中的流通状况，深入认识它与其他金融衍生品的不同。

课程思政 10-1　树立正确的理财观、合理投资

通过本章课程的学习，我们可以切实体会到金融市场的运作原则是不会给投机者“空手套白狼”的机会的。若找到金融产品的定价失误，确实能够让投资者在投资领域大放异彩，但这需要投资者具备扎实的基本功，以及了解市场。无数实例证明，建立在违反法律和突破道德底线基础上的牟利是不能持久的。因此，我们要树立正确的理财观，保持独立理性的思考，避免随意地跟风和冒进投资。

本章要点

本章主要介绍了金融衍生品，尤其是金融期货、金融期权以及金融互换的基本含义；金融衍生品的基本种类与不同衍生品的基本特征；金融衍生品市场的交易制度与机理；金融衍生品市场交易的基本原理、方法与技巧。其中，重点是金融衍生品市场交易的原理、制度和机理；难点是关于对金融衍生品市场交易方法的理解。

问题讨论

1.讨论金融衍生品基本种类的特点。

2.根据本章所学内容，讨论我国金融衍生品发展存在的问题及对策。

推荐阅读

1.麦克唐纳 L.衍生品市场［M］. 杨丰，耿运栋，刘伟琳，译. 北京：中国人民大学出版社，2011.

2.中国期货业协会. 金融期权［M］. 北京：中国财政经济出版社，2013.

3.廖岷，许臻. 危机后我国金融衍生产品发展路径选择［M］. 北京：中国金融出版社，2016.

4.姜洋. 发现价格：期货和金融衍生品［M］. 北京：中信出版社，2018.

思考与练习

1.单项选择题

（1）金融衍生品是价格取决于（　　）价格变动的派生产品。

A.基础金融产品　　B.股票市场　　C.债券市场　　D.货币市场

（2）若金融期货合约的保证金为10%，则期货交易者可控制的合约价值是所投资金额的（　　）倍。

A.5　　B.10　　C.20　　D.50

（3）金融期权实际上是一种权利的单方面有偿让渡，期权的买方以支付一定数量的（　　）为代价拥有了这种权利。

A.手续费　　B.佣金　　C.期权费　　D.保证金

2.多项选择题

（1）下列关于金融衍生品的叙述，正确的有（　　）。

A.无论哪种金融衍生品，都会影响交易者在未来一段时间内或未来某一时点上的现金流

B.基础金融产品价格的轻微变动也许就会带来交易者的巨大亏损或盈利

C.基础金融产品价格的变幻莫测是金融衍生品高风险性的重要诱因

D.交易所交易的金融衍生品具有统一性和标准化的特点

（2）金融期货与金融期权的区别有（　　）。

A.履约保证不同　　B.现金流转不同

C.交易者权利与义务的对称性不同　　D.盈亏特点不同

（3）金融互换的常见类型有（　　）等。

A.货币互换　　B.利率互换　　C.期货互换　　D.期权互换

3. 简答题

（1）金融衍生品的基本特征有哪些？

（2）股票指数期货有哪些特点？

（3）买入看涨期权的交易策略有何特点？

（4）如何用互换控制金融风险？

案例分析

从三个例子说起：金融衍生品到底能发挥怎样的风险管理功能？

作为资本市场重要的基础工具，股指期货具有不可取代的积极作用。概括起来，股指期货主要有四方面的功能：实现风险管理、降低现货波动、提高市场质量和促进国际竞争。现在我们主要谈一谈股指期货的风险管理功能。

金融市场发挥风险管理的功能主要是通过风险转移——对冲、保险和分散来实现的，而金融衍生品是实现风险转移的重要工具，股指期货也不例外。那么，金融衍生品发挥风险转移功能的基本逻辑是什么呢？我们从三个例子谈起。

第一个例子，一家中国企业预期一年后有1 000万美元的现金支出，一年后美元有可能升值，这时企业就要拿出更多的人民币兑换1 000万美元，很显然企业面临着人民币兑美元的汇率风险。如果现在没有外汇期货或者外汇期权等金融衍生品，企业能否管理这样的风险？答案是有。企业可以现在就拿出人民币换成美元，然后存到银行里一年，去赚美元利息，保证一年到期时有1 000万美元的总收入，拿这1 000万美元来应对现金流支出。可以看到，这个过程中没有用到任何的金融衍生品，但同样可以把未来的人民币成本锁定，锁定的成本就是期初拿出的人民币数额。

第二个例子，是教科书里的经典例子。一个种小麦的农民，该如何锁定半年后卖出小麦的价格？如果没有小麦期货，他能否锁定未来的价格？答案是可以的。类似于股票市场中的融券，农民可以从小麦的现货市场借小麦卖出去，半年之后等小麦成熟，再把小麦交还。不用期货合约，农民一样可以把未来卖出的价格锁定，对冲了风险。

第三个例子，是关于股票投资的。一个股票投资者如何锁定一个月后买入股票的价格呢？最简单的就是现在买入并一直持有一个月，那么他购入股票的成本就是今天买入的价格，再加上所占用资金在持有期间的利息。这个操作也没有用到金融衍生品。

以上三个例子说明，就算没有金融衍生品，投资者一样可以管理风险。理论上，在一个完备的市场里，任何资产包括金融衍生品都可以由其他资产组合复制而成。企业、农民和投资者其实就是用现货和货币市场工具复制了对应的金融衍生品。那么问题来了：金融衍生品存在的意义在哪里呢？

这个问题其实等同于：如果每个人都能造拉杆行李箱，为什么市场上还有人在卖呢？关键在于制造成本。你可以自己去造一个拉杆箱，但是制造成本很高。在第一个例子里，企业需要在当下就拿出一笔人民币现金，而如果采用期货就只需要在一年后有足够的资金就可以。类似地，种小麦的农民可能从现货市场上根本借不到小麦。

衍生品本质上是把证券、商品、汇率、利率等金融资产的价格属性，从资产的其他属性中剥离出来单独交易，这使得它非常灵活，体现在可以双向交易，不仅能够买空也能够卖空。场外金融衍生品可以根据使用者特定的风险管理需求进行量体裁衣地设计。由于这部分使用者面临的风险敞口结构往往比较复杂，普通人不具备专业的知识和技能去自行复制。场内衍生品是标准化合约，在交易所公开透明地进行交易，是一个全国统一的市场。农民寻找面包商做交易对手方，搜寻成本很高。但如果是在集中交易的场所进行衍生品合约交易，农民和面包商彼此不需要认识就可以达成交易，搜寻成本和信用风险大大降低。场内交易的流动性通常也比较好，可以降低管理风险的成本。进行金融衍生品交易有时候还会享受到税收方面的优惠：例如融券卖空股票需要纳税，而通过期货卖空的话则没有税收。另外，金融衍生品交易通常允许较高杠杆，可以用较低的资金成本来管理较大的风险敞口。以上这些特点，构成了金融衍生品具有风险管理功能重要的逻辑基础。虽然没有金融衍生品也可以管理风险，但成本比较高，有时候甚至由于交易制度障碍而不可行。正是从这个意义上，我们说金融衍生品是风险管理不可或缺的重要工具。

值得强调的是，风险管理或者风险转移，并不意味着“损人利己”。很多人有这样的误解，觉得“己所不欲勿施于人”，把自身厌恶的风险转移给了其他人，是对自己有利而对他人有害。其实这个看法犯了片面的错误，只看到金融衍生品端而忽视了现货端的风险敞口。在种小麦农民的例子里，农民面临的是小麦未来价格下跌的风险，所以农民卖空小麦期货，将风险转移给了其对手面包商，但这正是面包商所需要的，因为面包商面临的是小麦未来价格上涨的风险，通过买空期货恰好可以对冲这部分风险。这种风险转移对双方都有利。

资料来源：韩乾．从三个例子说起：金融衍生品到底能发挥怎样的风险管理功能？［EB/OL］．［2019-02-12］．http：//finance.people.com.cn/n1/2019/0212/c1004-30623967.html.

问题：如果种小麦农民的对手方不是面包商，那么种小麦农民转移出去的风险是不是害了别人呢？

分析提示：不是。我们可以看看市场上哪些人会主动不做风险管理。投资者一般有三种原因选择不对冲：一是投机，投资者参与这个市场就是基于自己的判断去搏未来的走势；二是做价值投资，投资者的判断基于股票的基本面，比如他可能认为当前的股票价位属于历史低位，因此有动机买入并长期持有；三是市场上的对冲成本很高甚至存在制度障碍，这时候投资者也会选择不去管理风险。无论种小麦农民的对手方是这三种人中的哪一种，他都是自愿参与交易并且主动选择暴露风险敞口的。因此，金融衍生品是帮助投资者把风险转移给市场，愿意并有能力承担这部分风险的人，这就是包括股指期货在内的金融衍生品对金融市场风险的最优配置功能。

实践训练

1.实训项目：了解沪深300指数期货合约。

实训目的：掌握金融期货合约的基本约定。

实训步骤：

（1）了解沪深300指数期货合约的主要内容；

（2）分析沪深300指数期货合约要素的内涵。

2.实训项目：金融期货市场行情观察与分析。

实训目的：掌握金融期货交易的基本方法与技巧。

实训步骤：

（1）选择某一交割月的沪深300指数期货合约；

（2）观察与分析这一合约报价及交易情况。

第11章 金融市场的监管

【学习目标】

- 知识目标：通过学习本章内容，要求学生达到以下目标：掌握金融市场监管的含义、目标和原则；了解国内外金融市场的监管体制；理解金融市场监管的内容和金融市场监管的手段；了解美国、日本等国外发达金融市场监管的内容及其监管体系；认识我国银行业、证券业、保险业等金融市场监管的基本内容。
- 技能目标：通过学习本章内容，在了解我国的金融市场监管体制的现状后，认识我国与国外等发达金融市场监管存在的差距。

知识结构图

- 金融市场的监管
  - 金融市场监管概述
    - 金融市场监管的含义、目标与原则
    - 金融市场监管体制
    - 金融市场监管的主要内容
    - 金融市场的监管手段
  - 国外金融市场监管
    - 美国金融市场的监管
    - 日本金融市场的监管
  - 我国金融市场监管
    - 我国的整体金融监管系统
    - 我国的银行业监管体系
    - 我国的证券业监管体系
    - 我国的保险业监管

导入案例

金融活动全部纳入金融监管意味着什么

中央财经委员会第九次会议明确提到，要提升监管能力和水平，优化监管框架，实现事前事中事后全链条监管，充实反垄断监管力量，增强监管权威性，金融活动要全部纳入金融监管。

近年来，中国金融创新速度与科技水平同步提升，信息技术的创新运用始终伴随金融改革发展进程，这扩大了金融服务覆盖面，提升了金融服务效率，在降低融资门槛等方面作出了一定贡献，部分应用领域已处于国际领先水平。但也应注意到，金融数字化快速发展带来了网络安全、市场垄断、数据权属不清、消费者权益保护等方面的新问题，还有一些“伪创新”甚至违法违规行为，影响市场公平和金融稳定。尤其是一些大型科技公司进入金融服务领域，形成大型金融科技公司，搭建起属于公司的“数字帝国”。

2020年10月31日，国务院金融稳定发展委员会专题会议召开并表示，既要鼓励创新、弘扬企业家精神，也要加强监管，依法将金融活动全面纳入监管，有效防范风险。随后，中国银保监会首席律师刘福寿在出席一次会议时称，要按照金融科技的金融属性，把所有的金融活动纳入到统一的监管范围内。

面对金融创新活动，在做到监管“无死角”的同时也要让监管与时俱进。全国政协委员、证监会原主席肖钢建议，对于大型金融科技公司，监管应完善对大型金融科技公司的监管框架，加强对金融消费者与投资者的保护，加强反垄断监管，建立健全应急管理机制，加强国际监管协调。他特别提到，面对数字金融发展中的种种挑战，应大力发展监管科技加以应对。监管科技旨在利用科技手段优化金融监管模式，提升金融监管效率，降低机构合规成本。但目前来看，监管科技的发展落后于金融科技的发展，未来应加强统筹规划、提升监管的智能化和穿透性等。

全国政协常委、经济委员会主任尚福林直言，对“伪创新”“乱创新”予以严厉打击，对各类违法违规行为“零容忍”，也要持续完善监管体系，增强针对性、适用性和可操作性。南开大学金融发展研究院院长田利辉说，互联网企业业务创新能力突出，监管需要开展原则监管，从而防止通过模式创新进行制度套利。而且在新时代，监管需要积极使用大数据和云计算，适时开展智能监管。

资料来源：作者根据相关资料整理所得。

11.1 金融市场监管概述

11.1.1 金融市场监管的含义、目标与原则

金融市场监管是指金融管理当局及其他监督部门，依据相关的金融法律、法规、准则或职责要求，以一定的法律程序，对金融机构和其他金融活动的参与者实行监督、检查和协调，以达到规范金融市场交易行为、维护金融市场秩序、保护投资者权益的目的。各个国家的金融市场监管目标基本相同，一般包括以下几个方面：

（1）从宏观经济角度看，一是为了保证金融市场机制，进而保证整个国民经济秩序的正常运转，以高效、发达的金融制度推动经济的稳定发展；二是为了保证市场在具有足够的深度、广度和弹性基础上稳步运行，减少波动，为国家货币政策与财政政策的实施创造良好的金融环境。

（2）从金融市场本身看，一是为了限制和消除诸如各种非法交易、过度投机、欺诈手段等一切不利于市场运行的因素的存在和发展，以维持市场价格的相对稳定；二是为了维护金融交易的公开、公正、公平，保护广大投资者的权益。

各个国家在金融市场监管过程中会执行一定的监管原则，具体包括如下原则：

（1）依法监管的原则。这是各国都严格执行的原则。它包括两个方面：一是金融监管部门严格依法监管，保持监管的严肃性、权威性、一贯性和强制性；二是金融机构必须依法接受金融监管部门的监管，不能有任何特殊和例外。要做到这一点，金融监管法规的完善是前提条件。

（2）监管主体独立的原则。这一原则要求金融监管机构有明确的责任和目标，享有操作上的自主权和充分的资源。同时，为了监管的有效性，还应提供一些条件，如稳健而连续的宏观经济政策，完善的金融部门公共设施，有效的市场约束机制，高效率解决金融问题的程序和提供适当的系统保护机制。

（3）稳健运行与风险预防的原则。金融监管要以保证金融部门的稳健运行为原则。为此，监管活动中的组织体系、工作、程序、技术手段、指标体系设计和控制能力等都要从保证金融体系的稳健运行出发。当出现异常情况时，如有金融机构无力继续运行时，监管机构要参与促成其被接管或合并。如果这些办法都行不通以致不得不关闭的话，监管机构也要有足够的能力保证其在关闭时不影响整个金融体系的稳定。

（4）内控和外控相结合的原则。由于监管模式和风格的不同，各国金融监管部门在监管中，内控和外控的侧重点也有所差异。有的国家以外部强制性监管为主，将眼光聚焦于市场准入，如美国和日本；而有的国家在诱导与劝说的基础上，以约束和自我管理为主，健全组织结构、严格规范会计准则以及遵守业务操作上的“双人原则”，如英国和一些西

欧国家。事实上，要保证金融监管的有效性，需要内控与外控相结合。

（5）母国和东道国共同监管的原则。这个原则是金融全球化形势下的必然要求。由于一些金融机构实行跨国经营，对其监管需要母国和东道国的共同努力。母国和东道国之间可以达成相关的双边协议，做到信息共享、监管行为协调，共同对跨国金融业实行有效监管。

（6）公平、公开原则。公平原则，即金融监管机构有责任营造公平的市场气氛，使交易者共处于一个基点上，在同等的监管条件下自由交易。禁止直接经手人员及有关人士利用职务之便从幕后交易中谋利。公开原则，即为了保护市场交易各方的利益，根据筹资者和投资者双方的要求，公布与金融市场交易活动有关的信息和文件资料，如企业财务报表等，供交易双方分析参考。市场监管机构也要设法建设一个投资信息系统，为投资者创造信息畅通的投资环境，引导投资者的投资规模与投资方向。

11.1.2 金融市场监管体制

金融监管体制是金融监管体系和基本制度的总称。根据分类的标准不同，金融监管体制的模式也各不相同。

1）根据金融监管权力的分配结构和层次划分金融监管体制的模式

（1）双线多头的金融监管体制。中央和地方两级都对金融机构有监管权，即所谓双线；同时，每一级又有若干机构共同行使监管职能，即所谓多头。

双线多头的金融监管模式适用于地域辽阔、金融机构多而且情况差别大，或政治经济结构比较分散的联邦制国家，如美国和加拿大。此种模式具有下列优点：能较好地提高金融监管的效率，防止金融权力过分集中，因地制宜地选择监管部门，有利于金融监管专业化，提高对金融业务服务的能力。

小思考 11-1

双线多头的金融监管体制有什么缺点？

提示：管理机构交叉重叠容易造成重复检查和监督，影响金融机构业务活动的开展；金融法规不统一，使不法的金融机构易钻监管的空子，加剧金融领域的矛盾和混乱；降低货币政策与金融监管的效率。

（2）单线多头的金融监管体制。此种模式下全国的金融监管权集中在中央，地方没有独立的权力，即所谓单线；在中央一级由两家或两家以上机构共同负责监管，这种模式需要各金融管理部门之间的相互协作和配合。从德国、日本和法国的实践来看，人们习惯并赞成各权力机构相互制约和平衡，金融管理部门之间配合是默契的、富有成效的。然而，在一个不善于合作与法制不健全的国家里，这种体制难以有效运行，还会出现机构重叠、重复监管等问题。

（3）集中单一的金融监管体制，即由一家金融机构集中进行监管。在历史上，这种监管模式较为普遍，这一机构通常是各国的中央银行。这种监管模式在发达国家和发展中国家都很普遍。英国的金融服务监管局、荷兰的中央银行都是对金融业全面进行监管的金融机构。大多数发展中国家的银行监管体系是高度集中的单一体制，如埃及、坦桑尼亚、巴西、菲律宾、泰国和印度等国都由中央银行负责监管银行体系。至今尚未建立中央银行的一些国家，如新加坡、沙特阿拉伯等国，是由准中央银行——货币局或金融管理局负责监管其银行体系的。

2）根据功能和机构划分金融监管体制的模式

（1）统一的金融监管模式。统一的金融监管模式是指由一个统一的金融市场监管机构来实施对金融市场的监督和管理的监管模式，一般由中央银行或金融管理局负责。目前，世界上选择此种监管模式的国家主要有意大利（意大利银行）、荷兰（荷兰中央银行）、比利时（银行委员会）、日本（金融厅）、新加坡（货币管理局）、印度（印度储备银行）等。日本和韩国在1996年才开始实行统一监管，英国和澳大利亚在1997年金融体制改革后也选择了统一监管。

统一监管的优点主要表现在：适应性比较强，能有效地消除监管死角；能够提供统一的监管制度，避免因多重监管而使被监管者面临不同的监管制度约束，导致被监管者因重复监管及不一致性而无所适从；可降低分业监管带来的信息分享成本，充分利用人力资源。统一监管的缺点在于：混淆了不同行业的风险控制和文化差异；混业监管的目标相互交叉，难以统一；可能会出现规模不经济和加剧道德风险；缺乏竞争性，容易导致官僚主义。

（2）多头监管模式。多头监管是根据金融行业的差别分别设立专职监管机构的监管模式，就是在银行、证券和保险三大行业、三个业务领域内分别设立专职的监管机构，负责各行业的审慎监管和业务监管。目前，多头监管模式比较普遍，其中较为典型的是美国、德国、意大利、西班牙、荷兰、葡萄牙、中国等。

多头监管的优点是：职责明确，分工细致，有利于提高监管效率；尽管各专业监管机构的监管对象不同，但彼此之间存在的竞争有利于提高监管的效率。多头监管的缺点是：多重监管机构之间存在着协调的困难；监管成本较高；不能综合评估混业金融机构尤其是金融集团的经营风险。

（3）牵头监管和“双峰式”监管模式。这种模式是在金融业综合经营体制下，对完全统一和完全分业监管的一种改造模型，主要分为牵头监管和“双峰式”监管模式。牵头监管是在多重监管主体之间建立及时磋商的协调机制，特别指定一个牵头监管机构负责不同监管主体之间的协调工作。巴西采用的是较典型的牵头监管模式。“双峰型”监管模式是指根据监管目标设立两类监管机构：一类负责对所有金融机构进行审慎监管，控制金融体系的系统风险；另一类机构则对不同金融业务经营进行监管。澳大利亚是此种监管模式的代表。

与统一监管模式相比，牵头监管和“双峰式”监管模式保持了监管机构间的竞争与制约作用，各监管主体在其监管领域内保持了监管规则的一致性。与完全分业监管模式相比，牵头监管和“双峰式”监管降低了多重监管机构之间互相协调的成本和难度。同时，分别进行审慎监管和业务监管，可以避免出现监管真空或重复监管的现象。另外，牵头监管和“双峰式”监管还具有分业监管的优点，即降低监管成本，提高监管效率。

拓展阅读11-1　审判监管互补　助金融市场健康发展

2020年7月16日，天津市第三中级人民法院、滨海新区人民法院与市金融局共同签署会签文件，正式启动“金融商事审判与金融监管服务保障金融市场健康发展的沟通协调工作机制”，进一步加强人民法院与金融监管部门之间信息共享与交流对接，促进司法审判与政府监管之间优势互补，及时有效化解金融纠纷，共同防范金融风险，推动金融市场持续健康发展。

资料来源：作者根据相关资料整理所得。

11.1.3 金融市场监管的主要内容

1）市场准入的监管

市场准入是金融机构获得许可证的过程，各国对金融机构实行监管都是从实行市场准入管制开始的。实行市场准入管制是为了防止不合格的金融机构进入金融市场，保持金融市场主体秩序的合理性。市场准入监管的最直接表现是金融机构开业登记、审批的管制。

美国的银行注册过程一般由三个阶段组成：第一阶段，即非正式的申请准备阶段。在这一时期，申请机构的组织者要与核发银行开业许可证当局（美国货币监理署或州银行监管当局）的官员会谈讨论获取银行许可证的申请、注册程序以及银行业务开展计划的可行性。第二阶段，即申请阶段。申请机构向颁发许可证当局呈送一份正式的申请，并从该处获得开设一家银行的初步认可。第三阶段，即组建阶段。在这一阶段，银行筹建小组要履行其当初的承诺，雇用管理人员，在计划的场所确定银行办公用房，筹集资本金，制定运作程序和控制系统。最后它才有资格从监管当局获得开业许可证。在这些阶段中，申请阶段是银行注册过程的核心，因为这个阶段是监管当局根据申请者提供的各种资料对是否适宜为其颁发许可证进行评估的关键阶段。

2）市场运作过程的监管

金融机构经批准开业后，监管当局还要对金融机构的运作过程进行有效监管，以便更好地实现监管。对银行机构的监管一般包括资本充足性监管、流动性监管、业务范围的监管、贷款风险的控制、外汇风险管理、准备金管理和存款保险管理。

（1）资本充足性监管。对于商业银行的资本金，除注册时要求的最低标准外，一般还要求银行自有资本与资产总额、存款总额、负债总额以及风险投资之间保持适当的比例。银行在开展业务时要受自有资本的制约，不能脱离自有资本而任意扩大业务。2010年《巴塞尔协议Ⅲ》中关于核心资本充足率不得低于6%、银行的资本充足率不得低于8%的规定，已经被世界各国普遍接受，作为对银行监管中资本充足性的最重要、最基本的标准。

（2）流动性监管。各国金融监管当局对银行的流动性同资本充足性一样重视，流动性监管既包括本币流动性，也包括外币流动性。有的国家对这两个指标分开管理，有的国家合在一起管理，统一规定一个标准，即以考核银行资产负债期限和利率结构搭配是否合理为基础，对流动性进行系统评价，这是流动性监管的趋势。

（3）业务范围的监管。对金融机构可以经营哪些业务、不可以经营哪些业务，一般是有限制的。一些国家把商业银行业务与投资银行业务分开，并禁止商业银行认购股票；一些国家则限制银行对工商企业的直接投资。有的国家禁止在银行内把银行业务与非银行业务混在一起，但允许通过银行控股公司、附属机构等参与某些风险较大的非银行活动；有的国家允许银行经营非银行业务，但限制投资规模；有的国家允许受特殊管理的银行进行大范围的经营活动；有的国家对银行经营的业务种类很少施加限制。

（4）贷款风险的控制。利润最大化是商业银行经营的直接目的。商业银行把吸收的资金尽可能地用于贷款和投资，尽可能地集中投向高盈利的方面。由于获利越多的投资，风险相对就越大，因而，大多数国家的监管当局都尽可能限制贷款投向的过度集中，通常限制一家银行对单个借款者提供过多的贷款，以分散风险。分散风险既是银行的经营战略，也是金融监管的重要内容。经验表明，在经济、金融环境不断变化的情况下，任何形式的风险集中都有可能使一个营运正常的银行步入险境。因此，如何对风险集中进行准确评估和有效控制，成为近年来备受关注的一个问题。

（5）外汇风险管理。在外汇风险领域里，大多数国家对银行的国际收支的趋向很重视，并制定适当的国内管理制度，但各自的管理制度有着显著的差别。

小思考 11-2

哪些国家对外汇管制较松？哪些国家对外汇管制较严？

提示：美国、法国、加拿大等国对外汇的管制较松，而英国、日本、荷兰、瑞士等国对外汇的管制较严。

（6）准备金管理。银行的资本充足性与其准备金政策之间有着内在的联系，因此，对资本充足性的监管必须考虑准备金因素。监管当局的主要任务是确保银行的准备金是在充分考虑谨慎经营和真实评价业务质量的基础上提取的。各国金融监管当局已经普遍认识到准备金政策和方法的统一是增强国际金融体系稳健性的一个重要因素，也有助于银行业在国际范围内的公平竞争。

（7）存款保险管理。为了维护存款者利益和金融业的稳健经营与安全，有些国家建立了存款保险制度。在金融体制中设立负责存款保险的机构，规定本国金融机构按吸收存款的规模向专门保险机构交纳一定比率的保险金。当金融机构出现信用危机时，由存款保险机构向金融机构提供财务支援，或由存款保险机构直接向存款者支付部分或全部存款，以维护正常的金融秩序。

3）市场退出的监管

金融机构市场退出，一般是金融机构由于不能偿还到期债务，或者发生了法律法规和公司章程规定的必须退出事由，不能继续经营，而必须进行危机金融机构的拯救或破产清算的过程。金融机构市场退出按原因和方式可以分为两类：主动退出与被动退出。主动退出是指金融机构因分立、合并或者出现公司章程规定的事由需要解散，因此而退出市场的，其主要特点是主动地自行要求解散。被动退出则是指由于法定的理由，如由法院宣布破产或因严重违规、资不抵债等原因而遭关闭，监管当局将金融机构依法关闭，取消其经营金融业务的资格，金融机构因此而退出市场。

各国对金融机构市场退出的监管都通过法律予以明确，并且有很细致的技术性规定。归纳起来有三类处理方式：

（1）危机金融机构的拯救。对于陷入困境的大型金融机构，一般先通过各种救助方式予以拯救，破产清算是各国政府竭力避免的市场退出方式。主要的救助方式有：重新注资、接管、收购或合并、国有化、债权人参与治理、资产证券化、金融机构私有化或出售给外国投资者。

（2）金融机构完全退出市场。在市场经济条件下，少量金融机构的倒闭不仅符合优胜劣汰的市场经济原则，也对提高社会资源配置效率具有重要意义。在这种情况下，政府和金融监管部门应当考虑如何减少金融机构市场退出对社会政治经济和金融的冲击，以及充分保证广大债权人的权益等问题。

相关知识 11-1　金融机构完全退出市场的方式

第一，金融机构解散。金融机构解散是指已经成立的金融机构，因为机构章程或者法律法规规定的事由，致使其丧失了继续经营的能力，经有关监管部门批准登记注销后，金融机构法人资格消灭的法律行为。金融机构可能因为合并、分立或者出现公司章程规定的解散事由而宣告解散，为保护债权人的利益，金融机构解散时必须在有关监管部门的监督下做好解散后的清算工作。

第二，金融机构被关闭与撤销。这是金融机构市场退出的行政程序。在我国，金融机构被关闭与撤销一般是指中国人民银行对经其批准设立的具有法人资格的金融机构，依法采取行政强制措施，终止其经营活动，对其债权债务进行清算，最终取消其法人主体资格的行为。

第三，破产清算。金融机构破产一般是指金融机构不能到期偿还债务或者是资不抵债，不能正常经营。破产清算的目的是对无偿还能力的金融机构实行管制性管理，禁止挤兑。破产清算将导致以下后果：金融机构的股东失去全部或部分股本；附属债务的债权人将失去一部分或全部资金；没有参与投保的存款人将得不到补偿；金融机构的剩余资产将被拍卖偿还债务。

比较来看，各国推崇的是通过拯救或给予适当的优惠政策，促使危机金融机构兼并重组，尽量使危机金融机构转危为安。破产清算作为金融机构市场退出方式的最后选择，是各国都竭力避免的。

（3）放宽对危机金融机构的监管标准。如果通过评估，金融监管部门认为陷入危机的大型金融机构经营管理稳健、人力资本雄厚，为了减少金融机构重组或倒闭带来的负面影响，可以考虑放松对危机金融机构的管制。在分支机构的设立、跨业经营、存贷款利率以及国内外资金流动等方面，为该机构提供带有一定歧视性和垄断性的“特许经营”制度安排。但是，这一选择必须以完善的立法和监管为前提，并辅之以其他手段。否则，片面为挽救危机金融机构而放松对银行资本充足率、信息披露、贷款损失准备金以及分业经营的限制，将会导致金融机构的“道德风险”，形成险上加险的局面。

相关链接 11-1　加强金融监管不妨碍金融创新

加强金融监管，目的是弥补金融市场失灵和缺陷，促进金融业稳健运行和公平竞争，防范金融风险，维护公众特别是存款人利益，为国民经济和社会发展创造良好的货币金融环境。应正视问题和不足，立足国内实际，借鉴国际经验，进一步加强和改进金融监管，促进金融业稳定健康发展，防范系统性金融风险，最大程度维护公众利益，促进经济社会发展。

近年来，区块链、云计算、大数据、人工智能技术在金融领域广泛应用，金融科技快速发展，传统金融业态正被重塑，一些原来难以获得金融服务的领域和部门增加了获得机会，融资难融资贵问题得到了一定程度的缓解，对此应充分肯定。不过，也要看到，金融业是一个充满风险的特殊行业，此前随着大量互联网公司进入金融业，部分公司违规控制多家金融机构，部分公司无视红线肆意扩张，使得金融风险的隐蔽性、复杂性更强，加强金融监管、防范化解系统性金融风险、防止金融科技成为规避监管非法套利的手段已是势在必行。

从历史和国际经验看，如果一国爆发金融危机，往往需要政府投入大量资源施加救济，最终成本将由全体公民承担，会给全社会带来巨大损失。

就像红绿灯，表面上会影响驾驶人的开车速度，实际上对维护交通秩序、保障公众出行便利发挥了不可或缺的作用。同理，如果没有金融监管，金融运行和创新将难以持续。那些抱怨红绿灯的人，往往是经常违章、不愿遵守交通规则的人；无视金融监管的人，往往是漠视金融风险、不尊重金融规律的人。良好的金融监管并不会妨碍金融创新，反而是为金融创新和金融稳定提供保障。所以，加强金融监管、维护金融稳定十分必要。

资料来源：作者根据相关资料整理所得。

11.1.4　金融市场的监管手段

不同国家，不同时期的监管手段是不同的。市场体制健全的国家，主要采用法律手段，而市场体制不发达的国家，更多的是使用行政手段。总的来看，目前金融监管使用的手段主要有以下四种：

1）法律手段

法律手段是指运用经济立法和司法来管理金融市场，即通过法律规范来约束金融市场行为，以法律形式维护金融市场良好的运行秩序。法律手段约束力强，是金融市场监管的基础手段。各国的法律对金融市场的各个方面均有详尽的规定，如各国的银行法、票据法、证券交易法等。这些详尽的规定能使市场各方以法律为准绳，规范自身行为。涉及金融市场监管的法律、法规范围很广，大致可分为两类：一类是金融市场监管的直接法规，如在证券市场方面，除证券法、证券交易法等基本的法律外，还包括上市审查、会计准则、证券投资信托、证券保管和代理买卖、证券清算与交割、证券贴现、证券交易所管理、证券税收、证券管理机构、证券自律组织、外国人投资证券等方面的专门法规。另一类是涉及金融市场管理，与金融市场密切相关的其他法律，如公司法、破产法、财政法、反托拉斯法等。要使法律手段发挥监管作用，必须树立金融法律的权威性和有效性，立法要超前，并且执法要严格。

2）技术手段

监管当局实施金融监管必须采用先进的技术手段，如运用电子计算机和先进的通信系统实现全系统联网。这样监管当局不仅可以加快和提高收集、处理信息资料及客观评价监管对象的经营状况的速度和能力，而且可以扩大监管的覆盖面，提高监管频率，及时发现问题和隐患，快速反馈监控结果，遏制金融业的不稳定性和风险性。运用电子计算机进行监管，实际上是将监管当局监管的内容量化成各项监测指标，通过对资料进行整理、分析和对比，最后以监控指标的形式反映金融业的业务经营活动状况来判断风险程度。

3）行政手段

行政手段是指依靠国家行政机关系统，通过命令、指令、规定、条例等对证券市场进行直接的干预和管理。运用行政手段实施金融监管，具有见效快、针对性强的特点。特别是当金融机构或金融活动出现波动时，行政手段甚至是不可替代的。但行政手段只能是一种辅助性的手段。从监管的发展方向看，各国都在朝着非行政化方向发展，逐步放弃用行政命令的方式来管理金融业，而更多地采用法律手段和经济手段。因为行政手段和市场规律在一定程度上是抵触的，行政手段虽收效迅速，但震动大、副作用多、缺乏持续性和稳定性；但要完全摒弃行政手段也是不现实的。即使是市场经济高度发达的国家，在特殊时期仍然需要它。

4）经济手段

经济手段是指监管当局以监管金融活动和金融机构为主要目的，采用间接调控方式影响金融活动和参与主体的行为。金融监管的经济手段很多，如在对商业银行进行监管时，最后贷款人手段和存款保险制度等就是非常典型的经济手段。在金融市场监管中，常见的有以下两种经济调控手段：

（1）金融货币手段。在金融市场低迷之际放松银根、降低贴现率和银行存款准备金率，可增加市场货币供应量从而刺激市场回升；反之，则可抑制市场暴涨。运用“平准基金”开展金融市场上的公开市场业务可直接调节证券的供求与价格。

（2）税收手段。税率和税收结构的调整将直接造成交易成本的增减，从而可以产生抑制或刺激市场的效应。

课程思政 11-1　　坚持党对金融工作的领导

我们身为大学生，需要提高自己的思想觉悟，树立正确的价值观念，排斥“个人主义”、“享乐主义”、“拜金主义”的不良影响，培养自律性和自我约束能力，重视全局利益和长远利益，而不是局部利益和眼前利益，坚持党对金融工作的领导，把政治建设摆在首位，通过纪律约束和企业文化建设，进一步加强思想道德建设和法治观念建设，做好纪法结合与贯通，从而为金融体制改革创造一个良好的金融生态环境，更好地化解金融风险。

11.2　国外金融市场监管

11.2.1　美国金融市场的监管

1）美国银行监管体系

美国对银行业的监管由多家机构分头负责：国民银行及在联邦注册的外国银行由美国财政部下属的一个机构——通货监理署（Office of the Comptroller of the Currency）负责，国民银行同时必须是联邦储备体系（Federal Reserve System）的成员；在各州注册的联邦储备体系成员银行受联邦储备委员会和各州监管部门的双重监管；各州注册的非联邦储备体系成员银行接受各州监管部门的管辖。所有联邦储备体系成员银行及各州注册的非成员银行都必须到联邦存款保险公司（Federal Deposit Insurance Corporation）保险。联邦储备银行（Federal Reserve Bank）有权对所有的银行持股公司及其附属机构、州立成员银行的境外分支机构进行监管，同时也有权对国民银行的境外附属机构和分支机构进行管理，但对国民银行海外机构的大量日常监管工作是由通货监理署完成的。对其他吸收存款的机构，由联邦存款保险公司、联邦国内贷款银行委员会（Federal Homeland Bank Board）、联邦储蓄与贷款保险公司（Federal Savings and Loan Insurance Corporation）及国民信贷联合会（National Credit Union Association）等机构分工负责监管。

银行监管的主要手段是现场稽查，主要内容是评价银行的财务状况和管理质量，核查银行遵守法律法规的情况，同时指出需要纠正的不当行为。在现场稽查后还会通过对资本充足性、资本质量、管理、收益、盈利能力等方面的分别评级，给出银行的综合评级。近年来，在对银行的监管中逐渐利用计算机系统进行非现场监控，达到早期预警的目的。

2）美国的证券监管制度

在美国证券交易委员会（SEC）成立之前，纽约证券交易所已开始对其会员公司实行资本充足性规定。而1929—1933年的银行倒闭风促使了美国金融体系开始进行根本性的立法改革。对证券实行全国性系统性的监管也就此拉开帷幕。1933年的《格拉斯-斯蒂格尔法案》（Glass-Steagall Act）将商业银行和投资银行分离；1933年的《证券法》（Truth in Securities Law）要求公开发行证券的公司必须做法定表述；1934年的《证券交易法》（Securities Exchange Law）宣告美国证券交易委员会为负责执行联邦证券法律的主要机构；1938年《麦龙尼法案》（Maionev Act）授权美国证券交易委员会负责国内的经纪人、交易商证券协会的注册工作，并委托这些证券协会在美国证券交易委员会的监督下对协会的成员进行监管。在这一制度下，全国或地区的交易所以及全国证券商协会（NASD）成为对证券公司进行管理的自我监管组织。对证券业的监管首先从资本充足性开始。1934年的《证券交易法》确定的法定资本充足要求禁止任何证券公司或经纪人公司的总负债超出净资本（不含固定资产）的20倍。1938年该法案新增一项附则，授权美国证券交易委员会可对证券商和经纪人自行规定资本充足要求。自此，美国证券交易委员会制定出“净资本细则”。对于违反最低资本比率规定的证券公司即进行清算处理。但该附则可不适用于美国证券交易委员会所认为的比美国证券交易委员会的资本充足规定更全面的证券交易所（如纽约证券交易所）。1967—1970年“文件危机”又促使美国的证券监管制度增加了新的内容。当时许多经纪人无法处理交易量激增带来的大量记录工作，因处理和记录交易错误而导致重大损失，纽约证券交易所的会员公司有10余家倒闭，70家被兼并或收购，总损失超过1.3亿美元。于是，美国国会在1970年通过了《证券投资者保护法》（SIPA），决定由会员公司共同出资成立一家证券投资者保护公司，通过为客户账户保险来确保公众对证券业的信心。同时，国会还修正了证券交易法，规定由美国证券交易委员会对客户证券和基金的使用与保管进行监管，此后还要求美国证券交易委员会为所有证券商和经纪人制定最低资本充足要求。为执行这些新的法定责任，美国证券交易委员会在1972年采用客户保护细则，并在1975年修改了“净资本细则”，增加“统一净资本细则”。到了20世纪80年代末，在股票市场崩溃和证券商破产的影响下，美国证券交易委员会开始将系统稳定性作为监管重心。1990年通过的市场改革法案要求各经纪人交易商提供对他们的财务和经营状况可能产生重大影响的风险评价信息，如净资本、流动性或为其他业务融资的能力等。

此外，随着衍生交易的发展，对衍生产品的监管也逐步跟进。1982年的证券交易法修正案明确将私人证券的期权交易和证券综合指数期权列入美国证券交易委员会监管的范围。而其他期权交易以及利率和外汇掉期则不在公认的证券交易定义之内，期货业务单独由商品期货交易委员会（CFTC）监管。由于美国证券交易委员会的净资本细则对证券商从事衍生业务的风险承担规定十分苛刻，导致许多证券公司将这些业务转移到不受监管的附属机构，使大量的场外交易（OTC）完全规避监管。针对这一现象，美国证券交易委员会于1993年5月发布概念放宽文件，旨在寻求对衍生物的替代监管方式，并对衍生产品的资格规定进行调整。但是，这些调整并不能杜绝场外交易业务逃避监管的现象，为此美国会计总署（GAO）曾于1994年5月针对大部分衍生业务完全规避了监管这一事实大加批判。美国会计总署认为场外交易足以引起系统风险，即导致整个金融市场的动荡，因此提议国会将证券公司附属机构展开的场外交易衍生业务划入某个或多个现有的联邦金融监管机构的监管范围。

11.2.2 日本金融市场的监管

1）日本银行监管体系

日本财务省（Ministry of Finance）和中央银行——日本银行（Bank of Japan）共同进行银行监管。其中财务省的监管权由银行法、长期信贷银行法、外汇外贸管制法等多项法律赋予，而中央银行的监管权来自中央银行与各开户行之间的协议。财务省的监管对象包括商业银行、专业金融机构、互助银行、信用合作社、政府金融机构、保险公司和证券公司。所有银行必须定期向财务省呈送报表及其他资料，财务省也有权依法对银行进行常规检查。而中央银行的监管权力限制在其开户银行范围内。

2）日本的证券监管制度

第二次世界大战以前，日本的证券市场本身尚未发展起来，因此几乎没有在证券业务方面的监管。第二次世界大战后，日本逐步开始对证券公司进行监管，其监管政策在很大程度上受美国监管政策的影响。日本的证券监管工作主要由金融厅和其顾问机构——金融制度研究委员会以及证券交易委员会主持。

在对银行从事证券业务的管制方面，1948年日本的《证券交易法》就受到美国《格拉斯-斯蒂格尔法案》的影响，规定任何银行不得从事证券业务。到20世纪80年代末，日本开始对其散乱的金融制度进行根本性改革。1989年3月，金融制度研究委员会的第二金融制度研究委员会发表了“关于新的日本金融制度”的临时报告，允许银行业和证券业进行更大幅度的合并。1990年6月，该委员会又发布第二份临时报告，强调了银行业和证券业自由化经营的紧迫性。同时，证券交易委员会的一个专门小组委员会也重新组织日本的资本市场发表报告，赞成银行可通过独立的附属机构从事某些证券业务。1992年6月通过的《金融制度改革法》（Financial System Reform Law）对证券交易法、银行法和其他法规进行了修正。商业银行、信托银行和证券公司可通过建立独立的附属机构开展对方领域的业务。对于银行与其附属证券机构间的关系，金融厅通过同年12月实施的“防火墙”制度进行管理，其目的在于防止银行利用它们在证券业务上的竞争优势。但是，金融厅并未对银行的证券业务实施“融资防火墙”，即银行仍然可以自由利用它们吸收的存款为其证券业务融资。这将使银行及其存款人直接面临其附属证券机构带来的风险。因此，这是日本证券监管制度中的一大漏洞。

在资本充足性方面，20世纪90年代改革之前，日本金融厅对证券公司实行简单的责任细则。该细则规定一家证券公司的负债总额不得超出该公司净资产的10倍。到1990年4月，日本开始正式实行以维持证券公司的持续经营为基本目标的新资本规定。该规定要求证券公司的净流动资产必须高于有关风险（包括市场风险、违约风险、基本经营风险等）的总扣减要求。一旦净流动资产与符合规定的风险总扣减之间的比率低于100%，证券公司必须立即通知金融厅并提交一份关于提高该比率的详细计划书，然后立即执行该计划，同时，金融厅可要求证券公司缩减其业务。

11.3 我国金融市场监管

11.3.1 我国的整体金融监管系统

我国金融监管系统包括金融监管组织监管系统、金融机构自律监管系统、行业自律监管系统、市场监督系统、行政监管系统5个方面，形成了金融机构的自我约束与外部约束、行政手段监管与法律手段监管相结合的基本框架。

（1）金融监管组织监管系统。目前，我国已形成了由中国人民银行、中国证券监督管理委员会、中国银行保险监督管理委员会分别对不同领域金融活动进行监管的金融监管组织系统，并以立法的形式授予这些机构法定的监管权限，监管机构对金融机构依法进行监管，通常把这些机构依法进行的监管称为采用法律手段进行监管。这些机构的职责就是对金融机构及其活动进行监管，其管理具有法制性、规范性、连续性、强制性等特点，因而是监管系统中最主要、最重要的监管系统。该系统监管的特点是依法监管，因而，法治建设是保障金融监管工作的基础，它可以解决金融监管中用行政手段无法解决的难题，并发挥引导和促进作用。所以，加强金融监管的法治建设是我国的迫切任务。

（2）金融机构自律监管系统。在完善的金融监管中，各金融机构既是被监管的对象，也是基础性监管的自律主体。目前，各银行机构内部都设立了稽核、监察等部门以加强内部控制，并按照央行的监管要求，以国家的经济、金融法规及内部控制制度为基础，发挥其自我约束、自我监察、防微杜渐的基础性作用，增强其自律能力。

（3）行业自律监管系统。为避免金融机构之间的不正当竞争，规范和矫正金融行为，以促进其协作运行和共同繁荣，金融行业内自律监管不可或缺。2000年5月成立的中国银行业协会作为银行业利益的代言人，以及行业纠纷的调解人，并且作为一种民间金融监管组织，从平等协商、互助互惠的原则出发，可以制定同业公约，加强行业管理，协调各方面关系，从而有效地沟通金融监管机构与金融机构之间的信息，有利于金融监管当局实施宏观金融管理。

（4）市场监督系统。市场的监督主要包括客户和社会舆论的监督，要发挥市场的监督作用，则要求银行业增加透明度，包括业务制度方面的规范、经营过程及财务信息方面的透明度，这样才能通过客户的选择与社会舆论监督系统来协助监管机构对银行业进行监管。目前，一方面，各银行通过建立社会举报制度和问题查处程序形成强大的社会监督威慑力，督促各金融机构依法经营和规范行事；另一方面，还利用了社会机构协助进行监督管理，如会计师事务所、律师事务所等。

（5）行政监管系统。其包括市场监督管理、财政税务审计等政府部门的各种专项审计和专项检查，以及政府对特种金融工具（如债券、股票等）的直接或间接监管。

11.3.2 我国的银行业监管体系

（1）银行业体系和监管组织体系。1978年以来，在我国改革开放及建立市场经济的进程中，我国银行产业结构也发生了重要的改变，传统的单一银行体制被中央银行体制（二级银行体制）所取代。

目前，我国已经形成了以中国人民银行为中央银行，中国工商银行、中国农业银行、中国银行、中国建设银行、交通银行5家国有商业银行为主体，由若干政策性银行（如1994年相继成立的国家开发银行、中国农业发展银行、中国进出口银行）、一定规模的股份制银行（如光大银行、招商银行等）以及大批的城市商业银行及农村信用合作社构成的银行产业。

随着我国金融体系的不断变化和完善，我国的金融监管体系也在不断地改革和完善之中。过去，我国的金融监管权集中于中国人民银行一家，并且由于在我国银行业体系中，国有银行占据重要的地位，政府对其运用行政管理的手段较多，因而对于银行业监管工作不够重视。中国人民银行从1993年整顿金融秩序开始，在建立现代金融监管制度方面不断进行探索，但是真正意义上的监管还是在1995年3月18日颁布《中国人民银行法》之后。1998年10月，为完善金融调控体系，切实加强监督管理，防范和化解金融风险，促进金融业稳步健康发展，中国人民银行进行了管理体制的重大改革，撤销了原来按行政区划设立的人民银行省级分行，根据地域关联性、经济金融总量和金融监管的要求，在9个中心城市设立了大区分行（即跨省、直辖市、自治区分行），分别是天津分行、沈阳分行、上海分行、南京分行、济南分行、武汉分行、广州分行、成都分行和西安分行，9个分行作为中国人民银行的派出机构，并划定其所辖监管区域，各大区分行分别对辖区内金融机构重点是辖区内银行产业实施监管，从而形成了中国人民银行全面管理，其分行根据授权对辖区内银行业实施管理，承办职责范围内业务的二级银行监管体系。

（2）银行监管法制体系。目前，大体适应我国社会主义市场经济条件和我国经济体制改革需要的、较完备的金融法律体系框架是以《中国人民银行法》《商业银行法》为基本法律，以机构管理、行业管理、基本业务管理等行政法规为主体，以单项业务规章为基础，并通过各业务操作规程落实到金融工作的各个岗位，逐步形成的层次分明、相互衔接的具有中国特色社会主义金融法制体系。

11.3.3 我国的证券业监管体系

我国目前的证券监管体系属于集中型监管体制模式，具有集中型监管体制的基本特点，同时还有与我国证券市场相关的一些特点。

（1）基本上建立了以证券市场监管的法律、法规和规章等规范性文件为架构的框架体系。我国证券市场起步较晚、历史较短，与证券市场发达的国家相比，立法较为滞后，法律体系和市场监管水平也还不成熟。但是，经过努力和探索，我国证券立法取得了一定的成果，证券立法主要由法律、国务院颁布的行政法规和证券主管部门的部门规章三个层次组成。第一层次的法律主要有《证券法》《证券投资基金法》等，另外，《中国人民银行法》和《商业银行法》等也有部分涉及证券市场监管方面的内容；第二层次行政法规为

《股票发行与交易管理暂行条例》《国务院关于股份有限公司境外募集股份及上市的特别规定》等；第三层次为证券监管机构颁布的《禁止证券欺诈行为暂行办法》《证券公司管理办法》《上市公司要约收购管理办法》等各项部门规章。

（2）设立全国性的证券监管机构，负责监管全国证券市场。目前，证券监管机构是以1992年10月成立的我国证券监督管理委员会为主体，包括中国人民银行和财政部、国家发改委和有关部委以及我国证监会的地方派出机构共同组成了我国证券市场监管的基本架构。证监会是国家对全国证券市场进行集中监管的主管机构，其主要职责是：负责组织拟定有关证券市场监管的法律、法规草案；研究制定有关证券市场的方针、政策和规章制度；制定证券市场发展规划并提出计划建议；指导、协调和监督、检查各地区、各有关部门与证券市场有关的工作；拟定有关证券市场监管的规则，对证券经营机构实施监管，依法对证券发行和交易以及上市公司进行监管；会同有关部门进行证券统计，研究分析证券市场发展形势并及时向国务院报告工作、提出建议。

（3）证券交易所。从1997年开始，上海、深圳证券交易所由原来地方和证监会共管划归我国证监会直接垂直领导，强化了证券市场监管的集中性和国家证券主管机构的监管权力。2021年10月中国证监会审议通过修订的《证券交易所管理办法》，证券交易所的监管职能包括对证券交易活动、交易所会员会籍的变动以及上市公司信息披露等方面进行管理。

（4）证券业自律组织。证券业自律组织采取两种形式：

①社会性的监督组织。其包括注册会计师及会计师事务所、律师及律师事务所、资产评估师及资产评估事务所等证券业中介服务机构。

②行业自律。行业自律分场内和场外两种。一是证券交易所的场内自律。证券交易所对其会员在交易所的交易进行监管，主要是审核和批准会员资格、制定业务规则、收取保证金、审核证券上市申请。证券交易所也对上市公司进行监管，主要是对上市公司的信息披露是否及时、准确、真实等方面实行监管。二是证券交易所的场外自律。1991年8月成立的中国证券业协会，是全国性的证券业自律管理行业组织。它一方面是政府监管部门与证券发行人、投资者、交易者之间的桥梁；另一方面通过制定和实行行业性的自律制度，监管证券场外交易，保证场外交易的公平与规范。

相关链接11-2　证券业罚单陡增 合规经营是监管关注重点

从2020年全年来看，包括证监会及其派出机构、沪深交易所在内的各监管部门，对券商及其从业人员开具的罚单数近160单，涉及行政监管措施，包括警示函、限制业务措施、责令改正措施、行政处罚等，轻则被出具警示函、重则被接管。

接受证券时报记者采访的市场人士认为，在注册制全面推进的过程中，券商作为中介责任更重，不仅要勤勉尽责，还得合规守信经营，提升专业能力，当好资本市场的“看门人”，监管对券商的要求将越来越高，一旦触犯红线，监管的惩处力度也会越来越大。

在全面推行注册制的大背景下，监管强化了中介机构的勤勉尽责责任，多家头部券商因项目保荐“不力”遭点名批评，2020年6月12日证监会发布修订的《证券发行上市保荐业务管理办法》中对上市保荐业务中违法违规行为处罚力度明显加强；12月4日，中证业协发布实施《证券公司保荐业务规则》，其中提到的处罚力度明显加强，由于“失职”暂停保荐资格最长高达3年。

具体看来，处罚原因均与提交的保荐工作报告等材料存在瑕疵有关，主要包括未披露发行人重要子公司涉嫌行贿的事项、提交的申报材料存在财务数据前后不一致、披露口径出现明显差异、信息披露内容前后矛盾、未履行豁免披露程序、擅自简化披露内容等方面问题。值得注意的是，通过行政监管措施"提点"券商，已经成为了监管层的常规手段。证监会机构不定期地发布行政监管函，提醒券商业务合规，针对市场的新情况和新形势随时给出监管意见，灵活性强，透明度高，时刻提醒着券商应该合规经营，守住稳健发展的底线。

"很多证券违法违规行为往往与中介机构有关。新《证券法》进一步压实中介机构市场看门人法律职责，有助于维护市场的公平公正。中介机构应敬畏法律、尊重市场，在业务开展过程中勤勉尽责，在市场竞争中以好的服务质量取胜。"一家大型券商分析师受访表示。

允泰资本创始合伙人付立春表示，较大幅度提高行政罚款额度和频率，对违法能起到相当程度的警戒作用。未来期待刑法等相关制度安排做配套的完善，从而整体提高资本市场的法治化水平，为中国资本市场的市场化改革提供坚实保障。

资料来源：程丹．证券业罚单陡增 合规经营是监管关注重点［EB/OL］．［2021-01-13］．http：//money.people.com.cn/n1/2021/0113/c42877-31998357.html.

11.3.4 我国的保险业监管

保险业监管在我国是一项刚刚起步的工作。在1983年以前，我国只有保险经营，而没有实质上的保险监管。1983年9月，国务院颁布了《财产保险合同条例》，规定了保险合同的订立、变更和转让，投保人义务，保险人责任等内容，遵循各国保险合同立法的普遍原则。但由于当时我国只有一家保险公司——中国人民保险公司，由其独家垄断经营，并充当着国家保险公司的角色，因而事实上并无专业的保险监管机构与保险监管活动。

在总结国内保险业恢复和发展经验的基础上，1985年3月，国务院颁布了《保险企业管理暂行条例》，对保险企业的设立原则、经营活动、法定再保险等作了较多的规定，但很多方面仍存在局限性，如确立了中国人民保险公司在保险业中的垄断地位，在许多业务方面限制了竞争。

这一文件在《保险法》颁布前一直是中国人民银行实施保险机构监管和保险业务监管的重要依据。因此，在20世纪90年代以前，我国虽然也颁布并施行了有关法规，作为全国保险管理机关的中国人民银行亦采取了一些监管行动，但主要局限于对非保险机构经营保险业务的禁止方面，其出发点是保护中国人民保险公司的独家垄断地位，因此，这种监管与现阶段保险商品化、市场竞争化条件下的监管不可同日而语。

1995年6月，第八届全国人大常委会第十四次会议审议通过了《保险法》，决定于1995年10月1日起正式实施，《保险法》共8章152条。第一章是总则，阐明了立法目的、调整对象、适用范围、从事保险的原则，以及保险业的监管部门和监管职责等；第二章是保险合同，阐明了保险合同的一般规定，保险合同的订立原则、内容和形式、变更、履行等；第三章至第六章是保险业法，阐明了保险公司的设立、经营、监管等内容；第七章是法律责任；第八章阐述了海上保险、农业保险、外资保险公司等内容。《保险法》的颁布与实施，标志着我国保险业步入了新的发展阶段，同时也为建立我国的保险监管体制奠定了基本的法律基础。

为配合《保险法》的实施，1996年7月，中国人民银行下发了《保险管理暂行规定》，细化了《保险法》关于保险公司及其经营行为的规定，加强了它的操作性。此后，中国人民银行又根据《保险法》的规定，相继制定了《保险代理人管理规定》和《保险经纪人管理规定（试行）》等配套规章制度。这一系列文件的制定和实施，理顺了我国保险监管法规体系，为保险市场的发展提供了法律保证。

在加强保险立法的同时，我国不断加强保险监管的机构建设。为适应银行业、保险业、证券业分业经营、分业管理的要求，将保险监管职能从中国人民银行分离出来，1998年11月18日，中国保险监督管理委员会（简称“中国保监会”）正式成立，标志着我国保险监管体制开始按照专业化的标准构建，从而成为我国保险监管发展进程中的又一重大事件。

2018年3月，中国保险业再度迎来重要的命运转折点，国务院机构改革报告显示，将组建中国银行保险监督管理委员会，并将中国银行业监督管理委员会和中国保险监督管理委员会的职责整合，作为国务院直属事业单位。中国银行保险监督管理委员会成立后，开始依法对保险市场进行全方位的监管，从而促使我国保险监管工作进入新的历史时期。

小实训11-1

了解美国金融市场的监管体制，对比中美两国金融市场监管体制的不同。

本章要点

本章主要介绍了金融市场监管的含义、目标和原则；国内外金融市场的监管体制；金融市场监管的内容和金融市场监管的手段；美国、日本等国外发达金融市场监管的内容及其监管体系；我国银行业、证券业、保险业等金融市场监管的基本内容。其中，重点是金融市场监管的内容和金融市场监管的手段。

问题讨论

1.讨论我国属于哪种金融市场监管的体制及为什么实行这种体制。

2.讨论我国与美国、日本等国在金融市场监管方面的差异及原因。

推荐阅读

1.杰克逊，西蒙斯．金融监管［M］．吴志攀，译．北京：中国政法大学出版社，2003.

2.巴斯，卡普里奥，列文．金融守护人：监管机构如何捍卫公众利益［M］．杨农，钟帅，靳飞，译．北京：生活·读书·新知三联书店，2014.

3.巴曙松，等．巴塞尔III与金融监管大变革［M］．北京：中国金融出版社，2015.

4.赵岳．新金融监管政策设计与评估［M］．北京：中国金融出版社，2016.

5.喻晓平 .金融监管体制的国际比较研究 .［M］．成都：西南财经大学出版社，2018.

思考与练习

1.单项选择题

（1）中国证券业协会正式成立于（　　）。

A.1991年8月1日　B.1991年8月28日　C.1992年8月1日　D.1992年8月28日

（2）核准制实质是遵循（　　）。

A.公开原则　B.实质管理原则　C.公平原则　D.公正原则

（3）信息持续披露制度是（　　）在证券市场的集中表现。

A.公开原则　B.公平原则　C.公正原则　D.及时性原则

2.多项选择题

（1）各个国家在金融市场监管过程中会执行一定的监管原则，具体包括（　　）。

A.依法监管的原则　B.监管主体独立的原则

C.稳健运行与风险预防的原则　D.内控和外控相结合的原则

E.母国和东道国共同监管的原则

（2）金融监管体制根据金融监管权力的分配结构和层次划分为（　　）。

A.集中单一的金融监管体制　B.单线多头的金融监管体制

C.直线形监管体制　D.双线多头的金融监管体制

E.多头监管体制

（3）经济手段是指通过运用（　　）等经济手段对证券市场进行干预。

A.利率政策　B.公开市场　C.税收政策

D.保证金比例　E.法律手段

（4）我国金融监管系统包括（　　）。

A.金融监管组织监管系统　B.金融机构自律监管系统

C.行业自律监管系统　D.市场监督系统

E.行政法制监督系统

3.简答题

（1）什么是金融监管？

（2）金融监管的目标是什么？

（3）金融监管的原则有哪些？

（4）什么是金融监管体制？有哪些监管模式？

（5）金融监管手段有哪些？

（6）简述美国金融市场的监管。

（7）简述日本金融市场的监管。

（8）简述我国金融市场的监管。

案例分析

证监会重罚广发证券为保荐机构敲响警钟

继2020年5月份证监会对康美药业财务造假案作出处罚后，日前，证监会又对康美药业的保荐机构广发证券作出处罚。广发证券将被暂停保荐机构资格6个月，同时证监会暂不受理广发证券债券承销业务有关文件12个月，并责令广发证券对相关责任人员进行内部追责，按公司规定追回相关报酬收入。至此，在康美药业财务造假案中，上市公司、中介机构及责任人员均受到处罚。

证监会认定康美药业巨额财务造假案，是有预谋、有组织，长期、系统实施财务欺诈的行为，践踏法治，对市场和投资者毫无敬畏之心，严重破坏资本市场健康生态。在康美药业财务造假案中，作为中介机构的广发证券显然难辞其咎。广发证券是康美药业2001年上市的保荐机构，此后又为康美药业多次融资提供中介服务，通过定增、优先股、公司债等多种渠道，累计融资254亿元。更离奇的是，在康美药业自爆虚增货币资金之后，广发证券仍然帮助康美药业发行公司债募资35亿元。

广发证券作为康美药业的保荐机构，未勤勉尽责，尽职调查环节基本程序缺失，缺乏应有的执业审慎，内部质量控制流于形式，把自身利益置于首位。因此，广发证券受到证监会的重罚，完全是其咎由自取。

此次证监会重罚广发证券，有几个方面值得重点关注：一是与原来的财务造假案相比，证监会对广发证券的处罚明显要严厉得多。此前万福生科存在通过财务造假进而欺诈发行的严重违规行为，但证监会对保荐机构的处罚不过是暂停保荐机构资格3个月，此次广发证券被暂停保荐资格6个月，处罚力度明显加强。二是因康美药业造假案，签字的广发证券金牌保代陈家茂被限制市场禁入，10年内不得担任证券公司证券发行上市保荐业务相关职务或者实际履行上述职务。此外，证监会责令广发证券追回责任人员相关报酬收入，在提高违规成本的同时，其中的警示意义不言而喻。三是此次受到证监会的重罚后，广发证券的投行业务将受到严重影响。目前广发证券IPO在审企业为23家，IPO申报企业多达72家。由于暂停保荐资格6个月，出于早日上市的相关需要，不排除有企业更换保荐机构的可能。更为重要的是，因受到证监会的重罚，会产生一系列的连锁反应，当年万福生科案的保荐机构平安证券已经作出了最好的诠释。

资本市场既要通过完善退市制度的方式把好“出口关”，也要通过强化监管的方式把好“入口关”，如此才能提高上市公司的质量，提升整个市场的投资价值。而在把好“入口关”方面，除了沪深交易所的审议委、证监会的发审委外，券商等中介机构同样需要扮演好“把关者”的角色。这既是市场的诉求使然，也是其职责使然。

但是，中介机构不勤勉尽责的现象并不乏见。即使有平安证券的前车之鉴，仍然不乏“后来者”，这才是更值得市场重视与反思的地方。客观上讲，此次证监会对广发证券实施重罚，一方面是从严监管的需要，是违规者应该付出的代价；另一方面，也再次为保荐机构，以及中介机构敲响警钟。如果在执业过程中不勤勉尽责，那么就有可能成为下一个“广发证券”。

资料来源：曹中铭．证监会重罚广发证券为保荐机构敲响警钟［EB/OL］．［2020-07-20］．http：//finance.people.com.cn/n1/2020/0720/c1004-31789260.html.

问题：对于以上案例，你有什么认识？

分析提示：小组讨论，各抒己见。

实践训练

实训项目：我国金融市场监管现状分析。

实训目的：了解我国金融市场监管手段。

实训步骤：

（1）了解我国金融市场发展现状；

（2）分析我国金融市场监管手段；

（3）小组讨论，提出有益于金融市场发展的建议。

参考文献

[1] 许文新. 金融市场学 [M]. 上海：复旦大学出版社，2007.

[2] 谢百三. 金融市场学 [M]. 北京：北京大学出版社，2009.

[3] 原雪梅. 国际金融 [M]. 济南：山东人民出版社，2010.

[4] 中国证券业协会. 证券市场基础知识 [M]. 北京：中国金融出版社，2012.

[5] 黄达. 金融学 [M]. 北京：中国人民大学出版社，2009.

[6] 吴晓求. 证券投资学 [M]. 北京：中国人民大学出版社，2014.

[7] 肖沂. 金融市场与金融机构 [M]. 天津：南开大学出版社，2009.

[8] 中国证券业协会. 证券投资基金 [M]. 北京：中国财政经济出版社，2011.

[9] 中国证券业协会. 证券发行与承销 [M]. 北京：中国财政经济出版社，2010.

[10] 黄嵩. 资本市场学 [M]. 北京：北京大学出版社，2011.

[11] 张亦春，郑振龙，林海. 金融市场学 [M]. 5版. 北京：高等教育出版社，2017.

[12] 张丽华. 金融市场学 [M]. 大连：大连出版社，2011.

[13] 王兆星，吴国祥，张颖. 金融市场学 [M]. 4版. 北京：中国金融出版社，2006.

[14] 刘圆. 金融市场学 [M]. 北京：对外经济贸易大学出版社，2002.

[15] 卫新江. 金融监管学 [M]. 北京：中国金融出版社，2005.

[16] 王松奇，李扬，王国刚. 金融学 [M]. 北京：中国金融出版社，1997.

[17] 霍文文. 金融市场学教程 [M]. 上海：复旦大学出版社，2007.

[18] 曹凤岐. 金融市场全球化下的中国金融监管体系改革 [M]. 北京：经济科学出版社，2012.

[19] 施天佑. 金融市场与投资 [M]. 北京：中国财政经济出版社，1999.

[20] 王兆星，吴国祥. 金融市场学 [M]. 北京：中国金融出版社，1997.

[21] 夏德仁，王振山. 金融市场学 [M]. 大连：东北财经大学出版社，2002.

[22] 陈永生. 金融市场学 [M]. 西安：西安交通大学出版社，2007.

[23] 徐信艳. 金融学 [M]. 上海：立信会计出版社，2007.

[24] 刘红忠，朱叶. 金融市场学 [M]. 北京：高等教育出版社，2000.

[25] 李艳芳. 金融市场学 [M]. 大连：东北财经大学出版社，2005.

[26] 张亦春，郑振龙，林海. 金融市场学 [M]. 4版. 北京：高等教育出版社，2013.

[27] 宋浩平. 金融期货与期权 [M]. 北京：首都经济贸易大学出版社，2015.

[28] 杨德勇. 证券投资学 [M]. 北京：中国金融出版社，2006.

[29] 崔茵. 金融市场 [M]. 北京：中国财政经济出版社，2005.

[30] 陈雨露. 国际金融 [M]. 北京：中国人民大学出版社，2003.
[31] 杜金富，等. 金融市场学 [M]. 大连：东北财经大学出版社，2014.
[32] 孙连铮. 国际金融 [M]. 北京：高等教育出版社，2005.
[33] 周爱民. 金融工程 [M]. 北京：科学出版社，2007.
[34] 李一智. 期货与期权 [M]. 北京：清华大学出版社，2006.
[35] 林清泉. 金融工程 [M]. 北京：中国人民大学出版社，2005.
[36] 范龙振，胡畏. 金融工程学 [M]. 上海：上海人民出版社，2003.
[37] 欧阳良宜. 期权与期货市场理论与操作 [M]. 北京：中国发展出版社，2007.
[38] 周洛华. 资产定价学 [M]. 上海：上海财经大学出版社，2004.
[39] 叶永刚. 衍生金融工具概论 [M]. 武汉：武汉大学出版社，2000.
[40] 张艳红. 保险公司加入同业拆借市场谁受益？[N]. 金融时报，2007-05-04.
[41] 陈柳钦. 金融创新从制度入手 [N]. 中国经济导报，2007-01-18.
[42] 徐思佳. 中国人民银行对同业拆借管理政策作重要调整 [N]. 金融时报，2007-07-10.
[43] 李淑芳，张洪哲. 证券投资实训 [M]. 北京：中国物资出版社，2010.
[44] 张自力. 货币市场运作实验教程 [M]. 北京：中国金融出版社，2006.
[45] 米什金，埃金斯. 金融市场与金融机构 [M]. 北京：机械工业出版社，2013.
[46] 张承惠，田辉，李伟. 中国场外股权交易市场：发展与创新 [M]. 北京：中国发展出版社，2013.
[47] 孙延生. 股票发行上市 [M]. 北京：中国金融出版社，2011.
[48] 米什金. 货币、银行和金融市场经济学 [M]. 北京：北京大学出版社，2011.
[49] 深圳证券交易所创业企业培训中心. 中小企业板、创业板股票发行上市问答 [M]. 北京：中国财政经济出版社，2014.
[50] 黄文涛. 中国债券市场：新格局新挑战 [M]. 北京：中国金融出版社，2014.
[51] 王静波，等. 债券博弈：弄潮国际债券市场的中国企业 [M]. 北京：中国人民大学出版社，2014.
[52] 汤珂. 随机过程与金融衍生品 [M]. 北京：中国人民大学出版社，2014.
[53] 张龙清. 中国货币政策传导机制研究：基于中国金融市场化进展的视角 [M]. 北京：中国金融出版社，2013.
[54] 乔德里 M.债券市场导论 [M]. 杨农，等译. 北京：清华大学出版社，2013.
[55] 胡援成. 货币银行学 [M]. 上海：复旦大学出版社，2015.
[56] 法博齐. 债券市场：分析与策略 [M]. 路荣佳，译. 北京：中国人民大学出版社，2016.
[57] 博迪，凯恩，马库斯. 投资学 [M]. 汪昌云，张永冀，译. 北京：机械工业出版社，2017.
[58] 蒋先玲. 货币金融学 [M]. 3版. 北京：机械工业出版社，2021.
[59] 丁圣元. 趋势投资：金融市场技术分析指南 [M]. 北京：人民邮电出版社，2020.
[60] 韩国文，张彻. 金融市场学 [M]. 北京：人民邮电出版社，2019.

[61] 刘少波，时旭辉. 证券投资学 [M]. 广州：暨南大学出版社，2017.
[62] 陈文汉. 证券投资学 [M]. 北京：人民邮电出版社，2019.
[63] 王庆安. 金融市场学 [M]. 北京：人民邮电出版社，2019.
[64] 喻晓平. 金融监管体制的国际比较研究 [M]. 成都：西南财经大学出版社，2018.
[65] 姜洋. 发现价格：期货和金融衍生品 [M]. 北京：中信出版社，2018.